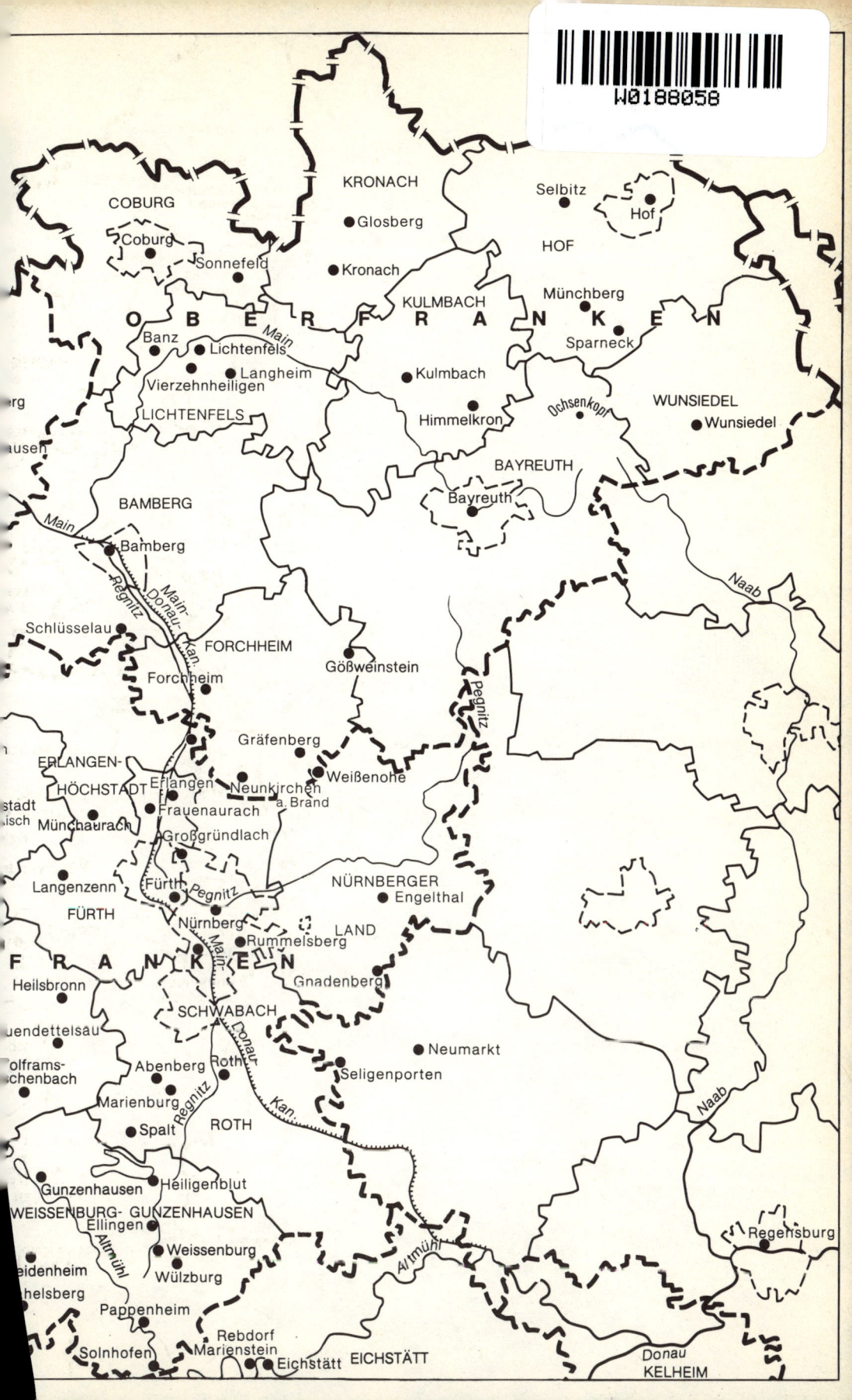

Hans Roser

Klöster in Franken

Hans Roser

Klöster in Franken

Werke und Gestalten
einer europäischen Kulturlandschaft
mit 87 Abbildungen und einer Karte

Eulen Verlag

Alle Rechte vorbehalten – Printed in Germany
© 1988 EULEN VERLAG Harald Gläser, Freiburg i. Br., Wilhelmstr. 18
Redaktion: Daniela-Maria Brandt
Gestaltung: Klaus Eschbach
Gesamtherstellung: F. X. Stückle, Ettenheim
ISBN 3-89102-108-9

Während meines Erzählens

habe ich oft an die gedacht, die mich neben meiner Mutter durch ihr Beispiel gelehrt haben, weiterzugeben, was ich erlebt, erfahren, betrachtet habe. Ihnen widme ich dieses Buch:

Dem Dorforiginal *Johann, genannt: Hanni Mändlein*, der in der Ortschaft Wallersdorf bei Ansbach, wo ich aufgewachsen bin, ein kleines „Sächlein" bewirtschaftete und in seiner Wagnerei ein wenig Bargeld dazuverdiente. Er hat das getan, was viele versäumen, nämlich einem ehrfürchtig zu den Erwachsenen aufschauenden kleinen Buben Zeit zu schenken, viel Zeit, mit ihm zu sprechen und zu erzählen, was ihm wichtig war. So wollte ich einmal auch erzählen können. Ich bring' es bis heute so schön und anschaulich nicht fertig. Der Grabstein des Mändleins Hanni steht nicht mehr lange, seine „Verweildauer" ist abgelaufen. Mit diesem Buch möchte ich an den vergessenen Erzähler erinnern, der ein so riesiges Erinnerungsvermögen hatte.

Den Bürgermeistern meiner Heimatgemeinde Brodswinden, *Johann Krauß* und *Friedrich Mack* – dem einen, weil er eine ganze Schul- und Jugendzeit lang den Gruß des Jungen mit einem freundlich-fröhlichen Wort erwidert hat und ihm so zeigte, wieviel er Erwachsenen wert sei; dem anderen, weil er sonntage- und nächtelang mit dem angehenden Abiturienten, dessen Vater im Krieg umgekommen war, plauderte, philosophierte, politisierte und ihm immer wieder erzählte, was und wovon er wußte.

Meinem Onkel *Ernst Fulda* aus Sommersdorf, der die Worte zu setzen wußte, in langer Rede, wie kein anderer. So stimmig wollte ich das auch einmal fertigbringen wie dieser Bürgermeister, den die Nazis aus seinem Amt gedrängt hatten, aber als Gemeindeschreiber weitermachen ließen, weil es deren wenige gab, die mit der Feder wirklich hantieren konnten.

Meinem Zeichenlehrer *Heinrich Pospiech*, dem Gymnasialprofessor an der Ansbacher Oberrealschule, der mir das genaue Hinschauen beigebracht und mich zum eigenen Gestalten ermutigt hat, acht Jahre lang, acht lange Schuljahre.

Meinem Deutschlehrer *August Schaal*, der die Lust am Schreiben und Vortragen geweckt hat, ein von seinen Schülern, auch von mir, oft geschundener Freund der Jugend, ein wahrer Pädagoge.

Gedenke der Quelle, wenn du trinkst.

INHALT

III
Die Reformklöster von Cluny, Gorze und Hirsau

Vorwort

Auf das Thema dieses Buches bin ich gestoßen, als ich den Kräften nachging, die meine fränkische Heimat geprägt haben. Es waren gesamteuropäische Kräfte, von Anfang an, schon zur Zeit der Kelten. Franken ist eine europäische Landschaft, vielleicht die europäischste in ganz Deutschland. Als einziges Gebiet Deutschlands verdankt es sich und seinen Namen dem großen europäischen Vorgang, als die Franken vor annähernd eineinhalb Jahrtausenden das Gebiet zwischen Rhein und Rednitz, zwischen Main und Donau, übernahmen.

Unter den geistigen Kräften, die Franken – seine Menschen wie seine Landschaft – prägten, hat das christliche Mönchtum die stärkste und dauerhafteste Wirkung erzielt. Franken ist eine Klosterlandschaft, auch dort, wo die Klöster längst verschwunden sind oder bestenfalls als kunstgeschichtliche Attraktion das Alltagsbild verzieren, das wir uns von unserer Heimat machen.

Um die Kräfte, die da am Werke waren, näher kennenzulernen, machte ich mich auf den Weg, weit zurück in die Geschichte und zu immer wieder anderen Orten, wo die kraftvolle Bewegung christlicher Kommunitäten sichtbare Spuren hinterlassen hat, ja sogar da und dort immer noch oder endlich wieder am Werke ist, ausgeformt in katholischen wie in jungen evangelischen Gemeinschaften.

Was ich dabei entdeckt habe, ist in diesem Buch aufgeschrieben.

Es soll kein Reiseführer sein, kein Kunstbrevier und keine Geschichte Frankens. Ich wollte einfach und schlicht erzählen von dem, was denen wichtig war, die vor uns gelebt haben – als Ordensangehörige und in ihrem Umfeld. Sie haben Franken als erste gestaltet, geordnet, für alle Zeiten mitgeprägt.

Es sind viele Klöster, die ich im Laufe der Jahre gefunden habe, mehr als ich bei den ersten Vorträgen in der Volkshochschule Roth vor bald einem Jahrzehnt annahm. Und es sind noch immer nicht alle. Einen Anspruch auf Vollständigkeit erhebt dieses Buch in keiner Hinsicht, auch nicht den auf Wissenschaftlichkeit. Dabei bedauere ich jetzt, im nachhinein, wenn das Manuskript in Druck geht, daß ich aus Rücksicht auf Lesbarkeit davon abgesehen habe, mit Fußnoten zu dokumentieren, woher die vielen Informationen stammen, die es weitergibt. Für weiteres Studium verweise ich auf die Literaturangaben.

Ich habe zu danken
– zuallererst Gott, dem Herrn, der mein Leben so gelenkt hat, daß es mir möglich wurde, denen nachzuspüren und nachzusinnen, die sich um eine be-

sondere Nähe zu ihm bemüht und die Menschen meiner Heimat, so gut sie es verstanden, zu ihm hingelenkt haben,

– sodann meiner Frau, die fleißig, unermüdlich und unverdrossen, oft geduldig und auch duldsam, mitgesucht und mitgemacht hat,

– meiner Familie und unseren Freunden, die es hingenommen haben, wenn ich mit der Zeit, die ihnen zugestanden hätte, geizig umging,

– der Redaktion der „Nürnberger Zeitung", die einen Probelauf veröffentlicht hat, bei dem das allgemeine Interesse an diesem Thema und der gewählten Darstellungsform getestet werden sollte, aus der sich dann knapp drei Dutzend Folgen entwickelten, denn die Leserschaft – auch ihr herzlichen Dank! – drängte immer wieder auf Fortsetzung und auch auf ein Buch,

– dem Verleger dieses Buches, Herrn Harald Gläser, der weit über den üblichen Einsatz hinaus mitgedacht und mitgearbeitet hat, der vor allem einem Autor die Ehre antat, mit ihm Geduld zu haben, wenn dieser bis zuletzt nie mit dem ganz zufrieden war, was er zu Papier gebracht hatte,

– der Lektorin, Frau Daniela-Maria Brandt, die nicht nur aufmerksam mit- und nachgelesen hat, sondern die sich als profunde Kennerin von Hagiographien erwies und als sorgfältige Ratgeberin bewährte.

I
Zusammenhänge

Die Heiligenverehrung

„Als ich noch ein kleiner Knabe war, hörte ich schon den Namen des heiligen Martinus, und obwohl ich noch nicht einmal wußte, ob er ein Märtyrer oder ein Bekenner sei, was er Gutes in der Welt getan und welchem Land die Gnade zuteil geworden sei, seine heiligen Gebeine im Grabe aufzunehmen, feierte ich doch ihm zu Ehren Vigilien und gab Almosen, wenn mir das Geld in die Hände kam. Als ich älter wurde, legte ich mich auf die Wissenschaften; ich lernte schreiben, ehe ich noch die Reihenfolge der Schriftzeichen wußte. Darauf schloß ich mich dem Abte Aredius an, der mich unterrichtete, und ging mit ihm zur Kirche des heiligen Martinus. Als wir von dort zurückkehrten, nahm er ein klein wenig Staub von dem heiligen Grabe auf, daß es uns Segen bringen sollte, tat es in eine Kapsel und hing es mir um den Hals. Da wir nun zu Aredius' Kloster in Limoges gekommen waren, nahm er die Kapsel und wollte sie in seinem Betsaale aufstellen, aber der Staub war so angewachsen, daß er nicht nur die ganze Kapsel anfüllte, sondern auch zwischen ihren Spalten hervorquoll, wo immer er einen Ausweg fand. Durch dieses glänzende Wunder entbrannte mein Geist noch mehr, alle meine Hoffnungen auf die Kraft dieses Heiligen zu setzen."

So berichtet *Gregor von Tours*, Bischofsnachfolger und Biograph des Frankenheiligen Martinus, über ein Bekenntnis, das er einem jungen Priester mühevoll entlockte – mühevoll, denn der junge Langobarde wollte nicht von sich reden machen, „weil er von ganzem Herzen danach trachtete, allem eitlen Ruhm zu entfliehen". Da gab der Germane mit dem glückbringenden Glauben den Widerstand auf und gab preis, was seinem Leben die Wende gebracht hatte: Die Begegnung mit einem Heiligen, mit Martinus in diesem Fall, die Befriedigung seines Wissensdranges und Bildungshungers – „ich lernte schreiben, ehe ich noch die Reihenfolge der Schriftzeichen wußte" –, das Staunen über die magische Wunderkraft des Grabstaubes, das Erlebnis der Klostergemeinschaft (weshalb er selbst alsbald ein eigenes baute, dazu eine große Kirche, wie Gregor berichtete, „die er durch Reliquien des heiligen Martinus und anderer Heiligen verherrlichte").

Von alledem, was da aus dem Herzgebiet des alten Franken erzählt wird, handeln auch die Erzählungen über Klöster in Franken und die Menschen, die in ihnen und um sie herum lebten. Doch ehe wir anfangen, Frankens Klöster zu suchen und sie aufzusuchen, verlangen ein paar Fragen nach Antwort. Wie kam diese aufregende Bewegung überhaupt zustande, die auch Franken bis heute geprägt hat, tiefer und vielfältiger als manche andere Landschaft Deutschlands? Aus welchen Einflüssen wurde die Frömmigkeit genährt, die der Menschen Herzen ausfüllte, die sich in einer intensiven, oft heftig frommen (Heiligen-)Verehrung und in einem leidenschaftlichen (Reliquien-)Kult zu erleben sucht? Ja, wie hat sich im Christentum selbst diese großartige Bewegung entwickelt, von der zu der Apostel Zeiten ja nicht die Rede war? Und überhaupt – auch das muß vorab in Erinnerung gebracht werden –: Wie wurden die Franken zu Franken?

Heiligkeit, Heiligung, Heilige

Es war ein langer Weg, den die Christenheit vom Heiligkeitsverständnis der neutestamentlichen Schriftsteller bis zur hochmittelalterlichen Heiligenverehrung zurücklegte, ein Weg, der oft auch zum Irrweg wurde.

Gott allein ist heilig und, was ihm zugeeignet ist, zuallererst seine Gemeinde, „Gottes heiliges Volk"; ihre Glieder sind „die Heiligen". Vor allem aber: Gottes Namen soll heilig genannt werden. So der Inhalt der ersten Bitte des Vaterunsers. Diejenigen, die das tun, indem sie Jesus ihren Herrn nennen, sind „die Heiligen", vom Heiligen Geist zu solchem Tun „auserwählt" und „gläubig". Der Apostel Paulus grüßt zum Beispiel die Glieder der Gemeinden zu Rom und zu Korinth und an anderen Orten als „die Heiligen". Heilig ist also nach biblischem Verständnis, was Gott in seinen Dienst nimmt, sei es eine Person oder sei es eine Sache. Die Zugehörigkeit zu Gott konstituiert Heiligkeit, nicht das sittliche Streben oder die moralische Leistung.

Heiligung hat mit dem ganzen Leben zu tun. Es gibt keine besonderen Bezirke. Weil Gott den ganzen Menschen in Anspruch nimmt, rückt die Heiligung in den Alltag vor. So sieht es die Bibel. Die tatsächliche Geschichte führte in eine etwas andere Richtung.

Am 23. Februar 155 (oder 156, möglicherweise auch erst 168/169) erlitt in der asiatischen Stadt Smyrna, dem heutigen Izmir, der Bischof einer kleinen Christengruppe, *Polykarp*, im hohen Alter von 86 Jahren den Märtyrertod durch einen Dolchstoß, nachdem ihn die Flammen des Scheiterhaufens nicht verletzten. Polykarp war der unmittelbare Schüler des Lieblingsjüngers Jesu, des Apostels Johannes. Er erfreute sich außergewöhnlichen Ansehens und genoß schon zu Lebzeiten große Verehrung. Viele seiner Anhänger wünschten deshalb – so wird berichtet –, den Leichnam dieses verehrungswürdigen Mannes wohlerhalten bergen zu können und „mit seinem heiligen Fleisch Gemeinschaft zu haben". Aber, so fährt der Bericht fort, der Teufel habe das verhindert und bewirkt, daß Polykarp verbrannt wurde. So habe man nun die Asche gesammelt und auf dem Berg Mustasia bei Smyrna beigesetzt, damit die Gemeinde „mit Jauchzen und Freude" den Jahrestag seines Martyriums begehe. Zugleich wollte man an diesem Tag „der früheren Märtyrer gedenken". Ein Gemeindefest also. Der Tag der Märtyrerverehrung – das einem Menschen gewidmete Kirchenfest, schon im Jahre 156! Die Niederschrift des Martyriums des heiligen Polykarp ist eine der ältesten Märtyrerakten überhaupt.

Tertullian, der um 156 im lybischen Karthago geborene lateinische Kirchenvater, schildert eine solche Totengedächtnisfeier. Da gehen die Angehörigen in die Gruft, um am Grabe „das Brot zu brechen". Sie halten ein Festmahl – und zwar so, wie es ihr Herr eingesetzt und der Apostel Paulus in einer Art Kirchengemeindeordnung den frühen Christen verordnet hat. Für den, dem das Gedenken gilt, werden „Opfer dargebracht und für seine Seele wird gebetet". Das Opfer, das bei der Eucharistie auf dem Tisch des Bischofs niedergelegt und mit Fürbittegebeten begleitet wurde, hat sich aus dem antiken Totenopfer entwickelt: es war zum Gedenkopfer geworden, das man Gott um des Toten willen darbringt. Opfer? Mit ihm wurden die caritativen Einrichtungen der Gemeinde finanziert – ein Wohltätigkeitsmahl.

Die Grabanlagen wurden – auch das eine schiere Selbstverständlichkeit – mit Blumen und Blumenbildern geschmückt. Wer die Katakomben, die Totenbegräbnisstätten der Christen in Rom oder in Nordafrika, besucht, findet dort noch heute die Anfänge christlicher Bilderkunst. Vieles erinnert an die hellenistischen Dekorationen, an die Grabkammern etwa in Pompei. Doch es war noch ein langer Weg, bis sich die Heiligenbilder durchsetzen konnten. Das alttestamentarische Darstellungsverbot war noch lange gültig. Doch mit der zunehmenden Märtyrerverehrung und dem Wunsch nach Sichtbarmachung der Heiligen und der biblischen Gestalten sowie des biblischen Geschehens veränderten sich die Gebote und Bräuche. Dies führte später zu dem „Bilderstreit", den erst das Konzil in Nicäa entschied.

Man begann, die verschiedenen örtlichen und überörtlichen Gedenktage zu ordnen. Es entstanden Märtyrerkalender. Dabei befand man zuerst nur wirkliche Märtyrer eigens einer Wallfahrt oder einer Gedächtnisveranstaltung für würdig. Sie mußten Blutzeugen des Glaubens sein. Nur das „rote Martyrium" zählte, wie die keltischen Christen später dieses Martyrium nannten. Noch nicht das „weiße Martyrium", das nicht das Leben kostete, sondern nur Verzicht auf Lebenslust und Lebensfreude bedeutete, das Askese verlangte.

Johannes Chrysostomus gegen Ende des vierten Jahrhunderts: „Längst ist es frommer Brauch, die Gräber der Märtyrer künstlerisch auszuschmücken, und man wetteifert im Bau von Märtyrerkirchen. Das Volk besucht gerne diese Stätten und erweist den Heroen der Kirche eine Verehrung, wie sie in heidnischer Zeit den Heroen des griechischen Mythos gewidmet zu werden pflegte". So lobte der berühmte Prediger der Großstadtgemeinde Antiochia, der 386 die Priesterweihe und 398 das Bischofsamt erhielt, die Sitte volkstümlicher Heiligenverehrung. Er spricht sogar den Särgen mit ihren kostbaren Gebeinen, den Reliquien, eine besondere Bedeutung zu: Gott habe die Seelen der Märtyrer zu sich genommen, ihre Leiber aber hier zurückgelassen, „damit wir durch ihren Anblick an ihre Tugend gemahnt werden und Antrieb zur höchsten Philosophie gewinnen". Und er schwärmt weiter: „Ich mag euch drohen, schmeicheln, schrecken, mahnen; das rührt euch nicht. Wenn ihr aber in eine Märtyrerkapelle tretet und das Grab der Heiligen nur anseht, dann stürzen Tränenfluten aus euren Augen und euer Herz wird warm im brünstigen Gebete. Wie kommt das? Weil das Bild des Märtyrers vor euch erscheint und mit ihm das Gedenken an seine Leistung. Und vor seinem Reichtum werdet ihr euch eurer Bettelarmut bewußt, und ihr spürt mit bitterem Schmerz den Abstand zwischen euch und jenen, die frei vor Gott leben dürfen und sich der Ehre und Herrlichkeit erfreuen". Es ist verständlich, daß solch flammende Reden dem Bischof Johannes von Antiochia den Beinamen ‚Chrysostomus', Goldmund, eingetragen haben.

Der Gedächtnisredner nennt es „gut und ratsam", die Gräber der Märtyrer fleißig zu besuchen. Es bringe Segen, denn die Märtyrer hätten bei Gott ein großes Ansehen. Wie das zu verstehen ist, malt er recht plastisch aus: „Sie sind seine (Christi; Anm. d. Verf.) Freunde und haben alle Zeit freien Zutritt zu ihm. Wie alte Soldaten freimütig zum Kaiser reden dürfen, wenn sie ihm ihre in seinem Dienst erworbenen Wunden zeigen, so nehmen die Märtyrer ihre abgeschlagenen Köpfe in die Hände und treten vor Gott hin, und dann erlangen sie von ihm alles, was sie wollen. Solch kräftige Fürbitter sollen wir zu gewinnen suchen, damit wir durch sie Gottes Barmherzigkeit auf uns herabziehen". So Johannes Chrysostomus. „Heiliger, bitt' für uns", will er wörtlich verstanden wissen.

So kam es – geradezu zwangsläufig – nicht nur zur Heiligenverehrung, sondern allmählich auch zur Heiligenanbetung. Die Märtyrer im Himmel wurden als fromme Fürsprecher eingeschaltet.

Und Hand in Hand mit der Heiligenverehrung ging der Reliquienkult.

Von der Heiligenverehrung zum Reliquienkult

Die Heiligenverehrung begann an den Gräbern der Märtyrer. Aber diese Bindung an das Grab eines Glaubenszeugen war nicht durchzuhalten. Als die Verfolgungen abnahmen und das Christentum sich weiter ausbreitete, galten auch Gegenstände als heilbringend, mit denen der Verehrte zu seinen Lebzeiten in engere Berührung gekommen war, vor allem aber Teile des Leichnams des Heiligen selbst. Schon das Polykarp-Martyrium nennt die Gebeine des verbrannten Bischofs „wertvoller als Edelsteine und kostbarer als Gold".

So nimmt es nicht wunder, daß sich jede Christengemeinde sehr früh um den Besitz dessen riß, „was übrig blieb", der Reliquien. Sie wurden dort verwahrt, wo das Gedächtnismahl stattfand: im Altar.

Allmählich kam es dazu, daß man sich einen richtigen Altar gar nicht mehr ohne Reliquien von Heiligen denken konnte. Im 6. Jahrhundert, als die große Frankenmission begann, war es längst üblich, daß an jedem Altar das Grab eines Heiligen oder Teile seines Leichnams, Reliquien, verwahrt sein mußten. Je größer der Besitz an Reliquien, desto sicherer die Seligkeit. So kam es in der Westkirche zu den Seitenaltären. Man wollte möglichst viele Heilige an eine Kirche binden, auch durch möglichst viele Reliquien, die man sich von den betreffenden Heiligen verschaffte. Eine Nebenwirkung dieser Entwicklung war ein schwungvoller Reliquienhandel.

Allmählich unterstellte man nicht nur die Kirchen einem Schutzpatron, sondern auch Siedlungen und Städte, Burgen und Bürger, ganze Berufsgruppen und Stände. Das Patronatswesen trieb vielfältige Blüten.

Es versteht sich von selbst, daß es sehr bald zu schriftlichen Aufzeichnungen über das Leben der Heiligen kam, zu den „Taten der Märtyrer", den Märtyrerakten, die am Anfang als Protokolle geführt, dann aber ab dem 4. Jahrhundert zu Heiligenbeschreibungen, Hagiographien, ausgeschmückt wurden. Die Schriften, die so entstanden, waren sehr begehrt und die Grundlagen der Missionsarbeit.

Der erste Kopierprozeß

In Irland kam es über solchen Schriften ein paar Jahrhunderte später sogar zu einem Krieg. *Comgall*, ein wortgewaltiger irischer Missionar aus adeligem Stamme, stolz, ehrgeizig und aufbrausend, aber auch lyrisch empfindsam, war vom Manuskript einer Psalmensammlung so entzückt, daß er sie mit allen Fasern seines Herzens zu besitzen wünschte. Aber sein Lehrer gab sie ihm nicht. Er erlaubte ihm zwar, die Handschrift zu lesen, nicht aber, sie zu kopieren. Comgall kam dennoch zu einer Abschrift. Im Schutz der Nacht breitete er Pergament, Feder, Tinte und Farben unter flackerndem Kerzenlicht vor sich aus und schrieb diesen Teil der lateinischen Bibel ab. Sein verbotenes Tun blieb unentdeckt – bis zum Augenblick der Vollendung. Da überraschte ihn ein Hirte. Comgall weigerte sich, das Manuskript, das er sich geschaffen hatte, abzuliefern. Der „Leserkrimi" kam vor den König und dieser urteilte salomonisch: Jeder Kuh ihr Kalb, jedem Buch seine Kopie. Comgall war verurteilt. Er floh zu seinem adeligen Clan, dessen Mitglieder ihn unterstützten. 561 kam es zur unheiligen Metzelei um das heilige Buch, zur „Schlacht der Bücher". Das brachte den Bücherfreund, der biblioman geworden war, zur Besinnung. Er tat Buße – und ging für die begangene Tat ins Exil. Er suchte seine Form des „weißen Martyriums" und wurde zu einem der großen Begründer der irischen Kontinentalmission, die alsbald auch nach Franken vordringen sollte, wirkungsvoller, tatkräftiger, als das, was Martinus von Tours selbst in Gang gebracht hat.

Im Osten: Bildwände statt Altäre

Zwangsläufig war auch, daß man die Heiligen in Bildern und Statuen darstellen wollte. In der Zeit des romanischen Kirchenbaus war die bilderreiche Ausschmückung einer Kirche selbstverständlich. Begonnen hatte sie schon im 6. Jahrhundert. Daß sich in der Ostkirche ein Bilderkult entwickelte, um den Jahrhunderte lang gestritten wurde, wohingegen in der Westkirche mehr der Reliquienkult nach vorne drängte, hat eigene, tiefere Ursachen.

Wer den verschlungenen Wegen nachgeht, die zur spätmittelalterlichen Heiligenverehrung führten, steht vor der erstaunlichen Tatsache, daß es sehr lange dauerte, bis es zu offiziellen Entscheidungen kam. Der erste Christ, der in einem förmlichen Verfahren von der Kirche heilig gesprochen wurde, war Bischof *Ulrich von Augsburg*, am 31. Januar 993.

Dogmatisch hatte man sich schon zwei Jahrhunderte vorher mit dem ausufernden Heiligenkult beschäftigt. Das Zweite Konzil von Nicäa hatte im Jahre 787 die Unterscheidung zwischen Anbetung und Verehrung formuliert: Gott steht Anbetung zu; den Heiligen nur Verehrung – *latreia* statt *dulia*. Ähnlich urteilte auch der große mittelalterliche Theologe *Thomas von Aquin* fünfhundert Jahre später. Er unterschied ebenfalls zwischen Anbetung und Verehrung, *adoratio* und *veneratio*. Aber diese dogmatische Abgrenzung reichte nicht aus. Der Kirche gelang es nicht zu verhindern, daß im Spätmittelalter den Heiligen eine eigene Mittlerrolle zwischen Gott und dem Gläubigen zugesprochen wurde und daß sie – noch bedenklicher – selbst als unmittelbare Spender der Hilfe betrachtet wurden, die man von ihnen erbat. Hand in Hand damit ging eine ebenso einfache wie naive Verdinglichung. Man klammerte sich an Gegenstände, an Reliquien oder Bilder. Im frommen Glauben schwamm Aberglauben mit. Furcht vor den Geheimnissen führte in die Magie.

Protestantisches Heiligenverständnis

Wer sich in der Kirchengeschichte einigermaßen auskennt, weiß, daß auf Dauer die Heiligenanbetung nicht unbestritten bleiben konnte. Die Reformation hat sie in Frage gestellt. Dabei beruft sich der Mönch *Luther* auf die schlichten und eindeutigen Worte des apostolischen Glaubensbekenntnisses: „Ich glaube an die heilige christliche Kirche, die Gemeinschaft der Heiligen". Für Luther wie für die Zeugen des Neuen Testamentes sind alle an Christus Glaubenden Heilige.

Es ist kaum ein Zweifel, daß Heilige stets auch Menschen, Christen mit einer starken Ausstrahlung waren, an die sich nicht selten starke menschliche, gemeindliche, mitunter auch politische und wirtschaftliche Interessen geknüpft haben. Aber das ist nicht das Entscheidende.

Es ist sicher auch richtig, davon auszugehen, daß jede Zeit die ihr gemäßen, zu ihr passenden, für sie charakteristischen Heiligen hat.

Heilige sind Beispiele der Barmherzigkeit Gottes und gehorsamen Glaubens in ihrem Ringen um die Verwirklichung christlicher Existenz zu ihrer Zeit. Zweierlei danken wir den Heiligen besonders: Sie sind lebendige Spiegel Christi, durch die er aus der Geschichte hervor- und durch sie hindurchleuchtet. Durch die Heiligen hat Christus immer wieder das Gesicht der Zeit verändert. An ihrem Leben wird die verändernde Kraft des Evangeliums sichtbar. Heilige – verändert zum Guten. Deshalb sind sie unserer Verehrung wert.

Die Auseinandersetzung mit Heiligenverehrung, Patrozinien und Reliquien ist also durchaus nicht nur von kulturhistorischem oder frömmigkeitsgeschichtlichem Interesse. Sie gehört zur Suche nach dem Humanen: Wer umfassend gelebte Menschlichkeit sehen möchte, der sollte vor allem das Leben der Heiligen betrachten.

Das Mönchtum

Märtyrer, Mönche, Asketen

Als die Kirche nach der konstantinischen Wende vom Staate anerkannt war, also nach dem vierten Jahrhundert nicht mehr verfolgt wurde, gab es kaum mehr Märtyrer. Das Martyrium bot den Christen nicht mehr so oft die Möglichkeit, die Glut ihres Glaubens zu erleben. Konstantins Nachfolger *Julian Apostata* konnte daran nicht viel ändern. Erst mit dem Beginn des Missionseifers der Kelten von Irland und der Angelsachsen von der britischen Insel aus gab es wieder die (seltene) Chance des Martyriums. Jenen aber, die ihren Glauben besonders ernst nahmen, beschwerte es das Gewissen. Sie bedauerten den Martyriumsmangel und suchten nach Ausgleich. So kam es zu einer Rückbesinnung auf die Bewegung des Verzichtes, die bald die ganze Christenheit erfaßte.

Den ungeheuren Erfolg des Christentums über ganz Europa in der ausgehenden Antike kann man sich nur vorstellen, wenn man gleichzeitig die drei verschiedenen innerkirchlichen Strömungen betrachtet: Missionare, Märtyrer-Asketen und Mönche. Jeweils auf ihre Weise stützten sich diese auf die entsprechenden Bibelworte, das *„Gehet hin in alle Welt".* Die vierzig Tage Christi in der Wüste, der Auftrag zur Krankenheilung und caritativen Arbeit, die Sehnsucht nach dem bald erwarteten Weltende und demzufolge die Sehnsucht nach dem „roten Martyrium" – dies ging alles nebeneinander und miteinander.

Auch spätere Reformatoren beriefen sich immer wieder auf diese drei Grundsäulen der Christianisierung, und jeder berief sich auf seine Heiligen als Vorbilder: die Missionare auf Petrus und Paulus, die Märtyrer auf ihre Leidensgefährten oder -vorgänger, die Mönche auf die sieben Werke der Barmherzigkeit, die Asketen auf Johannes den Täufer. Dieser hatte in der Einsamkeit der Wüste gelebt und sich von Insekten und wildem Honig ernährt. Auch von seinen Jüngern verlangte er fleißiges Fasten.

Verbunden mit der Bedürfnislosigkeit, in der Paulus seine eigene Apostelexistenz darstellt, entwickelte sich ein asketisches Ideal, das zu einer alternativen Bewegung in der Kirche führte.

Wichtige Grundgedanken des Mönchtums waren auch außerhalb des hellenischen Christentums nicht völlig neu. Stoiker wie Zyniker der Antike waren sich darin einig, daß Askese und Verzicht erhöhte Lebenserfüllung und Freiheitsgewinn einbrächten. Und ihre Ratschläge wurden befolgt, auch wenn man sie als wunderliche Außenseiter empfand. So schreibt Seneca: „Einige haben es fertig gebracht, daß sie überhaupt nicht lachen; andere haben sich des Weines, andere der geschlechtlichen Liebe, andere des Trinkens ganz enthalten; ein anderer hat sich mit kurzem Schlaf begnügt und sich unermüdbar gemacht".

Die dem alten Gottesvolk ursprünglich fremde Körperfeindlichkeit, von den frühen Christen dem Hellenismus abgeschaut, war ein fruchtbarer Boden für die weltflüchtigen Ideen, die ihre Zeit und ihre Zeugen fanden.

Das vollkommene Christentum, dessen man sich bislang nur im Martyrium gewiß wurde, wurde in der Askese als hochwertige, heroische Lebensform erkannt. Diese Grundeinstellung fand leidenschaftliche Propagandisten, allen voran *Origines* (gest. um 253), *Tertullian* (gest. um 225) und *Cyprianus* (gest. 258). Der Askeseeifer fiel um so leichter, als man noch immer mit dem nahen Ende der Welt rechnete. Die Maxime war: Man tut gut daran, sich jetzt schon vorzubereiten, am besten durch Vorwegnahme eines „engelgleichen Lebens".

In Ober-Ägypten entwickelte sich das christliche Mönchtum zuerst. Woher diese Bewegung letztlich kommt, ist nicht mehr auszumachen. Zusammenhänge mit älteren religiösen und philosophischen Strömungen sind unverkennbar.

Ihr stärkstes Echo fand die neue Weltverneinung bei den Fellachen Ober-Ägyptens. Dort bildete sich zunächst das Einsiedlertum heraus. Eremiten nannte man die Menschen, die in die Wüste (eremia) zogen und dort den Kampf der Entsagung führten, damit sie die Kraft des Glaubens erprobten. *Antonius* ist die große Leitfigur der Wüstenheiligen. Er wurde im Laufe der Jahrhunderte zu einem der populärsten Eremiten. Er wanderte in die Wüste hinaus, ein Wasserrinnsal lieferte ihm den Trank. Dort in der Wüsteneinsamkeit entzog er sich den Menschen.

Der große Kirchenvater *Athanasius* hat sein Leben beschrieben, natürlich voller Verehrung. Ein „engelgleiches Leben" sollen diese koptischen Asketen geführt haben. Sie strebten nach Selbsterlösung; Christus und die Bibel waren ihnen Vorbild. Die Kirche und das Sakrament, das die Kirche weiterreicht, waren Hilfsmittel auf dem Weg zur Seligkeit.

In der Thebanischen Wüste, etwa hundert Kilometer nordwestlich von Kairo, lebte Antonius. Ganze Kolonien von Einzelmönchen wuchsen allmählich aus dem Land, das er geheiligt hatte.

Pachomius

Aber nicht alle asketisch Gesonnenen wollten oder konnten in individueller Einsamkeit leben; einige schlossen sich zu Gemeinschaften zusammen. So entstand das Gemeinschaftsmönchtum (*Zönobiten*; von koinos = gemeinsam und bios = Leben). Der Ägypter Pachomius hat ihm die erste Form gegeben, etwa um 320, indem er die einzeln lebenden Asketen in einer Mönchsgemeinschaft zusammenrief, der er als erstes feste Lebensregeln verordnete. Die Legende behauptete später, der Heilige habe seine Regel aus der Hand eines Engels empfangen. Er selbst verstand sein Werk der Neuordnung als Reform im „Dienste am Menschen"; denn er ging zurecht davon aus, daß nur die wenigsten die innere Kraft hätten, ein Leben in absoluter Einsamkeit zu ertragen.

Pachomius hatte den entscheidenden Schritt zum Gemeinschaftsmönchtum getan. Bald wurde die Zahl der Eremiten von den Zönobiten übertroffen.

Im Laufe der Jahrzehnte entstanden im Nahen Osten große Klosteranlagen. Im 4. Jahrhundert war Ägypten das klassische Land des Mönchtums. Die Reiseberichte aus der damaligen Zeit schildern, wie sich in mancher Stadt Kloster an Kloster reiht, jedes mit eigener Kapelle ausgestattet. Als der Platz nicht mehr reichte, wurde eine neue Stadt vor den Mauern aufgebaut: für 10 000 Mönche und 20 000 Nonnen waren Unterkünfte zu schaffen. Das ganze Gemeinwesen sei, so heißt es, vom Geist christlicher Frömmigkeit beherrscht. Der Magistrat habe seine Polizeidiener angewiesen, vor den Stadttoren nach bedürftigen Reisenden Ausschau zu halten und sie zum Empfang von Almosen aufs Rathaus zu führen.

Mag auch der Maler seinem Bild der Erinnerung kräftig Gold aufgetragen haben: richtig ist, daß in Oberägypten in etwa 400 Orten die Klöster das Stadtbild beherrschten.

Von Ägypten aus zogen Mönchsgruppen nach Palästina und Syrien. So wurde Jerusalem zu einem Mönchszentrum eigener Prägung.

Im heutigen Ostanatolien, in Kappadokien, erlebte das östliche Mönchtum seine erste Blüte. Der leitende Mann dort war *Basilius der Große*. Auch er entwarf eine Regel. Sie wurde für die Ostkirchen ähnlich wichtig wie später diejenige Benedikts für den Westen.

Augustinus, Hieronymus, Johannes Cassianus

Wer also um jene Zeit seinen Glauben besonders ernst nehmen und spezielle persönliche Folgerungen ziehen wollte, setzte sich mit dem Mönchtum auseinander und entschloß sich zumeist zum Leben in einer klösterlichen Gemeinschaft. So war es auch bei dem berühmtesten Theologen der Kirche des vierten und fünften Jahrhunderts, bei *Aurelius Augustinus* (354–430), der eine Gruppe Gleichgesinnter um sich sammelte, die ein gutes Leben des Glaubens führen wollten, um ihre priesterlichen Aufgaben und ihre theologisch-intellektuelle Arbeit leisten zu können. In der Gründung seiner klösterlichen Gemeinschaft hallt ein Gespräch mit dem Eremiten *Antonius* nach, von dem Augustin in seinen Bekenntnissen erzählt: Es war entscheidend geworden für seine Bekehrung zum Christentum.

Auch einige Frauengemeinschaften leitete Augustinus. Das konnte fast nicht anders sein: das Interesse an der Frauenfürsorge ist im Neuen Testament tief verankert.

Ob die überlieferten Regeln des Augustinus tatsächlich aus seiner Zeit als Bischof von Hippo stammen, ist umstritten. Es tut wenig zur Sache. Dem Denken des Augustinus entsprechen sie.

Im Zusammenhang mit den Frauenklöstern gerät auch der berühmte Kirchenvater *Hieronymus* (gest. 420) in die Klostergeschichte. In einem werbenden Brief des Hieronymus wird sichtbar, wie das zönobitische Mönchtum im Westen mitunter auf überlieferte Muster zurückgriff, zum Beispiel auf das altrömische Idyll der *vita rusticana*, des ruhigen, poesievollen Landlebens: „Selbstgebackenes Brot, Gemüse aus dem eigenen Garten, frische Milch, all die Köstlichkeiten des Landes bieten uns bescheidene, aber bekömmliche Nahrung. Wenn wir so leben, wird uns der Schlaf nicht vom Gebet, die Übersättigung nicht von der Lesung abhalten ..."

So entstanden im Westen die ersten Frauenklöster, die meist in den Städten gegründet wurden. Eigentümlicherweise waren die westlichen Klöster hauptsächlich eine Angelegenheit des römischen Adels, auch wenn sie sich mit Angehörigen aus „niedrigem Stand" füllten. Ein gewisser aristokratischer Zug ist von Anfang an am abendländischen Zönobitentum zu beobachten. Zugleich entwickelte es sich unter der Förderung starker Bischofspersönlichkeiten wie etwa des *Ambrosius von Mailand* und wurde so kirchlich integriert. Die wechselseitige Einwirkung war viel stärker als in der Christenheit des Ostens.

Die römischen Damen um Hieronymus verlegten ihren Wohnsitz nach Jerusalem, wo inzwischen ein blühendes Klosterwesen entstanden war. Die Schriften, die Hieronymus dort aus seinen Erfahrungen heraus verfaßte, waren im Mittelalter bevorzugte Klosterlektüre.

Im westeuropäischen Raum ging eine besonders starke Wirkung von zwei Männern aus, die beide sowohl vom christlichen Glauben als auch vom späten Römertum geprägt waren. Es waren der an der Schwarz-Meer-Küste geborene *Johannes Cassianus* und der in der pannonischen Ebene zur Welt gekommene *Martinus*. Johannes Cassianus ließ sich in Marseille nieder und verbreitete den Gedanken des Mönchtums, das er in seinen langen Lehrjahren in Syrien und in Ägypten genau kennengelernt hatte, vor allem literarisch. Er verfaßte wichtige Schriften zur Mönchsordnung in Europa. Auch aus seinen Schriften wurde im hohen Mittelalter bei den Mahlzeiten in den Klöstern regelmäßig vorgelesen. Dadurch übte er einen nachhaltigen Einfluß auf das Mönchtum aus. Ein Buchtitel von Cassianus wurde allmählich gleichbedeutend mit einem bestimmten Vorgang im Klosteralltag: Seine Schrift zur „Sammlung der Brüder" (Collationes fratrum) gab schließlich der Veranstaltung, bei der sie vorgelesen wurde, den Namen – Kollation nannte man die Klostermahlzeit, und im Italienischen heißt Frühstück immer noch colazione.

Der andere, etwas ältere Vater des gallischen Mönchtums, Martinus von Tours, ist wegen seiner ungeheuren Wirkung auf Franken besonderer Würdigung wert. Er war der populärere von beiden, auch als Heiliger.

Irische Mönche

Schließlich sollte nicht vergessen werden, daß neben dem gallischen Mönchtum sich auf der fernen irischen Insel und an der schottischen Westküste ein Mönchtum ganz eigener Prägung entwickelt hatte. Es war dorthin im Zuge der Christianisierung gleich mit den ersten Missionaren gekommen. In Irland bildeten die Klöster auch die Zentren des Kirchenlebens. Irland wurde zur „Insel der Heiligen" und zugleich zur „Insel der Gelehrten". Irland blieb zudem von der Völkerwanderung unberührt, so daß die gelehrten Klostergemeinschaften, die starke eremitische Züge trugen, die ersten Jahrhunderte unbeschädigt überstanden. Außerdem war den Herzen der irischen Heiligen – entsprechend einer frühchristlichen Tradition – das Ideal der Heimatlosigkeit eingeprägt worden, so daß sie, vermutlich auch unter irischem Bevölkerungsdruck, „um Christi willen" auf die Wanderschaft drängten (denn „wir haben hier keine bleibende Stadt"). So kamen sie nach Gallien, ins junge Reich der Franken, wo *Johannes Cassianus* und *Martinus von Tours* schon deutliche Spuren hinterlassen hatten.

Martinus von Tours

Es waren gerade drei Jahre her, daß die römischen Machthaber *Konstantin* und *Licinius* im „Mailänder Edikt von 313" dem Christentum die volle politische, bürgerliche und soziale Gleichberechtigung eingeräumt hatten, als Martinus von Tours um 316/317 in Steinamanger (Sabaria) in Pannonien

(Ungarn) als Sohn eines hohen Offiziers geboren wurde, der dort als Angehöriger der römischen Aristokratie die Stellung eines Kommandeurs bekleidete. Es war Militärtribun und nannte deshalb seinen Sohn dem Kriegsgott Mars zu Ehren Martinus.

Die verfolgte Märtyrergemeinschaft wurde Zug um Zug zur herrschenden Religionsgemeinschaft; Kirche und Staat gingen allmählich ein enges Bündnis ein. Kaiser Konstantin mußte sogar das Schiedsrichteramt bei Lehrstreitigkeiten übernehmen; er berief Bischofskonferenzen ein und führte oft sogar den Vorsitz, obzwar er selbst noch nicht getauft war.

Es war eine Zeit von leidenschaftlichen Diskussionen innerhalb der Kirche. Der *Arianismus,* der sich bei den Germanen noch bis ins 7. Jahrhundert halten konnte, beinhaltet die Auffassung des Presbyters *Arius* (um 280 – 336) und seiner Anhänger, daß die Gleichsetzung und Wesenseinheit Christi mit Gott abzulehnen sei. Arius beherrschte den mitteleuropäischen Raum und war über Jahrhunderte hinweg die größte Bedrohung der lateinischen Christenheit. Kaiser Konstantin berief 325 das erste ökumenische Konzil nach Nicäa, doch erst das Konzil von Konstantinopel 381 fand die Lösung der Trinität. Aber die Diskussionen flammten immer wieder auf und die Missionare hatten oft keinen leichten Stand, auch Martinus bekam dies zu spüren.

Gregor von Tours (538 – 594), ein Bischof mit literarischem Ehrgeiz, beschrieb die Krafttaten seines Vorgängers Martinus. Sein Schüler und Bewunderer *Sulpicius Severus* lieferte eine Biographie voller Bewunderung. Er stellt das Leben des Frankenheiligen so dar: Der Soldatensohn Martinus wuchs in einer heidnisch geprägten Umwelt auf. Der Vater wurde nach Tecinum, heute das oberitalienische Pavia, versetzt. Als Zwölfjähriger wollte Martinus sich taufen lassen, ausgerechnet der Kriegsgottknabe Martinus. Die Eltern verweigerten zunächst die Zustimmung, einigten sich aber mit ihrem Sohn dahin, daß er sich nach Abschluß des Katechumenats, einer 6jährigen Religionsunterweisung, taufen lassen könne, sofern er während des Katechumenats die Berufslaufbahn des Vaters einschlüge, also Offizier würde. Martinus – Kadett und Katechumen.

Mit fünfzehn Jahren trat der Veteranensohn in das kaiserliche Heer ein und wurde Offizier in der Gardereiterei. Schon in diesen Jahren rühmte man seine große Bescheidenheit, reinen Lebenswandel, selbstvergessene Nächstenliebe. Der junge Offizier wurde nach Amiens versetzt. Als Martinus an einem Wintertag seinen Offiziersmantel mit einem Bettler teilte, machte diese Tat eines siebzehnjährigen römischen Offiziers tiefen Eindruck auf die Bevölkerung. Bald darauf empfing Martinus die Taufe.

Ein Jahr später quittierte der Soldat aus Widerwillen den kaiserlichen Dienst. Der ehemalige Offizier meldete sich bei Bischof *Hilarius* in Poitiers zum Studium der Theologie und erhielt bald die niederen Weihen als Priester. Es soll den jungen Christen sehr bekümmert haben, daß seine Eltern noch Heiden waren. Man erzählt, daß er nach Pavia zurückkehrte und dort seine Mutter für den Glauben gewann, der es ihm so sehr angetan hatte. Dann erhielt er den Auftrag, Illyrien und seine alte Heimat zu missionieren. Der pannonische Aufenthalt lief nicht ohne Auseinandersetzungen ab: die dortigen Christen waren Anhänger des alexandrinischen Bischofs Arius, um dessen Lehre zu jener Zeit in der ganzen Christenheit heftig gestritten wurde. Ihr hingen alle germanischen Stämme an, nur die Franken nicht. Man hat den jungen bekenntnisfreudigen lateinischen Christen Martinus verfolgt, mißhandelt und schließlich aus seiner Heimat vertrieben. Martinus floh in die Nähe von Mailand, wo er vermutlich auch dem bedeutenden Bischof *Ambrosius* begegnet ist und zog sich dann auf die kleine Insel Gallinaria im Golf von Genua zurück; dort lebte er fünf Jahre als Einsiedler. So entsprach es dem Vorbild der ägyptischen Eremiten, die seit einiger Zeit viel von sich Reden machten. 360 ging Martinus nach Gallien zurück. In der Nähe von Poitiers, wo er mit seinen theologischen Studien begonnen hatte, gründete er die erste Mönchszelle.

Um diese Zeit war auch Bischof Hilarius wieder in seine Gemeinde zurückgekehrt, den man im Zusammenhang mit den arianischen Streitigkeiten vertrieben hatte. Der Einsiedler Martinus hatte großen Zulauf. 375 gründete er deshalb in der Nähe von Tours das Kloster Marmoutier, das zum Ursprung und Zentrum einer großen gallisch-fränkischen Mönchsbewegung wurde: viele Bischöfe gingen im Laufe der Jahrhunderte aus ihm hervor.

Die Lebenseinstellung des Martinus war ungewöhnlich: Er verband als erster die Askese mit dem Apostolat, den Verzicht mit dem Zeugnis. Er war Asket und Missionar in einem und wurde zum erfolgreichsten Apostel des römischen Gallien, das die Franken im Zuge der Völkerwanderung in Besitz genommen hatten. Als Leiter einer Mönchsschule erzog er zielstrebig Missionspriester, die sich zugleich in der caritativen Arbeit bewährten.

Rund 700 Dörfer behaupten in Frankreich auf den Bischof Martin zurückzugehen, 460 berufen sich indes auf Petrus.

Überall rühmte man seine erstaunliche Wunderkraft der Krankenheilungen; Dämonenaustreibungen und sogar Totenerweckungen schrieb man ihm zu. Dafür ein Beispiel: Martinus war gerade abwesend, als sein erster Mönchsgefährte unerwartet starb. Kurz darauf zurückgekehrt, schloß sich Martin mit dem toten Freund ein und blieb bei dem auf seinem Lager ausgestreckten Leichnam. Da geschah, was die moderne Medizin als Reanimation bezeichnen würde: „Martin betete wie Elisa, legte sich auf den Toten, erhob sich und betete wieder". Nach zwei Stunden regte sich der Tote und schlug die Augen auf. Martin stieß die Tür zu den draußen wartenden Brüdern auf; sie sahen, daß der Tote wieder lebte. Der wurde getauft und war gerettet.

Dabei war er ein strenger Anhänger und Bekenner der Lehre seiner, der römischen Kirche. Wo es nötig war, trat er mit Entschiedenheit, sogar mit Härte auf, um den wahren Glauben, wie er ihn verstand, zu schützen und heidnischen Götzendienst, verkehrte Märtyrerverehrung oder wuchernde Heiligenkulte zu verhindern.

Auf einer seiner Visitationsreisen starb er am 8. November 397 – in Candes bei Tours; sein Gedenktag wird am 11. November gefeiert.

Martinus von Tours

Dargestellt wird Martinus von Tours meist als römischer Krieger auf weißem Pferd, weil sein Gedenkfest zu Winterbeginn liegt, im Unterschied zum heiligen Georg, der auf braunem Pferd die Saatzeit einleitet. Martinus trägt einen roten Mantel und auch noch als Bischof ein Schwert. In seiner Nähe ist meist eine Gans – nicht weil er es vom Gänsehirten zum Bischof gebracht hätte, sondern weil Gänse ihn zum Bischofsamt verraten haben … Sein Schüler und erster Biograph malt anschaulich aus, wie Martinus vor seiner Wahl zum Bischof von Tours dieser Würde entgehen wollte und sich in einem Gänsestall versteckte. Aber die schnatternden Tiere lenkten lärmend die Aufmerksamkeit der Suchenden auf den bescheidenen Mann.

Der heilige Martinus ist der Patron der Bettler. Auch die Schneider, Soldaten, Waffenschmiede und viele andere Berufe haben ihn zu ihrem Schutzheiligen erwählt (auch ist er Patron der Gänse, obwohl sie ihm zum Gedenken an Martini auf den Tisch kommen, als letztes Festessen vor der Weihnachtszeit).

Benedikt von Nursia, der erste europäische Reformer

Johannes Cassianus wirkte in der Provence, nahe Marseille, *Martinus* im Herzen Galliens, wo Kelten gelebt hatten, bis die Römer und danach die Germanen sie verdrängten oder sich über sie setzten. Diesen Kelten verdankt sich das gallische Mönchtum, das bald anfing, mit den Franken ostwärts zu wandern, in das junge Franken, nach Ostfranken. – Bis es soweit war, dauerte es noch einige Zeit. Zu vielfältig war das Mönchswesen, um großer Leistungen fähig zu sein. Die erste westeuropäische Reform war fällig. Sie ging vom jungen römischen Adeligen Benedikt aus. Mit einer Reform also begann die durchgreifende Christianisierung Frankens.

Vieles von der geschichtlichen Gestalt des Benedikt von Nursia liegt im Dunkel. Wir kennen nur einige Tatsachen seines Lebens, wohl aber gewaltige Wirkungen. Die gewichtigste Tatsache ist die Benediktiner-Regel, die von ihm ausging und deren Wortlaut sich seit dem 6. Jahrhundert erhielt, sie fand eine solche Verbreitung, daß *Karl der Große* sie für fränkische Klöster zwingend vorschrieb.

Benedikt gilt als der eigentliche Vater des abendländischen Mönchtums. Um 480, fünf Generationen nach Martinus von Tours, wurde er geboren. Mönche, Klöster gab es, wie die Beispiele des Johannes Cassianus oder Martinus zeigen, auch vorher schon in großer Zahl im Abendland – desgleichen klösterliche Ordnungen, sogenannte Regeln. Es gab von alledem eher zuviel und zu vielerlei.

Dabei war das Mönchtum damals nicht unumstritten. Keine große geschichtliche Bewegung bleibt ohne Widerspruch. Die Weltflucht erschien manchem als unzulässiger Verzicht auf die lebensnotwendige Arbeit. Der schärfste Gegner war *Jovinianus*, der um 400 gestorben ist. Man könne die Gerechtigkeit vor Gott nicht noch durch Askese steigern, lautete sein Einwand, mit dem er eine gefährliche Entwicklung im Mönchtum erkannte, die der „Werkgerechtigkeit", die ein Jahrtausend später zum Streitpunkt wurde, von dem aus das Mönchtum schier aus den Angeln gehoben wurde.

Aber das Mönchtum war als große innerkirchliche Reformbewegung notwendig und deshalb auch nicht aufzuhalten. Persönlichkeiten wie die

Bischöfe *Ambrosius von Mailand* und *Augustinus der Große,* sein Schüler, waren stärker! Der Geist der Erneuerung war stärker! Und die Kirche bedurfte der Erneuerung. Das abendländliche Mönchtum wurde zur großen Erneuerungsbewegung – und blieb es für lange Zeit, immer wieder.

Benedikts beste Wirkung, vielleicht auch größte persönliche Leistung, war, daß er in das Durcheinander der mächtigen, schier unaufhaltsam gewachsenen mönchischen Bewegungen Ordnung gebracht hat. Er bewirkte es durch seine Regel. Geduld, Gehorsam, Demut: das sind Grundgedanken, die er den Frommen in den Klöstern verordnete. 73 Kapitel umfaßt die Benediktusregel. Die Hauptforderung: Verbleib im selben Kloster, also Ende des Wanderwesens, das auch im Mönchtum so viel Unruhe ausgelöst hatte, die *stabilitas loci.* Zweitens: Anerkennung der Autorität des Klostervorstehers, des Abtes (Gehorsam, *oboedientia*) und drittens Keuschheit, Demut, Schweigsamkeit (sittliche Bekehrung, *conversio morum*). Die zusammenfassende Idee ist die Aufforderung *„ora et labora",* auch wenn in Benedikts Regel diese Formulierung wörtlich nicht gebraucht wird. Damit hatte Abt Benedikt unbeschadet aller Absage an die Welt zugleich eine starke Hinorientierung zur Welt bewirkt. Konkret wurde dieser Grundsatz vor allem auf dem Sektor der Bildung. Benedikts Klöster waren Bildungsstätten.

Ihren ersten Erfolg errang die Benediktinische Regel überraschenderweise in England; dorthin hatten zwei angelsächsische Mönche sie vom Monte Cassino mitgebracht. Aus den englischen Großabteien kam sie dann aufs Festland zurück – nach Franken vor allem, wo sie zuerst exklusiv verbindlich wurde. Dank seiner Nähe zum Papst – oder des Papstes zum benediktinischen Mönchtum – galt die Ordnung für das Klosterwesen als die „Römische Regel"; die Franken wollten papsttreu, „römisch", sein. So kam es zur großen monastischen Einheit im Frankenreich unter den Karolingern. *Benedikt von Aniane,* selbst Klostergründer und Reformer, und Karls des Großen Sohn *Ludwig der Fromme* verschafften der benediktinischen Regel endgültige Geltung.

Wenn der Bericht, den Benedikts Biograph Papst *Gregor der Große* (540–604), selber Mönch und Klösterstifter, wenige Jahre nach dessen Tod schrieb, nicht ganz so lehrhaft legendär ausgeschmückt wäre, täten wir uns leichter mit dem Leben dieses erstaunlichen Mannes. Sicher ist, daß Benedikt um 480 geboren wurde, aus Nursia in den Sabinerbergen stammte, daß seine von ihm sehr geliebte Schwester Scholastica hieß und daß seine Eltern zum römischen Landadel gehörten. Der besseren Bildung wegen schickten sie den Sohn nach Rom. Dort sollte er Rechtswissenschaften studieren. Aber Benedikt kehrte der Weltstadt den Rücken. Sie ekelte ihn an. Er flüchtete in die Einsamkeit der heimatlichen Berge und entschied sich – wie viele kritische Köpfe seiner Zeit – für das Mönchstum. Mühselig kämpfte er den guten Kampf des Glaubens und widerstand manchen Versuchungen. Bei Gregor liest sich das so: „Von Gott erleuchtet, erblickte er ein dichtes Nessel- und Dornengestrüpp, zog sein Gewand aus und warf sich nackend in die spitzigen Dornen, um die ersehnte Lust in Schmerz zu verwandeln". Benedikt ging also ins Kloster. Aber es störte ihn, daß das Leben dort so ungeordnet war. Er wollte Disziplin und Ordnung durchsetzen; da vertrieben ihn seine Klostergenossen mit einem Vergiftungsversuch; Benedikt zog sich allein zurück, grübelte und formulierte seine berühmte „Regula".

Auf dem herrlich hohen Monte Cassino sammelte er ab 529 eine eigene Mönchsgemeinschaft um sich. Er hat sich wohl kaum träumen lassen, daß der Orden der „braunen Mönche", wie man die Benediktiner ihrer braunen Wollkutte wegen nannte, für die Kirchen- und Kulturgeschichte des Abendlandes von einzigartiger Bedeutung sein würde. Seine Regel fand immer größere Zustimmung und wurde schließlich für Jahrhunderte zur alleingültigen. Die Benediktiner erhielten ein Mönchsmonopol – im Reich der Franken durch Beschluß der Synode von Aachen 817, in Rom nach dem Einzug Otto des Großen im Jahre 962. Sie durchzusetzen, war freilich viel schwieriger als sie zu beschließen, denn die Schüler und Gefolgsleute der irischen Missionare *Gallus*, *Kolumban* und *Kilian*, die vor den Benediktinern nach Franken kamen, gingen lieber eigene Wege und lebten lange hartnäckig nach eigenen Regeln.

Von besonderer Bedeutung wurde, daß Benedikt die Klöster verpflichtete, schon Knaben aufzunehmen und zu erziehen. Dies begründete das wissenschaftliche Wirken der Mönche und die berühmten Klosterschulen; aktuell sicherte es den Benediktinern dauerhaften Einfluß.

Von der Einöde Subiaco in den Sabinerbergen hat das Ganze seinen Ausgang genommen. Noch heute trägt dieser Wallfahrtsort ersten Ranges den Namen Sacro Speco (Heiliger Ort).

Die damaligen Zeiten waren sehr unruhig. Wir sollten dies nicht aus dem Auge verlieren. Daß der Ost-Gotenkönig *Totila*, ein Arianer, den Gesegneten von Subiaco besucht haben soll, wirft ein bezeichnendes Licht auf jene wirren Jahre der Völkerwanderung: es charakterisiert den Einfluß, den Benedikt bald gewonnen hatte – und die wachsende Bedeutung des Klosterwesens.

Es verdient Beachtung, daß die Aachener Synode von 817 im Frankenreich sich für das benediktinische Mönchstum entschied. In diesem Jahrhundert erfolgten die großen benediktinischen Klostergründungen. Ihre Vorkämpfer waren die angelsächsischen Mönche, deren Vorgänger wiederum waren die iro-schottischen Wanderprediger. Die Entscheidung von Aachen gehört zu den für die europäische Geistes- und Kulturgeschichte großen Weichenstellungen.

Benedikts hochintelligente Schwester *Scholastika* erweiterte das benediktinische Klosterwesen um das weibliche Gegenstück, den Orden der Benediktinerinnen.

Der Tod des hl. Benedikt

Am 21. März 547 starb Benedikt, „stehend und von zwei Mitbrüdern ge-
stützt" in seinem Gebetsraum, dem Oratorium. Seit dem 9. Jahrhundert
gedachte man dieses Heiligen am 21. März, heute am 11. Juli.

Für die katholische Kirche ist Benedikt von Nursia der Schutzpatron ihrer
europäischen Bewegung. Es gibt gute Gründe, Benedikt zum Heiligen Europas zu proklamieren. Im Jahre 1964, am 24. Oktober, hat Papst Paul VI. den
kirchlichen Ernennungsakt vollzogen, nachdem Pius XII. ihn bereits „Pater
Europae" genannt hatte.

Das Frankenreich

Die Christianisierung der Franken

Das Christentum der frühen Franken wurde vom heiligen Martinus geprägt.
Seine Wirkung als Bischof war noch stärker als die des Klostergründers. Die
Verbindung zwischen Franken und *Martinus* kam zustande, als der Franken-
fürst *Chlodwig*, vom Seine-Becken kommend, der Loire entlang die Stadt

33

Tours eroberte. Längst war die volkstümliche Verehrung des beliebten Bischofs Martinus im Schwange. Die Franken schlossen sich dem großen Missionar Galliens allmählich an.

Entscheidend wurde für Chlodwig der Kampf gegen seine germanischen Konkurrenten, vor allem gegen die Alemannen und Thüringer. Chlodwig schlug die Alemannen auf dem Märzfeld, in der Nähe von Straßburg, 398, und unterwarf sie. Nach diesem enormen Erfolg ließ er sich taufen.

Angesichts der drohenden Niederlage habe er den Gott seiner Frau um Hilfe angerufen und seinen Übertritt zum Christentum gelobt, berichtet der Geschichtsschreiber des frühen Merowingerreiches, Bischof *Gregor von Tours* etwa um 575:

„Nach Sieg und Heimkehr Chlodwigs hat die Königin Bischof Remigius von Reims rufen lassen, der in geheimer Unterredung den König zur Bekehrung bewog, nachdem dessen Bedenken, die Franken würden sich widersetzen, durch eine überraschende, wunderbare Wendung zerstreut waren. Die Heeresversammlung, der Chlodwig diese Frage des Glaubenswechsels vorlegen wollte (vermutlich 498), hat gleich zu Beginn ihre Bereitschaft zur Annahme des Christenglaubens durch Zurufe bekundet. Darauf ist die Taufe mit großer Feierlichkeit vollzogen worden".

Die Taufe des Begründers der fränkischen Großmacht war ein wahrhaft weltgeschichtlicher Akt. Ein Bischof jener Zeit: „Euer Glaube ist unser Sieg, Griechenland erfreut sich jetzt nicht mehr allein eines katholischen Herrschers". Die Erinnerung an Konstantin den Großen ist unübersehbar.

Bald nach dem Sieg über die Alemannen begab sich Chlodwig nach Tours, an dessen Martinskloster der berechnende Diplomat schon vor der Schlacht Geschenke geschickt hatte. Jetzt wollte er erneut durch reiche Gaben seine Verehrung für das gallische Nationalheiligtum dartun, das er so zum fränkischen machte.

In der Martinsbasilika legte Chlodwig Purpurkleid und Mantel an und schmückte sein Haupt mit dem Kronreif des Cäsaren. Dann bestieg er ein Pferd und streute auf seinem Wege Gold und Silber unter die Menge. „Von diesem Tag an wurde Chlodwig wie ein Konsul oder Kaiser gerufen", berichtet Gregor von Tours.

Und das alles geschah in der Martinskirche, in der „Capella", wo Martins Mantel lag, die Cappa. So wurde Martin von Tours unter dem Merowinger Ludwig (Chlodwig) zum Nationalheiligen des jungen Frankenreiches. Er wurde zur großen fränkischen Symbolgestalt. Einen Nationalheiligen hatten die Franken nötig, um ihrem Reich eine gemeinsame Idee zu vermitteln. An Martinus ließ sich das Selbstverständnis, das Ideal, das dieses Reich bestimmte, ablesen.

Schon im 6. Jahrhundert haben die merowingischen Könige seinen Mantel, die Cappa, als Reichskleinodie verehren lassen; der Begriff „Kapelle" als

Gebetsraum bürgerte sich ein, und „Kaplane" versahen den Dienst an der Reliquie.

Nach dem Sieg über die arianischen Alemannen am Oberrhein und über die Burgunder in der Westschweiz, sowie bald darauf im Norden über die Thüringer stießen die Franken immer weiter nach Osten vor. Und wo sie hinkamen, ließen sie Kapellen und Kirchen errichten – Martinskirchen. Diese Kirchen – kleine Gemäuer zunächst, stattliche Gebäude alsbald – markieren die wichtigsten Punkte der fränkischen Machtausbreitung.

Auch die Burganlagen, die man gründete, benannte man oft nach Martinus, da er auch der Schutzheilige der Soldaten war und ist. Die Franken besetzten zielstrebig das westliche Gebiet: im badischen Bauland fingen sie noch zu Zeiten der Merowinger an, zogen in den Kraichgau bis Heilbronn und dann weiter über die hohenlohische Ebene. Schließlich nahmen sie das mittelfränkische Becken entlang von Rezat und Rednitz bis in den oberpfälzischen Raum ein. Die Martinskirche in Roding belegt es. Und zugleich stießen sie in das Obermaintal vor, in den bayerischen Nordgau. Vom Mittelrhein her waren sie an das Untermainbecken vorgedrungen. Ursprünglich saßen am mittleren Neckar, am Kocher, an der Jagst und im Taubertal bis zum Hesselberg nur Alemannen. Unter sie mischten sich nun die siegreichen Franken.

Dabei gingen sie planmäßig vor. Alle zwanzig Kilometer, nach vier Rasten, richteten sie einen Königshof ein. Viele fränkische Städte verdanken sich solchen Urkönigshöfen, wie Würzburg, Hammelburg, Rothenburg, Weißenburg, Windsheim, Forchheim und viele andere. Unter den Nachfahren des ersten Frankenkönigs Ludwig (Chlodwig) geriet die östliche Landnahme ins Stocken; erst unter dem energischen Hausmeier *Karl Martell* (688–741) kam sie wieder in Schwung.

Er sicherte die wichtigen Mainübergänge durch königliche Höfe in Ochsenfurt, Kitzingen, Dettelbach, Iphofen weiter südlich in Gollhofen und im Sualafeldgau zum Beispiel durch den Königshof in Bieswang-Pappenheim. Auf den Königshöfen saßen Königsfreie, die hohes Ansehen genossen und sich später zu Ministerialen, zu Beamten des Königs oder seiner Edelfreien emporarbeiteten; Ritter waren sie allemal, manche stiegen zu Grafen, wenige später sogar zu Fürsten auf.

Die fränkische Landnahme

Das Land zwischen Steigerwald und Frankenhöhe, zwischen Bamberg und Weißenburg ist Anfang des 8. Jahrhunderts endgültig fränkisch geworden;

fränkisches Recht, fränkische Verwaltung, fränkischer Glaube und fränkische kirchliche Ordnung haben sich durchgesetzt. Man teilte den Raum
erneut in Gaue ein, den Volkfeldgau, den Rangau, Radensgau und Sualagau
zum Beispiel, die zugleich die neuen Gerichts-, Verwaltungs- und Militärein-
heiten waren.

Kolumban der Jüngere

Und mit den Franken kam die christliche Mission. Vor allem anderen
brachten die fränkischen Eroberer Mönche aus dem fernen Irland und der
schottischen Westküste mit. Die hatten sich vor längerem schon auf dem
europäischen Kontinent festgesetzt, Irland selbst war ja zum Bersten voll
von Klöstern und Mönchen; die Verschonung durch die Völkerwanderung
hatte dies bewirkt. *Kolumban der Jüngere* zählt zu den ersten, die den Sprung
über den Atlantik wagten. Er hatte sich das Wort aus dem Alten Testament
zu Herzen genommen: „Geh aus deinem Heimatland und von deiner Verwandtschaft und von deines Vaters Haus in ein Land, das ich dir zeigen
will". Er suchte das „weiße Martyrium", das unblutige, nachdem das „rote",
das blutige, kaum mehr möglich war. 543 war er geboren – als Sohn adeliger
Iren, vier Jahre vor dem Tod des heiligen Benedikt. Er widmete sich von
Anfang an frommem Streben und ließ sich auch nicht erweichen, als sich
seine Mutter fassungslos vor ihm zu Boden warf und ihn beschwor, seine
Entscheidung zu widerrufen, Mönch zu werden, irischer Mönch, versteht
sich, Mönch eigener Tradition und eigener Prägung, wenig benediktinisch,
sondern wanderfreudig und individualistisch.

36

Nach Jahren gründlicher Vorbereitung machte sich Kolumban 590 im Kreis von zwölf Gleichgesinnten – unter ihnen auch *Gallus* – auf, über Britannien ins junge Frankenreich. Wo immer er auftauchte, hatte er großen Zulauf, besonders aus der adeligen Jugend. Er suchte und fand den Schutz der Merowinger. Selbst aus der Oberschicht kommend, wußte er mit den fränkischen Herren umzugehen. Er ließ sich Land schenken und gründete drei Klosteranlagen an der Grenze des alten fränkischen Herrschaftsbereiches, Annegray Luxeuil, und Fontaine in den rauhen Vogesen, dem neuen monastischen Zentrum Galliens.

Anders als bei den später nach der benediktinischen Regel geschaffenen Klöstern handelte es sich zunächst um einzelne Zellen, winzige Einsiedeleien, die zu einem selbständigen Verband zusammengeschlossen waren. Die Mönche mußten eigenhändig ihre Zellen bauen, für ihre Nahrung sorgen, verschiedene Handwerke ausüben, Ackerbau und Viehzucht treiben. Die Abtszelle Columbans überragte die Einzelzellen.

Fünfundzwanzig Jahre leitete Kolumban das Kloster *Luxeuil*. 610 wurde er aus Burgund ausgewiesen, weil er das Konkubinat des Königs angeprangert hatte. Er machte sich auf den Weg und kam bis nach Bregenz am Bodensee.

Der irische Mönch Gallus aus dem Kreis um Kolumban

Sein Verständnis des Christseins als Teilhabe an der irdischen Pilgerschaft um der ewigen Heimat willen erleichterte ihm die Kränkungen, die er immer wieder auf sich zog. Die Bekehrung zum Christentum war die Sendung der irischen Mönche. So wurde Kolumban zum Missionar der Schwaben. Als der eigenwillige, unnachgiebige Mann auch dort weichen mußte, zog er in die Lombardei weiter und gründete in hohem Alter 612 bei Parma die berühmte Abtei Bobbio, die später zur deutschen Reichsabtei wurde.

Auch dort machten ihm heftige Anfeindungen zu schaffen. Denn das Christentum, das er vertrat, wich in manchem von den herkömmlichen römischen Glaubensformen ab, die man längst kannte.

Gallus ist einer der berühmtesten Schüler Kolumbans gewesen. Er wirkte vor allem in der Schweiz. In St. Gallen ist im 9. Jahrhundert der Satz entstanden: „Ich glaube, wir dürfen nicht schweigen vor der Insel Irland, die zwischen Spanien und Britannien liegt, denn von dort ist uns ein Strahl großen Lichtes gekommen".

Kilian, der Mainfranken-Missionar

Bald nach Gallus trat ein anderer Landsmann und Gesinnungsgenosse von *Kolumban*, Kilian, in die Spuren des großen Vorbildes. Auch ihn trieb es auf das Festland. „Italien erfreue sich des Kolumban, Alemannien des Gallus und das deutsche Frankenland des Kilian", singt eine alte fränkische Urkunde das Lob der irischen Keltenmönche. Mit elf weiteren Mönchen trat Kilian die Missionsreise an. Vom Papst in Rom beschaffte er sich die Missionserlaubnis und nahm sich das ostfränkische Herzogtum vor, zuerst die südliche Rhön, dann den Raum Würzburg. Zwei der ursprünglich elf Gefährten unterstützten ihn besonders intensiv, *Kolonat* und *Totnan*. Kilian, dessen Name so viel bedeutet wie ‚Kirchenmann', erwies sich als ebenso menschenfreundlich wie hartnäckig. Er schaffte es, daß der Frankenherzog, dessen Ratgeber er längst geworden war, sich taufen ließ.

Die Folgerungen, die für das neue Leben zu ziehen er dem Herzog abverlangte, kosteten Kilian das Leben. Nach irischer Auslegung der Glaubenslehre war eine Witwenehe unter Schwager und Schwägerin verboten. Herzog *Gozbert* aber hatte die Witwe seines Bruders, *Geilana*, zur Frau genommen. Der gesetzesstrenge Kelte Kilian verlangte die Trennung. Der Herzog aber hielt an seiner Gattin fest. Schließlich ließ Gozbert doch schweren Herzens „um Gottes Willen" von Geilana ab. Diese aber nahm blutige Rache: Kilian, Totnan und Kolonat wurden im Oratorium, das zugleich Kapelle und Wohnstatt war, umgebracht und die Leiber im Boden der Zelle

Die irischen Missionare Kolonat, Kilian und Totnan

verscharrt. Als offizielle Lesart ließ Geilana verbreiten, die drei Iren hätten Würzburg verlassen. Aber nach der Heimkehr Gozberts wurde das Verbrechen ruchbar. Das war 689.

Zwei Generationen später, 752, fand man die Gebeine der Ermordeten – ausgerechnet und praktischerweise zu dem Zeitpunkt, als die Kathedrale zu Würzburg, die Kirche mit dem ‚Bischofssitz‘ (Kathedra) gebaut wurde. Bischof *Burkhard* nahm die Gebeine der Frankenapostel als Reliquien „zu den Altären“. Das Fest der Überführung von Kilians Reliquien wurde der 8. Juli. Würzburg hat Kilian und seinen Gefolgsleuten nicht nur ein ehrendes Gedenken bewahrt, es blieb über Jahrhunderte hinweg selbst ein Zentrum der Iren. Oft kam es vor, daß diese eigenwilligen Theologen, vom offiziellen Mehrheitschristentum abgelehnt, mitunter auch verfolgt, in Würzburg eine Zuflucht fanden. Das Schottenkloster, das 1134 als irisches Benediktinerkloster gegründet wurde, blieb bis 1497 rein irisch. Die Schottenkirche ist erhalten geblieben, wenn auch nach den Bombenschäden des Zweiten Weltkrieges in arg veränderter Form.

Main-Franken war das bevorzugte Gebiet der Karolinger. Und der iroschottische Märtyrer Kilian – einer, der das ‚rote Martyrium‘ gefunden hatte – wurde die Symbolfigur einer main-fränkischen Machtentfaltung, wie Martinus sie im südlichen Franken verkörperte. 751 war *Pippin* zum König gekrönt worden, ein Jahr später folgte die „sakrale Untermauerung“ des

Bistums Würzburg durch die Weihe des Domes, einer Marienkirche. Wo dieser erste Dom eigentlich stand, ist bis heute nicht sicher erwiesen. Sollte es die 706 geweihte Marienkirche auf der uralten heidnischen Kultstätte sein, dann wäre die dortige Marienkirche die älteste Kirche Frankens. Bei der Platzwahl hätte man sich dann aufmerksam und folgsam an die Weisung Papst Gregors des Großen gehalten, der bereits um 600 den Missionaren empfohlen hatte, christliche Kirchen möglichst am Platz heidnischer Bergtempel zu errichten. Wie auch immer: zu Füßen des Marienberges ließ Bischof Burkhard ein Kloster bauen, das die bischöfliche Domschule, die Büchersammlung und die Schreibstube aufnahm, das Kloster St. Burkhard zu Würzburg.

Um jene Zeit hatten die irischen Frankenmissionare schon gute Arbeit geleistet: Als 741 das Bistum *Würzburg* von *Karlmann* neu gegründet wird, sind 12 von 27 in Ostfranken dem Bistum überlassene Eigenkirchen dem heiligen Martinus geweiht worden: Lauffen, Osterburken, Stöckenburg, Königshofen und Schwaigern im Taubergau, Windsheim im Rangau, Willandsheim im Gollachgau, Königshofen und Eßfeld im Grabfeldgau, Brendlorenzen im Westergau, Mellrichstadt und Hammelburg im Saalegau. Zwei sind dem heiligen Remigius gewidmet: Bornheim im Gollachgau und Sonderhofen in Badanachgau. Dem heiligen Johannes aber, der oft mit Martinus in Zusammenhang gebracht wird, waren drei Kirchen geweiht: Gollhofen, Iphofen und Herkheim. Seltener waren die Peterskirchen: Umstadt und Königshofen im Grabfeld. Diese Kirchen, die nicht unter dem Martins-Patronat stehen, beweisen, daß es schon vor dem Wirken des *Bonifatius* in dieser Gegend Missionsmaßnahmen gegeben hat, die zum Bau von Kirchen führten – Zeichen fränkischer Vielfalt auch da. Es dauerte nicht lange, da kam es zu neuen Namensgebungen. König Pippin zum Beispiel sah neben Martinus gern den heiligen Dionysius als Namenspatron für Kirchen. Vorher hatten iro-schottische Mönche mitunter Kirchen nach St. Peter benannt, den sie als Öffner der Himmelspforte besonders schätzten. St. Andreas hingegen spielte eine geringere Rolle. Bonifatius, der Organisator der fränkischen Kirche aus England, hat vor allem den Erzengel Michael begünstigt, der sogar als Engel unter die Heiligen Eingang fand. Sehr streng geordnet war der Heiligenhimmel damals noch nicht. Es konnte sogar geschehen, daß die Michaels-Verehrung das Martinsgedenken verdrängte.

Häufig ist die Mutter Jesu als Namenspatronin anzutreffen, Maria. Viele alte Kirchen sind ihr geweiht worden, in Eichstätt, Würzburg, Karlburg, Zenn und Pappenheim. Freilich, auch das erst später.

Den fränkischen Königshöfen und Eigenkirchen folgten bald die Klöster. Die erste Klosterreihe im Fränkischen nennt man Urklöster. Kelten aus Irland und Schottland sowie die germanischen Angelsachsen aus England waren die ersten Missionare, Klostergründer, Kolonisatoren im Auftrag der Frankenherrscher.

II
Die Benediktinischen Urklöster

Der Zeitzusammenhang

Die gallofränkischen Merowinger und Karolinger haben den germanischen Siedlungsraum östlich des Rheins und südlich des Mains erschlossen. Bis ins neunte Jahrhundert hinein dauerte die historische Aktion, die viele Generationen und alle Kräfte, weltliche wie geistliche, in ihren Bann schlug.

Würzburgs Marienkirche auf dem Burgberg ist wahrscheinlich Frankens ältester Kirchenbau. In Tauberbischofsheim, Ochsenfurt und Kitzingen standen mächtige Urklöster für Frauen.

Die heilige Lioba spielte eine große Rolle. Und allen voran Bonifatius.

Heidenheim im Hahnenkamm und Solnhofen erinnern an die Angelsachsen Willibald, Wunibald und Walburga – und daran, wie diese hochrangigen „Entwicklungshelfer" den südostfränkischen Raum erschlossen. Eichstätt und Monheim wurden Zentren der Walburga-Verehrung.

Ansbach gibt Anlaß, von einem vergessenen Lokalheiligen zu erzählen. Das ostwärts liegende Spalt bietet Gelegenheit, von den Einflüssen zu berichten, die aus dem Bayerischen kamen und dabei des irischen Bischofs Sankt Emmeram zu gedenken.

Holzkirchen bei Marktheidenfeld ist ein Urklostertyp eigener Art.

Amorbach erinnert an den Einfluß der keltischen Mönche und den engen Zusammenhang mit dem Bodensee und dem Elsaß.

Herrieden hat strategische Bedeutung. Deocar von Herrieden ist Nürnbergs dritter Stadtheiliger.

Feuchtwangen und der Tegernseer Mönch Froumund zeigen den engen Zusammenhang zwischen Franken und Bayern. Vom Kloster Gunzenhausen ist nichts mehr geblieben. Neustadt am Main und Mühlbach bei Karlstadt waren zeitweilig wichtige karolingische Zentren. Dort ist der karolingischen Prinzessin Gertrud zu gedenken. Nichts mehr erinnert in Karlstadt-Mühlbach an das karolingische Urkloster.

Münsterschwarzach: das vergangene Urkloster – heute steht dort eine neuzeitliche Abtei.

Sämtliche fränkischen Urklöster sind Benediktinerklöster. Sie alle sind im 8. und 9. Jahrhundert entstanden. Viele ihrer Stifter sind in die Heiligenbeschreibungen, die Hagiographien der Christenheit eingegangen, und sei es auch nur als Lokalheilige. Die meisten aber haben überörtlichen Ruhm erreicht.

Merowinger und Karolinger hatten die Klostergründer ins Land gerufen.

Die Klöster entstanden in Verbindung mit der fränkischen „Staatskolonisation"; die Franken wanderten ja nicht volksmäßig vom Westen her ein, sondern die fränkischen Herrscher besiedelten mit ihrem Adel das Land und ordneten es ihrem erweiterten Reich ein. Klöster waren wichtige Instrumente fränkischer Herrschaftsausübung und Reichssicherung; mit ihnen brachten die neuen Herren Ordnung und Ruhe in das Durchgangsland zwischen Neckar und Thüringer Wald, zwischen Rhein und Rednitz.

Zu jener Zeit entstanden die beiden fränkischen Bistümer Eichstätt und Würzburg. Eichstätt wurde in Ostfranken geschaffen gegen Bayern hin, das der Franke Karl der Große überwältigte; Würzburg war als Missionsbistum gegründet worden mit klaren Grenzen im Süden und Norden (Neckar und Thüringer Wald), nach Osten hin aber offen, bis zweieinhalb Jahrhunderte später, 1007, das jüngere Reichsbistum Bamberg die Kolonisations- und Missionsaufgabe übernahm.

Die Missionskirche in Franken, ihre ersten beiden Bistümer und ihre benediktinischen Klöster waren die Kräfte, die Franken erschlossen haben. Ihren geistigen Antrieb empfingen sie aus dem italienisch-nordafrikanischen Süden und aus dem irisch-britischen Westen.

Die Spuren der Kelten sind vom Wind der Geschichte zugeweht; das fränkische Christentum, wie es Martinus von Tours geprägt hatte, ist reformiert und stabilisiert worden vom großen europäischen Mönchsorden der Benediktiner. Franken ist seinem kulturell-zivilisatorischen Ursprung nach eine benediktinisch-europäische Landschaft.

Die große gestaltende Kraft ging von dem angelsächsischen Benediktiner Bonifatius aus. Der asketische Antrieb, der diesen einmaligen Mann bewegte, liegt weit außerhalb des Kontinents. Aber er wirkte, vom Westen durch die Iro-Schotten vermittelt und vom Süden her Benedikt von Nursia zu danken, einzigartig auf Franken ein. Ihm dankt es seine Neugestaltung nach den Wirren und der Verödung durch die Völkerwanderung. Viel ging wieder verloren, wie auch viele Klöster untergegangen sind. Mehr noch ist geblieben – wie manche Gemäuer der uralten Klöster.

Würzburg. Ansicht der Stadt von Norden.
Kupferstich von J. B. Homann, 1723.

Würzburg, St. Burkhard

Wer die *Marienkirche* auf dem Burgberg zu Würzburg betritt, fühlt sich hineingenommen in den langen Atem der Geschichte. Er mag meinen, für einen Augenblick im Grabmal Theoderichs in Ravenna zu stehen oder auch im karolingischen Kaiserdom zu Aachen. Jedenfalls: er spürt, daß dieser sakrale Ort einer der ältesten, vielleicht überhaupt der älteste fränkische Kirchenraum ist, erbaut wie viele Kirchen der frühen Mission auf einer heidnischen Kultstätte im Jahre 706. Die Marienkirche auf dem Berg war in der ersten Zeit, nach der Gründung des Bistums Würzburg 743, vermutlich der Sitz (das Haus, lateinisch „domus", also „der Dom") von *Burkhard*, dem ersten Bischof der Mainmetropole. *Imma*, die Tochter des Frankenherzogs *Hedan*, übergab ihre Marienburg Bischof Burkhard als Geschenk und wurde Nonne und später Äbtissin des Klosters *Karlsburg*. Von diesem Kloster ist nichts mehr übriggeblieben. Jenes aber, das bald darauf der Bischof Burkhard zu Füßen der Burg eingerichtet hat, wuchs im Lauf der Geschichte zu einem stattlichen Bauwerk heran. Es war Maria, Andreas und Magnus geweiht und hieß *Andreaskloster*. Dieser Name deutet auf die Angelsachsen hin, zu denen der Erzbischof und Kirchenorganisator Bonifatius gehörte,

43

Kath. Stadtpfarrkirche St. Burkhard in Würzburg,
die ursprünglich dem hl. Andreas geweihte Benediktinergründung.

Magnus erinnert an die keltischen Mönchs-Missionare mit dem „Franken-apostel" Kilian. Das Andreaskloster wurde der Sitz der Domgeistlichkeit, die nach Benedikts Regel lebte. Würzburgs erster Bischof selbst, der alsbald wie ein Heiliger verehrt wurde, fand seine zweite Ruhestätte in der von ihm ge-gründeten *Andreaskirche.* Und zwar durch einen Reliquientausch: Mehr als zwei Jahrhunderte nach Burkhards Tod – er starb 754 –, nämlich im Jahre 984 (oder 990?), ließ Bischof Hugo die Gebeine des heiligen Andreas in den neuen Dom verlegen, die des längst heilig gehaltenen Burkhard wurden da-für in die Andreaskirche gebracht – so kam es zur Kirche St. Burkhard.

Es waren wechselvolle Schicksale, die Burkhards Kirche durchmachte – vom ältesten Benediktinerkloster über ein adeliges Ritterstift bis zur rechts-mainischen Pfarrkirche anno 1803.

Das stattliche Langhaus des romanischen Baues kann man noch durchwan-dern; es stammt ebenso wie die fast völlig verdeckten Türme am Ostende des Seitenschiffes aus salischer Zeit. Auch dieser Kirchenbau hatte, wie der jüngere Bamberger Dom, ursprünglich zwei Chöre, einen im Osten, einen im Westen. Der Chorraum hat, es versteht sich fast von selbst, eine große Krypta.

44

Vom alten Benediktinerinnenkloster bei Tauberbischofsheim ist kaum noch etwas zu finden. Es wurde von *Bonifatius* 735 ins Leben gerufen, der ihm die fromme Frau *Lioba* als Äbtissin zuwies und lag in einer gesicherten Entfernung, geschützt vor heidnischen Überfällen.

Den Klöstern in Kitzingen und Klein-Ochsenfurt – urkundlich werden sie 748 erstmals genannt – stand Liobas Verwandte *Thekla* ab 750 vor. Beide Damen, die wie *Walburga* zu großen Erzieherinnen fränkischer Adeltöchter wurden, waren aus England gekommen. Von dort hatten sie ihr Erziehungsprogramm mitgebracht: „Von klein auf in den Anfangsgründen der Grammatik und in den freien Künsten unterrichtet, wünschte und lehrte Lioba den Umgang mit den Büchern des Alten und Neuen Testaments". Das könne freilich nur wachen Sinnes geschehen, weshalb sie auf dem gesunden Mittagsschlaf bestand. Walburga war Liobas Schülerin. Im südenglischen Kloster Wimborne bei Bournemouth in der Grafschaft Wessex hatten sie ihre erste Ausbildung erhalten.

An das Ochsenfurter Kloster erinnert nicht einmal mehr ein Stein, in Kitzingen aber hat das Dorf, das am wichtigen Flußübergang zur Stadt heranwuchs, die alte Reichsabtei lange überlebt. Die lutherische Reformation

Kitzingen, ehemaliges Ursulinenkloster mit Kirche.
Vogelschau von Südwesten. Kupferstich von 1692.

wurde der Ochsenfurter Tochtergründung als Reichsabtei aus dem Jahre 750 für lange Zeit zum Schicksal. Wie in Norddeutschland üblich, in Franken aber seltener, haben die Protestanten die Benediktinerinnenabtei in ein evangelisches Damenstift umgewandelt. Im Dreißigjährigen Krieg rekatholisiert, übernahmen es im Jahre 1660 Ursulinen, und errichteten eine barocke Kirche, wo einst eine romanische Basilika stand. Im Zuge der Säkularisation erwarb die lutherische Stadtpfarrei das Gotteshaus, das nur noch des Standorts wegen an die karolingische Zeit erinnert.

Liobas heimliche Liebe

Es waren bedeutende Persönlichkeiten, die zur Sippe um Bonifatius gehörten. Von Lioba, die ihr Fest am 28. September hat, ist das Zeugnis einer wehmütig zarten Freundschaft erhalten. Ihre ganze Zuneigung galt ihrem Vetter Bonifatius. Beide hatten ihre Geburtsnamen aufgegeben. *Bonifatius,* einst *Wynefried (Winfried),* nannte sich zum Zeichen der geänderten Lebenseinstellung Bonifatius – einer, der Gutes, Frommes, tut. Seine Verwandte hatte *Truthgeba* („trautliebe Gottesgabe") geheißen, ehe sie sich für Verkleinerungsform ihres Namens Lioba entschied: Sie wollte eine werden, „die Liebe gibt", Liebe des Glaubens.

„Ich bin die einzige Tochter meiner Eltern", klagte sie in einem Brief an Bonifatius, „und wenn ich dich, so unwürdig ich dessen bin, an Bruder Statt erhalten könnte, wäre ich sehr glücklich, weil ich zu keinem anderen Menschen aus meinem Geschlecht ein solches Zutrauen habe, wie zu dir". Heilige, gerade Heilige, sind Menschen von großer Empfindungskraft – überragend, außergewöhnlich und doch im tiefsten Sinne menschlich.

Es scheint mehr als warmherziges Zutrauen gewesen zu sein, was die beiden Heiligen für einander empfanden. Als Bonifatius von Lioba Abschied nahm, um sich auf den Weg zu den Friesen zu machen, bei denen er seine Missionierung erfolglos begonnen hatte, bestimmte er, daß Liobas Leichnam einst zu seinen sterblichen Resten gelegt werden solle. Lodert da „eine lebenslang zurückgehaltene Leidenschaft"? Ricarda Huch hätte es gerne gewußt – und nicht nur sie. Ein uns Heutige erschreckender Gedanke bleibt die Anordnung des Bonifatius, getroffen offensichtlich in der Ahnung seines Todes. Damals scheint er so einmalig nicht gewesen zu sein: Als am 15. Mai 1164 die Äbtissin Heloise starb, legte man wunschgemäß ihren Leichnam zu dem 22 Jahre vor ihr verstorbenen, berühmten, ihr lebenslang leidend zugetanen Priester-Professor Abaelard von Paris.

Ein Jahrtausend später ließ übrigens ein anderer einen ähnlichen Gedanken verwirklichen – noch dazu einer, dessen Lebensweise und Lebensweg in umgekehrter Richtung verlaufen war, nämlich vom Kontinent nach England, und dessen Frau aus Franken stammte: Der hannoveranische Welfe *Georg II.* ordnete beim Tod seiner Gemahlin, der Ansbacher Hohenzollernprinzessin *Caroline*, Englands populärer Queen „Caroline of Anspach", an, daß bei seiner Beisetzung in der Westminsterabtei-Kirche zu London die trennenden Wände zwischen seinem und ihrem Sarg wegzunehmen seien ... So erzählt noch heute der prunkvoll wie ein Kardinal gekleidete Fremdenführer.

Eichstätt

Vom ältesten südfränkischen Kloster gibt es nur schriftliche Nachrichten – und einige Mauerreste, die tief unter Eichstätts *Willibaldsdom* bei dessen großer Restaurierung für kurze Zeit ans Licht kamen. Außer der Erinnerung ist nichts mehr übriggeblieben. Unter dem Westteil des heutigen Domes fanden die Archäologen bei ihren Grabungen zwischen 1970 und 1972 Grundmauern der Bauten eines offensichtlich weitflächig angelegten

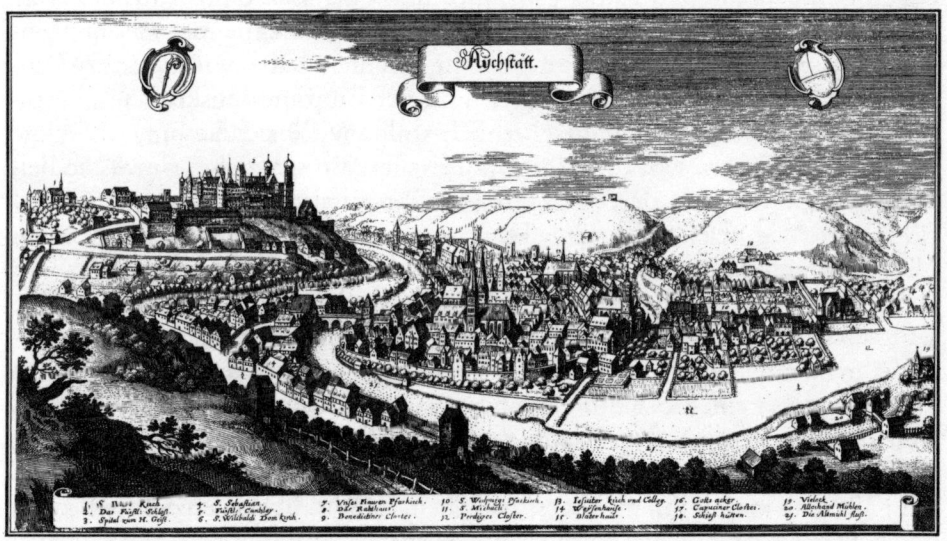

Eichstätt. Aus Matthaeus Merians Topographien von Franken, 1648.

47

Bezirks. Zentrum dieses geschlossenen Bereiches war ein Apsidensaal mit dazugehörigen Nebenräumen, die sie nach Form und Ausstattung als Kirchenraum identifiziert haben. Ein Atrium wurde mit seinen offenen Gängen als der Bereich erkannt, der früher die Funktion hatte, die ab dem neunten Jahrhundert die Kreuzgänge übernahmen.

Das alles läßt auf ein Kloster schließen – das benediktinische *Willibaldkloster*, als dessen Bischof der Angelsachse *Willibald*, ein naher Verwandter des Bonifatius, in dem ehrwürdigen Text der Heidenheimer Historikerin *Hugeburc* bezeichnet wird. Interessanterweise wird der Angelsachse Willibald nämlich nirgends ausdrücklich als Bischof von Eichstätt aufgeführt, sondern stets sehr allgemein als Episkopus, beim erstenmal seiner Erwähnung als Klosterbischof. „Willibaldus episcopus de monasterio Achistadi", heißt es in der Liste der Bischöfe, die an der Synode von Atingny 762 teilnahmen, Willibald, der Bischof des Klosters von Eichstätt. Klosterbischöfe gab es damals in großer Zahl. Eine Urkunde über die Einrichtung Eichstätts zur Diözese fehlt bis heute. Die Geschichtsforscher haben deshalb noch immer zu tun, herauszufinden, wie sich die schöne Altmühlstadt, in der drei Bevölkerungsgruppen zusammenfanden, vielleicht auch aufeinanderstießen, nämlich die Franken, die Bayern und die Schwaben, zur Diözesanmetropole entwickeln konnte.

Fest steht, daß Willibald 740 in Eichstätt zum Priester geweiht wurde. So berichtet es Hugeburc: „Und dort erhob sodann der heilige Bonifatius Willibald zur Würde des Priestertums". Danach befahl Bonifatius die Reise nach Thüringen. In Sulzenbrücken bei Erfurt wurde Willibald am 21. 10. 741 zum Bischof geweiht. Er war „40 Jahre und ein Jahr. Und damals war es Herbstzeit. Fast um die Stunde, drei Wochen vor dem Feste des heiligen Martinus, wurde er zum Bischof geweiht an einem Ort, der Sulzenbrücken heißt". Würzburgs Bischof *Burkhard* und der Fritzlarer Bischof *Wizo* assistierten dem Bonifatius. Wahrscheinlich sollte Willibald die junge Diözese Erfurt übernehmen, woraus infolge politischer Wirren nichts wurde, so daß er wieder „in den von der Vorsehung für ihn bestimmten Wirkungsort zurückkehrte" – nach Eichstätt. Dort wurde aus dem Klosterbischof ein Diözesanbischof und aus dem Klosterzentrum eine Bistumshauptstadt.

Bis zum Tode Willibalds am 7. Juli 787 war dieser Prozeß abgeschlossen. Längst spricht Hugeburc von „unserem Bischof". Daß der Verstorbene schleunigst einen Nachfolger erhielt, bestätigt diese Entwicklung: Für eine Person gibt es keinen Nachfolger, aber für eine Institution. Auf diese Institution zielte der Kirchenorganisator der Franken Bonifatius ab. Und er wollte an dem wichtigen Grenzpunkt Eichstätt einen Mann seines Vertrauens haben. Deshalb auch mag es ihn nicht gestört haben, als Willibald nach dem Scheitern der Erfurter Pläne wieder an den ihm vorherbestimmten Ort zurückgehen mußte.

An Eichstätts Willibaldskloster werden die Motive deutlich, die zu frühen Klostergründungen an (künftigen) Bischofssitzen führten. Die Angelsachsen strebten eine Veränderung der Kirche an, die sie bei den Franken vorfanden – und zwar im Sinne der Erneuerung. Das konnte nach ihrer Überzeugung als Benediktiner – zehn Jahre hatte Willibald an der Reformierung des Gründungsklosters der Benediktiner auf dem Monte Cassino mitgearbeitet – nur von einem hochstehenden Mönchtum aus geschehen. Dazu brauchte man Ausbildungsstätten. So gründete er zunächst unter bescheidensten Voraussetzungen und mit bescheidener Ausstattung die klösterlich-benediktinische Domschule und veranlaßte aus dem gleichen Grund ein Jahrzehnt später (751/52) den Bau eines zweiten Klosters im noch unerschlossenen *Hahnenkamm*, wo von *Heidenheim* aus die offensichtlich immer noch starken heidnischen Widerstände gebrochen werden sollten. Und von dort aus könnte dann im Zusammenwirken mit *Ellwangen* im Jahre 823 das Kloster *Gunzenhausen* an der mittleren Altmühl gegründet worden sein.

Willibalds Biographin hat sich auch dazu geäußert: Der Bischof selbst sei der erste und eifrigste Lehrer an der Domschule gewesen. Würdige Priester und Laien wollte er ausbilden. Gleich bei der Gründung hatte der Adel aus der Nähe und Ferne seine Söhne dem Kloster anvertraut, wie es die Eltern Willibalds in seiner Heimat mit ihren Kindern gehalten hatten. Als Hugeburc rückblickend ihre Nachrichten aufzeichnete, war ein Teil der Schüler längst zu Priestern und Diakonen geweiht – Eichstätts erstes Kloster, ein Diözesan-Muster-Seminar. Bei Hugeburc liest sich das so: „So haben Willibald, der Vater, und die Kirche, die Mutter, im Laufe der Zeit unter dem Schild ihrer Liebe viele Söhne ihrer Wahl dem Herrn dargebracht ... Er hat sie von Kindheit an gebildet, mit Feinsinn unterrichtet, bis sie zur männlichen Vollreife ihrer Anlagen gelangten".

Von langem Bestand war das Willibaldskloster ebensowenig wie das Heidenheimer Werk *Wunibalds* und *Walburgas*: Es wurde nach mehr als einem Jahrhundert – einem Trend der Zeit folgend – in ein Priesterstift umgewandelt, das Domherrenstift. Die Reformbewegung des 11. Jahrhunderts brachte eine Rückverwandlung nicht mehr zustande. Stattdessen verdankt ihr Eichstätt jenes Kloster, das noch in der Gegenwart besteht, die Walburgis-Benediktinerinnen-Abtei *(Walburgisberg)*.

Heidenheim am Hahnenkamm

Heidenheim ist das älteste südfränkische Urkloster, dessen Bauwerke noch zu sehen sind, eine selbständige Abtei, wohingegen das benachbarte *Soln-*

hofen stets Zweigstelle von Fulda blieb. Bonifatius scheint seine ganze Verwandtschaft aus England mobilisiert und ins Fränkische gerufen zu haben. Seine Geschwisterkindkinder *Willibald, Wunibald* und deren Schwester *Walburga* erreichten eine nicht nur für Franken enorme Bedeutung.

Der weitgereiste Willibald – als junger Mann war er ins Heilige Land und nach Konstantinopel gewandert, zehn Jahre brachte der Engländer dann in Italien im benediktinischen Urkloster auf dem Monte Cassino zu – wurde von Bonifatius zum Bischof der neugegründeten Diözese *Eichstätt* eingesetzt, wo er am 7. Juli 787 im hohen Alter starb. In der Nähe fand Bischof Willibalds Bruder Wunibald die krönende Aufgabe seines Lebens. Nach Aufenthalten in Rom und als Reformbeauftragter seines älteren Verwandten Bonifatius wurde er nach Heidenheim gerufen, wo er sich „auf den Rat des Bischofs (seines Bruders) hin das ‚Heidenheim‘ genannte Land zu Eigentum erwarb und weiteres Land schenken ließ". Er gründete nach englischem Muster ein adeliges Eigenkloster. So berichtet es die Nonne *Hugeburc* im „Leben Wunibalds". Sie war eine der ersten Schriftstellerinnen in Ostfranken; seit 760 lebte sie in Deutschland, auch sie von ihrem Verwandten Bonifatius dazu veranlaßt, sich den vielen Angehörigen ihres Clans anzuschließen. Nach einer Art Einführungskurs in *Tauberbischofsheim* im Kloster ihrer Tante *Lioba* hielt sie sich meist in Heidenheim auf.

In den kargen Tälern und auf den karstigen Höhen des Hahnenkamms wird anschaulich, was menschliche Tatkraft bewirken kann und wie sie eine Landschaft verändert, schöner macht, durch Kultur veredelt. Immer wieder muß man daran denken, was Hugeburc über die Anstrengungen Wunibalds aufgeschrieben hat: „Aber das Land war bei der Übernahme noch Urwald. Der Knecht Gottes hieb deshalb die Bäume nieder, tilgte die Schlangen, jätete das Unkraut, reutete Nesseln und Disteln aus und machte das Land so urbar. Dann schuf er zunächst für wenige Menschen Behausungen. Er erbaute sobald als möglich eine Kirche, gründete ein Kloster und lebte darin mit seinen Jüngern nach der Regel, die er schon in früher Jugend aufgenommen hatte. Auch er kannte ja Monte Cassino, wo sein Bruder, der Bischof, sich so lange aufgehalten hatte". – Der eine leitete das Bistum Eichstätt, der andere ein Kloster im Hahnenkamm, das bald zum Doppelkloster ausgestaltet wurde; beide waren von prägender Bedeutung für das südliche Franken.

Mit der Einrichtung der Doppelklöster griffen die Bonifatius-Freunde auf eine Neuerung zurück, die sich bei ihren iro-schottischen Vorläufern schon durchgesetzt hatte. *Brigid von Kildare* hatte im 5. Jahrhundert damit begonnen. In Franken gab es das Heidenheimer Doppelkloster schon vor der Jahrtausendwende; in Bayern gab es nur noch eins am Chiemsee, in Kochel und in Moosburg. Über das klösterliche Leben informiert Heidenheim am besten.

Die Wahl des Klosterortes Heidenheim läßt planvolles, überlegtes Vorgehen der britischen „Entwicklungshelfer" erkennen: windgeschützt gegen

Norden und auch gegen Osten, hingeneigt zur Sonne aus dem Süden, mit einer starken Quelle auf dem Klostergrund und mehreren im Umkreis, mit genügend Platz für einen großen Garten – mitten in einem noch unerschlossenen Gebiet.

Als Wunibald am 18. Dezember 761 starb, übernahm seine Schwester Walburga die Leitung des jungen Doppelklosters, wo Benediktiner und Benediktinerinnen ihren Glauben lebten und sich um die Bekehrung der Menschen mühten – Wunibald und Walburga in idealer Nachfolge von *Benedikt* und *Scholastika*.

Walburga wurde die volkstümlichste Heilige in Franken und weit über Franken hinaus. Ihr Name zählt heute noch zu den in katholischen Landen beliebten. Wali und Burgl rufen die Leute ihre Kinder zu ihrem Gedenken.

Nach ihrem Tod, der für den 25. Februar 779 angenommen wird, ließ man ihre Gebeine nicht in Heidenheim ruhen, sondern brachte sie an den Bischofssitz nach Eichstätt. Seit dem 9. Jahrhundert wird das Fest der Überführung der Reliquien am 1. Mai gefeiert. Die Nacht davor trägt den Namen Walpurgisnacht; diese Freinacht für Hexenspuk, Liebeszauber und sonstigen Aberglauben stammt allerdings aus germanischer Zeit und hat mit der heiligen Walburga nichts zu tun.

Seit einigen Jahren steht das Münster in seiner strengen romanischen Pracht wieder vor aller Augen. Die buchstäblich „re-staurierte", in ihren ursprünglichen Formen wiederhergestellte Pfeilerbasilika ist eine der ältesten im Fränkischen. Sie darf Münster genannt werden: Es war die Kirche, die zum selbständigen Monasterium, zum Kloster, gehörte.

In unmittelbarer Nähe des Gruft-Denkmals der Walburga, vor dem vierten Pfeiler links, ist ein großes Stern-Ornament aus gebrannten Ziegelsteinen freigelegt worden. Seine Deutung macht Mühe: es muß ein persönliches Ornament der sächsisch-adeligen Mönche und Missionare aus Südengland gewesen sein: Der sechseckige Leitstern, der Licht ins Dunkel des Heidentums bringt; das Schifflein in der Mitte – Symbol des Wagnisses und Erlebnisses des Glaubens, Symbol der Kirche seit Alters dazu. „Und rasch bestiegen sie alsdann die Stufen der Schiffsleiter, gingen auf das Schiff und fuhren hinaus auf das blaue Wasser der See, bis sie das brandende, furchterregende Meer, die Eisschollen und Strudel, das Rauschen der Wogen, die schäumenden Salzfluten an den Sandbänken überwunden hatten ... und sagten freudig und froh nach Erhörung des Gebetes dem allmächtigen Gott innigen Dank, daß sie gewürdigt wurden, Heil über die schäumenden Meereswogen und durch die gefährlichen Seestürme den Hafen zu erreichen". Diesen anschaulichen, mit frommen Gedanken durchwebten Bericht liefert Hugeburc, als sie die stürmische Überfahrt Wunibalds schildert. Seitdem der Eichstätter Kirchenhistoriker Andreas Bauch die „Quellen zur Gründerzeit" der Diözese Eichstätt übersetzt und herausgegeben hat, kann man mühelos nachlesen, was vor zwölfhundert Jahren sehr mühevoll auf Pergament geschrieben wurde.

Wie nahe die Kanalüberquerung denen gegangen sein muß, die sie wagten – und sei es nur von London nach Rouen gewesen –, illustriert ein von Nonnen gewebter Wandteppich, dessen Zentrum das Schifflein ist; er hängt auf der Harburg im Wörnitztal.

Das Stern-Ornament bezeichnet – so wird mit guten Gründen vermutet – den ältesten Westteil der Kirche. Es markiert den „ehrwürdigen Ort" der ersten Erdbestattungsstätte Wunibalds und Walburgas. Wunibalds auf wunderbare Weise unversehrter Leichnam wurde am 24. September 777, sechzehn Jahre nach seiner Bestattung, umgebettet.

Walburga, die volkstümliche Heilige

Auch Walburgas Gebeine hatten ja dieses Schicksal. 779 war Walburga gestorben und in dem damals noch kleinen Münster ohne Sarg in die blanke Erde gebettet worden, bald darauf wurden ihre Gebeine nach Eichstätt gebracht. Als aber Eichstätts Bischof 893 dem zähen Drängen der Monheimer Äbtissin nachgab und Walburgas Gebeine herausgeben ließ, löste dies eine so nicht erwartete Entwicklung aus. *Monheim* wurde zum „Altötting der Karolingerzeit" und Walburga zur deutschen National- sowie zur benediktinischen Ordensheiligen. Die Reformer aus Cluny – von ihnen wird bald zu erzählen sein – erwählten sie zu ihrer Schutzpatronin, da sich die Walburga-Verehrung von Monheim und dem westbelgischen Furnes über Frankreich verbreitet und eine große Bedeutung erlangt hatte. Als im Nordwesten des Reiches die Normannen und im Südosten die Ungarn einfielen, setzten auch die Großen des Reiches auf die Heilige aus dem Hahnenkamm.

Einer von ihnen war Bischof *Ulrich von Augsburg*, Verehrer Walburgas und Monheimpilger seit seiner Kindheit; er wurde später selbst zum Heiligen erhoben.

Doch 1035 hatte Monheims Heiligenherrlichkeit ein Ende: In *Eichstätt* wurde ein Benediktinerinnenkloster, *St. Walburg*, errichtet. Walburgas Gebeine erhielten dort ihre Hauptbegräbnisstätte. Schon 1042 schuf das Kloster in der Walburgisgruft die einzige Konfessions-Anlage nördlich der Alpen. Bis heute kann man von dort Walburgisöl holen oder sich schicken lassen; manche Gläubige sprechen ihm heilende Wirkung zu.

Reformation und Säkularisation setzten der Eichstätter Walburgisverehrung arg zu. Ausgelöscht haben sie sie nicht. Im 17. und 18. Jahrhundert erblühte die Walburgisverehrung von neuem. Im 19. Jahrhundert brachte sie

Die heilige Walburga

es zu transatlantischer Wirkung: Eichstätts Abtei St. Walburg schickte Nonnen zu armen deutschen Auswanderern nach den USA; und dort kam es zu
45 Filialgründungen, die längst selbständige Benediktinerinnenkonvente
sind. Was hereingekommen ist aus der angelsächsischen Welt, wurde ein
Jahrtausend später wieder hinausgetragen in die angloamerikanische.

Solnhofen

Überreste eines anderen, freilich viel kleineren fränkischen Urklosters liegen
in Solnhofen an der Altmühl. Längst steht an Stelle der ehemaligen Klosterbasilika die evangelisch-lutherische Pfarrkirche. Aber daneben findet man

eine der größten kirchen- und kunstgeschichtlichen Sehenswürdigkeiten Mittelfrankens, das berühmte Sola-Grab. Die Säulenkapitelle, die Akanthus-figurationen, die Kämpfer und Basen, sind ihrer gestuckten Fassung wegen einzigartig in Deutschland. Und ganz in der Nähe ist die Solahöhle. Hier soll der Einsiedler *Sola* gehaust haben.

Der Angelsachse Sola wollte allein sein mit seinem Herrn. Eremiten nennt man die Leute, die die Wüsteneinsamkeit aufsuchen – und wo sie sie nicht finden, sich mit der Waldeinsamkeit bescheiden. Auch Sola war ein Gehilfe des großen Kirchenorganisators *Bonifatius*; sozusagen ein angelsächsischer Entwicklungshelfer am Ufer der damals noch mit Kähnen befahrenen Altmühl.

Nach Solas Tod am 3. Dezember 794 wurde die Einsiedelei zu einem kleinen Kloster erweitert. Sola hatte seinen Besitz der Benediktinerabtei Fulda vermacht, die das Kloster mit eigenen Mönchen beschickte. Kaiser *Ludwig der Fromme* stattete die Propstei mit mehr Grundbesitz aus.

Die spärlichen Überreste des einst großen Baudenkmals, das nach Solas Tod allmählich entstanden war, geben viel Stoff zu Betrachtung und Nachdenken.

Ansbach, St. Gumbert

Lange bevor das Dorf am Onoldsbach, Ansbach, entstand, gab es dort ein Kloster, benannt nach einem gewissen *Gumbert*. Wer der heilige Gumbertus war, ist nicht bekannt. Ob der erste Abt ein Bischof oder ein Graf namens Guntbert war, dem die bis in die Mitte des 8. Jahrhunderts zurückreichende Stiftskirche in Ansbach ihren Namen verdankt, ist nicht mehr auszumachen. Dieser Guntbert sollte Nachfolger eines Würzburger Bischofs werden, wird überliefert, lehnte aber aus Bescheidenheit ab. Gumbert wollte sich eben nicht abbringen lassen vom selbstgewählten Weg und der selbstgestellten Aufgabe. Das sagte man ihm gerne später nach: Gumbert – ein Beispiel unbeirrbar zielstrebiger Frömmigkeit!

Wahrscheinlich ist, daß Guntbert, Angehöriger der fränkischen Edelfreien, die das junge Land zwischen Rezat und Regnitz besetzten und erschlossen, ein Klosterbischof gewesen ist – als solcher trat er sowohl als Grundherr und bewaffneter Edelmann wie als Bischof seines Klosters auf und führte den Bischofstitel.

Auch wenn die in jüngerer Zeit wieder geöffnete Krypta nicht zurückreicht bis in die Ursprungszeit der karolingischen Reichsabtei: zu den ältesten in Franken zählt sie – und zu den schönsten auch. Ihr vergleichbar ist am ehesten noch die zu Fulda.

Westliche
Dreiturmfassade
von St. Gumbert

Ihre Geschichte ist wechselvoll. Dennoch blieben ihr alle Elemente erhalten, die diesen unterirdischen Anbetungsraum unvergeßlich machen. 1166 ist sie erstmals erwähnt. Die Klostergründung wird um 748 datiert, noch vor *Heidenheim* (752) und *Solnhofen* (794) und lange vor *Herrieden* (783); Ansbach lag im Raum der alten Diözese Würzburg.

Nachdem das Kloster an Würzburg überging, ließ *Karl der Große* in seiner Kanzlei ein Diplom ausfertigen, das für die Kanzleisprache seiner Zeit ebenso charakteristisch ist wie für das Denken jener Tage:

„Karl, von Gottes Gnaden König der Franken und Langobarden ..., notifiziert, daß der verehrungswürdige Mann Guntbertus, Bischof, uns geschenkt und übergeben hat das Kloster im Rangau, vier Meilen im Walde, Vircunnia genannt, zwischen zwei Flüssen, Rezat und Onoldisbach, an dem Platze, wo sie zusammenfließen, das er zu Ehren der jungfräulichen Gottesmutter Maria auf seinem Eigentum aus eigenen Mitteln erbaut hat, um eine nicht kleine Kongregation von Mönchen zu haben, nach der Regel St. Benedikts Christus zu dienen, mit allem, was dazu gehört. Wir befehlen, daß kein öffentlicher Richter innerhalb dieses unseres Klosters der heiligen Maria nebst Höfen und zugehörigen Orten Gerichtsgewalt habe.

Und wir haben diesem verehrungswürdigen Bischof Guntbert zugestanden: wenn er selbst aus dieser Welt zum Herren eingegangen, haben die im Kloster nach der Regel des heiligen Benedikt lebenden Mönche die Befugnis, einen würdigen, guten und getreuen Abt zu wählen. Dies haben wir mit eigener Hand verfügt und mit unserem Siegel versehen, gegeben zu Aachen in unserer Pfalz am 29. März 781 und im 13. Jahr unserer Regierung.“

Soweit der Urkundentext.

Zweierlei verdient in diesem Zusammenhang Beachtung: Karl der Große übernahm das ursprünglich einem fränkischen Adeligen eigene Kloster wie auch das Altmühlkloster *Gunzenhausen*, das bald wieder im Dunkel des Vergessens verschwunden ist und von dem man nur noch weiß, daß es 823 Karls Sohn *Ludwig der Fromme* an Ellwangen übergab. Das zweite an König Karls Urkunde Bemerkenswerte: Den Ansbacher Mönchen wurde freie Abtswahl zugesichert.

Geistlich unterstand das Gumbertuskloster zu Ansbach dem Würzburger Bischof, während das kaum 10 Kilometer entfernte Herrieden dem Eichstätter Bischof zugeordnet war: Franken war schon immer von vielen Grenzen durchzogen.

Lange hatte freilich die benediktinische Reichsabtei nicht Bestand, obwohl sich um sie bald ein Herrensitz und ein Dorf ansiedelten: Um das Jahr 1000 schon wurde das Kloster zum Chorherrenstift umgewandelt. Der Bischof von Würzburg hatte die Umwidmung betrieben. Er strebte eine engere Verbindung zum Domkapitel an: auf ein Stift, in dem nicht mehr eine Ordens-, sondern eine Priestergemeinschaft lebte, hatte er größeren Einfluß als auf ein selbständiges Kloster altbenediktinischer Ordnung. Klöster waren kirchlich unabhängiger als Priesterstifte. Am ehesten hatte auf sie der König Zugriff. Die wichtigsten Positionen eines geistlichen Stiftes aber konnte der Bischof besetzen; er ernannte den Stiftsprobst als geistliches Oberhaupt und den Stiftsvogt als weltlichen Beschützer, beide nicht selten aus seiner eigenen Familie. Die Auseinandersetzungen zwischen Kaiser und Papst setzten sich auch in der Kirchenorganisation vollständig fort. In Herrieden war das – von Eichstätt her – nicht anders als in *Feuchtwangen* – da von Augsburg her; von der Klosterumwandlung in *Spalt* war sogar Regensburg betroffen.

Das Umwandlungsverfahren ist in Ansbach ähnlich verlaufen wie in den mainfränkischen Urklöstern *St. Stephan* in *Würzburg* und in *Münsterschwarzach*. Über die innere Entwicklung, die zu den Klerikerstiften führten, wird noch zu berichten sein.

Viel ist nicht geblieben vom einstmals großen Emmeramskloster zu Spalt am Endlauf der Fränkischen Rezat. Auch diese Gründung der Benediktiner reicht weit ins achte Jahrhundert zurück, zählt also zu den fränkischen Urklöstern; 810 ist eine Schenkung an dieses Kloster erwähnt, das damals noch den Erlösernamen *St. Salvator* trug. Später, wahrscheinlich im 12. Jahrhundert, ist auch dieses Benediktinerkloster in ein Chorherrenstift umgewandelt worden und hat den Namen des Bistumsheiligen von Regensburg erhalten. Denn Spalt gehörte zum Besitz des Bistums Regensburg, dessen Gründer der Iro-Schotte *Emmeram* war. Kirchlich war zwar Eichstätt zuständig, die weltliche Gewalt aber übte der Bischof von Regensburg aus; er schlug auch den Propst von Spalt vor, den ersten Geistlichen der acht Chorherren und fünf Vikare; das Ernennungsrecht lag beim kirchlichen Oberhirten, dem Eichstätter Bischof. Wieder ist zu erkennen, wie vielfältig sogar die Organisationsstrukturen waren, die auf das mittlere Franken auch kirchlich einwirkten. Ihr Ursprung lag weit außerhalb.

Die Regensburger Klostergründung im fränkischen Spalt zeigt die weiträumigen Aktivitäten an, die von allen Seiten auf das junge Ostfranken einwirkten. Vom Westen und vom Südosten her wurde das Gebiet zwischen Main und Donau kolonisiert und missioniert. Die Flußtäler der Rezat und der Altmühl, des Obermains und der Wörnitz markierten die geographischen Linien.

Emmeram von Regensburg

Das Spalter Emmeramskloster hält die Erinnerung an den Regensburger Bischof Emmeram wach, der den Missionaren von der grünen Insel zuzurechnen ist, die sich seit dem fünften Jahrhundert aufmachten, um ihre Gotteserkenntnis auf dem Kontinent zu verbreiten.

Emmeram spielte in Regensburg die Rolle, die *Kilian* für Würzburg hatte. Für Franken wurde Kilian wichtig, doch Emmeram strahlte über die Grenze des bajuwarischen Siedlungsraumes an die östliche Rezat, nach Spalt aus. Emmeram *(Haimrham)* kam aus dem gallischen Poitiers, wo jene iro-schottischen Wanderprediger gerne Station machten, denen die irische Insel zu eng geworden war. – Irland war von den ruinösen Zerstörungen der Völkerwanderung verschont geblieben, so daß seine Missionare aus einem reichen Schatz kultureller, vor allem christlicher Überlieferungen auszuteilen

S. EMMERAMMVS M. ET PONTIFEX RATISBON.

Der heilige Emmeram, der Gründerbischof Regensburgs.
Aus der Heiligengeschichte des Matthaeus Rader.

hatten. Einer der drei „Apostel der Bayern" – neben Regensburgs Emmeram noch Salzburgs *Ruppert* und Freisings *Korbinian* – wirkte bis nach
Franken hinein.

„Noch vor dem Anfang des 8. Jahrhunderts" müsse Emmeram „mit seinem Dolmetschern und etlichen Begleitern zu Herzog Theodor nach
Regensburg gekommen sein", wird vermutet. Was wir über Emmeram wissen, danken wir seinem Freisinger Biographen Bischof *Arbeo*, der schon um
770 aufschrieb, was er vom Leben und Sterben dieses kraftvollen Mannes
wußte und davon hielt, ohne das Rätselhafte an ihm klären zu können: Sein

Tod (715) bleibt geheimnisumwittert, auch wenn man ihn einen Märtyrertod nennt. In der Nähe von Aibling, in Kleinhelfendorf, hat ihn der bayerische Herzogssohn *Landebert* mit dem hämischen Zuruf niedergemacht: „Sei gegrüßt, Bischof und Schwager". Der „heilige Bischof Sant Heimram" – so seine Grabinschrift – war Opfer einer Skandalgeschichte geworden, wie sie offensichtlich auch damals schon im Schwange waren: Er hatte sich der Herzogstochter *Uta* angenommen, die sich ihrerseits mit dem vornehmen Bayern *Sigibald* auf eine Weise eingelassen hatte, deren Folgen bald sichtbar wurden. Da kam Emmeram auf den Gedanken, seine längst fällige Romreise zur Einholung des päpstlichen Segens für seine bayerische Missiontätigkeit schnellstens anzutreten, um auch für Uta etwas auszurichten. Aber der zornige Bruder Utas, Landebert, verfolgte ihn, holte ihn ein und ließ ihn und seine Gefährten zu Tode stückeln. Im Sankt-Petri-Kirchlein zu Aschheim wurde sein Leichnam beigesetzt, später nach St. Georg in Regensburg überführt.

In Regensburg blieb die Erinnerung an den Bischof Emmeram bis heute wach. „Auf dem Berge oberhalb der Weinpflanzungen ..., zwischen Donau und Regen, wo sie zusammenfließen", weihte man „Gottes heiligem Märtyrer" eine Kirche, berichtet Arbeo von Freising.

Emmeram selbst hat also jenes Klösterlein gegründet, aus dem die riesige Reichsabtei St. Emmeram erwachsen sollte. Er war auch da zielstrebig vorgegangen: Exakt dort hatte er sich niedergelassen, wo zur frühen Keltenzeit schon ein heidnisch-keltisches Heiligtum war. So machten es alle Iro-Schottenmönche. In Franken hält Spalt seine Erinnerung wach.

Holzkirchen bei Marktheidenfeld

Zu den ganz alten, aber wenig bekannten frühen fränkischen Gründungen gehört das Benediktinerkloster Holzkirchen bei Marktheidenfeld. Um 760 hat es Graf *Throand* gegründet und nach 768 *Karl dem Großen* übergeben, der es ein paar Jahre später, 775, der Abtei Fulda vermachte.

Ob das alles so freiwillig geschah, wie es sich in den Urkunden liest, kann bezweifelt werden. Die Karolinger waren zielstrebig darauf aus, die Mainlande „in den Griff" zu bekommen. Klostergründungen und Klosterschenkungen waren ihnen Mittel zum Zweck. Der Aufstand des fränkischen Grundbesitzeradels im Jahre 785/86, von dem *Einhard* berichtet, wirft ein charakteristisches Licht auf die Lage und zwingt zu politischen Rückschlüssen. Die Kirche half dabei dem König: fast alle Klöster, die fränkische Adelige gegründet hatten, wurden ihm unterstellt – oder als Schenkung Würzburg oder Fulda übertragen. Daß dies so häufig geschah, nicht nur in Thulba, läßt königlichen Druck vermuten. Der Adel, vor allem der landfremde Adel, dem auch Throand angehörte, war zusammen mit dem Königsgut und der Grafschaftseinteilung das Instrument, mit dem die Könige regierten. Die Kirche machte zu jener Zeit noch mit. Auf Königsgut wurden die Klöster gegründet. Der kirchliche Alleinherrscher *Bonifatius* eröffnete dem König die Möglichkeit dazu. Fulda spielte die wichtigste Rolle. Die zahllosen Schenkungen an Fulda zeigen, wie sehr die Klostergründungen königliches Herrschaftsinstrument waren. Noch wichtiger waren die Bistümer Würzburg im Westen und Eichstätt im Süden des jungen Franken. *Thulba* und Holzkirchen zählten zum Kreis der Klöster, die die junge Frankenherrschaft festigen halfen.

Die Propstei Holzkirchen wurde im Jahre 1803 aufgelöst; ihr Besitz fiel dem Fürsten von Löwenstein-Wertheim zu. Die Wertheimer übten ihre Vogtherrschaft schon während des ganzen Mittelalters nicht nur in Bronnbach, worüber noch zu berichten ist, sondern auch über Holzkirchen aus.

Vorher hatte Holzkirchen noch eine große Blütezeit erlebt: Ehe die französischen Truppen kamen, war der französische Geist in die Mainlande eingezogen. Die als herrliches Oktogon gebaute Propsteikirche von Holzkirchen atmet diesen Geist. Von 1728 bis 1730 war auch hier *Balthasar Neumann* als Planer und Architekt am Werke. Der ehemalige Fähnerich, Waffenschmied und Glockengießer, Feldmesser und Geometer hat sich in der Kirche von Holzkirchen ein seltenes, fast vergessenes, meist übersehenes Denkmal geschaffen. Er erneuerte nach tausend Jahren die karolingische Bauweise im Stile des Barock. Schade, daß ein Großbrand im 19. Jahrhundert die Kuppel zerstörte und danach ein Pyramidendach aufgesetzt wurde.

Ein Teil der Klostergebäude ist noch erhalten, auch vom Kreuzgang mit bedeutendem Kapitellschmuck aus dem 12. Jahrhundert.

Eine Fahrt in dieses Fuldaer Nebenkloster an einem bescheidenen Nebenfluß wird nicht enttäuschen.

Amorbach

Am Rande des Odenwaldes liegt Amorbach. Amar wurde dort einst angebaut; so nannte man den Dinkel im Althochdeutschen. In Amorbach wird man an einen der größten frühen Missionare erinnert, an den heiligen *Pirmin,* der vermutlich aus dem südwestlichen Frankreich, aus Aquitanien kam. Dort hatten sich die irischen Kelten festgesetzt, schon ehe die Engländer ihnen Konkurrenz machten und sie an Bedeutung übertrafen. Im Jahre 724 hat er das Kloster Reichenau auf der Bodenseeinsel gegründet, von dort ist er nach Murbach im Elsaß gezogen und schließlich hat er das unvergeßlich eindrucksvolle *Maursmünster* in den Nordvogesen reformiert, indem er dort die Regel des heiligen Benedikt einführte. Er starb 753 im Kloster *Hornbach* bei Pirmasens, das ihm seinen Namen verdankt.

Pirmin muß ein unruhiger Mann gewesen sein. Aber er war nicht der einzige große Wanderer, Stifter, Gründer aus dem Volk der Kelten. Durch einen Schüler soll er sogar ins obere Maintal hineingewirkt und die Stiftung der Benediktinerabtei Amorbach bewirkt haben.

In die Kirchengeschichte ist er eingegangen durch sein Missionsbüchlein, die „dicta Pirminii", das erste Handbuch der Missionsarbeit. Weniger für die Heidenmission sei es bestimmt, als für den Versuch, heidnische Restbestände in Glaube und Brauchtum bei einem getauften Volk zu überwinden, meint dazu ein Benediktiner unserer Tage. Auf dem Grabstein des eifrigen Klostergründers in Hornbach bei Zweibrücken hat *Rabanus Maurus* einhundert Jahre später eine Inschrift anbringen lassen, die lesenswert ist, weil sie die Grundeinstellung jener Zeit erkennen läßt:

„Pirminius, Bischof und Christi Bekenner zugleich, wohnt in diesem Haus und heiligt diesen Ort.

Die Freuden dieser Welt hat er um Christi Willen verschmäht und sich die Armut erwählt. Die Heimat, das Volk und die Sippe hat er verlassen, fahrend in fremdes Land hat er den Himmel verdient.

Hier hat er das Volk der Franken mit der Lehre des Glaubens gesucht, viele heilige Stätten Gott gegründet. Hier nun ruht er mit den Gliedern des Leibes, doch die Seele wohnt droben im seligen Reich. Allen hilft er, die würdig den Himmel erstreben, getreu behütet er selbst seine Diener".

Wer die nötige Ausdauer hat, mag die Inschrift entziffern. Glaubensverständnis wie Menschenbild jener Zeiten sind auf ihr eindeutig ablesbar.

Der Korrektheit halber ist zu erwähnen, daß die jüngste Arbeit über die Benediktinerabtei Amorbach die hier wiedergegebene Beziehung zwischen Pirmin und Amorbach, die im 18. Jahrhundert als historische Tatsache galt, mit dem Satz abtut: „Nach dem derzeitigen Stand der Geschichtswissenschaft hat der hl. Pirmin mit Amorbach nichts zu tun ..." Mit „Amor" im Ortsnamen sei die Gottesliebe gemeint. Als gesichert gelte heute, daß die Abtei „im frühen 8. Jahrhundert für Mönche irisch-insularer Herkunft (‚Scotti') gegründet wurde". – Es besteht also doch ein Zusammenhang zwischen Amorbach und den Iro-Schotten; Pirmin war einer von ihnen. Amorbach – sozusagen das erste „Schottenkloster" in Franken.

Amorbachs Äbte hatten während der karolingischen Sachsenmission eine wichtige Aufgabe im barbarischen Norden zu erfüllen, speziell im Missionsbistum Verden an der Aller: dort wurden sie Klostergründer. Amorbach

Amorbach, Abteikirche. Frontseite

62

blieb durch die Zeiten dem burgundischen Urkloster *Gorze* verbunden, wo die Schottentradition gepflegt wurde. Und: der „Ordo Amerbacencis" besiedelte bald den Bamberger Michelsberg.

Bis ins 15. Jahrhundert war Amorbach ein reines Adelskloster – mit allen negativen Erscheinungen dieser personellen Einengung. Da erlebte es auch den schlimmsten Niedergang seiner wechselvollen Geschichte. Als Abt *Dietrich von Kuntich* (1406–1428) es im Sinne des Konstanzer Konzils reformieren wollte, wurde ihm jahrelang der Zutritt ins eigene Haus verwehrt. Sein Prior war von den klösterlichen Mitbrüdern erschlagen worden. Der Abt wagte sich nur unter dem Schutz bewaffneter Begleiter und selbst waffenstarrend in das Kloster; ansonsten logierte er in seinem Klosterhof zu Kirchzell. Schließlich hatte er doch Erfolg; er setzte zugleich durch, daß auch „armer lute kind", das heißt Bürgerliche, wie er einer war, ins Kloster aufgenommen werden konnten. Eine neue Blütezeit brach für die Klöster an.

Im Bauernkrieg entlud sich der aufgestaute Zorn der kleinen Leute gegen die reiche Abtei in blutigen Plünderungen durch den „Hellen Hauffen Ottenwalds und Neckars". Die Reformation brachte schwere innere Erschütterungen, aber Amorbach blieb als kirchliches Territorium katholisch. Fürstbischof *Julius Echter* stabilisierte die Verhältnisse. Im Dreißigjährigen Krieg unterwarfen die Schweden die Abtei für kurze Zeit; nachher folgte eine Zeit tatkräftigen Wiederaufbaus. Ihr verdankt Amorbach sein heutiges Aussehen. Feierlich zelebrierte die Abtei 1734 ihr (angenommenes) 1000jähriges Bestehen. Der Kirchenneubau war der krönende Abschluß dieses historischen Selbstbewußtseins. Es war zugleich ein letzter schöner Herbst. Dann folgten Auflösung und Verfall. Die Fürsten von Leiningen erhielten die Abtei zur Entschädigung für die Pfälzer Stammlande; die Abteikirche wurde evangelische Hofkirche.

Noch heute ist am stattlichen westlichen Turmpaar des Münsters in Amorbach die romanische Baugliederung abzulesen, die zurückreicht bis in die erste Hälfte des 12. Jahrhunderts: die zarten Lisenen und die geöffneten Schallarkaden in drei Geschossen machen die aus dem Westen gekommene Bautradition hörbar und sichtbar.

Die Baustruktur einer Wandpfeilerbasilika ist auch im Innern aus der frühen Entstehungszeit beibehalten worden. Es ist, als trüge sie erst recht dazu bei, die fröhliche Rokokodekoration – einschließlich dem prachtvollen Chorgitter, das an alte gemauerte Lettner erinnert – zur Geltung zu bringen.

Heute dient die ehemalige Abteikirche der evangelisch-lutherischen Gemeinde als Gotteshaus. Die Fürsten zu *Leiningen* lassen sich den Unterhalt dieser vornehm schönen Barockkirche viel kosten; sie zählt zu den beachtlichsten in ganz Deutschland.

1982 feierte Herrieden sein 1200jähriges Bestehen. Der Ort im „Ried des Hasso", den man für dieses Kloster wählte, lag an einer alten Verkehrsader. An der Erhaltung und Verbesserung der Verkehrswege waren die Franken bekanntlich besonders interessiert. Von Augsburg und Donauwörth führte der Weg über Königshofen an der Heide nach Herrieden und von da weiter nach Fulda. „An der freien Straße des Reiches" lokalisierte man Herrieden noch lange. Im übrigen kann man davon ausgehen, daß die Altmühl auch als Wasserweg benutzt wurde. Ein Treidelpfad mag nach Herrieden geführt haben. Denn dem binnenländischen Schiffsverkehr widmete *Karl der Große* besondere Aufmerksamkeit. Um die gleiche Zeit, 793, hat er bekanntlich versucht, Rhein, Main und Donau bei Treuchtlingen miteinander zu verbinden – das Dorf „Graben" erinnert noch heute daran.

Herriedens älteste urkundliche Erwähnung ist auf den 24. Februar 797 datiert. Als Gründungszeit nimmt man das Jahrzehnt vorher an; man hat das Datum, einer alten Überlieferung folgend, auf das Jahr 782 festgelegt.

Stifter des Klosters war der fränkische Edelfreie *Cadolt*. Auch er vermachte sein Kloster, wie Ansbachs *Guntbert*, dem Frankenkönig Karl, der seinen Vertrauten *Deocar* als ersten Abt einsetzte.

Auch an diesem Vorgang ist abzulesen, daß der Frankenkönig Karl mit den Klöstern im großen Stil Reichspolitik trieb. Vor allem maß er ihnen strategische Bedeutung zu. Die ostfränkischen Urklöster waren sichtlich ein Schutzwall gegen die Bayern, deren der Frankenkönig Karl sich nicht sicher war.

Der erste Abt von Herrieden, Deocar, zu deutsch aus der lateinischen Rückübersetzung *Gottlieb*, war ein Angehöriger der karolingischen Hofkapelle, ein hoher Ministerialbeamter gewissermaßen. Er vertraute sein Kloster der heiligen Maria an. Ob es tatsächlich Mönche waren, die in diesem Kloster lebten, wird mitunter bezweifelt. Es sei eine Art offenes Adelskloster gewesen, wird vermutet, gewissermaßen Versorgungsanstalt auf Zeit für Männer, die sich den Weg der Rückkehr in ein bürgerliches Leben offen halten wollten, indem sie sich nicht an ein lebenslängliches Gelübde banden. „Viri religiosi", nannte man und nannten sich diese Männer in den Urkunden. Aber auch sie lebten nach der Regel des heiligen Benedikt.

Das Kloster war nicht hinreichend ausgestattet. Es geriet bald in Schwierigkeiten. Der König mußte helfen – und gewann so noch mehr Einfluß. Karls Sohn, *Ludwig der Fromme*, sprang ein und ließ gleich ein neues Kloster bauen. Mit dem Gebäude wechselte man auch das Patrozinium. Der Heiland selbst, lateinisch Salvator, sollte der Schutzherr sein. Salvatorpatrozinien waren damals Mode. Nicht nur in Herrieden und in Spalt, sondern ebenso bei den Domkirchen zu *Eichstätt* und in *Würzburg*, in den Klöstern *Ellwangen*, *Fulda* und im nordschwäbischen *Monheim* wurden Salvatorpatrozinien eingerichtet. Bald darauf aber wurde der ehrwürdige Titel Salvator, der Heiland, der Retter, der Erlöser, verdrängt durch aktuelle Heilige oder auch durch Hausheilige.

Die Verehrung einzelner Persönlichkeiten war da plastischer als das Gedenken an die große Leidenstat Jesu. So fiel es nicht schwer, die Patrozinien auszutauschen.

Deocar, Nürnbergs dritter Stadtheiliger

Noch heute begegnet man gelegentlich im Fränkischen dem schönen Vornamen Gottlieb. Sein prominentester Träger war der erste Abt Deocar von Herrieden. Der Name ist in unterschiedlichsten Schreibweisen überliefert, von *Theutgar* über Deocar bis *Dietger*. Die fränkische Namensform läßt vermuten, daß Deocar nicht mehr den angelsächsischen Missionsmönchen zuzurechnen ist. Weder Geburts- noch Sterbedatum sind bekannt, man datiert sie zwischen 738 und 826.

Deocar ist den fränkischen „Urheiligen" zuzurechnen. Im Pontifikale des Eichstätter Bischofs *Gundekar II.* findet sich eine schöne farbige Darstellung des Heiligen aus dem Jahre 1060. „St. Deocar schenke Hoffnung dem Volk, Gnade dem Klerus" lautet die lateinische Anrufung.

Der junge Deocar, vermutlich Angehöriger der karolingischen Hocharistokratie, ist durch die Schule des großen *Bonifatius* gegangen. Um die Mitte des 8. Jahrhunderts findet sich sein Name in Fulda, danach ordnet ihn sein Abt *Sturmius von Fulda* zur „Hofkapelle" Karls des Großen ab. Seine Aufgaben sind Feier des Gottesdienstes, Unterweisung der Jugend, Erwachsenenbildung, Kanzleidienst (nur die Priester konnten schreiben), Diplomatie. 795 setzte ihn der Frankenherrscher zum Abt des von Cadolt gestifteten Klosters *Herrieden* ein. Diese Abtei hatte eine wichtige strategische Funktion gegenüber den Bayern, denen der Frankenkönig nicht traute. Als die Franken 795 endlich einen entscheidenden Sieg über die Bayern davontrugen, erhielt Deocar, der energische Abt von Herrieden, den Auftrag, den Osten zu sichern und zu missionieren. Kurz vorher schon hatte er die Orte Pielach, Melk und Grünz in der Wachau für die Altmühlabtei in Besitz genommen.

Ob es an der häufigen Abwesenheit vom Heimatkloster lag oder an anderen Gründen: Deocar hatte Anlaß, in Herrieden hart durchzugreifen und einige Mönche von der Gemeinschaft auszuschließen. So kam ein bedeutendes schriftliches Dokument zustande, das sich erhalten hat. Es ist ein Brief des berühmten Abtes *Alkuin von Tours*, jenes Benediktiners, den König Karl vom englischen York an seinen Hof geholt hatte und der einen kaum vorstellbaren Einfluß auf die kirchlichen wie die politischen Entwicklungen Frankens gewonnen hat. Auf sein Betreiben kam es zum bereits erwähnten Benediktinermonopol (Aachen 816–819).

„Die Geduld der Vorsteher muß den Untergebenen zum Heile gereichen", schreibt er in seinem Brief an Deocar, mit dem er für die Bestraften bei ihrem Abt, seinem Kollegen, ein gutes Wort einlegte. „Daher ist es besser, bei den Fehlenden Nachsicht zu üben, als die Sünder fortzujagen", belehrt er Deocar und gibt zu bedenken: „Wenn nur noch Gerechte und Gesunde zurückbleiben, würde der Hirt vielleicht bald allein und ohne Herde übrig sein".

Der Kontakt zwischen Herriedens Abt und dem Frankenkönig ist auch nicht abgerissen, als Karl der Große sich in Rom die Kaiserwürde geholt hatte. Im Gegenteil: Deocar erhielt das neue Amt eines königlichen Visitators, der als Königsbote die Äbte und Bischöfe, Herzöge und Grafen zu überprüfen und die Rechtsprechung und Verwaltung zu kontrollieren hatte. Von 800 an war Abt Deocar als kaiserlicher Missus in Regensburg, 804 in der Diözese Passau.

Deocar gehörte zur hohen Prominenz seiner Zeit. Das zeigte sich auch bei der Kirchenweihe von Fulda am 1. November 819, als dieses wahre Wunderwerk jener Zeit, die größte Kirche nördlich der Alpen, seiner Bestimmung übergeben wurde. Der Abt aus dem Altmühltal findet respektvolle Erwähnung in der großen Reihe der Bischöfe, Äbte, Grafen, die von weither anreisen, um an der Überführung der Reliquien des Bonifatius in die neue Krypta unter dem Westchor teilzunehmen.

Zwischen 822 und 826 ist Abt Deocar gestorben. Diese Vermutung läßt sich aus den Eintragungen der Verbrüderungsbücher ableiten, die in vielen Klöstern jener Zeit geführt wurden. Im Verbrüderungsbuch des Domklosters St. Peter in Salzburg war Deocar von Herrieden als lebender Abt eingetragen worden, auch in dem von Fulda, 821 beziehungsweise 822. In dem von Reichenau wurde 826 nur das „monasterium Hasareod" verzeichnet; der Name des Abtes fehlt.

Auf seine Zeitgenossen hat Deocar tiefen Eindruck gemacht. Er war ihnen unvergeßlich. Bald bemächtigte sich seiner die Legende. Sein Grab vor dem Altar der Abteikirche wurde zur Wallfahrtsstätte. Unzählige Pilger zogen hin. Viele Heilungswunder sollen sich zugetragen haben.

Der Eichstätter Bischof Gundekar II. führte in der Beschreibung seines Pontifikats Deocar schon zwei Jahrhunderte später als Fürsprecher seines Bistums auf. Bei Altarweihen im Dom verwendete er Reliquien die Heiligen.

Der heilige Deocar, der erste Abt des Klosters Herrieden.
Graböffnung durch Kaiser Ludwig den Bayern und
Bischof Philipp von Eichstätt im Jahr 1316.
Aus der Heiligengeschichte des Matthaeus Rader.

Als König *Ludwig der Bayer* 1316 Herrieden einnahm, sah er die köstlichste Beute, die er machen konnte, in den Reliquien des heiligen Deocar. Mit einem Teil von ihnen belohnte er die Nürnberger für ihre Treue; einen anderen Teil nahm er mit in seine Münchner Hofkirche. Weitere hundert Jahre später, 1406, bauten die Nürnberger an ihrer Lorenzkirche dem heiligen Deocar eine Kapelle. Der Flügelaltar, den *Andreas Volckamer* seinem Lieblingsheiligen stiftete, zählt noch heute zu den Kostbarkeiten von St. Lorenz. Am dritten Pfingsttag wurde eine große Prozession eingeführt, die jüngsten Ratsherren hatten den 1437 angeschafften kostbaren Schrein zu tragen. Deocar wurde Nürnbergs dritter Stadtheiliger – nach *St. Sebald* und *St. Lorenz*. Die Herrieder betteten 1482 in einen gotischen Sarkophag um, was ihnen an sterblichen Resten ihres Heiligen geblieben war. Dieser Schrein ist bis heute erhalten.

Feuchtwangen

Eines der jüngsten karolingischen Urklöster ist die Benediktinerabtei in Feuchtwangen aus dem Ende des 8. Jahrhunderts. In der Nähe eines alten Königshofes ist sie angelegt worden, an der Sulzach, die ihr Wasser in die Wörnitz rinnen läßt. Die Legende schreibt die Klostergründung dem großen Frankenkönig Karl persönlich zu; dies soll 768 gewesen sein. Erstmals erwähnt wird die Abtei im Aachener Verzeichnis der fränkischen Königsklöster von 817, das die Verpflichtungen der Klöster gegenüber dem Reich festlegt und Feuchtwangen in die zweite Leistungsstufe einreiht.

Bald darauf, 826, wird Feuchtwangen im Verbrüderungsbuch des Klosters Reichenau im Bodensee erwähnt. Irgendwann im folgenden Jahrhundert fiel Feuchtwangen an das Bistum Augsburg. Die Lebensgeschichte des großen Augsburger Bischofs *Ulrich* (923–973) berichtet, dieser habe die Klöster seiner Diözese visitiert, zu denen auch Feuchtwangen zählte. Der Bischof übte selbst die Rechte des Abtes aus und ließ sich durch einen Prior vertreten. Die karolingische Reichsherrlichkeit hatte also nur kurzen Bestand – wie auch in *Gunzenhausen*, das schon 823 an das Reichskloster Ellwangen kam oder *Herrieden*, das 888 der Bischof von Eichstätt erhielt.

Daß ausgerechnet der Augsburger und nicht der Eichstätter Bischof nach Feuchtwangen griff, veranschaulicht die vielfältigen Einflüsse, die ins Fränkische hineinwirkten.

Das Kloster selbst bestand nicht lange. Im 11. oder 12. Jahrhundert wurde es – ähnlich wie *Ansbach,* Herrieden, *Spalt* – in ein Chorherrenstift für Weltpriester umgewandelt. Im Unterschied zu den Benediktinermönchen

Feuchtwangen,
ehem. Stiftskirche,
heute ev-luth.
Pfarrkirche.
Stahlstich,
Mitte 19. Jh.

gehörten die Chorherren oder Kanoniker keinem geistlichen Orden an, ver-
richteten aber gemeinsam die Chorgebete. Sie konnten in eigenen Häusern
wohnen und waren nicht der Armutsregel unterworfen. Die Aufsicht über
sie führte nicht ein Abt oder Prior, sondern ein Propst. Stiftspröpste von
Feuchtwangen waren üblicherweise Domherren in Augsburg – wie die von
Ansbach in Würzburg und die von Spalt in Eichstätt.

Als Stift wird Feuchtwangen erstmals im Jahre 1197 erwähnt: Domherr
Heinrich ist „Propst von Feuchtwangen".

Die weltliche Schutzherrschaft über Kloster und Stift Feuchtwangen
scheint zunächst von den Staufern ausgeübt worden zu sein, denen die Grafen von Oettingen folgten und schließlich die Hohenzollern. Auf die hohen-
staufische Vogtei weisen zwei Sachverhalte hin: einerseits ein Brief der
Feuchtwanger Mönche an Kaiserin *Adelheid*, die Gattin *Konrads IV.*, andererseits die Zugehörigkeit Konrads und Siegfrieds von Feuchtwangen zum
Deutschen Ritterorden, der großen staufischen Stiftung.

Aus klösterlicher Zeit stammen die schönen Überreste des romanischen
Kreuzgangs, das strenge, klar gegliederte doppeltürmige Westwerk der

Stiftskirche St. Maria, ursprünglich St. Salvator geweiht, und das stattliche Langhaus der einst flachgedeckten Säulenbasilika. Die dreifach gespannten Zickzackbögen erinnern an normannische Bauformen, wie sie sich in Sizilien und in Nordfrankreich finden. Sie stammen aus der Zeit um 1200. Es sind Zeugnisse staufischen Bewußtseins. Feuchtwangens Kreuzgang ist heute weit und breit in Franken bekannt: dort finden alljährlich die beliebten Feuchtwanger Kreuzgangspiele statt. In zwei Flügeln ist der Kreuzgang noch erhalten. Einem Pfeiler folgen jeweils drei Säulen mit Würfelkapitellen. Der Feuchtwanger Kreuzgang zählt zu den schönsten seiner Art in Franken. Auch an Feuchtwangen ist abzulesen, wie sehr Franken außerfränkischen Einflüssen ausgesetzt war, näheren ebenso wie ferneren.

Im 10. Jahrhundert wurde aus dem fränkischen Königskloster ein Eigenkloster des Augsburger Bischofs. Wohl gemerkt: nicht der Würzburger, nicht der Eichstätter, schon gar nicht der Bamberger griffen zu, sondern der Augsburger. Als die Ungarn Feuchtwangen, den Königshof wie das Kloster, zerstörten, begannen die Benediktiner vom Tegernsee aus den Wiederaufbau. Die benediktinische Reichsabtei am Tegernsee, das älteste bayerische Kloster und das größte dazu, leistete zu Beginn des 11. Jahrhunderts Unermeßliches. In Würzburg, in Regensburg, im Elsaß, in Rott am Inn, in vielen altbayerischen Klöstern – und vor allem auch im fränkischen Feuchtwangen waren die Reformer tätig. Feuchtwangen brachte es so, dank dem Einsatz der Tegernseer Benediktiner, zu neuer Blüte.

Der Tegernseer Froumund und andere Briefschreiber

Froumund hieß der Reformator des *Feuchtwanger* Klosters, der die große Aufbauarbeit leistete. Er war ein vielseitiger und weitgereister Mann, um 965 in der Gegend von Regensburg geboren, aus angesehenem Geschlecht stammend, Schüler in St. Emmeram. Man nimmt an, daß er vor seiner Bewährung zu Feuchtwangen in Köln, in Gent und auch in Würzburg studiert hat. Nach St. Mang im allgäuischen Füssen und nach St. Ulrich und St. Afra in Augsburg ist er wiederholt gereist. Froumund trug in Tegernsee zusammen, was er andernorts fand und schuf dort einen reichen Schatz an Lehrbüchern, Sprachwerken, spätlateinischen Klassikern, indem er die meisten Werke selbst abschrieb.

Der fleißige Briefschreiber Froumund berichtet, daß er während seines Feuchtwanger Aufenthalts viele praktische Erfahrungen in der Klosterverwaltung sammeln konnte, die ihn befähigten, in Tegernsee verantwortungsvolle Ämter zu übernehmen.

Neben Froumund tritt *Wigo* als eifriger Briefschreiber auf. Die Briefe, die er an die Äbte *Gozbert* und *Theoderich von Tegernsee*, an den Augsburger Bischof *Liutold*, an den Bayernherzog *Heinrich*, dem nachmaligen Kaiser Heinrich II., und andere richtet, vermitteln einzigartige Einblicke in die damaligen Verhältnisse.

Von Abt Gozbert erbittet der Mönch Wigo Personalverstärkung: „Wir erbitten die Hilfe unseres Bruders Wetcher ... Schickt auch unseren Bruder Sigihard, den Ihr zur Frühlingszeit des Lernen wegens zurückbefahlet, wenn er mag und Ihr Euch entschließen wollt, wieder hierher".

Auch Abt Theoderich gegenüber beklagte Wigo den Personalmangel: „Uns fehlt in den vielgestaltigen Geschäften, die mühevoll auf uns lasten, der Trost eines Bruders, der uns erleichtert. Der eine ist durch seine Krankheit, der andere durch eine ganz verschiedene Dienstverrichtung so beansprucht, daß er dem ganz einsam Schaffenden nicht einmal für eine kurze Erholungspause zur Verfügung steht. Ich selbst trage alle Klosterschlüssel, die rundum an meinem Gürtel hängen und klimpern. Obendrein muß ich mit aller Behutsamkeit sorgen für die gewissenhafte Wahrung der Klosterzucht, jetzt die Köche kommandieren, bald den Tischdienst versorgen und stets alle Hausgenossen, die drinnen weilen, und allen Gästen, die von draußen kommen, zu Diensten sein. So bitten wir, daß der Bruder Adelgoz, der jüngst seinem Kloster zurückgegeben wurde, indem er mich, seinen Vater, einsam zurückließ, mit Eurer Erlaubnis als Beistand zurückgesandt wird."

Beim Bischof beschwerte sich Wigo über den benachbarten Adel. „Fürwahr, niemand zeigt Liebe, niemand zeigt Achtung; denn niemand hat Ehrfurcht, weder vor Weltgeistlichen noch vor Mönchen, weder vor Gott noch vor Menschen". Wigo verglich seine Lager mit der des Moses in Ägypten. Die Weiher würden heimlich abgefischt, bald hier, bald dort durch die Nachbarn beschädigt. „Dennoch hoffen wir unverzweifelt, daß wir von unserem Oberhaupt geleitet und beschützt werden. Lebt wohl!"

In einem anderen Brief beklagte sich Wigo wie folgt: „Hinsichtlich des Getreidemangels haben wir Euch neulich vergeblich mitgeteilt, daß im vergangenen Jahr die Unfruchtbarkeit des Bodens und die Ungleichmäßigkeit der Witterung, wie wir's auch heuer kommen sehen, die Früchte unserer Ackerfluren, die uns zur Nahrung dienen, verdarben". Er sei ratlos. „Was unsere kleine Klosterfamilie anfangen soll, wissen wir nicht. Aber davon wollen wir weiter nicht reden, sondern mitfühlend die Lage der Hausbediensteten erörtern, die uns täglich mit ihrem Geschrei in Verwirrung bringen, indem sie in übersteigerter Weise Nahrung und Kleidung fordern, nämlich die Schneider und Werkleute an Kirchen und anderen Gebäuden, auch zwei Köche (der eine fürs Holz, der andere fürs Gemüse), zwei Bäcker, der Rinderhirt, der Sauhirt, der Ziegenhirt, der Roßhirt, die Schuster, die Wäscher, die Brauer – die jetzt nichts zu tun haben. Denn wir können keinen Gast mehr aufnehmen oder auch nur mit einem Trunk erfrischen. Gab man uns doch kein Bier von seiten derer, denen Ihr Befehl gegeben habt. Den Armen freilich, und denen, die von hier und dort zu uns kommen, wagen wir uns nicht unsere Hilfe zu versagen ...“

Gunzenhausen

Von diesem fränkischen Urkloster ist nichts mehr zu finden, und nur wenige Urkunden beweisen die frühere Existenz von Gunzenhausen. Die Römer hatten unter Kaiser *Domitian* am Gunzenhäuser Altmühlübergang ein Kastell angelegt. Es ist kaum zu bezweifeln, daß mit den Römern allmählich auch Christen kamen. Von den Christen jener Zeit ist nichts überliefert, wohl aber von den Franken, die seit der Mitte des 6. Jahrhunderts einsickerten. Im 8. Jahrhundert scheint ein adeliger Grundherr namens *Gunzo* ein Kloster gegründet zu haben. „Im Rahmen der fränkischen Erschließung und Sicherung des Raumes an der mittleren Altmühl“, nimmt man an.

Die Urkunde, die Gunzenhausen *(Gunzinhusir)* erstmals erwähnt, stammt aus dem Jahr 823. Dort wird festgestellt, daß Kaiser *Ludwig der Fromme,* des Großen Karls Sohn, das inzwischen schon wieder aufgelassene Kloster Gunzinhusir an der Altmühl dem Kloster *Ellwangen* mit allem Besitz und Rechten übereignete. Das Kloster, das Ludwig an Ellwangen abgibt, muß ihm wohl gehört haben, also ein Königskloster gewesen sein wie Ansbach, Herrieden, Feuchtwangen.

Mit guten Gründen wird angenommen, daß dieses Kloster auf dem Platz der heutigen Stadtkirche stand, wo sich vordem das Römerkastell befand. Auch Gunzenhausen, speziell die Pfarrei, steht in klösterlicher Tradition.

Gunzenhausen. Federzeichnung von J. F. Christell, 1754.

Daß die riesige schwäbische Reichsabtei Ellwangen sich über Jahrhunderte hinweg im Altmühltal hielt, belegt eine Urkunde aus dem Jahre 1263. Da mußte Bischof *Hildebrand* einen Schiedsspruch fällen. Sein Wortlaut ist typisch. Er verdient wiedergegeben zu werden: „Wir, Hiltbrand, von Gottes Gnaden Bischof zu Eichstätt, saßen in unserem Domchor zu Eichstätt zu Gericht über das Patronatsrecht an der Kirche zu Gunzenhausen, haben uns in aller Form feststellen lassen, daß dieses Patronatsrecht dem Abt zu Ellwangen zusteht und er es bisher unbestritten geübt hat und erkennen darum auf Rat weiser Männer und nach gutem Vorbedacht im Namen des Vaters und des Sohnes und des Heiligen Geistes dies Patronatsrecht dem Abt und der Kirche zu Ellwangen zu. Ebenso wird der Kleriker Wolf Ramus, genannt von Kottspiel (einem Ort in der Nähe Ellwangens; Anm. d. V.), dem wir als schon von unserem Vorgänger auf Präsentation des Ellwanger Rates an jener Kirche investiert erfunden haben, von uns anerkannt und ihm das volle Recht an genannter Kirche zugesprochen …". So heißt es in der Urkunde vom 19. April 1263.

Erst achtzig Jahre später trat der Abt von Ellwangen die Pfarrei von Gunzenhausen an das neugegründete Zisterzienser-Frauenkloster *Himmelthron* ab, die Großgründlacher Gründung der Gräfin *Kunigunde von Orlamünde*.

Neustadt am Main

Der Ort ist kaum bekannt; sein Name aber erinnert an einstige Klosterherrlichkeit: die ‚Neue Stadt' am Main. Gegen Ende des 8. Jahrhunderts ist das Kloster gegründet worden. *Karl der Große* übergab den dortigen königlichen Meierhof den Benediktinermönchen. Große Kolonisationsleistungen gingen von diesem Kloster aus. Aber mit dem Reichtum, der sich allmählich ansammelte, wurden auch Haß und Neid aufgestaut; in den Bauernkriegen entlud sich das böse Potential. *Julius Echter von Mespelbrunn* hat zwar als Würzburger Bischof der Gegenreformation das Kloster wieder aufgebaut, aber im Dreißigjährigen Krieg wurde es erneut zerstört. Und als es sich dann wieder einhundert Jahre später einigermaßen erholt hatte, verfiel es der Säkularisation.

In Neustadt am Main ist alles anders geworden, als es einmal war. In karolingischer Zeit herrschte dort eine mächtige Benediktiner-Abtei, zwischen 886 und 1803 hat sie im Auf und Ab der Geschichte sich zuweilen mühselig, zuweilen stolz behauptet. Bis auf *Karl Martell* leitet man den Ursprung zurück. Mit der heiligen *Gertrud*, einer Tochter Pippins, wird dies in Zusammenhang gebracht. Man rühmt sich, Kaiser Karl der Große habe der Weihe der Kirche 793 beigewohnt – wenn sie seinerzeit schon geweiht wurde, was umstritten ist.

Was heute noch an Überresten vorhanden ist, dokumentiert deutlich, daß Neustadt am Main oft von Kriegszügen heimgesucht wurde; die Ungarn sollen es 930 zerstört haben, die Bauern haben 1525 die Abtei ausgeraubt; den Schweden lastet man Schweres an, desgleichen den französischen Revolutionstruppen. Allerdings: die Klosterkirche Neustadt am Main hat die Säkularisation überstanden – als Pfarrkirche. Erst ein Brand zog sie 1857 schwer in Mitleidenschaft.

Die dreischiffige, kreuzförmige Basilika ist von einer schier unüberbietbaren Schlichtheit. Die Pfeiler und Säulen sprechen ihre eigene Sprache, die beiden Türme desgleichen, wobei der ungegliederte Nordturm bis ins 11. Jahrhundert zurückreicht. Einst war die Klosterkirche St. Salvator und Maria geweiht. Die Patrone der katholischen Pfarrkirche sind der Erzengel Michael und die heilige Gertrud.

1907 ließen sich Dominikanerinnen nieder. Wer hätte das einst gedacht, daß nach Jahrhunderten leidenschaftlich-demütige Dominikanerinnen die ehrwürdig stolzen Benediktiner ablösen würden. Heute betreiben die frommen Schwestern, die ihr Provinzialat dort haben, eine umfangreiche Ausbildungsstätte für ihr Missionswerk in Oakford im südafrikanischen Natal. So wirkt auch da Franken hinein in die Welt!

Burkhard, Würzburgs erster Bischof

Auch Neustadts Ursprung wird mit einem großen fränkischen Heiligen in Verbindung gebracht, mit Burkhard. Er ist der erste offizielle Bischof von Würzburg, angelsächsischer Mönch, nicht Iro-Schotte wie *Kilian*, auch er eingesetzt vom großen Kirchenorganisator und Missionar *Bonifatius*, der ihn aus seiner Heimat hatte nachkommen lassen. Burkhard brachte Ordnung in das Durcheinander, das die Iro-Schotten in den Mainlanden zurückgelassen hatten. Der Benediktinermönch aus England bewährte sich zudem in wichtigen staatspolitischen Missionen. Auch das hatte er von seinem Meister Winfried, dem großen Erzbischof Bonifatius von Fulda, gelernt: nicht vergeblich hatte er ihn einmal nach Rom begleitet.

Als der Hausmeier *Pippin* die Hand nach der Königskrone ausstreckte, die noch die Merowinger trugen, schickte er als seinen Vertrauensmann Burkhard, den Würzburger Bischof, nach Rom, damit der die Zustimmung des Papstes zu seinem Vorhaben hole. Das war in den Jahren 750–751. Die Reise machte Burkhard mit dem Abt *Fulrad* von Saint-Denis, Paris: ein Ostfranke gemeinsam mit einem Altfranken, der aus dem elsässischen *St. Pilt* stammen soll, dem Bindeglied zwischen den beiden Franken.

Die fränkischen Königsannalen berichten dazu: „Sie fragten an betreffs der Könige im Frankenreiche, welche in jener Zeit keine königliche Gewalt mehr hatten, ob das gut sei oder nicht. Papst Zacharias ließ Pippin melden, es sei besser, wenn jener, der die Gewalt habe, auch König heiße, als derjenige, dem keine königliche Gewalt geblieben sei, und daß Kraft apostolischer Autorität, damit die Ordnung nicht gestört werde, Pippin König werde".

Luther hat recht, wenn er einmal – durchaus respektvoll – meint: „Nie hat ein Heiliger existiert, der nicht auch mit politischen und ökonomischen Fragen befaßt gewesen wäre". Man rühmt Burkhard nach, daß er viele Rheumakranke geheilt habe. Seitdem gilt er als Wunderheiler gegen Rheumatismus, Nieren- und Steinleiden.

Burkhard hat nie die Popularität von Kilian erreicht. Aber als historische Gestalt ist er bedeutungsvoller für Würzburg und für Franken.

Auf dem europäischen Festland ist Burkhard, ein Südengländer vornehmer Abkunft, um das Jahr 740 nachweisbar. Zu Beginn des Jahres 741 wurde er zum ersten Bischof von Würzburg geweiht. Jedenfalls assistierte er bei der Bischofsweihe seines Landsmannes *Willibald*, des späteren Bischof von Eichstätt am 21. Oktober 741 durch Bonifatius im thüringischen Sulzenbrücken.

Als erster Bischof richtete Burkhard in Würzburg den Dom und das Domstift ein. Seine erste Bischofskirche war der Marienbau auf dem Berg. Ihr zu Füßen gründete er als Sitz für seinen Domklerus, der wie er selbst nach der benediktinischen Regel lebte, ein Kloster.

Zwei Jahre nach seiner Romreise ist Burkhard am 2. 2. 754 gestorben.

Burkhards Leichnam wurde von seinem Nachfolger *Megingoz* „bei den Reliquien St. Kilians und seiner Gefährten" beigesetzt, das heißt in der *Marienbergkirche*.

Karlburg am Main

Die Sage behauptet, *Karl Martell* und sein Enkel *Karl der Große* seien auf der Karlsburg zu *Karlstadt* am Main geboren worden. Das ist Legende. Das Körnchen Wahrheit aber, das sich bekanntlich in jeder Sage findet, besagt wohl, daß Karlburg ein bedeutender Ort gewesen ist und mit den Karolingern zu tun hat. Eine gewaltige Burg hat einmal Karlstadt gegenüber gestanden. Die Ruinen halten bis heute manchem Vergleich stand. Im Dorf *Mühlbach* aber erinnert heute nichts mehr an die große Gründung der Vergangenheit, von wo aus das Riesenreich der Franken zeitweilig regiert worden sein soll.

In der Kapelle des später gebauten Schlosses sollen die Gebeine der heiligen *Gertrud* ruhen. Sie war eine Tochter Pippins, des Stammvaters der Karolinger. Schon mit zwölf Jahren habe sie den Entschluß gefaßt, ihr Leben Gott zu weihen und das Keuschheitsgelübde abgelegt. Eine glänzende Heirat habe sie ausgeschlagen. In der Nähe von Brüssel, in Nivelles, ist sie 626 zur Welt gekommen. Dort wuchs sie auf. Sie wurde 652 Äbtissin im Kloster von Nivelles, das ihre Mutter 640 gestiftet hatte. Der Raum zwischen Brüssel und Utrecht war ja das Herzgebiet der merowingischen Frankenherrschaft.

Die Tugenden der Gertrud hören sich so an: Als Äbtissin war sie um die Pflege von Bibel und Liturgie bemüht, hatte eine hervorragende Kenntnis der Heiligen Schrift, richtete unter großen Kosten eine beachtliche Klosterbibliothek ein und gründete Herbergen für Wanderer und Pilger. Sie habe eine starke Motivationskraft bewiesen, so daß es ihr gelang, viele Menschen zu heiligem Eifer im Dienst Gottes und der Mitmenschen anzufachen. Die Schwestern leitete sie zu Handarbeiten an und übte mit ihnen am Spinnroggen oder am Webstuhl. Die Nächte verbrachte sie oftmals wachend im Gebet, sagt man von ihr. Das entbehrungsreiche Leben wurde zuviel für sie. Mit 33 Jahren starb sie.

Gertruds Reliquien wurden in einem schönen gotischen Schrein in der Kirche von Nivelles aufbewahrt, der 1940 leider vernichtet wurde. Sie gilt als die Schutzpatronin der Gärtner und wird auch gegen Mäuse- und Rattenplagen angerufen, in Erinnerung daran, daß ihr Gebet die Mäuse und Ratten (Symbole des Teufels!) vertrieb, die sie beim andächtigen Spinnen störten.

Münsterschwarzach

Eine mächtige Benediktinerabtei stand einst in *Schwarzach* bei Dettelbach und daneben eine Frauenabtei, eine der jüngsten und zugleich größten urklösterlicher Anlagen. Die Tochter Kaiser Ludwigs des Frommen, *Berta*, war dort Äbtissin. Gegründet hat das Kloster der Graf von Rothenburg für seine Tochter Juliana. Ein anderer Rothenburger Graf wird später die Komburg stiften. Sogar eine Tochter Karls des Großen war Äbtissin. Und deren Nachfolgerin, eine andere ältere Tochter Ludwigs des Frommen, wurde Münsterschwarzachs größte Gestalt, die selige *Hildegard*. Freilich, diese Hildegard wurde später von einer noch viel bedeuteren Hildegard überschattet, der *Hildegard von Bingen*. Ludwigs Tochter ist vergessen, Hildegard von Bingen lebt weiter als Naturwissenschaftlerin, Ärztin, Mystikerin und Musikerin, eine wahrhaft emanzipierte Frau, die ein paar Jahrhunderte später auch verantwortlich war für eine große Klostergründung am Rhein.

Aus Gründen der Reisegeographie ist zu erwähnen, daß die schon genannte Nachfolgerin Hildegards, ihre Schwester *Berta,* vorher Äbtissin in Zürich war. So klein war damals die Welt – und so beweglich waren die Großen jener Welt sogar dann noch, wenn sie sich in Klöster zurückgezogen hatten.

Kaum ein Kloster, das eindrucksvoller das Auf und Ab der Geschichte der Kirche Christi in dieser Welt, Zerstörung, Vernichtung und Neuanfang, sichtbarer veranschaulichte, als die Benediktinerabtei in Schwarzach.

Seine große Zeit hatte dieses fränkische Urkloster bald nach seiner Gründung im Jahre 816. Die Benediktinerabtei Münsterschwarzach hatte einen guten Anfang. Allerdings begann der nicht dort, wo die Schwarzach in den Main mündet, sondern in *Megingaudshausen.* Auf einer Anhöhe über dem Laimbach nördlich der Dörfer *Ullstadt* und *Lengenfeld,* am Rande des Steigerwaldes, stifteten die Grafen *Megingaud* aus dem Geschlechte der Mattonen, die dem Bistum Würzburg schon den Nachfolger des ersten Bischofs Burkhard gegeben hatten, ein stattliches Kloster. „Stattlich" ist wörtlich zu nehmen: das Kloster war bestens ausgestattet mit Grundbesitz weitum im

Benediktinerabtei Münsterschwarzach. Gesamtanlage in Vogelschau.
Kupferstich von Joh. Balthasar Gutwein, 1743.

Lande, in Scheinfeld, Markt Bibart, Großlangheim, Castell, Bullenheim, Dornheim, in Krassolzheim, Ullstadt, Krautostheim, Deutenheim und Ezelheim. Das Kloster Megingaudshausen lag im Zentrum des Besitzes auf einem Höhenrücken, wie es die Regeln vorschrieben.

Die Stiftungsurkunde ist typisch für die Darstellung der Beweggründe einer Klosterstiftung. Sie ist in späteren Abschriften erhalten. „Da der Mensch in seiner Hinfälligkeit das Ende des Lebens fürchtet und daher Angst hat vor einem plötzlichen Übergang in eine andere Welt, so ziemt es sich, so lange noch Zeit ist, vorzusorgen, daß er nach diesem Leben mit Gottes Gnade in die ewige Glückseligkeit eingehen kann. Dies haben wir – ich, Erlauchter Graf Megingaud und meine Gemahlin Imma – erwogen und haben uns deshalb durch göttliche Eingebung, wie wir glauben, im Namen Gottes des allmächtigen Vater entschlossen, in dem uns gehörigen Orte Megingaudshausen, ob dem Laimbach im Iffgau ein Kloster zu Ehren unseres Herren und Heilands für Mönche, die nach der Regel des heiligen Benedikt leben, zu errichten und es ihnen am heutigen Tag zu übereignen".

Bald darauf wurde das Kloster verlegt. Das war seinerzeit durchaus nicht unüblich. Die Gründe dafür sind nicht mehr bekannt. Jedenfalls ist in der Klosterliste des Fränkischen Reichstages 819 die Abtei unter den Namen „Suarizaha" aufgeführt, Schwarzach.

Wenn die Überlieferung zutrifft, daß der erste Abt des Klosters der große karolingische Reformer *Benedikt von Aniane* war, dann hat er sich auch in dieser Funktion vorzüglich bewährt. Denn die Abtei Schwarzach kam sehr schnell zur Blüte.

Ganz in der Nähe der Abtei gab es ein Frauenkloster, das den Karolingern gehörte. Im Jahre 877 übernahm es der Bischof von Würzburg – wie um diese Zeit viele andere Klöster auch. Auch die Benediktinerabtei wurde schließlich dem Würzburger Bischof unterstellt. So entschied König *Otto III.* im Jahre 993. Zunächst gereichte der Besitzwechsel der Abtei zum Segen. Sie schloß sich der Gorzer Reform an, die Regensburger Mönche durchführten. Schließlich bekam Münsterschwarzach sogar einen Vorsteher aus der Mutterabtei Gorze selbst: Abt *Egbert*, der dem Kloster eine gewaltige romanische Basilika baute. Egbert, offensichtlich ein überlegener Führer, wurde zusammen mit seinem Würzburger Bischof sogar zum Klostergründer. Außerdem besetzte er die Abtei *St. Stephan* in *Würzburg* und brachte eine umfassende Reformtätigkeit in Franken in Gang, in *Neustadt am Main* (1060), *St. Burkhard* in *Würzburg* (1062), in *St. Jakob* auf dem Michelsberg zu *Bamberg* (1072). Es fällt auf, daß alle diese Klöster nach den kaisertreuen, aristokratischen gorzischen Vorstellungen reformiert wurden. Die Schwarzacher Reform reichte bis nach Meersburg und Österreich. Abt Egbert hatte sich tief ins Bewußtsein seiner Diözese eingegraben: noch 1701 weihte man ihm in der Krypta des Würzburger Domes einen Altar.

Zwei Jahrhunderte dauerte die Blütezeit des Klosters, bis ins 13. Jahrhundert hinein. Dann aber brachen wirtschaftliche Sorgen auf, die blutigen Auseinandersetzungen der Henneberger und Casteller Grafen mit dem Würzburger Bischof nahmen die Abtei arg mit. Auch tüchtige Männer wie Abt *Kaspar von Schaumburg* (1410–1430) vermochten den Verfall nicht zu stoppen. Erst als die „Kastler Reform" eingeführt wurde, ging es wieder aufwärts. Durchgesetzt hat sie der Abt *Martin*, der dem Kloster 1466–1494 vorstand, ehedem Mönch im Schottenkloster St. Egidien zu Nürnberg, dann Prior in Mönchsröden bei Coburg. Sein Vorgänger war Abt *Eckhard von Rotenhan*, der ihn um 1460 nach Schwarzach berief und dafür sorgte, daß er sein Nachfolger wurde. Abt Martin gab dem Kloster eine wasserburgartige Befestigung nach außen und eine klare, alles durchdringende geistige Orientierung nach innen. Ein neues Brevier, neue Meßbücher, neue Feste und Bräuche wurden eingeführt. Er rückte den Chordienst und das Gebet in den Mittelpunkt des klösterlichen Lebens. Allerdings machte der Bauernkrieg im April 1525 der Blüte ein Ende. Es dauerte fast vierzig Jahre, bis das Kloster sich wieder einigermaßen erholte. Erst als es den 25jährigen Mönch *Johannes Burkhard* zum Abt wählte, hatte es einen Mann gefunden, der es wieder voran brachte. Auch er achtete – wie sein großer Vorgänger Martin ein Jahrhundert vor ihm – darauf, daß die Mönche nach außen gesichert und nach innen geistlich und religiös weitergeführt wurden. So schickte er die Tüchtigsten an die neugegründete Würzburger Universität. Als engem Vertrauten des Fürstbischofs *Julius Echter* wurde ihm die Neuordnung der Abtei in St. Stephan in Würzburg, von Theres und Banz übertragen. Diese Klöster wollte Julius Echter erhalten wissen; viele andere hat er säkularisiert.

Der Dreißigjährige Krieg brachte dem Kloster Münsterschwarzach für kurze Zeit die Auflösung. Die Schweden vertrieben die kleine Mönchsschar; erst 1636 konnten sie wieder zurückkehren. Gegen Ende des langen Krieges brachte der Abt *Remigius* aus Hornbach bei Pirmasens – auch dies ein Kloster der iro-schottisch-gorzischen Tradition! – neues Leben ins Kloster. Als er 1673 starb, gab es schon wieder 12 Patres, 6 Kleriker, einen Novizen und einen Bruder in der Abtei; für die damaligen Verhältnisse eine große Zahl, verglichen mit den Zahlen früherer Jahrhunderte höchstens ein Zehntel der damals üblichen Besetzung.

Der Barock überzog auch Münsterschwarzach. Abt *Januarius Schwab* (1717–1742), ein Bürgerlicher, begann eine rege Bautätigkeit – mit dem größten fränkischen Baumeister jener Zeit, *Josef Greising* aus Würzburg. Die gesamte Anlage wurde niedergelegt und erneuert, ausgenommen die romanische Basilika. Aber das ließ Januarius keine Ruhe, und er setzte es durch, daß auch eine neue Abteikirche geplant werden konnte. Ihr Architekt: *Balthasar Neumann*. Am 17. Juni 1727 fand die feierliche Grundsteinlegung statt. Am 8. September 1743 weihte der Landesherr, Fürstbischof *Friedrich Karl von*

MÜNSTERSCHWARZACH, ABTEIKIRCHE.

Münsterschwarzach.
Abteikirche von
Balthasar Neumann
(1727–1749)

Schönborn, die Abteikirche ein. Sie galt als die größte und schönste Kirche Frankens. Die Außenarchitektur war in reichstem Barock gegliedert, noch großartiger als Banz und Neresheim, bei der Innenausstattung wurde nirgends gespart. Reiche Stuckarbeiten, viel bewunderte Fresken, farbenfrohe Ausmalung...

Blütezeiten sind meist auch Zeiten beginnenden Verfalls: sechzig Jahre nachdem der Würzburger Hofbaumeister Balthasar Neumann die übermächtig barocke Kuppel geschaffen hatte, wurde das Münster am 7. Mai 1803 im Zuge der Säkularisation zum Abbruch verkauft. Eine ganze Generation lang diente die Kirchenruine als billiger Steinbruch. Noch heute sollen in alten Kuhställen der Umgebung Weihwasserbecken als Viehtränken zu finden sein.

1913 zogen dort, wo einst das Kloster stand, wieder Benediktiner-Mönche ein, schufen Zug um Zug Wirtschafts- und Schulgebäude und errichteten in dreijähriger Dauer 1932–1935 das monumentale Münster neu, bewußt angelehnt an den romanischen Baustil von einst. Heute steht das Turmpaar von Münsterschwarzach in nichts dem beherrschenden Anspruch nach, den einst die Doppeltürme Neumanns über das Land ringsum erhoben haben.

Knapp vierhundert Mönche sind heute in der Abtei und in der Mission tätig. Münsterschwarzach ist weltweit am Werke. Es kümmert sich um den Pfarrernachwuchs im Studienkolleg St. Benedikt zu Bamberg, müht sich um Spätberufene, unterhält eine bedeutende unterfränkische Landvolkshochschule und gilt als Zentrum für katholische Erwachsenenbildung. Die Benediktiner zu Münsterschwarzach haben den Anschluß an die Zeit und den Anschluß an die Welt gefunden, erwachsen aus einer erneuerten Beziehung zur Vergangenheit, getragen vom alten europäischen Orden.

Abgegangene Urklöster – Aschaffenburg und Schweinfurt

Es würde wunder nehmen, wenn nicht auch Aschaffenburg, dieses Gebiet der früh-fränkischen Ostkolonisation, das die Frankenkönige zur Reichsausstattung zählten, ein Urkloster aufzuweisen hätte. Selbstverständlich hatte es eins. Auch am Untermain begann die Christianisierung mit einer benediktinischen Klostergründung. Aber es ist nichts mehr davon vorhanden, so wenig wie in Schweinfurt.

Anders als in *Tauberbischofsheim* oder in *Ochsenfurt*, von denen wir mehr wissen, weil sie mit schreibfreudigen Insassen in Verbindung standen, die von ihnen berichtet haben, geben die wenigen Quellen aus der fränkischen Gründerzeit kaum etwas her.

Aber soviel ist über Aschaffenburg sicher: Schon um 750 hatte es ein Benediktinerkloster. Die *Martinskirche*, die bis 1770 bei der Stiftskirche stand, scheint damit zusammenzuhängen. Geblieben ist davon nicht mehr als von der Benediktinerabtei zu Schweinfurt oder der benediktinischen Propstei in *Coburg* oder auch von *Gunzenhausen*, worüber freilich aus alten Dokumenten mehr zu erfahren ist. Was Aschaffenburg anlangt, so ist auch dies sicher: Das erste Kloster wurde von *Honau* bei Straßburg aus gegründet. Zu seiner Aussteuer gehörte der ganze Spessart. Die Gründung vom Elsaß her erlaubt sogar die Vermutung, daß Aschaffenburgs Benediktinerkloster schon vor der Bonifatiuszeit entstand, also vor allen anderen Urklöstern.

Der Triumph der Benediktiner

Die Gefolgsleute des großen Heiligen Benedikt empfanden es gewiß als triumphalen Sieg, als die Reichssynode von Aachen 817 die benediktinische Regel als die einzige im ganzen Reich gültige Regel beschloß. Das war der große Durchbruch des benediktinischen Mönchtums. Alle Urklöster des karolingischen Reiches wurden benediktinisch, vor allem im ostfränkischen Teil: *Franconia benedictina*.

Das bedeutete zugleich die Christianisierung Europas im Sinne einer umfassenden, systematischen, kulturellen Erschließung. Und es war umgekehrt die Europäisierung des Christentums durch die tathafte Aktivierung der monastischen Frömmigkeitsbewegung. Allerdings: Auch der glänzenden Medaille Benediktinertum fehlt nicht die weniger glänzende Kehrseite. Mit dem großen Privileg von Aachen kam die Korruption der Macht. Die mächtig gewordenen Klöster brachten in der nächsten Zeit nur noch wenige überragende Führungspersönlichkeiten hervor, die zu Heiligen hätten erklärt werden können. Soviel Einfluß war zu verführerisch. Der kaiserliche Schutz lieferte die Beschützten ihren Beschützern aus. Die Klöster wurden zunehmend mehr zu Pfründen karolingischer Personalpolitik.

Eine der stärksten Wirkungen des benediktinischen Mönchtums war, daß sich zunehmend auch die Priester zur klösterlichen Lebensform zusammenfanden. „Nach den Vorschriften leben" *(canonice vivere)* lautete das Leitwort. Bischof *Chrodegang* von Metz (gest. 766) hatte den Priestern seiner Stadt eine Klerikerordnung gegeben, die er in der Hauptsache von Benedikt übernahm und die für das Frankenreich zum Muster wurde. Die Kanonikerregel, die der Aachener Reichstag 816 beschloß, beruhte auf Chrodegangs Gedanken. Die Umwandlung vieler Klöster in Kanonikerstifte war die Folge. Andererseits wurde die Verkirchlichung des Mönchtums durch das Ineinander beider Möglichkeiten aktiviert; einer Eigenentwicklung weg von der Kirche war vorgebeugt.

Dessen ungeachtet kamen die Klöster allmählich ab vom Weg, den ihnen Ideal und Stifterwille gewiesen hatten. Der Einfluß, den sie gewonnen hatten, schadete ihnen mehr, als er ihnen zum Segen wurde. Das kräftige benediktinische Ja zur Arbeit führte zu Reichtum und Macht − und das verführte sie. Einzigartig war ihre Stellung, einzigartig ihre Bildung, ihre Gelehrsamkeit, ihr Wissen, einzigartig auch die Disziplin der Liturgie, einzigartig ihre adelige Exklusivität. Nicht nur die Äbte, auch die Mönche waren den Königen näher als dem gemeinen Mann. Das Klosterwesen war Adelssache, und blieb es noch lange. In dieser Situation bewährte sich eine erstaunliche Fähigkeit des Christentums, die sich im Mönchtum am deutlichsten durchsetzte: die Fähigkeit zur Reform.

III
Die Reformklöster von Cluny, Gorze und Hirsau

Der Zeitzusammenhang

Im dritten Kapitel gehen wir zunächst den Klöstern der ersten Reform nach, die auf Franken eingewirkt hat und dort die zweite Welle neuer Klostergründungen ausübte.

Es war die Zeit der harten Auseinandersetzungen zwischen Kaiser und Papst um die Vormachtstellung. Die arabische Kultur dehnte sich bis an die Grenzen Europas und des christlichen Kaiserstums im Osten. Konstantinopel rief um Hilfe. Es kam zu den Kreuzzügen. Die Träger aller Reformen kamen aus Cluny, Gorze, Hirsau. Auch in der Heiligenverehrung begann ein neues Kapitel. Der Erzengel Michael und der Bischof Nikolaus von Myra wurden auch in Franken zu „modischen" Heiligen.

Das Kloster auf dem Michelsberg zu Bamberg und sein großer bischöflicher Förderer Otto, ein Lokalheiliger von europäischem Zuschnitt, lösten eine Flut von Klostergründungen aus:

1041–1046 wurde die Benediktinerabtei Obertheres gegründet.

1053 (belegt für Anfang 12. Jahrhundert) entstand südlich von Bamberg die Abtei Weißenohe.

1069–1071 wurde die Burg Banz in ein Kloster umgewandelt.

1078 haben die Grafen von Rothenburg die Komburg bei Schwäbisch Hall in ein Kloster umgewidmet.

1102 stiftet Albert von Steinach seinen Besitz Münchsteinach den Benediktinern.

1108 entstand Münchaurach; die ersten Mönche kamen 1132 von Hirsau.

1108 entstand Aura an der Saale, konnte sich jedoch nicht halten.

1030 bis ins späte 11. Jahrhundert wurde unter Mithilfe Ottos von Bamberg die Umwandlung der Wülzburg bei Weißenburg, zur Diözese Eichstätt zugehörig, betrieben.

1120 wird die schönste hirsauische Klosterkirche in Auhausen an der Wörnitz gestiftet.

1135 kommt es zur Gründung der Propstei Mönchsroth, von der heute nur der schöne Kirchenbau übrig geblieben ist.

In Thulba stehen noch die Kirche und die spätere Propstei.

Die übergreifenden politischen Auseinandersetzungen des 11. Jahrhunderts drehten sich um die Vormachtstellung im Reich. Wem stand sie zu? Dem Kaiser? Dem Papst? Dem Reich oder der Kirche?

Unter den Karolingern gab der König den Ton an, auch in der Kirche. Unter den Saliern kam es zum Bündnis zwischen den Bischöfen und dem König – gegen den Papst, wenn nötig. Die Klöster lagen in der Hand des Königs. Soviel Macht bekam weder den Bischöfen, die jetzt zu Kirchenfürsten wurden, noch den Klöstern; sie verweltlichten.

Aber nicht vergeblich war der Benediktinerorden selbst das Werk einer großen Reform. Und nicht vergeblich waren die Klöster Werke großer missionarischer und kolonisatorischer Anstrengungen. Der Benediktinerorden brachte selbst eine neue, verändernde Bewegung hervor.

Vom Kloster Cluny aus, das an der Grenze zwischen dem gallischen und dem germanischen Frankenreich liegt, zwischen Westfranken und Ostfranken, rief man zur Reform. Eine gewaltige Bewegung kam in Gang, die den gesamten Adel erfaßte.

Befreiung von weltlicher Bevormundung war einer der Programmpunkte. Die Klöster sollten dem Papst unterstellt werden. So wollte es die eine Gruppe der Reformer, die in Cluny saß. Die Besinnung der benediktinischen Mönche auf ihren eigentlichen Auftrag war ein anderer Programmpunkt. Dies führte zur Erneuerung des monastischen Lebens, die Gottesdienste wurden feierlicher gestaltet, die Wissenschaften intensiver gepflegt, das Fürbittegebet und das Totengedenken inhaltsreicher.

Von Burgund aus gingen die Reformer in alle Himmelsrichtungen; in ganz Frankreich wurden sie tätig, in England und in Spanien. Bis nach Italien drangen sie vor und reformierten die römischen Klöster. Auch ins Reich rief man sie – und da vor allem nach Franken.

Freilich, eine Reformbewegung bleibt selten allein. Eine zweite entstand: die aus dem lothringischen Gorze. Diese aus der Nähe von Metz, wo sich sehr früh schon iro-schottische Mönche niedergelassen hatten, ausgehende Bewegung, war aufs Ganze gesehen konservativer. Man betonte die Eigenständigkeit jedes Klosters. Weder dem Papst noch dem König sollte das Kloster unterstellt sein. Der Zusammenhalt der Klöster sollte durch die strenge Beachtung der gemeinsamen Regel gewährleistet bleiben. Über Trier kam die gorzische Reform auch nach Deutschland; Fulda, Regensburg, auch St. Gallen, schlossen sich ihr an – hauptsächlich also jene Klöster, die einst von den Iren gegründet worden waren. Sie gewannen auch in Franken Einfluß. Auf die Vielfalt Frankens wirkte die Vielfalt von außen ein, auch die Vielfalt reformerischer Bemühungen.

Als große kirchlich-politische Bewegung durchfieberte jene Zeit die Kreuzzugsbewegung. Der fromme Pilger-Tourismus hatte schon im 10. Jahrhundert angefangen. Die Reformatoren von Cluny förderten ihn energisch und organisierten ihn bis ins Kleinste. Die Araber, tolerant, wie sie aus ihrem religiösen Selbstverständnis heraus waren, duldeten die Wallfahrten, zumal sie ihnen wirtschaftliche Vorteile brachten, solange es friedliche Wallfahrten blieben. Schwierig wurden die Züge übers Land durch Kleinasien erst, als die Türken vom Kaspischen Meer her nach Kleinasien vordrangen und den Reisenden den Weg verlegten.

Eine der großen frömmigkeitsgeschichtlichen Auswirkungen der Kreuzzüge war der gesteigerte Reliquienkult. Die frommen, oft auch weniger frommen Pilger brachten vielerlei Bewundernswertes aus dem Heiligen Land heim. Das steigerte ihr Ansehen; die ferne Herkunft der kleinen Partikel erhöhte den Wert der Reliquien. Die sinnenhafte Berührung des gesuchten Gegenstandes oder seiner Umhüllung (Reliquienschrein) war den damaligen Zeitgenossen wichtig, denn sie empfanden das Leben viel unmittelbarer als wir heute.

Am 15. Juli 1099 nahm das Kreuzfahrerheer unter Gottfried von Bouillon mit etwa 1 200 Berittenen und 10 000 Mann Fußvolk Jerusalem ein. Unterwegs hatte es in Edessa und Antiochien abendländische Fürstentümer errichtet. Nach wochenlangem Kampf war es dem Kreuzritterheer gelungen, Jerusalem zu stürmen. Schreckliche Ausschreitungen der Kreuzfahrer waren die Folge, bis heute im Vorderen Orient nicht vergessen. Es lohnt, einen zeitgenössischen Berichterstatter zu zitieren: „Zahllose Sarazenen wurden enthauptet ... andere wurden tagelang gefoltert und dann den Flammen überantwortet. Auf den Straßen konnte man haufenweise abgehauene Köpfe, Hände und Füße sehen. Überall mußte man sich seinen Weg durch Pferde- und Menschenleiber bahnen. Die fromme Raserei, in der sich die Kreuzfahrer nach der Eroberung Jerusalems in der Grabeskirche zu Boden warfen", nachdem die Pilger buchstäblich im Blut der Moslim gewatet waren, bleibt ein unbegreiflicher Exzeß des hohen Mittelalters – „fromme Raserei". Die friedlich geplanten Fahrten waren in kriegerische Unternehmungen ausgeartet.

„Es war dieser blutrünstige Beweis christlichen Fanatismus', der den Fanatismus des Islam neu entfachte", meint der Historiker Runciman.

Daß die Kreuzfahrer eine große Zahl auch im Fränkischen sehr beliebter Heiligengestalten und deren zunehmend heftigere Verehrung importierten, nimmt nicht wunder. St. Nikolaus, der Heilige von Myra, zählt zu ihnen. Er machte dem längst heimisch gewordenen fränkischen Platzheiligen Martin und dem frischen Michaelskult kräftig Konkurrenz. Zehn Jahre vor dem ersten Kreuzzug waren die Reliquien des heiligen Nikolaus von Myra nach Bari entführt worden. Durch die Kreuzfahrer wurden die zahlreichen Legenden über diesen mildtätigen Heiligen, dem im Osten eine hohe Verehrung zuteil geworden war, über Italien nach Franken gebracht. Als gesamteuropäischer Heiliger ergänzte Nikolaus den westeuropäischen Martin gewissermaßen. Zu jener Zeit des Umbruchs tauchte die europäische Thematik West–Ost, auch Westeuropa–Osteuropa, von Neuem auf. Auch die Gestalt des Erzengels Michael erfuhr auf diesem Wege gesteigerte Volkstümlichkeit. Schließlich waren die Klosterreformatoren aus Cluny und Gorze leidenschaftliche Propagandisten der Kreuzzüge. Dies freilich aus frommem Interesse, nicht aus vordergründig machtpolitischen Ansprüchen.

Auf dem Michelsberg zu Bamberg schuf diese Reformbewegung ihr bedeutendstes fränkisches Kloster. Über Amorbach kamen die Reformer an die Regnitz und ließen sich gegenüber dem Domberg nieder, wahrscheinlich vom Kaiser ins Land gerufen. Die Verbindung zu Gorze über Amorbach verdient Beachtung. Schließlich wird für Amorbach selbst eine indirekte Verbindung mit den irischen Mönchen behauptet in der Gestalt des heiligen Pirmin. Natürlich setzte man zunächst dort an, wo Klöster bestanden; erst anschließend ging man an Neugründungen. So wurden die Klöster in Feuchtwangen, Heidenheim und Spalt, Ansbach, Würzburg und andernorts reformiert.

Nikolaus- und Michaelskult

Nikolaus, der Bischof von *Myra*, zählt zu den letzten Märtyrern der frühchristlichen Zeit, es gilt als gesichert, daß er unter der diokletianischen Christenverfolgung Anfang des 4. Jahrhunderts viel zu leiden hatte. Noch heute zeigt man im türkischen *Demre*, wie Myra heute heißt, einen zerbrochenen Steinsarg, den die Wallfahrer der östlichen Kirche verehren. Nikolaus zählte bald zu den populärsten Heiligen der byzantinischen Kirche. Auch im süditalienischen *Bari* wird die Nikolausverehrung hoch gehalten: Am 9. 5. 1087 haben Bürger von Bari im Auftrag ihres Bürgermeisters die Gebeine des Bischofs von Myra gestohlen und nach Bari verfrachtet, wo eine mächtige Grabkirche um sie herum errichtet wurde.

Ins Frankenreich haben den Nikolauskult die Kreuzritter gebracht. Bald zählte er neben Martin zu den gefeiertsten Volksheiligen des Abendlandes. Mit ihm verdrängte die Weihnachtszeit endgültig Epiphanie.

Die Legende seines Lebens, ein Teil davon ist historisch nachweisbar, liest sich so: Spät erfuhr ein Kaufmannsehepaar, das sich lange nach einem Kinde sehnte, das Glück eines Sohnes. Die frommen, wohlhabenden und wohltätigen Eltern erzogen den Sohn erfolgreich zu Gottesfurcht und Gelehrsamkeit. Der Bruder der Mutter war Bischof von Myra. Er weihte ihn zum Priester, als die Eltern von der Pest hinweggerafft wurden. Nikolaus verteilte das große Vermögen, das er erbte, unter die Armen. Sein Onkel bestellte ihn zum Abt des Klosters der Stadt trotz demütigen Streubens seines Neffens. Nikolaus machte eine Wallfahrt ins Heilige Land. Als er zurückkam, traf ihn das Glück einer erstaunlichen Verabredung: in Myra hatte man sich nach dem Tod des Bischofs nicht über einen Nachfolger einigen können und verabredete, an einem bestimmten Tag jenen Mann zum Bischof auszurufen, der als erster die Kirche beträte. Und siehe, Nikolaus war es. Die Kirche war mächtig und hatte viele Mitglieder, aber sie hatte noch nicht die staatliche

Der heilige Nikolaus erscheint Kaiser Konstantin

Anerkennung; immer wieder drohten Verfolgungen. So auch jetzt. Es gehörte Mut und Weisheit dazu, das Amt des ersten Priesters einer großen Stadt zu übernehmen. „Sollen meine Worte Kraft haben, in die Herzen einzudringen, so muß ich meinen Schäflein voranleuchten als ein Muster an Tugenden", pflegte Nikolaus zu sagen. Schon vor Tagesanbruch versammelte er seine Geistlichen und Mitarbeiter. Wiederholt wurde er in den Kerker geworfen. So erhielt er den Ehrennamen „Bekenner". Als Kaiser *Konstantin* das Religionsedikt erließ, das die Christen anerkannte, konnte Nikolaus wieder in sein Amt zurückkehren.

Am 6. Dezember 345 oder 351 starb er, ein Zeitgenosse von *Antonius* und *Pachomius,* den beiden Repräsentanten östlicher Frömmigkeit, und von *Martinus von Tours,* dem großen Mann im Westen.

Die Nikolauslegenden sind hundertfach. Dank seiner Mildtätigkeit und Gerechtigkeit, seiner Herkunft von Handelsmännern und seinem Umgang mit Seeleuten fand er eine große Klientel von Verehrern. Er wurde der Schutzheilige der Seeleute, Schneider, Weber, Metzger, Notare, Advokaten und Studenten, vor allem der Gefangenen, die um seinen Beistand beteten und der Unzähligen, die eine gute Heirat oder die Wiedererlangung gestohlener Sachen erhofften, sowie derer, die gegen falsche Gerichtsurteile ankämpften.

Es gibt eine Vielzahl von Legenden, die den heiligen Nikolaus als Kinderfreund zeigen. Der Brauch, daß an seinem Gedenktag, dem 6. Dezember, Kinder durch den Kamin Geschenke bekommen, hat folgende Legende als Hintergrund: ein verarmter Edelmann wollte seine drei bildschönen Töchter verheiraten und konnte die Mitgift nicht aufbringen. Da beschlossen die Mädchen, sich in einem Dirnenhaus zu verkaufen, um das Geld aufzubringen. Nikolaus, der sich in der Stadt befand, hörte von dieser Absicht, und er warf den drei Mädchen in drei aufeinanderfolgenden Nächten drei goldene Äpfel durch den Kamin in ihr Schlafzimmer. So konnten die Jungfrauen ehrbar verheiratet werden.

Viele der Legenden, die sich um seine außerordentliche Mildtätigkeit rankten, entstanden durch die entsetzliche Verarmung des Volkes in Zeiten von Pest, Hungersnöten und Kriegen. Doch manche der vielfältigen Bräuche, die sich aus der Verehrung entwickelten, haben oft nichts mehr mit dem ehrwürdigen Bischof von Myra zu tun, sondern mehr mit dem ruppigen Knecht Rupprecht.

Während im Fränkischen der heilige Martin auch über die Reformation hinaus populär blieb, trat die Nikolausverehrung in protestantischen Gebieten zurück. Die Heimatvertriebenen aus dem Sudetenland brachten Nikolaus neu in Erinnerung – auch in Franken.

Seit der Zeit der Ottonen wurde die Verehrung des Erzengels *Michael* populär. Michael wurde für die Ottonen, was Martin für die Karolinger war.

In der Gestalt des Erzengels Michael begegnen wir einer neuartigen christlichen Kultfigur. Der Apostel Paulus hatte den Engelskult zäh bekämpft, allmählich aber kam es doch zur Engelverehrung. Der einflußreiche Mailänder Bischof *Ambrosius* forderte 300 Jahre nach Paulus entschieden dazu auf. Und schließlich baute man Engeln zu Ehren sogar Kirchen; vor allem in Ägypten. Michael und Gabriel rückten in den Vordergrund.

Um 500 verfaßte ein unbekannter syrischer Autor unter dem Namen des berühmten und beliebten Bischofs *Dionysius Areopagita* von Athen die Schrift „Hierarchie des Himmels" und andere mehr. Darin machte er sich Gedanken, wie denn der Himmel organisiert sei, und kam zu dem Ergebnis, daß selbst die vorzüglichsten Theologen nicht an die untersten Engel heranreichen. So war die Engelsverehrung neben der Heiligenverehrung gesichert, und das Volk unterschied allmählich nicht mehr zwischen der Bedeutung der Engel und der Heiligen. Beiden wies die Kirche im Festtagskalender ihre festen Gedenktage zu.

Dem Erzengel Michael wurde der 29. September zugeteilt. Michaeli wurde zum hervorstechenden Datum der festarmen Jahreshälfte. Auch die Reformation hat das akzeptiert. Von *Martin Luther* gibt es mehrere Michaelspredigten (aus den Jahren 1530, 1531 und 1544). Er will aber diesen Tag nicht als Engelsfest feiern, sondern als Fest Gottes, der die Engel geschaffen hat, damit wir ihren Dienst als seine Boten anerkennen und Gott dafür danken. „Engel bitten für uns, sind aber nicht anzurufen". Damit griff Luther die altkirchliche Tradition auf.

Der heilige Michael, der bereits im Alten Testament verehrt wurde, ist seit dem Jahre 590 fest im Kirchenkalender verankert. In diesem Jahr, in dem Italien von einer verheerenden Pest heimgesucht wurde, sah Papst *Gregor I.* in einer Vision den Heiligen, wie er sein Schwert in die Scheide steckte und damit das Ende der Pest signalisierte.

Auch das sächsische Kaisergeschlecht der Ottonen machte Michael zu einer bedeutenden Reichsfigur. Ihm war der Schutz des Reichsheeres anempfohlen. Bei der Schlacht gegen die Ungarn auf dem Lechfeld (955) zierte er das Reichsbanner. Seit diesem Sieg war Michaels Popularität nicht mehr aufzuhalten. Michael war „in", auch ihm gegenüber geriet Martin ins Hintertreffen. Neugebaute Kirchen wurden ihm geweiht, alte nach ihm umbenannt. Allen voran verschrieben sich die reichsorientierten Klosterreformer aus Gorze seiner Verehrung.

Im lothringischen Gorze lebten immer noch irische Mönche, freilich längst nach der benediktinischen Klosterverfassung. „Metz, schon in keltischen Tagen eine zum Himmel aufschauende Stadt, verließ sich bei der Verwirklichung und Ausbreitung der Klosterreform, zum Beispiel auf das Kloster Verdun, fast ausschließlich auf irische Mönche", heißt es in dem Buch „Gottes gelehrte Vaganten". Die mystischen Neigungen der Iren verstärkten die Michaelsverehrung. Die Lage im damals reichsdeutschen Lothringen band die Reformer von Gorze eng an den Kaiser, anders als das burgundische Cluny, das zum Papst hielt.

Bambergs Michaelskloster kennzeichnet gorzischen Einfluß im Reich. Hergerufen wurden die Nachfahren der Iro-Schotten vom heiligen Otto.

Baugeschichtlich verdient Beachtung, daß die großen Westwerke der Reformklöster stets Michael geweiht waren. Wenn es schon nicht mehr die ganze Kirche sein konnte, weil ihr längst schon ein anderer Hauptpatron zugewiesen war, von dem man nicht gerne abließ, sollte Michael wenigstens das Westwerk geweiht sein. Dort werden oft die Kaiserlogen mit dem Blick zum Kreuz des Hochaltars im Ostchor eingebaut – in der Stiftskirche zu Feuchtwangen ebenso wie in der Sebalduskirche zu Nürnberg oder im Bamberger Dom.

Bambergs Michelsberg

Ein Reformkloster eigenen Zuschnitts, eigener Größe, überragender Kraft steht auf dem Michelsberg zu Bamberg, der sich über die anderen sechs Hügel stolz erhebt, das Kloster *St. Michael*. Die königliche Benediktinerabtei entstand als Gründung des Bischofs *Eberhard*. Die Ottonen und die Salier schützten das Kloster und setzten zu Bamberg die Äbte ebenso wie die Bischöfe ein. Die ersten Mönche kamen aus *Amorbach* im Odenwald – die irische Wurzel aus vorbonifazianischer Zeit trieb weit im Osten, wo die Pegnitz sich dem Main nähert, einen neuen Zweig. Der Geist von Gorze durchdrang nun Bamberg, wie er auch das ältere mainfränkische *Schwarzach* erneuerte, *Fulda, Tegernsee* und *Feuchtwangen*.

1021 wurde die erste Klosterkirche mit einem rauschenden Fest geweiht, das kaum der Feier nachstand, die drei Jahre vorher bei der ersten Domweihe begangen worden war. Beide Male war Kaiser *Heinrich II.* anwesend, der große Förderer, unter dem Bamberg zur heimlichen Reichshauptstadt geworden war, eine Rolle, die später unter den Staufern noch einmal an *Würzburg* fiel, ehe sie offiziell nach *Nürnberg* kam und von dort nach *Frankfurt.* Auch das Kloster auf dem Michelsberg geriet in den Strudel der Auseinandersetzungen um die Macht im Lande. Es war selbst schnell mächtig geworden, zu mächtig. Der Zustand, den Bischof *Otto* antraf, als er sein Amt übernahm, wird beschönigend von seinem Biographen *Ebo* so umschrieben: „Zu dieser Zeit war bei uns das Gesetz der Regel ziemlich in Verfall". Dann fährt er fort: „Bei Ankunft des Herrn und Förderers, des sehr frommen Bischofs Otto, wurde bei uns das Gesetz der Regel wieder zu Ansehen ge-

Bamberg, Michelsberg mit ehem. Benediktinerabtei St. Michael.
Stahlstich, Mitte 19. Jh.

bracht". Denn Otto holte *Wolfram*, der sein „Generalvikar" wurde. Doch
Wolfram erkrankte, was er als Auftrag Gottes verstand, Mönch zu werden.

Otto schickte ihn nach *Hirsau*, wo Wolfram schnell Karriere machte und
Vertreter des Abtes wurde, den die Hirsauer Prior nannten. Jetzt rief Otto
ihn zurück nach Bamberg. Er sollte die Hirsauer Disziplin auf dem Michelsberg einführen. Zuvor mußte dort der regierende Abt seinen Platz räumen.
Das veranlaßte Bischof Otto persönlich. Als Otto auftrat, resignierte der Abt
und „akklamierte als erster der Wahl" von Wolfram. Das war am 13. April
1112. Am nächsten Tag wurde der neue Abt geweiht. Das Michaelskloster
kam zu neuer Blüte, wozu auch die Laienmönche beitrugen, die Wolfram an-
stellte, die sogenannten Konversen, die Gruppe der Dienenden. Diese kamen
aus dem Bürgertum, das allmählich neben der Adelsschicht im Kloster an Bedeutung gewann. Es brauchte freilich noch seine Zeit, bis diese Einrichtung
landesüblich wurde. Die Zisterzienser erhoben sie zum Programm. Und
auch dann war der Abstand zwischen Adel und einfachen Leuten noch groß.
Das Klosterwesen war und blieb noch lange Adelsangelegenheit.

Am 3. Januar 1117 erschütterte ein Erdbeben Bamberg. Man nutzte die
Gelegenheit, riß die ganze Kirche ab und baute nach den Grundrißregeln der
Hirsauer ein neues Münster, das schon am 1. September 1121 geweiht wur-
de. Zwei Jahre später starb Abt Wolfram. Die Zahl der Konventsmitglieder

hatte sich von zwanzig auf siebzig erhöht. Noch heute ist die Michaelskirche eines der Wahrzeichen Bambergs.

Nicht überall hatte man ein gutes Gefühl bei dem, was sich da entwickelte. Das Mönchtum hatte auch damals manche Gegner und Bischof Otto mußte sich mancher Auseinandersetzung stellen. „Da wollten sie sich alle mönchen", heißt es im Vorspruch des alten Ezzo-Liedes. Bischof Otto, Großorganisator des Klosterwesens weit über seinen geistlichen Herrschaftsbereich hinaus, rechtfertigte seine eifrige Förderung des Mönchstums so: Im Anfang der Welt seien die Menschen an Zahl gering gewesen, ihre Vermehrung daher notwendig; sie hatten heiraten müssen. Jetzt aber, am Ende der Zeiten, hätten sie sich ungeheuer vermehrt, daher sei es richtig, „enthaltsam und gottergeben zu leben". – Probleme des Geburtenüberschusses um die Jahrtausendwende? Lösung auf bambergisch? Jedenfalls lasse sich das in Klöstern besser beachten als außerhalb. So zitiert *Timo*, der Prior des Michaelsklosters, seinen Bischof. Außerdem seien die Klöster eine Gelegenheit zu guten Werken, sie ließen „die Menschen dieser Welt in ihrer Sündhaftigkeit zum besseren Leben ihrer Seele gemäß gesunden". Geistliche Lesung, Psalmen und Gebete, Messen und religiöse Betrachtung, Fasten, Nachtwachen, ständiger Kampf gegen geistigen Nichtsnutz, Abtötung des Fleisches und Reue des Herzens – das alles seien Früchte klösterlichen Lebenswandels.

Das Michaelskloster auf dem Michelsberg ist bis heute ein schöner Schmuck Bambergs. Wer die gewaltige romanische Pfeiler-Basilika betritt, kann sich der Schlichtheit und Kraft dieses Baus nicht entziehen: Hirsau-Traditionen – vor allem in der Architektur. In der später geschaffenen Krypta steht das Grab des großen Bischofs Otto. Alles ist festlich an diesem Münster, am festlichsten die Tumba. Im bunten Barock hat *Johann Leonhard Dientzenhofer* die Abteikirche umgestaltet. Eigentlich zurecht, denn etwas Barockes haftet schon diesem Bischof der bewegten Zeit des Mittelalters an – Barock nicht im einfältigen Sinn von Buntheit und Fülle, sondern Barock als Spannung, die zu jener Zeit zu erleben war, die etwas von den Spannungen der Gegenwart in sich trug, eine Zeit zwischen Zerstörung und Vollendung. Welch ein Glück, daß im Hauskloster Ottos später Baumeister wirkten, die das angefangene Werk grandios weiter gestalteten und veränderten! Die Brüder *Johann Leonhard* und *Johann Dientzenhofer* als Baumeister, *Leonhard Gollwitzer* mit seinen Fassadenfiguren, *Balthasar Neumann*, der den Prälatenbau errichtete. Sie haben dem romanischen Kern des Kirchenbaues, dem Langhaus mit seinen gewaltigen Pfeilern und dem hohen gotischen Chor ein reiches Barockgewand verpaßt und die Kirche damit feierlich ausgestaltet. So sind drei Stile aus drei großen Epochen, die nacheinander eine Vielzahl von Heiligen hervorgebracht haben, zu einer Einheit verschmolzen. Es ist schon so: die unterschiedlichsten Stilformen vertragen sich wie die verschiedensten Charaktere, wenn sie nur stark sind und kraftvoll in sich.

Gesamtansicht von Bamberg,
Stich von M. Merian aus der Topographie Franken (1648)

Für Bamberg muß man sich viel Zeit nehmen, ganze Tage und lange Abende – und wird es doch nie vollends auskundschaften. Und immer wieder begegnet man dem Bischof Otto von Bamberg – noch nach achteinhalb Jahrhunderten.

Otto von Bamberg

Otto ist der dritte große Heilige Bambergs neben Kaiser *Heinrich II.* und Kaiserin *Kunigunde*, der es in der kurzen Zeit des Bestehens von Bamberg „zur Ehre des Altars" brachte, wie die Kirchensprache die Heiligsprechung eines Menschen nennt – bezogen auf die Unterbringung sterblicher Überreste des Heiligen, eben der Reliquien, im Altar.

Begründet wurde der Wunsch nach Heiligsprechung Ottos allerdings aus seiner Diözese mit anderen Leistungen als den Klosterreformen und den etwa zwei Dutzend Klostergründungen. Otto von Bamberg gilt als der große Beweger der christlichen Mission im Osten. Den „frommen Apostel" nennt ihn die Kirchengeschichte – ein Mann, der sich europäischer Einwirkung verdankt und dem Franken größte europäische Auswirkung zu danken hat.

Kanzler von Kaiser *Heinrich IV.* ist er gewesen, ehe er das Bamberger Amt erhielt, und Dombaumeister zu Speyer. König Heinrich, dem Büßer von Canossa (1077), war er fast sein Leben lang treu verbunden, unbeschadet aller heftigen Auseinandersetzungen, die dieser mit Papst *Gregor VII.* hatte. Und zugleich förderte er die Gründung von Reformklöstern wie kein anderer, 23 Klöster leiten sich von ihm her: *Michelsberg, St. Getreu und St. Jakob, Michelfeld, Langheim, Herrenaurach, Tückelhausen, Münchaurach, Roth, Vessra, Banz, Prüfening, Mallersdorf, Ensdorf, Biburg, Münchsmünster, Windberg, Aldersbach, Ansbach, Gleink* bei Steyr, *Osterhofen, Heilsbronn, Reinsdorf, Arnoldstein* in Kärnten. Nicht wenige dieser Klöster aber verlangten Freiheit von der weltlichen Macht, Freiheit vom deutschen König: viele hörten lieber auf den Papst als auf den Kaiser.

Wir wissen nicht genug über die Persönlichkeit Ottos, um die Widersprüche dieses großen Mannes klären zu können. Wir kennen nicht einmal seinen Geburtsort und nicht das Jahr. Zwischen 1060 und 1062 soll er in Mischelbach bei Pleinfeld geboren sein, dort vielleicht, wo heute Schloß Sandsee von den fränkischen Jurahöhen ins Land grüßt – wirklich ein Franke, wenn auch an der Grenze auf Bayern zu. Es war junges fränkisches Kolonialgebiet, das ihn hervorbrachte – ihn wie *Wolfram von Eschenbach* im Westen und den *Thannhäuser* unweit nördlich, zu Füßen der *Sulzbürg* oder *Walther von der Vogelweide* noch weiter im Westen (Karl Bosl vertritt die These seiner Geburt in der Nähe von Feuchtwangen). Das waren Ottos Zeitgenossen. Franken steckte voller frischer Talente.

Ottos Familie muß enge Beziehungen zu den Saliern gepflegt haben, denn Kaiser Heinrich empfahl ihn seiner Schwester Judith, der Königin-Witwe von Ungarn, bei ihrer Heirat des Polenherzogs Wladislaw als Hausgeistlichen. So kam Otto zum ersten Mal in den Osten, nach Gnesen. Dort trat er 1090 in die Dienste des Kaisers. Ein ganzes Jahrzehnt lebte er in unmittelbarer Nähe Heinrichs – und das während der schweren Jahre des Ringens mit dem staufischen Gegenkönig *Rudolf von Rheinfelden.*

Er wurde mit dem Bau des Domes von *Speyer* betraut, eines der großartigsten Dombauwerke der Romanik überhaupt. Zwei Generationen arbeitete man schon daran, wo seit 1030 die Grablege der Salischen Kaiser war.

1102 erlangte Otto das Bistum Bamberg – vom Kaiser, nicht vom Papst. Als zwei Jahre später der Sohn sich gegen den Vater Heinrich IV. erhob – „O Schmerz! Mein Sohn hat alle Schwüre vergessen und ist nun ganz und gar von uns geschieden. So sehr haben ihn die Treulosen und Verschwörer, unserer Todfeinde, umgarnt, daß er in seinem Wahn nicht nur nach dem Reich, sondern auch nach unserem Leben trachtet. Während wir von Tag zu Tag hofften, er würde nun doch in sich gehen, hetzt er uns nun von Stadt zu Stadt", – als der Sohn sich mit der Zustimmung des Papstes zum Gegenkönig wählen ließ, schwenkte Otto zu diesem über; offensichtlich erhoffte

Bischof
Otto von Bamberg
tauft
pommersche Edle

er sich so die päpstliche Bestätigung seines bischöflichen Amtes. 1106, im
Todesjahr Heinrich IV., erhielt Otto in Anagni die Bischofsweihe – nicht
vom zuständigen Mainzer Erzbischof, sondern vom Papst persönlich.

Ottos Wirken als Bamberger Bischof grub sich tief ins Bewußtsein der
Zeitgenossen ein. Zunächst brachte er die bestehenden Benediktinerklöster
in Ordnung, die zu Adelspfründen verkommen und in Verfall geraten waren. Wir erinnern uns: „Zu dieser Zeit war bei uns das Gesetz der Regel
ziemlich in Verfall", bemerkte Ottos Biograph *Ebo*. So kam unter Otto das
Klosterleben wieder zu Ansehen. Er ließ „die Menschen in dieser Welt in
ihrer Sündhaftigkeit zum besseren Leben ihrer Seele gemäß gesunden", heißt
es in einem Zeugnis aus jener Zeit.

95

Man hat Otto einen „Unternehmer auf dem Gebiet der Klostergründung" genannt. Die große Zahl seiner Gründungen weist ihn in der Tat als solchen aus. Sein Einfluß reichte weit, seine Wirkung noch weiter: in Sachsen und Thüringen, in Österreich und Kärnten sind seine Pläne und Ideale in Stein gemauerte Realität geworden.

Er beschränkte sich dabei nicht auf die Regel von *Hirsau*, für die er einen seiner besten Leute gewonnen hatte, den adeligen *Wolfram*. Er wählte und setzte je nach Bedarf ein, was er für geeignet und brauchbar hielt, mal die Zisterzienser, die eben im Kommen waren, mal die Augustiner Chorherren, einen jungen Priesterorden, dann wieder die Prämonstratenser, die längst bewährte Priestergemeinschaft, und allen voran immer wieder die Reformer aus Hirsau und *Gorze*, je nach Eignung und Bedarf die Papsttreuen aus dem Schwarzwald oder die Kaisertreuen aus den Vogesen.

Otto brachte auch die Domschule wieder zur Blüte, die nun, wie vorher schon das Michelskloster, eine reichhaltige Bibliothek erhielt. Er baute Kirchen und Kapellen und stiftete Spitäler, zum Beispiel das Egidien- und das Gertruden-Spital von Bamberg, eine der ältesten Einrichtungen dieser Art in Franken. Und er vollendet den Bamberger Dom; 1111 weihte er ihn. Noch heute sind die älteren Bauteile erkennbar, Zeugen der Zeit Ottos und ihres Stifters.

In die Kirchengeschichte ist Otto vom Bamberg als Apostel der Pommern eingegangen. „Zur Zeit Ottos brach Europa aus archaischer Ruhe zu geistiger Bewegung auf", faßt der Altvater bayerisch-fränkischer Geschichtsforschung Karl Bosl zusammen. Dieser Aufbruch erwies sich auch in der Ausdehnung nach Osten. Um die Pommern hatte man sich schon lange bemüht. Aber diese leisteten hartnäckigen Widerstand. Einfache Mönche richten wenig aus, war die Erfahrung, die man machte. Da versuchte man es mit Druck von oben. Der Polenherzog *Boleslaw III.* rief den Bamberger Bischof Otto zu Hilfe, zumal dieser die slawische Sprache kannte. Dieser nahm den Auftrag an. Als über 60jähriger, für damalige Verhältnisse im Greisenalter, faßte er, „von Gott erweckt, den Entschluß, das schwere Werk zu vollführen", schreibt der Chronist. Der Erzbischof entschied sich für eine Reise im fürstlichen Gepränge, mit fürstlichem Gefolge. „Ganz gegen seine sonstigen Geflogenheiten", betont der Biograph. Mit zahlreichem Gefolge, angetan mit prächtigen liturgischen Gewändern, versorgt mit Geräten, Geschenken für Hoch und Niedrig, umgeben von Dolmetschern und Priestern, machte er sich auf den Weg. Er protzte wie ein Potentat. Beim Papst hatte er sich ausdrücklich die Genehmigung zu diesem Missionszug bestellt. Durch Böhmen über Breslau und Posen kam er nach Gnesen, wo ihn Boleslaw barfuß empfing und ihm Pferde, Wagen, Lasttiere und bewaffnetes Geleit übergab. Vorher hatte Otto in aller Öffentlichkeit am Grabe des heiligen *Adalbert* zu Prag, des Preußenapostels, gebetet — der künftige Kollege am Grabe eines Mannes, dem er an Heiligenprominenz bald nicht nachstehen sollte.

Da mußte sich der Erfolg ja einstellen. „Alles drängte sich zur Taufe, so daß seine Geistlichen nicht rasch genug das Sakrament spenden konnten", bewundert der Berichterstatter Ottos Erfolge. Auch der Pommernherzog *Wladislaw I.* habe sich wieder in die Kirche aufnehmen lassen und in die Einehe zurückgefunden, nachdem er bis dahin vierundzwanzig Frauen hatte, wird gemeldet. Allerdings regte sich auch Widerstand. In Wollin entging Otto nur mit knapper Not dem Haß des Volkes. Doch der Widerstand scheint bald gebrochen gewesen zu sein, denn kurz darauf half das Volk Otto tatkräftig bei der Zerstörung von vier Götzentempeln. Auch Julin und Kolberg folgten dem Beispiel von Stettin und Wollin. Nach einem Jahr traf Otto am Ostertag 1125 wieder glücklich in Bamberg ein. Seine Diözese brauchte ihn dringend, stellt der Berichterstatter fest.

Aber auch Pommern brauchte ihn noch einmal, drei Jahre später. Der Blitzerfolg von 1125 war nicht von Dauer. Stettin machte Schwierigkeiten. Otto trat seinen Weg diesmal über Magdeburg und Mecklenburg an. „Durch seine wuchtige Glaubensverkündigung" scheint es geschafft zu haben, daß Stettin sich bekehrte. Darüber hinaus gelang ihm die Versöhnung zwischen dem Pommern- und dem Polenherzog.

Elf Jahre später, am 30. 6. 1139, starb Otto nach qualvoller Krankheit. Sein Vermögen hatte er vorher den Armen vermacht. Auf dem *Michelsberg* wurde er beigesetzt.

Otto war ein zweiter Bonifatius, nicht ein Bonifatius für die Franken nur, sondern ein fränkischer Bonifatius, ein Bonifatius redivivus – zutreffender: die fränkische Konkretion benediktinischen Denkens. Kein Wunder, daß eine Gestalt von solcher Wirkung den Wunsch nach Heiligsprechung weckte.

Historisch betrachtet gehört Otto zu den Persönlichkeiten, die stärkste europäische Wirkungen vermittelten – ins Fränkische hinein und aus Franken heraus. Ins Fränkische hinein holte er den Geist der Reform, einer Reform, die das Benediktinertum im Sinne seines Stifters mit neuem Leben erfüllte. Aus Franken heraus brachte er große Wirkungen zustande, indem er den Geist christlicher Erweckung und christlicher Erkenntnis ostwärts weitertrug und ihm neue Räume erschloß.

Schon bald entstanden Lebensbeschreibungen Ottos, die bedeutendste brachte wenige Jahre nach seinem Tod der Michelsberger Mönch Ebo hervor. Ebo drängte auch nach offizieller Heiligsprechung. Er beginnt seine Biographie mit einem Gespräch am Jahrestag des Todes Ottos, 1158. „Dieser Jahrestag ist wie ein Geburtstag und gleicht einem großen Fest. Eine große Menge Volkes war heute bei uns, eine so festliche Versammlung von Geistlichen der Kathedralkirche und andere Kleriker, ein solcher concursus von fremden Äbten, anderen Geistlichen und auch weltlichen Personen …, daß ich die Gnade dieses Tages fast dem Fest unseres Schutzheiligen St. Michael oder der Kirchweih zu vergleichen wagen möchte".

Kaiser Heinrich II. und
Kaiserin Kunigunde
mit dem Bamberger Dom.
Holzschnitt von 1491.

Dreißig Jahre später erfüllte sich Ebos Wunsch: 1184 wurde Antrag auf die Heiligsprechung Ottos gestellt, 1189 war es soweit. Nun hatte der Michelsberg seinen zweiten Patron – und die ganze Landschaft drei große Heilige, Heinrich II., Kunigunde und Otto. Diese Namen sind in Franken volkstümlich geworden und geblieben wie wenig andere.

Wie sich doch die Zeiten gewandelt haben! Jetzt wird man nur noch nach einem geordneten Verfahren in den weiten Himmel der Heiligkeit zugelassen. Dazu gehört die Vorlage einer Lebensbeschreibung – Ebo hat die Arbeit geleistet. Und einen Bericht über Wunder brauchte man. Am Grabe des künftigen Heiligen sollen sie sich zugetragen haben.

Der Michelsberger Abt *Wolfram II.* reiste persönlich nach Rom, um die Unterlagen für die Heiligsprechung abzuliefern. Sie scheinen den Papst nicht vollends überzeugt zu haben. Fünf Jahre später nahm der Abt noch einmal den beschwerlichen Weg auf sich. Ein neuer Papst hatte jetzt zu entscheiden. *Clemens III.* stimmte der Einsetzung einer Kommission von Legaten zu, der die Bischöfe von Merseburg und Eichstätt angehörten, dazu die Äbte von St. Emmeram in Regensburg und Münsterschwarzach sowie der Domdekan und der Domscholaster des Bischofs von Würzburg. Diese Kommission sollte an Ort und Stelle Erhebungen über die Verdienste Bischof Ottos anstellen. Berühmtere Heilige haben oft länger warten müssen auf dieses irdische Echo.

Am Laurentiustag, dem 10. August 1189, wurde die Heiligsprechung Ottos von Bamberg bekanntgegeben – und zwar vor dem Hoftag König Heinrichs IV. in Würzburg, einem staatspolitischen Ereignis.

Und heute? Otto, dessen Fest am 30. Juni (in Bamberg am 30. September) gefeiert wird, zählt nicht zu den ganz großen Heiligen, er ist eher ein großer Regionalheiliger. Aber er zählt zu den großen Gestalten der Geschichte – nicht nur Frankens. Es ist still geworden um ihn. Schade. Einige seiner Wesensmerkmale verdienen Beachtung, vielleicht sogar Nachahmung. Das Bemerkenswerteste an diesem Mann ist, wie er den Rahmen, den seine Zeit ihm setzte, ausgefüllt hat. Er hat die Möglichkeiten, die ihm gegeben waren, ausgeschöpft wie wenige. Die Spannungen, in die er geraten mußte, hat er ausgehalten; die Veränderungen, die notwendig waren, hat er gewagt. Er hat den Ausgleich gesucht und ist auf Frieden ausgewesen. Er hat weitergereicht, was ihm anvertraut war. Er war Fürst und Bischof in einem; so entsprach es dem Bewußtsein seiner Zeit. Er scheint dabei ein geistlicher Mensch geblieben zu sein. Daß er vor allem dem Klosterwesen Geltung verschaffte, verdient Beachtung. Er hat Macht ausgeübt, aber er hat als Mächtiger gedient.

Kloster Wülzburg

Wo die Juraalb nach Weißenburg hin abfällt, springt ein Bergsporn weit in die Ebene. Ihm zu Füßen haben die Menschen schon urdenklich früh eine Siedlung angelegt. Die Römer schlugen hier die Brücke in die Gegenwart; sie errichteten ein mächtiges Kastell. Die Rede ist von *Weißenburg* und dem nahen *Ellingen*, beide Orte auf einer der Terrassen angelegt, die in das Tal der schwäbischen Rezat hin abfallen.

Auf dem höchsten Punkt der Bergkuppe, wo man einen schönen Ausblick hat ins weite Tal der Altmühl, zur Treuchtlinger Pforte und hinüber zum Hahnenkamm, auf der Wülzburg, stand einst ein Kloster. Im späten 16. Jahrhundert wurde die Anlage auf dem exponierten Bergkegel von dem brandenburgischen Markgrafen zu einer Festung umgebaut – Symbol der Territorialherrschaft gegen den bischöflichen Konkurrenten in Eichstätt und die Nachbarschaft der Reichsstadt Weißenburg wie des Landkomturs zu Ellingen. 1604 war die fünfeckige, bastionäre Festungsanlage nach den ehrgeizigen Vorbildern der Kastelle in Turin und Antwerpen fertiggestellt – eine europäische Neuheit in Franken für ganz Deutschland. Dem ehrgeizigen Festungsbau fiel die gesamte Klosteranlage Wülzburg zum Opfer. Nur noch ein Grabstein im bescheidenen Kirchenraum des südlichen Schloßflügels erinnert an die klösterliche Zeit dieses strategischen Platzes fränkischer Kleinstaaterei.

Über die Entstehung des Klosters ist ebensowenig bekannt, wie es der Gegenwart sichtbare Überreste zurückließ. Man weiß nicht, wann die Mönche sich niederließen, woher sie kamen, wer sie mit Stiftungen ausrüstete. Schon Kaiser *Karl* habe das Kloster gegründet, behaupten frühe Freunde der klösterlichen Geschichte der Wülzburg und erinnern an dessen Mühen um die Weißenburger Gegend, wo er 793 die Altmühl mit der schwäbischen Rezat zusammenbringen wollte, um den ersten Rhein-Main-Donau-Kanal herzustellen – ein Unternehmen, das er nach einem verregneten Herbst für alle Zeiten aufgab. Aber diese Theorie läßt sich nicht halten.

Mit guten Gründen plädieren deshalb namhafte Kenner der fränkischen Geschichte für die Auffassung, daß „das Bergkloster von Heinrich V. zwischen 1105 und 1125 gegründet und vornehmlich mit Besitz aus dem Königshof Weißenburg ausgestattet worden ist". Es gehört zur stattlichen Reihe der Klostergründungen des 12. Jahrhunderts, wie *Kastl* (1102) und *Plankstetten* (1129) den Hirsauer Reformklöstern zugeordnet. Vielleicht hat es schon etwas früher bestanden, vor 1088. In diesem Falle würde es in der stattlichen Reihe der Umwandlung ehemaliger Burganlagen zu Klöstern stehen: *Theres* im mittleren Maintal, *Banz* am oberen Main, die Wülzburg an Altmühl und fränkischer Rezat. Dafür spricht vor allem die Lebensbeschreibung Bischof *Ottos* von Bamberg: Er war dem Kloster Wülzburg eng verbunden, wurde wiederholt dort von seinem früheren Lehrer, dem Abt *Heinrich*, empfangen und hat die Wülzburg, eingedenk dieser Gastfreundschaft, aus eigenen Gütern reich ausgestattet. Übrigens ein Beweiselement dafür, daß Otto aus dieser Gegend stammte, aus *Mischelbach* bei Pleinfeld. Otto genoß in der ganzen Gegend großes Ansehen und nach seinem Tode beachtliche Verehrung: in der Andreaskirche zu Weißenburg erscheint er als erster von acht Heiligen.

Auf der Wülzburg hat Otto vermutlich schon Mitte der achziger Jahre die vertriebene Königswitwe von Ungarn, *Judith*, die Schwester von Kaiser Heinrich IV. getroffen. Ihr wurde er als Hofkaplan attachiert, als die Saliertochter sich 1088 auf den Weg nach Polen machte, um sich dem Herzog Wladislaw antrauen zu lassen. Otto von Bamberg, der einer in der Nähe der Wülzburg seßhaften hochadeligen Familie entstammte, war Schüler auf der Wülzburg. Zu diesem Ergebnis muß man kommen, wenn man die umstrittene Leseart des Geburtsortes in Ottos Biographie nicht auf „Würzburg" und nicht auf „Weltenburg" hin deutet. Text- und Schriftkenner entscheiden sich für die Wülzburg, zumal Kaiser Heinrich IV., dessen enger und vertrauter Helfer Otto von Bamberg wurde, um Weißenburg großen königlichen Besitz geerbt hatte und oft dort weilte. Man vermutet deshalb, daß eine frühere alemannische Herzogsburg, die den Saliern zugefallen war, eben die „Wülz-Burg", um 1028 herum zum Kloster umgewandelt wurde.

Der Platz war gut gewählt. In der Weißenburger Bucht kreuzen sich die Ostwestachse der „Nibelungenstraße" mit der Nordsüdachse der „Bernsteinstraße". Der jugendliche Otto, um 1060 geboren, war der prominenteste Schüler der Wülzburg.

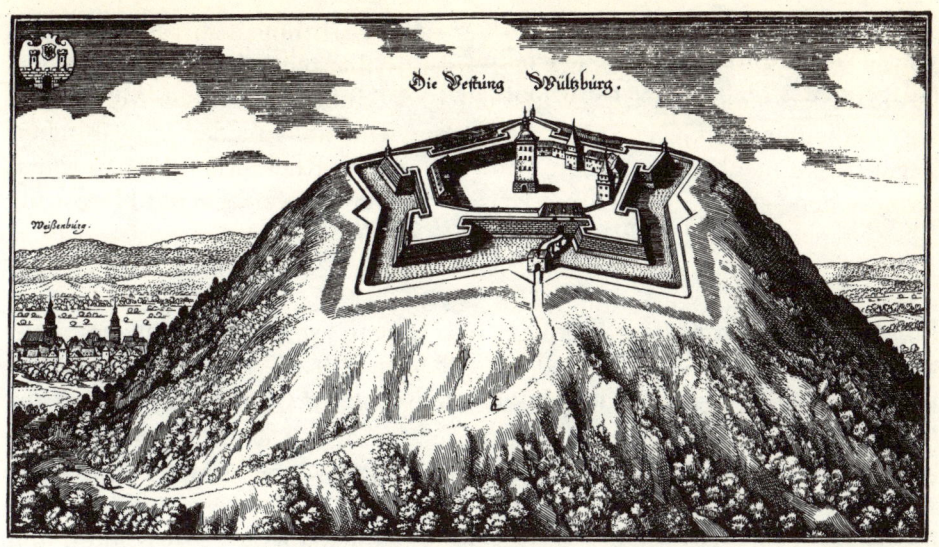

Weißenburg mit der Festung Wülzburg.
Merian, Topographien von Franken, 1648.

Die weltlichen Schutzherren – und damit natürlich zugleich jene, die in das Schicksal des Klosters eingriffen wie niemand sonst – waren zunächst die *Staufer.* Das Kloster Wülzburg gehörte, so weisen es die Listen des Reiches aus, in denen die Verteidigungsbeiträge der Klöster festgelegt wurden, zur mittleren Leistungsgruppe. Es hatte enge Verbindungen zu den Klöstern der Umgebung, vor allem zu *Auhausen, Heidenheim, Kastl, Plankstetten, Solnhofen.* An den Gebetsverbrüderungen, die sich benachbarte oder verwandte Einzelklöster versprachen, nahm es fleißig teil; aus dem 14. Jahrhundert sind sie mit Kastl, mit Heidenheim, Auhausen, *Heiligkreuz* in Donauwörth, *Weißenohe,* Plankstetten, *Biburg* und anderen Orten nachgewiesen, die außerhalb des Fränkischen liegen.

Als die Benediktinerklöster sich zu regionalen Verbänden zusammenschlossen, war der Abt von Wülzburg regelmäßiger Gast der Treffen, oft als Delegierter auch der benachbarten Klöster.

Zwei Probleme zermürbten die Abtei Wülzburg: die jahrhundertelangen Auseinandersetzungen mit der benachbarten Reichsstadt Weißenburg und der Zerfall des Klosterlebens. Die Klosterzucht konnte, zu diesem Ergebnis kommt Hemmerle in seiner Geschichte der Benediktinerabteien Bayerns, zu Beginn der Reformationszeit „nicht mehr als nur annähernd gut" bezeichnet werden. Sogar der Papst genehmigte deshalb 1523 den Antrag von Markgraf *Kasimir von Ansbach,* dem Territorialherrn, die Abtei zur Propstei herabzustufen. Aber auch dieses Kollegiatstift hatte keine lange Lebensdauer: 1537 wurde es durch die fortgeschrittene Reformation aufgelöst. Die Wülzburg wurde säkularisiert. Sie geriet unter die weltlich-markgräfliche Herrschaft und wurde wieder ihrer ursprünglichen Bestimmung zugeführt: eine Befestigungsanlage, spätes Mahnmal der unfriedlichen Verhältnisse mitten in Franken.

Eichstätts St. Walburgakloster

Eines der wenigen Klöster Frankens und das einzige im südlichen Franken, das seit seiner Gründung Bestand hat und vom selben Orden bewohnt wird, ist Eichstätts Walburgis-Benediktinerinnen-Abtei. Eichstätt gehört seit der bayerischen Gebietsreform des Jahres 1972 nicht mehr zu Franken; das Zentrum der Drei-Stämme-Diözese wurde dem Bayern-Stamm zugeschlagen. Es sei lange genug bei Franken gewesen, befanden die Umverteiler. Ob es irgendwann auch noch den Schwaben zufällt, bezweifeln diejenigen, die solch müßiger Frage nachgehen. Immerhin: die heilige *Walburga* wäre eine geeignete Leitfigur für eine solche Veränderung. Denn die Schwaben entdeckten die ebenso unternehmungslustige wie führungsstarke fromme Frau, die in Franken das verwaiste Benediktinerkloster ihrer Brüder *Willibald* (als Bischof) und *Wunibald* (als Gründer und Abt) erfolgreich fortgeführt hatte, als eine Heilige. Ihnen, allen voran dem großen Schwabenbischof *Ulrich*, verdankt sie die Erhebung zur Ehre des Altars.

1035 übernahm Eichstätt die Rolle Monheims als Wallfahrtsort – wenigstens für kurze Zeit, für immer aber das Grab Walburgas. Es entstand – als clyniazensische Reformgründung nach der Aufhebung des Benediktinerklosters am Dom für dringend notwendig gehalten – eine Benediktinerinnenabtei. Sie wurde an der Hauptbegräbnisstätte der Walburga errichtet und förderte unentwegt deren Verehrung. Seit 1042 besteht die Konfessionsanlage der *Walburgisgruft*, auf die man wegen ihrer Einzigartigkeit nördlich der Alpen besonders stolz ist. Die Tropfen, die sich von Mitte Oktober – an einem 12. Oktober wurde die Kirche konsekriert – bis Ende Februar an der Decke des Schachtes in dem Bezirk unter dem Sarg als Kondenswasser bilden, werden als Walburgisöl, von dem viele sich Heilung erwarten, weitergegeben. Die mit Votivbildern übervolle Kapellenwand bezeugt den Dank der Gläubigen.

Kloster wie Kult der Walburga haben die Rückschläge der Reformationszeit überstanden und später auch die Säkularisation. Dazwischen kam es immer wieder zu Zeiten schönsten Gedeihens. In der zweiten Hälfte des 15. Jahrhunderts kam der Kümmerniskult nach St. Walburg in Eichstätt und fand dort starkes Echo – auch in einer wertvollen eigenen Legendenniederschrift. (Im Zusammenhang mit Weißenburgs Karmelitinnen wird darüber zu schreiben sein).

102

Der Dreißigjährige Krieg zerstörte das Kloster wie die ganze Stadt und löste zugleich eine bauliche Renaissance aus, die heute noch Bewunderung verdient. Noch mitten im Krieg war 1626–1631 die Kirche gebaut worden, die von den Wirren des Krieges ziemlich verschont blieb. Die Klostergebäude aber erstanden aus den Ruinen unter Fürstbischof *Marquard*, zunächst der Nordflügel, dann der West- und Südflügel, schließlich der Pfarrhof und das Kastengebäude, endlich die beiden Abteitrakte. Ein volles Jahrhundert hatte man gebaut, erneuert, ausgestattet, bis 1726 die Schlußausstattung begonnen werden konnte. Die ganze Anlage muß man im wörtlichen Sinn hervorragend nennen. Kirche und Kloster sind überaus reich und kunstvoll ausgestattet, vom zierlichen gotischen Steinmetzwerk in der Confessio über die barocke Gruftkapelle, die ein einzigartig schön geschmiedetes Barockgitter schützt, bis zum hohen Frauenchor, der immer wieder an die Bestimmung der Kirche als Gebetszentrum der Benediktinerinnen erinnert.

Der Kirchturmbau war im Dreißigjährigen Krieg ausgesetzt und ist erst ein Jahrhundert später, 1746, wieder aufgenommen worden, als alles andere fertig war. Die Verantwortung lag bei Äbtissin *Adelgundis I. Pettenkofer*, der – nach Kurfürst Karl Albert von Bayern – nichts abgegangen sein soll außer einer fürstlichen Herkunft. Das für Eichstätt und weit darüber hinaus Neuartige an diesem Turm war, daß die Gestalt der Patronin Walburga ihn bekrönen sollte. Eine solche „neue Art der Baukunst" kannte man bis dahin nicht. Entsprechend feierlich wurde die Überführung der von einem Augsburger Goldschmied in vergoldetem Kupfer getriebenen Figur gefeiert – und vom Chronisten geschildert: Am 5. Oktober 1546 nachmittags um 3 Uhr sei der Augsburger Bote mit der Figur angekommen. Als der Wagen am oberen Hoftor erschien, läuteten alle Glocken, der Beichtvater der Klosterfrauen, zugleich Stadtpfarrer, und der Kaplan begleiteten den Wagen zum inneren Klosterhof, „allwo die gnädige Frau mit dem ganzen Konvent, Frauen und Schwestern, die heilige Walburga unter abfließenden Zähren empfingen", mit Tränen der Rührung also, die auch angebracht waren nach den vielen Sorgen und Aufregungen, die ein solcher Kirchturmbau mit sich brachte. Nicht ohne Grund hatte man beim Beginn des Baus im April 1746 sich vorgenommen, täglich eigens und feierlich für die Baumaßnahme zu beten. Die Führerin des Bautagebuches, eine Nonne, hielt das eigens schriftlich fest: „Auf Verordnung Unser allerliebsten gnädigen Frauen ist täglich bis zu Ende des Thurmbaues umb halbe sieben Uhr auf dem Hochaltar mit Gebung vor und nach des Segens ein heilig Mess gelesen worden, unter welcher von allen Bauleuten, so solcher beiwohnen müssen, laut der heilige Rosenkranz gebetet worden". Morgenandacht vor Arbeitsbeginn, Teilnahme Pflicht, Gemeinschaftsgebet! Nach Abschluß der Arbeiten wurden am 13. Oktober die zehn Meister, die vierzig Gesellen und dreiundzwanzig Taglöhner zu Tisch geladen. Der Speisezettel für die Meister ist überliefert:

„Junges Voressen, Rindfleisch, Kraut und auf selbiges Bratwurst, ein Viertel bratene Gans, ein Butterkrapfen, ein Hasenmadl, Bier und Weißbrod, was gemacht haben die gnädige Frau, außerdem 5 Maß Wein extra". Die Gesellen bekamen statt Rindfleisch Schafbraten, keine Bratwürste, weniger Wein, die Hilfsarbeiter statt der Vorspeise nur Suppe, danach nur noch Kraut und Fleisch, Schwarzbrot und Bier, keinen Wein. Und alle bedankten sich artig und versicherten der Bauherrin, „Solches ihr Leben lang nit zu vergessen, sondern jederzeit mit Dank zu gedenken so großer Gnad".

Im 19. Jahrhundert trafen die Walburga-Benediktinerinnen eine weitreichende Entscheidung: Sie schickten Schwestern nach Nordamerika, um die deutschen Auswanderer geistlich zu begleiten. Was der mittelfränkische lutherische Pfarrer *Wilhelm Löhe* – übrigens ein großer Freund evangelischer Heiligenverehrung – für seine Konfessionszugehörigen tat, leisteten die Eichstätter Benediktinerinnen für die ihren. Daraus sind in den USA nicht weniger als 45 selbständige Konvente hervorgegangen. Und immer noch zählt St. Walburg zu Eichstätt eine Hundertschaft an Schwestern.

Walburga von Heidenheim

Der Name der adeligen Benediktinerin aus England, die ihr Verwandter *Bonifatius* nach Germanien gerufen hatte, wird heute noch unterschiedlich geschrieben, mit „weichem" *b* oder mit „hartem" *p* – Franken sollten sich für die schlicht fränkische Schreibweise entscheiden, für *b*. Zwischen 740 und 750 trat sie in die deutsche Mission ein. Zur Vorbereitung auf ihre entwicklungspolitische Aufgabe, die hauptsächlich eine christliche war, wurde sie nach Bischofsheim geschickt, heute *Tauberbischofsheim*, wo ihre Verwandte *Lioba* seit 735 eine Art Ausbildungsstätte für höhere Töchter, damals ausnahmslos Adelige, als Äbtissin leitete. Nach dem Tod ihres Bruders *Wunibald* übernahm sie die Vorsteherschaft des Familienklosters *Heidenheim*, so daß dort um ihrer Begleiterinnen willen ein zweites, ein benediktinisches Nonnenkloster, entstand. Mönche und Nonnen lebten streng getrennt. Nur zu den Gebetszeiten und bei der Eucharistiefeier kamen beide Konvente zusammen. Als Walburga starb, lag ein reiches Leben hinter ihr, das erfüllte Leben einer eigentlich stillen, und deshalb von ihren Zeitgenossen besonders wundervoll empfundenen Frau:

„Während die gottgeweihten Jungfrauen über all das, was sie sahen, staunten und vor Freude alle jubelten, kamen sie zur Mutter Walburga voll Ergebenheit und erzählten von dem Anblick des schaurigen Lichtes".

Walburga antwortete: „Du, Herr, hast mich gewürdigt, mich Unwürdige mit dem Troste deines Lichtes heimzusuchen und die Seelen deiner Dienerinnen, die mir in Anhänglichkeit folgen, aufzurichten". So berichtet es *Wolfhard*, der Priester von Herrieden.

Walburga, nach den beiden Brüdern *Willibald* und *Wunibald* als Tochter einer südenglischen Gutsherrenfamilie geboren, wurde sehr früh einem Kloster zur Erziehung anvertraut, ähnlich wie die beiden Brüder (im siebten, beziehungsweise im fünften Jahr). Wahrscheinlich kam sie in das Doppelkloster *Wimborne* in der Grafschaft Wessex. Dort wurde ihre Empfänglichkeit für fromme und mystische Gedanken geweckt. Sie verstand sich als „Magd Gottes". Aus dieser Gesinnung heraus wirkte sie in Heidenheim, führte den Konvent, disziplinär wie spirituell und sogar ökonomisch: „Sie begab sich zu den Meierhöfen, die dort in der Nähe lagen" – Prüfungsbesuche eines Gutsverwalters. Ihre caritative Tätigkeit hat sich besonders in der Erinnerung festgesetzt. So gelang es ihr, bei einem Besuch eines bereits christlichen Grundherren dessen todkrankes Mädchen „durch ihr Ringen im Gebet um das Leben des Kindes" zu heilen.

Am 25. Februar 779 starb Walburga. Wenige Jahre nach ihrem Tod wurde das Doppelkloster von Bischof *Gerhoh*, der um 800 der Diözese vorstand, aufgehoben und in ein Kanonikerstift umgewandelt. Es schien, als geriete die außergewöhnliche Frau in Vergessenheit, doch dann trat sie einen wahren geistlichen Siegeszug durch Schwaben, Bayern und Franken an und wurde zur überregionalen deutschen Heiligen.

Auch das ist dem Schreibeifer des Herrieder Mönches Wolfhard zu danken, der hundert Jahre später, ab 893, vier Bücher über die Wunderheilungen schrieb, die der Fürbitte Walburgas in Monheim nachgerühmt wurden. Er brachte damit eine Walburgaverehrung ungeahnten Ausmaßes in Bewegung. Monheim war das Wunderzentrum des östlichen Karolingerreiches – exakt an dem Grenzpunkt, wo sich die drei Stämme treffen. Die großen Reformbewegungen von Cluny und Hirsau ernannten die wundertätige Walburga zu ihrer Schutzheiligen.

Theres am Main

Halbwegs zwischen Bamberg und Schweinfurt liegt *Obertheres*. Ursprünglich soll sich dort eine Burg des alten Adelsgeschlechtes der Popponen befunden haben, die den Babenbergern zugefallen sein soll. Wie dem auch sei: der salische Kaiser und große Gönner Bambergs, *Heinrich II.*, schenkte 1010 das königliche Gut „*Tareisa*" der Bamberger Kirche. Zwischen 1041 und 1046 wurde dort ein Benediktinerkloster eingerichtet, bald darauf vom Papst be stätigt und eine Generation später von Schwarzach aus im Geiste von Gorze reformiert. Obertheres war eines der ersten fränkischen Reformklöster. Die Salier blieben Theres gewogen: *Heinrich IV.* verlieh ihm sogar das Recht, Zoll zu erheben, Märkte abzuhalten und Münzen zu schlagen. Theres kam so zu großem Einfluß. Sein Abt *Wiegand* wurde sogar Stellvertreter des Bamberger Bischofs *Otto*.

Allerdings litt Theres im hohen Mittelalter unter der Konkurrenz zwischen Würzburg und Bamberg. Die beiden Bischöfe stritten sich um die geistliche Zuständigkeit. Die Auseinandersetzung dauerte bis nach dem Dreißigjährigen Krieg.

Die Bauernkriege nahmen das Kloster Theres arg mit. 1803 wurde es säkularisiert. Bald darauf brach man die Abteikirche ab.

Die Freiherrn *von Swaine* brachten in diesem Jahrhundert die heruntergekommene Anlage wieder in Ordnung. Es kostet viel, das schöne dreigeschossige Konventsgebäude mit seiner schloßartigen Anlage, das einer der letzten Äbte von Theres, *Gregor Fuchs*, aufgebaut hatte, zu unterhalten. In der kleinen Abtskapelle finden die protestantischen Gottesdienste statt. Der nachmalige bayerische Landesbischof *Hans Meiser* hat sie als erster evangelischer Stadtpfarrer von Haßfurt dort eingeführt. Es lohnt sich, durch die Räume zu gehen, die Baron *Dietfurt*, der erste Besitzer des Klosters nach der Säkularisation, gestalten ließ. Dieser große Sammler bayerisch-fränkischer Literatur ließ einige Räume besonders eindrucksvoll herrichten. An den Wänden wird die politisch-sozialkritische Fabel von Reineke Fuchs erzählt, eine einzigartige Darstellung im Fränkischen überhaupt. Aber das hat weder mit Heiligen etwas zu tun noch mit Christen, wohl aber mit irdischen Schicksalsmächten.

Weißenohe

Zwischen Bamberg und Regensburg gab es um jene Zeit, als der ostfränkische Raum erschlossen wurde, noch viele Lücken. Klöster galten als passende Grenzsicherung. Im Jahre 1053 gründete der Wittelsbacher Pfalzgraf *Aribo* in Weißenohe ein adeliges Kloster am Rande der nordostfränkischen Juraberge, die man später Fränkische Schweiz nannte. Auch dieses Kloster erstand im Geiste der cluniazensischen Reform, was der Anlage noch heute

Rechte Seite: Kloster Theres am Main.
Kupferstich mit Medaillon des Bauherrn Abt Gregor II. Fuchs, 1745.

Sacerdos magnus, qui in vitâ Suâ Suffulsit domum et in diebus Suis Corroboravit templum. ingressum domus et atry amplificavit eccles: 50 v 5

GregoriVs II Monasterii Tharisandi praesVL VVbiLa VsqVe saCerDos VIVat, RenoVabiEVr Vt aqViLa IVVenEns tVa. De PsalMo CII.

Kloster Weißenohe mit Blick auf Gräfenberg.
Aquarell aus der Skizzenmappe des Frh. Haller v. Hallerstein, um 1820

anzumerken ist. Sie blieb in der Grundstruktur erhalten, wenn sie auch baulich oft verändert, vor allem kraftvoll barockisiert wurde. Das Kloster Weißenohe hatte es schwer, sich des Drucks der fränkischen Adeligen in seiner Umgebung zu erwehren. Auch das Hochstift Bamberg hätte es sich gerne einverleibt. Aber es unterstand unmittelbar dem König und hatte – wie so viele cluniazensischen Klöster – das Recht, sich seinen Abt frei zu wählen. Eine Zeitlang war es unter die Schutzvogtei der Reichsstadt Nürnberg gestellt – Zeichen der Blüte Nürnbergs, wie der Schwäche des Klosters. Aber die Wittelsbacher holten es sich 1388 wieder zurück. Der Raum um Gräfenberg, Schnaittach, Hersbruck ist fränkisch-bajuwarisches Grenzgebiet gewesen – und entsprechend umstritten.

Auch Weißenohe erlebte im Laufe der Jahrhunderte das Auf und Ab des mönchischen und des kirchlichen Lebens. In der Zeit der Reformation war es fast völlig leer; nur noch zwei Konventualen hausten unter dem Abt *Achatius von Hirschheid*, nach dessen Tod trat der eine zur lutherischen Lehre über, und der andere beschloß seine Tage als Pfründner. Das Kloster wurde 1661 dem Orden zurückgegeben und war seit 1695 wieder Abtei. Hundert

Jahre dauerte es, bis Weißenohe neu besetzt und – obzwar in Franken gelegen – dem Verband der inzwischen gegründeten Bayerischen Benediktiner-Kongregation angeschlossen wurde. Von der Säkularisation im Jahre 1803 hat sich die Anlage nicht mehr erholt. Heute erinnert nur noch der stattliche barocke Kirchenbau, dem Patron *Bonifatius* zugeeignet, an einstige Klosterherrlichkeit. Die Konventsgebäude wurden 1850 zum Teil abgebrochen.

Kloster Banz am Obermain

Von besonderem Interesse ist natürlich das Kloster auf Schloß Banz. Seine überragende Lage kann ihm nicht einmal das viel jüngere, spätbarocke, rokokohafte *Vierzehnheiligen* streitig machen. Beide ergänzen einander. Freilich, an die Ursprünge der Burg Banz und der cluniazensischen Benediktinerabtei erinnert an dem von *Balthasar Neumann* vollendeten Dientzenhofer-Bau nur noch wenig. Immerhin aber zählt Banz zu den frühen bambergischen Klostergründungen, zur zweiten fränkischen Klostergeneration.

Die Hennebergische Markgräfin *Alberada* von Schweinfurt verwandelte 1069 die Burg in ein Benediktinerkloster, das sie reich dotiert 1071 dem Bistum Bamberg stiftete. Es ergänzte die klösterlichen Bollwerke nach Osten hin. Aber so, wie man seinerzeit mit den benediktinischen Klöstern umging, stand ihm nichts Gutes bevor. Bambergs Bischof *Otto* wurde auch der Retter von Banz, ein zweiter Stifter sozusagen. Er rief auch dorthin die Reformer aus Hirsau. Dem Adel diente es als Erziehungsanstalt für seine Nachkommenschaft – und zugleich zur Versorgung nachgeborener Söhne. Ein anderer *Otto, Herzog von Meranien*, wurde vier Generationen später, um 1230, zum großen Förderer. In der ersten Hälfte des 12. Jahrhunderts war dieses staufertreue Adelsgeschlecht, dem man den Herzogtitel eines fernen Landstriches an der dalmatinischen Küste verliehen hatte, in das waldreiche neue Kolonialgebiet des östlichen Oberfranken gekommen. Es brachte die kulmbachische *Plassenburg* und das geistliche Bamberg in seine Hand und sicherte sich auch das Schweinfurter Erbe. Die Hohenzollern haben dieses Geschlecht aus der Ammerseegegend später beerbt.

Herzog *Otto VII.* nun, der mehrere Male an Kreuzzügen teilgenommen und dem seine Staufertreue den päpstlichen Bannfluch eingetragen hatte, förderte Schloß Banz – wie auch die Zisterzienserabtei *Langheim*, wohin man ihn nach seinem Tod 1234 zu Besançon an die Seite seiner Gemahlin *Beatrix* überführen ließ. Die Mönche von Banz, so verlangte er es in einer reichen Schenkung, sollten seiner in täglichen Gottesdiensten gedenken, desgleichen seiner Kinder und seiner früh verstorbenen Frau. Kirchlich war für Banz das

Benediktinerkloster Banz. Kupferstich von P. Joh. Baptist Roppelt, 1786.

Bistum Würzburg zuständig. Dessen Bischof verlieh Otto von Meranien 1240 sogar das Recht, bei feierlichen Anlässen den Abtstab und die Inful (Mitra) zu tragen.

Allerdings zerfiel die klösterliche Zucht auf Schloß Banz mehr als einmal. Das reiche Kloster wurde sehr unbeliebt. 1525 verwüsteten es die revoltierenden Bauern total. Erst 1550 hörte es auf, ein Adelskloster zu sein. In enger Zusammenarbeit mit *Münsterschwarzach* erlebte es zur Zeit der Gegenreformation große Erfolge. Nach dem Dreißigjährigen Krieg knüpfte man an die Tradition seiner fürstlichen Vergangenheit an: *Johann Dientzenhofer* baute die prächtige Abteikirche. Schloß Banz wurde eine Stätte der Wissenschaften. Seine Bibliothek, das Münzkabinett, die Gemäldegalerie und seine Naturaliensammlung genossen Weltruf. Die Säkularisation von 1803 beendete diese späte Blütezeit.

Als einzigartiges Baudenkmal des Barock, Produkt der Zusammenarbeit zweier großer Meister, bleibt es bis in die Gegenwart sehenswert. Schloß Banz ist von seinen frühen Anfängen an ein Symbol vielfältigster europäischer Einflüsse in Franken – in allen Teilen Frankens.

110

Die Komburg am Kocher

Wie weit reicht Franken? Es ist größer als der Raum, den die drei bayerischen Regierungsbezirke umfassen. Westwärts ist das Hohenloher Land dazuzurechnen mit dem brandenburgischen *Crailsheim*, dem hohenlohischen *Öhringen* und vor allem dem beachtlichen Territorium der alten Salzsiederstadt *Hall*, seit den dreißiger Jahren *Schwäbisch Hall* benannt.

Unter den fränkischen Klöstern spielt die Benediktinerabtei Komburg eine bedeutende Rolle. Ihre Stifter kamen aus dem engeren fränkischen Raum, aus *Rothenburg*. Und sie selbst brachte zumindest einen zentralfränkischen Ableger hervor, *Münchaurach* am Rande des Steigerwaldes.

Als Graf *Richard von Rothenburg* 990 den Umlaufberg zwischen dem Kocher und dem Waschbach unmittelbar bei Hall erwarb, um dort seine neue Stammburg zu errichten, hieß dieser Platz noch ‚Kahenberg‘, bald darauf schliff sich die Bezeichnung in ‚Kamberc‘ und ein paar Jahrhunderte später, um 1400, in ‚Komburg‘ ab.

Graf Richard verließ den Stammsitz ob der Tauber, um dem wirtschaftlich immer bedeutender werdenden Hall näher zu sein. Auch er wollte vom Haller Salz profitieren. Nach dem Umzug nannten sich die Rothenburger hochadeligen Herren Grafen von Komburg. Großen Segen brachte ihnen der Ortswechsel nicht; nach einigen Jahrzehnten starb das Geschlecht im Mannesstamm aus. Der Besitz fiel 1116 an die Hohenstaufer. Die letzte Komburgerin hatte in deren Familie eingeheiratet.

Vier Söhne hatte die letzte Generation der Grafen von Komburg. Der älteste Komburger, *Emehard*, war ab 1089 Bischof von Würzburg. Der zweite Sohn, *Burkhard*, litt an einem unheilbaren Knochenleiden. Man vermutet, daß er es sich auf dem Sachsenfeldzug des salischen Königs *Heinrich IV.* zugezogen hat. Er wurde zum Stifter des Klosters. Zwischen 1075 und 1081 setzte er die Umwandlung der Burg in eine Benediktinerabtei durch. Später trat er selbst als einfacher Mönch in das Kloster strenger hirsauischer Observanz ein.

Sein Bruder *Rugger* war zwischen 1085 und 1093 Schutzvogt des Klosters. Er kam bei einem Zug ins Heilige Land ums Leben, auch er blieb kinderlos. Der jüngste der vier Brüder war erheblich jünger. Graf *Heinrich* ist zwanzig Jahre nach dem ältesten, dem Würzburger Bischof geboren, nämlich 1065. Heinrich war der Schutzvogt der Stifte Öhringen und *Neumünster* in *Würzburg*. Ihm dankt die *Kleinkomburg* ihre Existenz.

Die größte künstlerische Kostbarkeit der Komburg ist der riesige Leuchter aus dem Jahre 1130 mit einem Durchmesser von fünf Metern. Einen halben Meter ist der reichverzierte eiserne Reifen hoch. Zwölf Türmchen trägt er, eines anders gestaltet als das andere, alle knapp einen Meter hoch. Über 400

Figuren, heilige und unheilige Menschen, Fabelwesen und Possentiere, gestalteten die Goldschmiede. Drei solche Lichterkronen existieren noch in Deutschland, eine im Kaiserdom zu Aachen, die andere in Hildesheim. Die im Münster der Komburg ist die schönste, ein Symbol der unbezwingbaren Gottesburg, des himmlischen Jerusalem. Die komburgische Klosteranlage ist dies noch heute.

Der eindrucksvollste Baukörper der gewaltigen Anlage ist die *Erhardskapelle* mit ihrem einzigartig schönen Arkadenumgang. Dieser seltene Hexagonbau muß eine Königskapelle gewesen sein. Der erste Stauferkönig, *Konrad III.*, hat sie dem Kloster gestiftet.

Im Herbst 1140 hatte er seinen Rivalen Herzog *Welf VI.* bei Weinsberg geschlagen, doch Gnade vor Macht walten lassen (und so die gemütvolle Sage von den treuen Weibern zu Weinsberg begründet). Er kam nun in das erheiratete staufische Gebiet um Hall, verbrachte das Weihnachtsfest als Gast im Kloster und stiftete dem baufreudigen Abt *Hartwig* die Erhardskapelle und die Michaelskirche zu Hall.

Erhard, der fränkische Heilige aus dem Elsaß

Dem heiligen Erhard war diese Votivkapelle auf der Komburg gelobt. Erhard genoß die uneingeschränkte Verehrung der Staufer, speziell im Elsaß. Er soll die heilige *Odilia* von ihrer angeborenen Blindheit geheilt haben. Konrad stand ihm nahe. Sein Dank galt deshalb in erster Linie dem Elsaß-Missionar Erhard, der als Bischof von Regensburg, vom Wandertrieb gepackt, eine Evangelisationsreise in den Wasgenwald machte. Der Wanderprediger Erhard aus Narbonne, der Ende des 7. Jahrhunderts gelebt hat, war Vorgänger des heiligen *Emmeram* und Bruder des Bischofs von Trier. Im Elsaß genoß er große Verehrung. Sieben Klöster soll er dort gegründet haben – und in Bayern gar vierzehn. Vor allem als Helfer bei Augenkrankheiten rief man ihn fleißig an, wie auch die von diesem Leiden durch ihn geheilte Odilia.

Reichlich rätselhaft bleibt die direkte Unzugänglichkeit der Hexagonalkapelle. Die Theorie könnte durchaus stimmen, daß die Erhardskapelle dem König vorbehalten bleiben sollte: Kam der König ins Kloster, dann wurde ihm ein provisorischer Treppenaufgang hingestellt. Die Staufer fühlten elitär.

Bald nach seiner Errichtung wurde die Benediktinerabtei *Komburg* der Hirsauer Reform angeschlossen. Wie es dazu kam, ist nicht mehr zu rekonstruieren. Aber der Sieg der Reformer aus Hirsau ist deutlich an der Architektur abzulesen.

112

Der heilige Erhard

Mit dem Bau der Klosterkirche scheint man sofort nach der Stiftung durch
Burkhard von Komburg begonnen zu haben. Eine klassisch benediktinische
Pfeilerbasilika entstand ab 1078, mit Ostchor und Westchor sowie wesent-
lichem Querschiff; die Vorbilder dieses Kirchbautyps waren die Dome von
Fulda, Mainz, Augsburg, Regensburg, die ihrerseits der römischen Bischofskirche im Lateran nachgebaut waren. Rom war den Mönchen von Cluny
und Hirsau tonangebend. Die doppelchörige Kirche hatte die stattliche Länge von 66 Metern!

Man begann den Bau mit dem Ostchor und wechselte dann zum Westchor
weiter, dem Hauptchor, den man dem einflußreichen Heiligen jener Jahre,

dem heiligen *Nikolaus* weihte. Zehn Jahre nach der Klostergründung fand die Weihe statt. Der Westturm war als Chorturm geplant – eine repräsentative und zugleich wirtschaftlich vernünftige Lösung, wie sie im südwestdeutschen Raum nicht selten zu finden ist: Der Chorraum ist als Turm weitergeführt; über dem Altarraum ist die Glockenstube.

So war es geplant. Zur Ausführung kam das Ganze nicht mehr vollends. Denn kaum war die Kirche geweiht, da übernahm Hirsau die Führung der Komburg. Die Hirsauer aber bauten in manchem anders.

Der eifernde Abt *Wilhelm von Hirsau* war ein geschworener Gegner der weltlichen Macht. Mächtige Chortürme aber verkörperten weltlichen Machtanspruch. Auf seiner Romfahrt hatte Wilhelm die turmlosen frühchristlichen Basiliken kennengelernt und wollte nun daheim seinen neuen Bauwillen durchsetzen. Nach Wilhelms Tod aber baute der zweite Komburg-Abt dann doch am Turm weiter; ihm fehlte allerdings der Mut zur großen Form. Er begnügte sich mit der im Verhältnis zur Kirchenlänge bescheidenen Höhe von 26 Metern.

Die Hirsauer Turmfeindlichkeit siegte nicht im ersten Anlauf. Erst die zweite große Reformbewegung, die der Zisterzienser, setzte sie durch.

150 Jahre blieb der Zustand der Kirche unberührt – bis zu der Zeit, da König *Heinrich VII.*, der Sohn Kaiser *Friedrich II.*, öfters auf der Komburg einkehrte. Komburg und Hall war ein Schwerpunkt staufischer Macht. Diese guten Beziehungen zum mächtigsten Mann mußten auch in den Bauwerken sichtbar werden. Und so baute man wieder Türme an das neuerstellte, reichgeschmückte Ostwerk. Den kurzen Westchorturm aber erhöhte Abt *Heinrich*, auf 47 Meter, knapp um das doppelte. Sämtliche Türme wurden mit Steinhelmen bekrönt.

Die Komburger Abtei unterhielt damals eine leistungsfähige Bauhütte, die sich nicht nur mit Steinen, Holz und Metall abgab, um im ganzen Land wahre Symphonien aus Stein aufzuführen, sondern die sich auch direkt mit Musik beschäftigte: Bis nach Konstanz lieferte die Komburger Werkstatt Orgeln.

Mit dem Ende der Staufer endete auch Komburgs große Zeit. Die Städte, von den Staufern groß gemacht, überrundeten die gewaltigen Wirtschaftsunternehmen der Benediktiner und Zisterzienser. Die alten Orden waren den Herausforderungen nicht mehr gewachsen.

1488 wurde die ehedem große, das ganze westliche Franken prägende Abtei Komburg in ein adeliges Ritter- und Chorherrenstift umgewandelt. Die geistlichen Herren beschränkten sich auf das Leben von ihrer Pfründe, jeder führte seinen eigenen privaten Haushalt, jeder suchte im bescheidenen Maße seine individuelle Identität, indem er seinem Haus ein eigenes Ansehen gab. Die Anlage verarmte. Den Herren, die dort zusammensaßen, fehlte die Kraft, sich den veränderten Verhältnissen zu stellen. Sie spielten keine Rolle mehr. Die Bauern ließen das Koster bei ihrem wütenden Aufstand 1525 links liegen – hier war nichts zu holen und nichts mehr zu rächen.

Über drei Jahrhunderte hinweg war die Komburg *Ritterstift* – auch in dieser Regelung ein wenig modellhaft für Franken; denn auch anderswo entstanden solche Einrichtungen, für die fränkischen Reichsritter zum Beispiel in *Haßfurt*, wo im Steigerwald, am Main und in den Haßbergen, im Grabfeld, in der Rhön und am Spessart wie im Odenwald die freien Rittergeschlechter, die keinem Oberherrn, sondern nur dem König unterstellt waren, sich häuften. Die Haßfurter Ritterkapelle zählt zu den schönsten gotischen Bauwerken; schon wegen ihr lohnt sich die Fahrt ins Maintal. Den Christus, der die Wölbung am Eingangsportal trägt, sollte man besonders würdigen.

Schon seit der Zeit Karls des Großen kannte man die Priestergemeinschaften der Domkapitel. Nicht ein Abt, ein 'Vater', dem man Gehorsam schuldig war, stand der Gemeinschaft vor, sondern ein Propst, ein *'Praepositus'*, der von den Mitgliedern der Gemeinschaft gewählte 'Vorgesetzte'. Immer wenn große Klöster in Schwierigkeiten gerieten, aber eine stattliche Kirche mit festlichen Gottesdiensten zu bedienen hatten, wandelte man sie in solche Stiftungen um. Die Chorherren waren befreit von der *'stabilitas loci'*, der 'Residenzpflicht', einem benediktinischen Prinzip, das freilich in der reisefreudigen, wirtschaftaktiven Zeit des 15. Jahrhunderts modifiziert, wenn nicht vollständig aufgegeben werden mußte.

Mit fünf adeligen Chorherren und zwölf Vikaren fing die Komburg-Gemeinschaft an, hinzu kam das Hauspersonal und die Verwaltungsmannschaft – eine unverändert elitäre, kostspielige Gemeinschaft; dies um so mehr, als man die Gottesdienste durch die Vikare versehen ließ. Die Chorherren selbst führten ein Herrenleben. Sie waren emsig darauf bedacht, weitere Pfründe zu sammeln, um sich ein schönes Leben zu sichern – heutzutage mag man sie mit manchen Inhabern mehrerer oder gar vieler Aufsichtsratsposten vergleichen.

Die Komburg blieb katholisch, als das umliegende Land, vor allem auch die große Mehrheit der fränkischen Ritterschaft, sich der Reformation anschloß. Auf ihr kam es sogar zu einer neuen bescheidenen Blüte unter dem Stiftspropst *Erasmus Neustetter*, einem hochkultivierten, vom Geist des Humanismus geprägten, toleranten Ritter, dessen Familie in *Neustadt an der Aisch* ihren Stammsitz hatte. Er wäre gerne Bischof von Würzburg geworden, aber dort zog man den Gegenkandidaten *Julius Echter von Mespelbrunn* vor. So igelte er sich auf der Komburg ein, wo er „wie ein Königlein" lebte, die seinem Format entsprechende Aktivität entfaltete, vor allem baulicher Art, dazu auf dem Gebiet der Malerei und im Bibliothekswesen. Ihm dankt die Grafenburg von einst ihren heutigen Charakter als Gottesburg, denn er ließ die Ringmauer mit ihren Türmen und Wehrgängen errichten – eine Meisterleistung der Nostalgie. Als Schutzmauer war diese Befestigungsanlage längst überholt, denn so konnte man sich nicht mehr der Feuerwaffen der neuen Zeit erwehren. Aber als adeliges Statussymbol stellte sie etwas dar. So mag sich Abt *Hartwig* einst mit seinem gewaltigen Leuchter das 'himmlische Jerusalem' gedacht haben. Und so ist die Komburg bis heute zu betrachten: Frankens große Grabsburg.

1684 nahmen die Kapuziner auf der Komburg das Heft in die Hand. Dieser aus den Franziskanern 1528 hervorgegangene Orden der Gegenreformation, ein Gegenstück zum noch jungen Orden der Jesuiten, brachte einen neuen Geist mit.

Die Kapuziner zogen sich zwar bald auf die *Kleinkomburg* zurück – diese einzigartige romanische Kirche ist übrigens eine eigene Reise nach *Schwäbisch Hall* wert – hinterließen aber auf der Komburg ein Denkmal ihres Selbstverständnisses und Selbstbewußtseins – in der Barockisierung der Stiftskirche. Sie holten dazu einen der bedeutendsten Baumeister jener Zeit, *Joseph Greising* aus Bregenz am Bodensee.

Bis auf die drei Türme riß Greising alles nieder. Wie stark die Geschichte auf jede erneuernde Maßnahme einwirken kann, zeigt sich auch am barocken Bauwerk – es bleibt bei einer Pfeilerbasilika, jetzt eben barock; die Grundform einer spätgotischen Hallenkirche wird aufgenommen, die gotischen Fialen gleichen den Obelisken an der Außenfront; die Kirchenfenster erhalten gotisches Maßwerk.

Die Komburg hatte von Anfang an etwas Verträumtes an sich. Bewußt oder unbewußt haben alle, die daran schufen, dem entsprochen. Diese Nostalgie macht den Reiz der Komburg bis heute aus.

Im Rahmen einer fränkischen Klostergeschichte betrachtet, gehört die Benediktinerabtei auf der Komburg zu den frühen fränkischen Umwidmungen einer mächtigen Ritterburg. Sie demonstriert, wie sich der hohe Adel fast vollständig dem himmelwärts strebenden Mönchswesen als einem aussichtsreichen Weg der Suche nach der Seligkeit im 11. Jahrhundert verschrieben hatte.

Münchsteinach im Aischgrund

Münchsteinach an einem Sommerabend. Die erhitzten Steine des hohen, schmalen, großartig verzierten Turmes reflektierten das rote Licht der untergehenden Sonne. Überall Reste eines romanischen Bauwerks, vor allem an der langen Außenseite des Kirchenschiffes. Viele Gebäude müssen hier gestanden haben. Vermauerte Rundbogen, zart gearbeitete Friese, filigraner Steinschmuck. Energisch schiebt sich der Chor hoch, Apsis und Nebenapsis und starke Strebepfeiler aus früher Zeit, die alles zusammenhalten. Auf dem Klosterhof stehen heute Autos. Was an Gebäuden noch übrig ist, wird genutzt für Wohnungen und gemeindliche Räume der evangelischen Pfarrei. An einigen Überresten erkennt man, wo früher der Kreuzgang gewesen sein muß.

Drei Apsiden soll die Kirche einmal gehabt haben, zwei Türme, von denen nur der südliche blieb, große Seitenschiffe, Querkapellen und eine reiche Bemalung. Das alles ist nicht mehr. Nur noch Überreste bewegen Vermutung und Phantasie.

Warmes Abendlicht scheint von oben aus zwölf Rundbogenfenstern in das fast 50 Meter lange Kirchenschiff und läßt in Schatten und Widerlicht die kunstvoll gestalteten Kapitelle kraftvoll wirken, bringt den seltenen Lettner zur Geltung, der hier nachkonstruiert wurde, wirft Licht und daneben dunklen Schatten auf den Boden der herrlich überwölbten hohen Vierung, Wappensteine, Bemalungen, Steinplastiken – Zeichen des Kunstsinns und Wohlstands einer frühen Zeit. Allein die Kapitelle der Vierungspfeiler in einer ebenso aufwendigen wie gelungenen Restaurierung wieder freigelegt, laden zum Verweilen ein. Der Besucher bleibt davor stehen und wandert in Gedanken zurück in die Gründungszeit!

Nikolaus ist der Patron dieser Kirche. Über *Komburg* bei Schwäbisch Hall und *St. Maximin* bei Trier sollen die vielfach umgestalteten Hauptgedanken der cluniazensischen Bewegung ins Steinachtal gekommen sein, herbeizitiert durch Bambergs Bischof *Otto* als Territorialherrn.

Kirchlich war sein Würzburger Kollege als Diözesanvorsteher zuständig. Otto fühlte sich in der Wahl der Klostergründer nicht an eine Richtung gebunden. Er setzte die unterschiedlichsten Kräfte in seinem Einflußgebiet an. Er sah darin offen eine Bereicherung, vielleicht auch belebende Konkurrenz, Hirsauer und Cluniazenser waren verwandt genug, um sich nicht zu bekämpfen, und engagiert genug, um tatkräftig zu wirken.

Der edle Jüngling *Adalbero* und seine Schwester *Adelheid*, Angehörige der Familie der Grafen von Rothenburg, die schon die Komburg-Abtei gestiftet haben, faßten den Entschluß, die Welt zu verlassen und aus ihrem Erbbesitz eine Zelle zu Ehren des Herrn und des heiligen Nikolaus zu machen, heißt es in einer alten Urkunde, die auf 1133 datiert ist, dem offensichtlichen Stiftungsdatum.

An der Jagst und an der Kocher waren die beiden zu Hause. Sie gehören zu den fränkischen Gaugrafen, die im Hohenloher Land eine große Rolle spielten, noch ehe es diesen Namen trug.

Der Konvent des Adelsklosters erhielt das Recht der freien Abtswahl, eine typische Reformbestimmung. Unabhängig sollten die Klöster sein von der königlichen Macht. Und der Abt durfte sich sogar selbst in sein Amt einsetzen: mit eigenen Händen nimmt er den Abtsstab vom Altar und wartet nicht, bis er ihm in die Hand gedrückt wird; die Abtsweihe holt er sich beim zuständigen Bischof zu gelegener Zeit. Er darf sich direkt an den Papst wenden und dem Schutz des römischen Stuhles unterstellen – diese Klöster strebten nach Unabhängigkeit von den Mächtigen der Welt und suchten Zuflucht beim Mächtigsten der Kirche. Die Komburger Klosterverfassung ist ähnlich, und weit im nördlichen Rheinfranken auch die Siegburger.

Um unabhängig zu bleiben, mußten die Adelsmönche nach Macht und Reichtum streben; um demütig sein zu können, sollten sie als Priester arm bleiben. Auch Münchsteinachs Mönche haben diese Spannung nicht ausgehalten. Entgegen der ursprünglichen Absicht haben sie sich der Seelsorge nicht hinreichend gewidmet. Nur eine einzige Kirche blieb fest an Steinach gebunden, *Baudenbach*. Als das Kloster im Zuge der Reformation aufgehoben wurde, wurden „20 alte unnütze Bücher" gefunden; das war wenig. Der Kommissar, der 1529 das Kloster aufhob, notierte in seinem Bericht über die Predigttätigkeit: „Allein am Sonntag steht einer auf der Kanzel und liest das Evangelium samt der Epistel aus einem Buch, verkündet die Heiligentage und damit wieder davon". Wahrlich wenig.

Wie weit haben sich die Klöster im Laufe von ein paar Generationen oft wieder entfernt von dem ursprünglichen Stifterwillen und Reformgeist!

Münchaurach am Steigerwald

Im Jahre 1108 stifteten Graf *Gozwin von Höchstadt* und sein Sohn *Hermann* aus Trauer über den in Italien umgekommenen Sohn und Bruder zu dessen Gedenken das Kloster Münchaurach. Auch an dieser Gründung war *Otto von Bamberg* beteiligt, dem Gozwin das Kloster im Jahre 1132 übergab, die Vogtei freilich seiner Familie behielt.

Vom Michelsberg aus, vielleicht auch direkt von Hirsau her, kamen die ersten Mönche. Sie lebten nach den Regeln der Hirsauer Reform, nach der Ordnung von Cluny.

Die Münchauracher Säulenbasilika ist bis heute sehenswert, ein typisch romanisch schlichtes Bauwerk der Hirsauer Schule, im wesentlichen noch heute der Gründungsbau.

Die Quellen über Münchaurach fließen spärlich. Was man herausgefunden hat, ist für die Zeit und das Lebensgefühl jener Menschen, die sich der Erinnerung eingeprägt haben, charakteristisch.

Frommes Verantwortungsbewußtsein für einen Angehörigen, der auf einem Kriegszug umgekommen war, trieb Vater und Bruder zur Gründung, damit dort Fürbitte für den Toten geschehe. Der Besitz um Höchstädt gehörte zum Familieneigentum jener Rangaugrafen, deren familiärer Leitname Gozwin war. Um diese Zeit fingen sie an, sich auch Grafen von Stahleck zu nennen, nach der Rheinburg Stahleck bei Bacharach. Denn der Klosterstifter und Rangaugraf schaffte es, durch Heirat und kaiserliche Gunst Pfalzgraf bei Rhein zu werden, ehe dieses angesehene Amt an die Staufer, Welfen und schließlich an die Wittelsbacher kam. Manche nannten *Hermann von Stahleck* sogar 'dux Francorum', Herzog der Franken. Die Rangaugrafen waren im Fränkischen reich begütert, mit Familienbesitz und kirchlichen wie weltlichen Lehen. In der Fränkischen Schweiz erinnert noch heute der Name *Gößweinstein* – Burg des Gozwin – an dieses alte Geschlecht. In der Regnitzfurche und im Aurachtal und schließlich im Grabfeldgau waren diese fränkischen Edelfreien begütert, die um jene Zeit in die erste Garnitur der fürstlichen Familien vorrückten.

Wenn eine Herrscherfamilie damals ihr Haus bestellte, geschah das nicht ohne Beteiligung eines Klosters. Der Tod des jungen Gozwin auf einem Italienzug war der erste Anlaß. Im Aurachtal siedelte man die Mönche an; es kam zu *„Mönchs-Aurach"*. So verlangte es das religiöse Empfinden, das Standes- wie Sippengefühl hochgestellter Familien.

Als Hermann von Stahleck selbst sein Ende nahen fühlte, wollte er auch für sich ein Kloster gründen, wie es seinem toten Bruder geschehen war. Er wählte dafür *Bildhausen* aus. Dorthin ließ er die inzwischen zeitgemäß gewordenen Zisterzienser holen, wovon noch zu berichten sein wird. Der Pfalzgraf selbst aber bereitete sich auf sein Ende in der Mönchskutte vor, indem er in die junge Zisterzienserabtei *Ebrach* eintrat. Sie war kurz vorher gegründet worden – ebenfalls unter seiner Mitwirkung. Auch davon ist noch zu erzählen. Dort hatte 1146 Hermanns Schwägerin, die Gemahlin Kaiser *Konrads III.,* ihre letzte Ruhe gefunden. Ins Kloster konnte der Graf erst, wenn auch seine Frau willens war, diesen Schritt zu tun. Hermanns Gemahlin war dazu bereit: Die Schwester Kaiser Barbarossas nahm den Schleier und zog sich in das Kloster *Wechterswinkel* zurück, das ihr Bruder, Kaiser Konrad, gegründet hatte. So waren die jungen fränkischen Reformklöster im Steigerwald und in der Rhön mit toten Kaiserfrauen geehrt.

Hermann erlebte nicht mehr die Genugtuung, in seiner Stiftung Bildhausen einziehen zu dürfen. Noch ehe das Kloster vollendet war, starb er am 2. Oktober 1157 nach einer Reise, die ihn bis Österreich geführt hatte. Zu Ebrach wurde der Reichsfürst, in eine Mönchskutte gehüllt, beigesetzt. Sein Neffe, Kaiser *Barbarossa*, achtete den letzten Willen des Oheims und half nach Kräften, daß seines Onkels Gründung erfolgreich abgeschlossen und rechtlich wie wirtschaftlich abgesichert wurde.

Ebrachs beredter Abt *Adam* setzte dem verstorbenen Rangaugrafen, dem Pfalzgrafen bei Rhein, ein literarisches Denkmal eigener Art: „Ob seiner Treue und erprobten Tüchtigkeit liebten wir ihn ganz besonders. Wir sind gewiß, daß er gläubig und gottesfürchtig aus dem irdischen Dasein ins jenseitige hinüberging. Gott, der Wunder tut, hat Wunderbares an ihm bewirkt. Deshalb hat er beschlossen, nach dem Ruhm dieser Welt und dem ehrenvollen Amt eines Pfalzgrafen allen Besitz Christus zu schenken".

Es bleibt nur noch zu vermerken, daß auch die Witwe *Gertrud* sich nicht mit dem bloßen Aufenthalt in einem Kloster zufrieden gab; auch sie wollte selbst eines gründen und tat dies in *Bamberg*. Dort stiftete sie 1157, im Todesjahr ihres Mannes, einen Zisterzienserinnenkonvent, der Maria und dem heiligen Theodor geweiht wurde.

Auf Münchaurach gewannen bald die Nürnberger Burggrafen Einfluß, Standesgenossen und Konkurrenten der Gozwin-Grafen. Die Hohenzollern wurden die Schutzvögte von Münchaurach.

Die spätmittelalterliche Klosterzucht war streng, aber sie lockerte sich. Die Ansprüche, die von diesen Klöstern auf das Land ausstrahlten, lockerten sich weniger. 1525 brannten die Bauern das Kloster nieder. Die Markgrafen zogen die Güter ein.

Der imposante Kirchenbau erinnert noch heute an das fromme Streben seiner Gründer und an die Entwicklungsarbeit, die die Mönche im Aischgrund und im Aurachtal geleistet haben.

Auhausen an der Wörnitz

Schade, daß in Auhausen, im ruhigen Wörnitzgrund zwischen *Wassertrüdingen* und *Oettingen* gelegen, von den alten Klosteranlagen nur noch wenig erhalten ist. Das Münster mit seinen beiden stolzen Türmen und dem strengen Westwerk vermittelt noch immer eine Ahnung dessen, was hier einst stand. In die Geschichte ist Auhausen eingegangen als Gründungsort der protestantischen Fürstenunion; im einstigen Kapitellsaal wurde sie 1608 unter Führung der Brandenburger geschlossen.

Boris von Münchhausen hat Auhausen in seinem Gedicht „Die drei Musketiere" ein literarisches Denkmal gesetzt.

Das klar gegliederte Westwerk der Kirche erinnert mit seinen strengen Zwillingstürmen an das gewaltige Bauwerk des elsässischen Reformklosters *Murbach* nahe bei Gebweiler; zwischen der dortigen Reichsabtei und der eichstättischen Diözese bestand ein lebhafter Austausch. Auhausen ist sichtlich von der Hirsauer Reformkongregation geprägt.

Gegründet wurde Auhausen im frühen 12. Jahrhundert, eine Stiftung der Herren von Auhausen, die sich später Grafen von Lobdeburg nannten – nach ihrem Sitz in Thüringen. Sicher ist, daß 1102 ein Abt *Marquart* zu Auhausen gestorben ist. 1136 und 1156 wurden dem Kloster päpstliche Schutzbriefe ausgestellt. Es war päpstliches Eigenkloster – ein Beweis dafür, daß es der romtreuen cluniazensischen Reformbewegung angehörte. Bald schon nach der Gründung wurde – vielleicht an Stelle einer kleineren Kirche – mit dem Bau des romanischen Teils der heutigen Pfeilerbasilika begonnen; 1230 wurde der romanische Nordturm, 1334 der gotische Südturm hochgemauert. Die älteste Glocke stammt aus dem Jahre 1280; sie wurde in Worms gegossen (man stelle sich nur einmal den Transport vor!). Das gesamte Geläut, das noch heute zu hören ist, stammt aus der Zeit vor 1340. Mehrere Generationen nach seiner Gründung wurde dem Kloster ein Hospital angegliedert. Im Mittelalter war Auhausen ein begehrter Wallfahrtsort und ein begehrter Begräbnisplatz des fränkischen Adels.

Um Auhausen an der Wörnitz ist es still geworden – in Auhausen auch. Das Gleichmaß ländlichen Lebens bestimmt seinen Rhythmus. Die Bauern, die 1525 dem Kloster arg zugesetzt haben – schier die gesamte kostbare Klosterbibliothek schleuderten sie in die Wörnitz –, sind mit dem Kloster versöhnt.

Heute ist die Bevölkerung stolz auf ihre Kirche. Als 1978 der evangelische Landesbischof Dr. Johannes Hanselmann, der der Gegend entstammt, und der römisch-katholische Diözesanbischof von Augsburg, Dr. Joseph Stimpfle, ebenfalls ein gebürtiger Rieser, miteinander einen ökumenischen Gottesdienst hielten – und das sogar an einem Sonntag, wo derartige Veranstaltungen nach katholischem Verständnis kaum zulässig sind –, fand sich viel weltliche Prominenz und die ganze Umgebung in der mit großem Aufwand und beachtlicher staatlicher Unterstützung renovierten Kirche ein.

Das Münster von Auhausen zählt zu den Kostbarkeiten kirchlicher Baukunst. Wer im verkürzten Verfahren kirchliche Baustilkunde betreiben möchte, möge nach Auhausen gehen: er findet alles, von der frühen Romanik der Pfeilerbasilika, über den hochgotischen Chor mit dem berühmten Flügelaltar des Nördlinger *Hans Scheufelin* bis zum seltenen Tabernakel im Stil der Renaissance. – Daß ländliche Gemeinden auch stattliche Klosterkirchen zu füllen vermögen, beweist das kleine Auhausen noch heute.

Mönchsroth

Nur noch die stille Friedhofskirche erinnert an einstiges Klosterleben in Mönchsroth, sieben Kilometer südlich von Dinkelsbühl gelegen. An der schmalen Rothach ist das Dorf *Roth* entstanden. Die Lage war günstig, denn mehrere Furten führten über den westlichen Zufluß der Wörnitz. Der alte Heerweg von Würzburg nach Augsburg – ihm muß schon zur Zeit der Ungarneinfälle große Bedeutung zugekommen sein – überquerte dort den Bach. Eine günstige Lage für eine Klostersiedlung. Schließlich brauchte man am belebten „Rennweg", wie die alte Heerstraße hieß, Herbergen. Die Klosterreformer aus Hirsau suchten nach Plätzen für neue Gründungen. Im Wörnitzgrund war Platz für manche Klosteranlage. In der ersten Hälfte des 12. Jahrhunderts stiftete das Grafenehepaar *Hermann* und *Adala von Leiningen* sowie Graf *Diemo von Bratseleden* bei Stadtprozelten am Main hundert Huben zu Roth an das Kloster Hirsau, damit es dort eine Klosterfiliale errichte. Selbstverständlich nach den Regeln des heiligen Benedikt. So kam es zur Gründung einer Propstei. Zu höherem Rang reichte die Ausstattung nicht. Die Größe einer Hube schwankte in der Hesselberggegend zwischen 30 und 40 Tagwerk, ein Hof hatte etwa zwischen 70 und 80 Huben.

Die erste Ausstattung des Klosters stammte aus altem Reichsgut. Deswegen lag auch die Schirmherrschaft über dem Kloster zunächst beim Reich, bis alsbald der Propst von Roth das Recht erhielt, „einen beliebigen Beamten des Reiches sich als Schirmherr zu wählen".

Allmählich gewann die hirsauische Klosterpropstei Einfluß im Lande. Die uralte Pfarrei *Segringen,* die 1156 als Eigenkirche von Hirsau erscheint, wurde 1238 der Propstei unterstellt. Auch *Dinkelsbühl*, das von Segringen aus in der zweiten Hälfte des 12. Jahrhunderts eine Filialkirche erhalten hatte, gehörte zum Rother Sprengel. 1532 verkaufte der Propst das Patronatsrecht über die Dinkelsbühler St. Georgskirche an den Rat der Stadt.

Wie es zur Gründung des hirsauischen Reformklosters in Roth am alten Rennweg kam, ist im einzelnen nicht bekannt. Vermutlich wollte man die Entwicklung im nahen *Feuchtwangen* und im kaum weiter entfernten *Ellwangen* korrigieren. Dort waren zwei benediktinische Urklöster, einst stattliche Abteien aus karolingischer Zeit, längst in Chorherrenstifte umgewandelt worden. Sie entzogen sich dem Zugriff der benediktinischen Reformer aus Hirsau. *Neresheim* aber bot eine Ansatzmöglichkeit: Das dort seit 1095 bestehende Kanonikerstift hatte sich in ein Benediktinerkloster umformen lassen. So weit es nur ging, wollten die „Reformstrategen" den Wörnitzgrund nach ihren Vorstellungen gestalten. Auhausen entstand so als benediktinische Reformanlage; ob auf dem Umweg über das oberpfälzische *Kastl* oder direkt von Neresheim aus, kann nicht eindeutig belegt werden. West-

122

wärts war noch Platz für eine weitere Anlage. Sie einzurichten lag um so näher, als der dortige Grundherr, der als Stifter in Frage kam, offensichtlich voll auf der Linie der politischen Ziele des salischen Herrscherhauses lag. Hermann von Leiningen stammte aus dem salischen Zentralraum Worms – Speyer.

Die Propsteikirche von Mönchsroth hat viel durchgemacht. Einst hatte sie – wie die Münsterkirche zu Auhausen noch heute – zwei stattliche Türme. Heute steht – wie in Kastl und in Münchaurach – nur noch einer: An der Rückseite der Kirche lädt der vom völligen Verfall bedrohte, „zerrissene" Befestigungsturm zum Sinnieren ein: Wie unfriedlich muß diese Zeit gewesen sein, wo man quer durchs Land, gut alle zwanzig Kilometer, Türme baute, Mauern errichtete, Wache stand, weil man einander mißtraute und befehdete ... keine Landfriedensregelung konnte Frieden schaffen ... Jahrhunderte dauerte es, bis die fränkischen Reichslande Frieden fanden durch die Bildung großer Territorien.

Wer gedankenverloren um die verkümmerte Klosterkirche von einst herumgeht, kann leicht die stattliche Stiftertafel übersehen, die im 14./15. Jahrhundert dort angebracht worden sein muß. Betend knien Hermann und Adala von Leiningen vor Christus, dem Weltenrichter. Sie halten den Rosenkranz in ihren Händen. Im Munde (durch das Wort) des auferstandenen Herrn, der den Weltkreis richtet, wird das Schwert der Gewalt und der Gerechtigkeit zu einer Lilie, der schönen Blume der Barmherzigkeit ... wer wäre darauf nicht angewiesen!

Aura an der Saale

Am Rande der Rhön liegt im Tal der Saale, halbwegs zwischen Hammelburg und Bad Kissingen, das Dorf Aura. In der Nähe ist *Thulba* mit seiner schweren Kirche aus romanischer Zeit und mit der stolzen Propstei sowie die alte *Trimburg*. Auch nach Aura hatte Otto von Bamberg einst Helfer aus Hirsau gerufen. Das war 1108. Auch über Aura herrschte einst eine Burg. Otto ließ sie zum Kloster umwandeln, wie es auch an anderen Orten geschah.

In die Geschichte ist Aura im Saaletal durch *Meister Ekkehard* eingegangen, einen der ersten deutschen Geschichtsschreiber, auch wenn er die Geschichte etwas einseitig betrachtet, für die Selbstbehauptung der weltlichen Macht wenig Verständnis aufbringt und entschieden für den römischen Episkopat Partei ergreift. Es stellt der Fähigkeit *Ottos von Bamberg* zur Toleranz ein gutes Zeugnis aus, daß er ausgerechnet diesen Mann zum ersten Abt von Aura ernannte. Lange scheint es ihn in Aura nicht gehalten zu haben; man begegnet ihm zum Beispiel im Burkhardskloster zu Würzburg. Aber lange hat er geschrieben und immer wieder. Die *Ekkehard-Chronik* ist das wichtigste Geschichtswerk der späten Salierzeit.

Der Kirche von Aura merkt man trotz ihrem Bauernbarock an, daß sie in früher Zeit entstanden ist. Die Lage ist sorgfältig gewählt, sie entspricht dem Drang zur Kolonisierung wie dem Anspruch auf Herrschaft, den die Hirsauer Reformer erhoben. Übrig geblieben ist nur wenig von diesem Adelskloster.

Wer die Stufen hochsteigt, vorbei an den Bildern eines jungen, arg schlichten Kreuzweges, dem tut sich auf halber Höhe plötzlich hinter einem Felsvorsprung der Blick auf zu den Überresten einer kreuzgangartig gestalteten hohen Altane. Hinter ihr steht die Kirche. Dorfkirche ist sie heute noch und nur Kenner ahnen, daß sie einst Klosterkirche war. Längst ist die Turmhaube den barocken Zwiebeln der Nachbarschaft angeglichen.

Fast wehmütig wandern die Gedanken in die vergangenen Tage, die die Kirche von Aura erlebt haben mag. Die Landschaft spiegelt den etwas widersprüchlichen Charakter der Bewegung zwischen Adelsbindung und Kirchentreue, zwischen Zurückgezogenheit und Weltnähe, zwischen frommem Streben nach oben und fester Sicherung auf Erden. Es ist nur schwer zusammenzubringen.

Thulba bei Hammelburg

Mitten in dem unscheinbaren Dorf Thulba im Thulbatal, ein paar Kilometer nördlich von Hammelburg, steht ein breit hingelagertes, dreigeschossiges barockes Bauwerk, dessen schönes Portal ebenso ins Auge fällt wie die Gesimsgestaltung der Schaufront. Das katholische Pfarramt ist in diesem stattlichen Gebäude untergebracht. Wer nach der dazugehörigen Kirche Umschau hält, findet eine uralte, verwitterte, flachgedeckte Basilika.

In Thulba stand über fast 500 Jahre hinweg ein ehrwürdiges Benediktinerinnenkloster. Am 6. Juni 1127 überließ der adelige Beamte *Gerlach von Herlingsberg* mit seiner Gemahlin *Regilinde* dem Abt *Heinrich von Fulda* seine Güter in Thulba und Umgebung zur Gründung eines Klosters. Man begann alsbald mit dem Bau der romanischen Basilika. Die Veränderungen im frühen 17. Jahrhundert und gegen Ende des 19. Jahrhunderts konnten ihm wenig anhaben. Von außen wie von innen macht das Querhaus mit seinen Nebenapsiden, mit dem rechteckigen Chor und dem gedrungenen, streng quadratischen Turm über der Vierung einen klassisch romanischen Eindruck: wuchtig und doch harmonisch, kraftvoll und erhaben zugleich. Ob das Kloster der Reformbewegung jener Zeit sein Entstehen verdankt, ist nicht mehr zu ermitteln; benediktinische Gesinnung bester Art war es offensichtlich; das Klostergemäuer bezeugt es noch heute. Das Benediktinerinnenkloster Thulba war reichlich ausgestattet. Aus 52 Ortschaften, die sich über die ganze Rhön hinweg, von Nordheim im Osten bis zum Gramschatzer Forst im Westen ausdehnten, bezog es seine Einkünfte.

Der kreuzförmige Grundriß des Baues mit der nach Norden verschobenen Achse sei dem Leib Christi am Kreuz nachgebildet; der Chor erinnere an das geneigte Haupt Christi, meinen manche Grundriß-Interpreten. Sie mögen recht haben.

1511 erlebte die romanische Basilika in Thulba eine grundlegende Veränderung. Der Abt von Fulda, *Johann II.*, der zugleich Propst von Thulba war, ließ die Kirche vollständig umbauen. Er ließ die romanischen Säulen entfernen und spätgotische Spitzbogen einfügen; die Fenster der Seitenschiffe wurden vergrößert, die Fenster im Obergaden zugemauert. Das Dach wurde vom Frist bis zu den Außenwänden heruntergezogen.

Vom romanischen Kreuzgang sind nur noch wenige Arkaden erhalten.

Der Bauernaufstand wütete um Thulba herum besonders heftig. 1525 besetzten die Bauern das Kloster, Thulba ebenso wie das nahe gelegene Aura. Die 13 Nonnen wurden vertrieben. Von diesem Schlag hat sich Thulba nicht mehr erholt. Die Nonnen wagten sich nicht mehr ins Kloster zurück. Die Äbtissin *Barbara Hasenstab* wandte sich hilfesuchend 1528 an Kaiser *Karl V.* Vergeblich ordnete der beim Fürstabt von Fulda die Einsetzung der Nonnen und die Erneuerung der Kirche an. Man blieb untätig. 1526 wurde das Kloster nach Fulda verlegt. Der Propst aber blieb in Thulba. Als „Praepositus", als Klostervorgesetzter, war ihm die Verwaltung der Klostergüter und die Seelsorge an den Pfarreien übertragen. Thulba wurde eine selbständige Propstei. Die große Pfarrei war mit drei oder vier Vikaren ausgestattet.

1802 wurde das Hochstift Fulda mit seinen Propsteien aufgelöst. Nach wechselhaften Schicksalen kam die Propstei schließlich 1816 an Bayern. Der bayerische Staat verkaufte die Güter und behielt nur noch den riesigen Wald. Im stattlichen Propsteigebäude brachte man die Schule und das Pfarrhaus unter. Vom großzügig angelegten Terrassengarten, den herrliche Steinfiguren zierten, ist nichts mehr zu merken.

Gemessen an der langen Geschichte der Pfarrei Thulba, deren Kirche 816 unter den Karolingern geweiht wurde, wirkt die 400jährige Klostergeschichte fast episodenhaft kurz.

IV
Die Schottenklöster

Der Zeitzusammenhang

Eine Gruppe von Mönchen hielt sich im Jahrhundert der Klöster den weltlichen und politischen Auseinandersetzungen fern – und sei es auch nur deshalb gewesen, weil sie zu schwach waren, um wirklichen Einfluß ausüben zu können –: die Nachfahren der christlichen Individualisten aus Irland Kilian, Kolumban, Gallus, Emmeram. Die systematisch handelnden, strategisch vorgehenden, ganz auf den großen Benedikt von Nursia eingeschworenen Angelsachsen um und nach Bonifatius ließen den Iro-Schotten kaum Entfaltungsmöglichkeiten.

Und doch fingen sie immer wieder an und verstanden es Fuß zu fassen, auch in Zeiten, in denen sie sich vorkommen mußten, als seien sie von Gott ins falsche Jahrhundert strafversetzt. Es gab ja auch immer wieder Entwicklungen, an die sie sich anhängen konnten. Zum Beispiel das Pilgerwesen des 11. Jahrhunderts und der folgenden Generationen. Da schufen die wanderfreudigen Iren und Schotten an den wichtigsten Verkehrsknotenpunkten ihre Pilgerraststätten – und das war nur möglich, wenn man ein Kloster gründete. Diese Schottenklöster wurden für Jahrhunderte zur Absteige der Pilger – von Selja in Norwegen bis Lucca in Italien – oft über Würzburg und Nürnberg oder Eichstätt in Franken, im Herzen des damaligen Heiligen Römischen Reiches Deutscher Nation. Der Preis des Überlebens war die Annahme der Regel Benedikts. Als die Schotten das getan hatten, ging es wieder aufwärts. Bis heute haben die Schotten in Franken tiefe Spuren hinterlassen. Die wenigen Schottenklöster strahlen bis in die Gegenwart aus, Zeugen der europäischen Einflüsse auch in Franken. St. Michael in Bamberg erinnert an die Reformer aus Gorze und an den Iren Muretag Mac Robertaigh („Merchertach“), der sich dort aufhielt, ehe er nach Regensburg zog und dort aus einer Incluse ein Kloster entwickelte, Regensburgs berühmtes St. Jakobs-Kloster.

Für Nürnberg wurde der Ire Deocar wichtig, geistlicher Beamter und Kaplan bei Kaiser Konrad III. Die Kapelle auf dem Königshof zu Füßen des Burgberges wurde einem Schottenkloster einverleibt, das nach dem heiligen Gilles, Ägidius, benannt wurde, dessen Reliquien damals jeder verehrte, der nach Santiago de

Compostella zum heiligen Jakobus pilgerte; denn er machte unterwegs in Saint-Gilles bei Arles in der Provence Halt. Daß die irischen Emigranten im Ruf größter Gelehrsamkeit standen, vertiefte die Scheu und vergrößerte den Abstand, den man vor den fremden Iren und Schotten betroffen empfand. Namen wie Johannes Eriquena (Johannes, „der Ire"), ein Gelehrter am Hofe Karls des Großen, oder Priscian in Köln, Sedulius Scotus („der Schotte") in Lüttich und bald darauf Marianus Scotus in Köln sowie Paternus in Westfalen (Paderborn) festigten den Ruf der Schotten – auch in Franken.

St. Jakob zu Würzburg

Schon aus der Zeit um 300 vor Christus liegen Siedlungsspuren der Kelten in Würzburg. Sie stammen von Hütten und Herdstellen in der Nähe des Marienberges. Sogar ein Friedhof ist nachweisbar.

Ob es dem Zufall oder uralten Verbindungen zu danken ist, daß die iro-schottischen Mönche unter der Führung von *Kilian* nach Würzburg kamen? Würzburg war zu keltischen Zeiten die Kultstätte einer jungfräulichen Göttin; manche Religions-, Siedlungs- und Sprachgeschichtler führen sogar den Namen Würzburg darauf zurück: bretonisch heißt Jungfrau „gwerhez", das wie „werz" gesprochen wird. Kein Wunder, daß man aus dem Jungfrauenberg einen Marienberg machte, „Werzburg".

Die keltischen Missionare errichteten gerne Peterskirchen. Und zwar stets an alten heidnischen Kultstätten. Sie widmeten diese religiösen Orte einfach auf christliche Heilige um – in Salzburg, in Regensburg, im Fränkischen zunächst in Würzburg und dann in Nürnberg.

Als das benediktinische Klosterwesen sich durchsetzte, übernahmen auch die iro-schottischen Mönche, die neben den Angelsachsen immer noch auf dem Kontinent tätig waren, die benediktinische Regel. In Regensburg entstand so das Schottenkloster. Die „Schotten" (Skoten, womit man ganz allgemein die Iren bezeichnete), kamen über Bamberg nach Würzburg. Historisch belegt ist, daß der reisefreudige elsässische Papst *Leo IX.* 1052 in der bayerischen Herzogsstadt Regensburg die *Agilolfinger* aufsuchte und bei dieser Gelegenheit auch den in asketischer Klausur lebenden Iren *Merchertach.* 1075 starb Merchertach, der sich – mit Blick auf den Hochaltar – in der Regensburger Obermünster-Kirche hatte einmauern lassen, nachdem er vorher sich selbst das Grab geschaufelt hatte. Er wurde von dem Iren *Marianus* „beerbt".

Es muß den keltischen Mönchen schwer geworden sein, Klöster einzurichten. Wanderschaft, Pilgerdasein, Heimatlosigkeit waren ihre religiösen Idea-

Die St.-Jakobs-Kirche in Würzburg. Querschnitt durch den Chor.

le. Benedikts Regel aber gebot die Seßhaftigkeit. Zwischen 1080 und 1081 siedelten die irischen Mönche zu *Regensburg* in das neugegründete *St. Jakobskloster* über – und unterstellten sich der Benediktinerregel. St. Jakob! Das war der große Wanderheilige, Schutzpatron aller Pilger – ihm ordneten sich die Iro-Schotten gerne zu.

Nachdem sie sich nun einmal für eine neue Form religiösen Daseins entschieden hatten, warben sie energisch und mit Leidenschaft. Sie gründeten „*Schottenklöster*": 1134 in *Würzburg*, 1146 in *Nürnberg*, 1160 in *Eichstätt*. Eine neue Welle des Keltischen durchdrang Franken – unter stammesmäßigen Vorzeichen betrachtet die dritte, christlich gesehen die zweite.

Die schottischen Mönche standen auf Seite des Papstes, ganz wie die Reformer von Cluny, anders als die Herren von Gorze. 1185 gewährte der Papst allen Schottenklöstern das Recht der freien Abtwahl. Wählbar waren allerdings nur irische Mitglieder der Klostergemeinschaften. Der Kontakt zur irischen Heimat wurde rege gepflegt – von Regensburg wie von Würzburg aus.

In Würzburg erinnern heute noch der Schottenanger, die Schottenkirche, das Schottenkloster an die 14 Schottenmönche. Die beiden Schotten *Marianus* und *David* waren bedeutende Geschichtsschreiber – letzterer zugleich Leiter der Würzburger Domschule. Bei der Gründung des Würzburger Schottenklosters 1134 (manche meinen 1138) zeigte sich das weitmaschige Geflecht europäischer Beziehungen: das Kolumbankloster *Luxeuil* im Burgund war beteiligt, in Italien, Frankreich, Westdeutschland, Alemanien und Bayern tätigte man Erwerbungen.

Die Schotten waren leidenschaftliche Bücherfreunde. Teilweise verdienten sie sich ihr Brot mit Abschreiben. Und immer blieben sie denen verbunden, die unterwegs waren, den Handelsleuten vor allem.

Der erste Abt des Würzburger Klosters St. Jakob am Schottenanger war *Makarius*, der nach dem Verlassen seiner Heimat zu Regensburg in die Lehre gegangen war. Mit zwei Gefährten kam er von dort nach Würzburg. Dieses Kloster empfand sich als Hort des Fremden und wurde andererseits als etwas eigenartiges, fremdländisches empfunden – nicht nur wegen seiner Lage, zunächst außerhalb der Stadt, sondern wegen der Menschen, die dort auf Dauer oder vorübergehend lebten. In Würzburg gilt Makarius als heilig, nicht zu verwechseln mit dem Bischof von Jerusalem oder dem alexandrinischen Makarius. Der würzburgische Makarius starb 1153. Bald nach seinem Tod, 1155, ist die erste Schottenkirche fertiggestellt worden, mit deren Bau sich Makarius einen Namen gemacht hatte; sie erinnert an die Regensburger Mutterkirche. Ein Jahrhundert später stürzte der Nordturm ein und wurde zusammen mit dem Chor neu aufgerichtet. Im 15. und 16. Jahrhundert hat das Würzburger Schottenkloster eine Zeit des inneren und äußeren Verfalls erlebt – wie fast alle Klöster jener Zeit.

Ob es historisches Gespür oder geschichtliches Verantwortungsbewußtsein war, daß der tatkräftige (Gegen-)Reformations-Bischof *Julius Echter* das Schottenkloster nicht einzog? Wir wissen es nicht. Jedenfalls fand es zu neuer Blüte. Die Kirche wurde bald darauf ganz im Geiste jener Zeit barockisiert. Die würzburgische Ordensgemeinschaft brachte sogar einen damals viel beachteten Dichter hervor, *Thomas Doff*, der sich weigerte, den Konvent zu verlassen, als die Schweden Würzburg eroberten und es vorübergehend protestantisch machten: ein Märtyrer im Dreißigjährigen Krieg.

Das Schottenkloster hielt sich bis zum Reichsdeputationshauptschluß. 1802 wurde es aufgelöst. Das Münster wurde Würzburger Garnisonskirche. Die Bombardements des Zweiten Weltkrieges haben auch St. Jakob fürchterlich mitgenommen, danach ist es fast vollständig verfallen. Heute ist die Kirche Don Johannes Bosco, dem Heiligen der Salesianer, geweiht.

St. Egidien zu Nürnberg

Wer den Reichtum und die Schönheit des sakralen Nürnberg erleben will, sollte sich die Mühe machen, zum Egidienplatz hochzusteigen und wenigstens die *Euchariuskapelle*, die *Tetzelkapelle* und den landauischen Epitaph von *Adam Kraft* anschauen – alles Werke aus der klösterlichen Zeit.

Nürnberg gehört zu den jüngsten Städten des alten Reiches und wurde doch zur bedeutendsten Metropole des Mittelalters. Herausgewachsen ist die Stadt aus zwei alten fränkischen Königshöfen, der eine lag südlich der Burg, im Lorenzer Viertel, der andere östlich der alten Befestigungsanlage. Dort gründeten Regensburger Mönche um 1146 das Schottenkloster *St. Egidien*. Der Stauferkönig *Konrad III.* war aktiv beteiligt. In der Kirche ließ er sogar eine Königsempore einrichten. Die städtische Siedlungspolitik fing allmählich an, auch Klosterpolitik zu werden. Egidien, das älteste der Nürnberger Klöster, wurde ebenso wie bald darauf die *Deutschordens-Kommende* mit einem Asylrecht ausgestattet. Allerdings wurde dieses Recht bald eingeschränkt: 1315 vereinbarten die führenden fränkischen Städte, die andernorts Ausgewiesenen nicht aufzunehmen. Dieser Vereinbarung mußten sich auch die Klöster fügen.

Selbstverständlich war das Schottenkloster mit irischen Mönchen besetzt. Die gelehrten Kleriker unterhielten eine beachtliche Bibliothek, die freilich 1418 von dem niedergehenden Kloster verschleudert wurde.

Zunächst lag das Fremdlingskloster Egidien außerhalb des Altstadtbereiches. 100 Jahre nach seiner Gründung erhielt es die Gesellschaft des *Augustinerklosters* in der Nähe des heutigen Neutores am Geiersberg. Zur Zeit der

Nürnberg, St.-Egidien-Kirche.
Kol. Stahlstich nach einem Aquarell von Georg Christoph Wilder, 1830.

Schottenklostergründung erlebte Nürnberg die erste Phase einer stürmischen Aufwärtsentwicklung. In jener Zeit wurde mit dem Bau der Kirche begonnen, fast ein Jahrhundert vor dem Bau der großen Pfarrkirchen *St. Sebald* und *St. Lorenz*. In der *Wolfgangskapelle* ist der älteste Kern verborgen, entstanden noch vor 1140. Um 1150 wurde dann die dreischiffige romanische, flachgedeckte Pfeilerbasilika mit Chor, Querhaus und Nebenapsiden und einer stattlichen westlichen Doppelturmfassade gebaut, sichtlich unter bambergischem Einfluß.

Jahrhundert um Jahrhundert wurde an der Egidienkirche weitergebaut, renoviert, niedergerissen und neu aufgerichtet. Die uralte Euchariuskapelle ging später in der Wolfgangskapelle und endlich in der Tetzelkapelle auf. Den heutigen Zeitgenossen hat sich die Egidienkirche freilich als selbständige, protestantisch-barocke Neuschöpfung eingeprägt, die 1711–1718 ent-

131

Nürnberg. Stich von M. Merian

standen ist, im Zweiten Weltkrieg völlig ausbrannte und inzwischen als Predigtsaalkirche wieder hergestellt wurde.

Im Unterschied zu anderen Schottenklöstern ist St. Egidien zu Nürnberg engstens mit dem Schicksal der Reichsstadt verbunden: seit 1426 übte der Nürnberger Rat die Vogtei über das ehemalige Königskloster aus. Kurz vorher war es von den Mönchen des elsässischen Klosters *Reichenbach* reformiert worden. Den Burggrafen störte das reichstädtische Schutzrecht; es kam zu mancherlei Streitereien auch des Klosters wegen.

Auch Nürnbergs St. Egidien war eine Pilgerkirche; 1363 wurde dem Kloster ein Pilgerspital zugeordnet, *St. Martha*. Es war nicht das einzige in Nürnberg: *Berthold Haller* stiftete das *Heilig-Kreuz-Spital*, der reiche Ratsherr *Groß* bald danach das *Heilig-Geist-Spital*.

Auch Klöster waren stets Kinder ihrer Zeit. Das gilt auch für das Egidienkloster. Im 16. Jahrhundert wurde es zu einer Hochburg des Humanismus. Der prominenteste Humanist war *Benedikt Schwalbe*, ab 1515 Abt des Wiener Schottenklosters.

Die geistliche Aufsicht über St. Egidien lag beim Regensburger Schottenkloster *St. Jakob*. Als die Benediktiner von Reichenbach aus das Kloster reformierten – der Nürnberger Rat hatte darauf bestanden –, kam es ver-

132

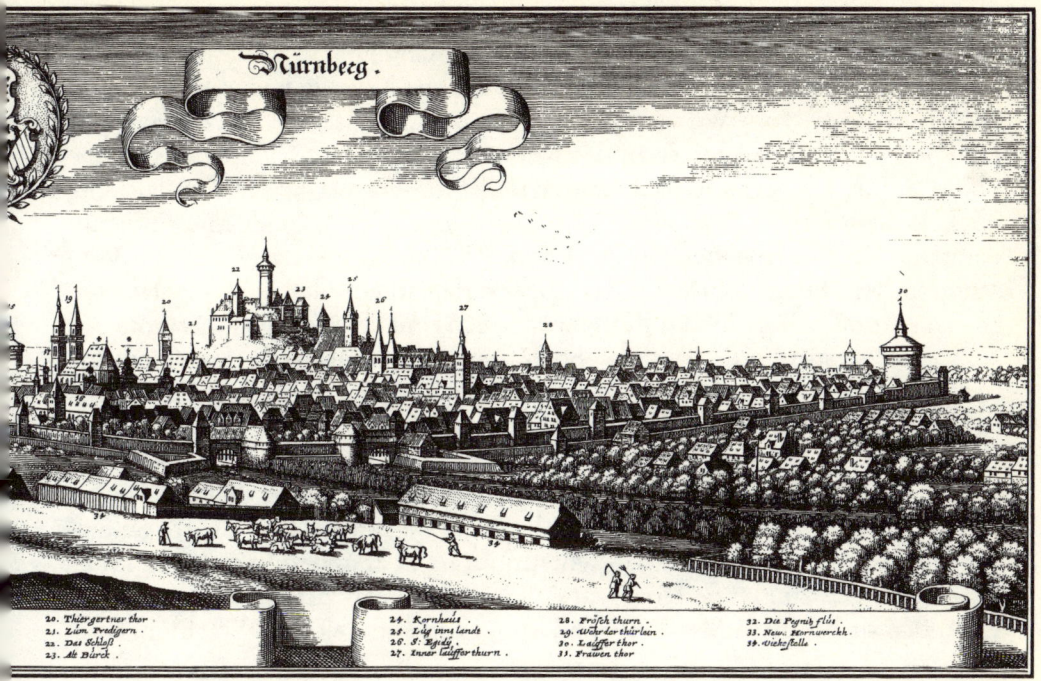

aus der Topographie Franken von 1648

ständlicherweise zu Auseinandersetzungen mit den kompetenzbewußten Regensburgern.

St. Egidien war reif für die Reformation. Zusammen mit den Pröpsten von St. Sebald und St. Lorenz präsidierte Abt *Friedrich* von St. Egidien bei den öffentlichen Beratungen über die Einführung der Reformation im März 1525. Im Juli schon übergab der Benediktinerkonvent zu St. Egidien sein bewegliches Eigentum an den kommunalen Sozialfonds, Almosenkasten genannt. Ein Jahr später zog die „*Academiola*" ein, eine „neue Schule". *Philipp Melanchthon* eröffnete mit einer feierlichen Rede das traditionsreiche Gymnasium, das später nach ihm benannt wurde.

Der heilige Ägidius

St. Egidien repräsentiert ein Stück geistlicher Tradition Westeuropas und deren Einfluß auf Nürnberg vom Anbeginn der Stadt. Dies gilt auch für den Namenspatron *St. Ägidius*, französisch *St. Gilles*, deutsch auch *St. Ilgen* oder

St. Gilgen, dem allein in England 160 Kirchen geweiht worden sind. Sein Grab befand sich zuerst im provencalischen Städtchen St. Gilles, seine Reliquien ruhen jetzt in Toulouse. Über sein Leben ist wenig bekannt. Im Jahre 680 gründete er, vom Westgotenkönig *Flavius Wamba* unterstützt, das herrliche provencalische Kloster an der Rhône, das zu einem wichtigen Knotenpunkt auf dem Pilgerweg nach Santiago de Compostela wurde. Damals entwickelte sich das Dorf zu einer lebendigen und reichen Stadt mit einer für damalige Verhältnisse riesigen Zahl von 30 000 Einwohnern. Doch die Versandung des Hafens schränkte das Pilgerwesen so ein, daß auch das Kloster an Bedeutung verlor. In den Religionskriegen und der Revolution wurde die Kirche so zerstört, daß man nur noch die Krypta und Teile des Chors im Original sehen kann, die mit der wunderschönen romanischen Fassade in den Wiederaufbau vom 19. Jahrhundert integriert wurden.

Der heilige Ägidius lebt noch heute als beliebter Namenspatron in katholischen Gegenden. Er ist einer der *Vierzehn Nothelfer* und hat sich als Schutzpatron der Kranken, der Bettler und der Jäger behauptet. Daß die Iro-Schotten ihn zu einem der ihren erwählten, nimmt nicht Wunder: In Südfrankreich fühlten sie sich zu Hause. Dort war Ägidius einer von vielen Heiligen, deren Legenden sie bei ihren Missionswanderungen in andere Lande brachten.

Schottenkloster in Eichstätt

Die Rundbauten sind selten in Franken. Einer der schönsten steht in einer auffallend schmucklosen Kirche in Eichstätt, in der *Kapuzinerkirche Heilig Kreuz*. Die Kirche ist erst 1623–25 gebaut worden; es ist an den schlichten Bauformen abzulesen, die eigentlich wenig zu Eichstätt passen, wohl aber dem nüchtern-sachlichen, dazu noch bescheidenen, ganz auf Bekehrung ausgerichteten Geist der reformierten Kapuziner entsprechen.

Das südliche Querschiff der Kapuzinerkirche enthält allerdings ein Bauwerk von aufregender Schönheit, das Heilige Grab. Man hat den Eindruck, als sei das Querschiff eigens gebaut worden, um diesem Rundbau ein schützendes Dach zu geben. Gut fünfeinhalb Jahrhunderte ist die Rotunde älter als der Kirchenbau, der sie schützend umgibt. Die Eichstätter hängen seit eh und je an dem ebenso eigenwilligen wie ehrwürdigen Bauwerk, das der Grabeskirche zu Jerusalem auf romanische Manier nachgebildet ist.

1189 wurde die Schottenkirche zu Eichstätt geweiht, ein paar Jahrzehnte vorher (wahrscheinlich 1166) dürfte – vor den Mauern der damaligen Stadt – das Schottenkloster errichtet worden sein, das letzte der großen Stiftungen der Nachfahren der iro-schottischen Mönchsmissionare und Pilger, die es sich zur Aufgabe machten, den Wanderern, Wallfahrern und Kranken eine Unterkunft zu schaffen. Eine Nachbildung des fernen Pilgerzieles in Jerusalem scheint der Gemütsverfassung der Fernwehkranken gutgetan zu haben.

Eichstätts Schottenkloster hatte weniger lange Bestand als das zu *Würzburg*, *Bamberg* oder *Regensburg*; die Bischofsstadt an der Altmühl lag im Vergleich zu den andern Residenzen abseits. Es fehlte der „Markt" für die Schottenmönche. 1460 stand das Kloster vor der Stadt offensichtlich leer, 1483 wurde es den Augustinerchorherren übergeben. In den kriegerischen Auseinandersetzungen der ausgehenden Reformationszeit haben die Truppen des sächsischen Herzogs *Moritz von Sachsen* die immer noch stattliche Rundkirche ausgeplündert; lange fehlte die Kraft, sie wieder aufzubauen. Und als man sich dazu in der Lage fühlte, 1623, als der große Krieg schon begonnen, aber Eichstätt noch nicht erreicht hatte, entschieden sich die Kapuziner für ein recht bescheidenes Gebäude; daß die romanische Rotunde erhalten blieb, ist ihnen zu danken.

V
Priesterorden

Der Zeitzusammenhang

In diesem Kapitel wird der Priesterorden der Prämonstratenser vorgestellt. Wie die Mönchsorden durch die Zisterzienser ihre große Reform erlebten, so auch die Chorherrenstifte.

Zunächst wird die innere Entwicklung dargestellt, die zu den neuen priesterlichen Ordensgemeinschaften führte, sodann wird aus den einzelnen hochmittelalterlichen Stiftgründungen berichtet.

Das erste priesterliche Reformkloster entstand 1102 als Augustiner-Chorherren-Stift in Triefenstein.

In Zell am Main erhielt Würzburg die erste Prämonstratensergründung, Oberzell, 1126, veranlaßt durch Norbert von Xanten, der zu den großen Gestalten seiner Zeit zählt.

Eichstätts Augustiner-Chorherrenstift entstand unmittelbar bei Eichstätt, 1156.

In der Nähe von Dombühl riefen die Würzburger an ihrer südlichen Bistumsgrenze ein Prämonstratenserinnenkloster ins Leben, Klostersulz, 1200.

Ein Jahrhundert später entstand im südfränkischen Spalt ein zweites Chorherrenstift, St. Nikolaus, 1295.

Bald darauf erhielt Neunkirchen am Brand ein Augustiner-Chorherrenstift, 1314.

Wiederum ein Jahrhundert danach wurde in Langenzenn ein Augustiner-Chorherrenstift gegründet, 1409.

Die berühmte Synode von Aachen 816 hat im karolingischen Reich nicht nur das Mönchswesen geordnet, indem es die Regel des Benedikt von Nursia zur allein gültigen Klosterregel erklärte. Sie hat auch über die Priesterschaft im Reich eine wichtige Entscheidung getroffen: sie verordnete denjenigen Geistlichen, die an einer Kirche Dienst taten, eine feste Regel, einen Kanon. Seitdem nannte man diese Priestergemeinschaften an einer Kirche die Kanoniker. Und die Stätte, an der die Mitglieder ihren Lebensunterhalt hatten, Kanoniker-, Chorherren- oder Kollegiat-Stift.

Ihre Regeln leitete man vom berühmten Kirchenvater Augustinus ab, der für die Kirche als Theologe und Bischof ebenso wichtig ist wie Benedikt für das westeuropäische Mönchtum.

Der berühmte Augustinus aus Tagaste, 354 geboren, hatte nach einer längeren Zeit des Suchens zum Glauben gefunden und sich als Bischof der großen nordafrikanischen Stadt Hippo mit einer Gemeinschaft von Priestern umgeben, die wie er dem asketischen Ideal und dem priesterlichen Amte lebten. Augustinus verstand die Askese nicht heroisch, sondern praktisch: sie war ihm die beste Form eines guten Lebens im christlichen Sinne. Sie diente zugleich seinem Bedürfnis nach Gesellschaft, Gespräch, intellektuellem Austausch. Ähnliche Gruppen regte er für andere Orte an – auch für Frauen.

In einem berühmten Schriftstück, das von Augustinus stammen soll, sind einige Grundsätze für das Leben kleiner Gemeinschaften von Männern und Frauen aufgeschrieben, denen man die Bezeichnung gab: „Die Regel des heiligen Augustinus". Die Darstellung des Lebens im Kloster ist sehr praktisch. Das Kloster soll ein Ort sein, um zu meditieren, um mit Männern gleichen Geistes zu reden und ein eigenes geistliches Leben zu führen, von wo aus die Priester sich in Stadt und Diözese an die Arbeit machen sollen.

Augustinus selbst beruft sich in seinen Bekenntnissen auf die prägende Wirkung, die von seinem Gespräch über das Leben des Wüstenheiligen Antonius ausgegangen ist.

Tatsache ist, daß Augustinus mehrere Männer- und Frauengemeinschaften geleitet hat. Ähnliches gilt für Hieronymus.

Benedikt von Nursia übernahm später vieles aus den Augustiner-Regeln und modifizierte sie in seiner Benediktiner-Regel.

Im 9. und 10. Jahrhundert erfuhr die Augustinusregel als priesterliche Ergänzung der benediktinischen Mönchsregel eine große Aufwertung. Sie war für die Weltpriester wichtig, die ja nicht ausschließlich dem entsagungsvollen Gebetsdienst leben konnten, sondern an ihren Kirchen, Kathedralen und Domen aufgerufen waren zu guten Werken und zum priesterlichen Messdienst. Die nach Augustinus benannten Regeln ließen ihnen dazu Spielraum. Mönch war, wer Benedikt folgte, Kanoniker, wer Augustinus folgte.

Viele der fränkischen Urklöster wurden allmählich in Kanonikerstifte umgewandelt. Das gilt zum Beispiel für St. Gumbert in Ansbach, zeitweilig für das Heidenheimer Benediktinerkloster, auf Dauer für Herrieden, Feuchtwangen und Spalt.

Andere entstanden als Kollegiatstifte wie Neumünster zu Würzburg oder das Chorherrenstift zu Öhringen.

Ausschlaggebend für die Umwandlung waren sehr oft die politischen Auseinandersetzungen jener Zeit: Die Bischöfe versuchten, größeren Einfluß auf die

Klöster zu gewinnen. Die Urklöster aber waren meist Gründungen des karolingischen Großadels. Sie standen dem König nahe. Der Bischof konnte sich den Zugriff auf sie nur verschaffen, wenn er die Umwandlung in Priestergemeinschaften betrieb. Er tat es nicht ohne Erfolg. Und er hatte gute Gründe: Den Klöstern wurde in aller Form der Pastoraldienst zugeordnet.

Im Laufe der Zeit unterschied man zwischen „Säkularkanonikern" und „Regularkanonikern". Die letzteren lebten in streng reformierten Stiften, während das Zusammenleben der ersteren zwar nach strengen Regeln, eben den „Canones" geordnet, aber kaum kommunitär war: Sie wohnten nicht in klösterlicher Gemeinschaft, sondern in enger Nachbarschaft; sie hatten vielfältige gesellschaftliche Beziehungen nach draußen. Weil allerdings das feierliche Gebet damals nicht als Privatsache, sondern fast schon wie eine Staatssache und von größtem öffentlichem Belang verstanden wurde, richtete man den dafür Zuständigen Stifte ein, Priesterstifte, in denen die höher gebildeten Geistlichen, aller materiellen Sorgen entledigt, in einer beständigen Gruppe, dem Kollegium (deshalb Kollegiatstift) leben konnten.

Die Stiftsangehörigen regelten ihr Zusammenleben selbst, die Chorherren gaben sich Statuten, besaßen innere Autonomie und wählten ihre Amtsträger. Nach außen hin vertrat sie der Propst, ihr Zusammenleben leitete der Dekan, beide gewählt von den Kapitularen, den Angehörigen des Kapitels. Die Verwaltung des oft riesigen, durch Zuwendungen stark wachsenden, weitverstreuten Vermögens war dem Schatzmeister, genannt Custos oder Thesaurius, anvertraut. Da die Stiftskirche zugleich Pfarrkirche war – um der Messen und der Seelsorge willen waren sie ja an zentralen Orten eingerichtet worden – bestimmten die Stiftsgeistlichen im Laufe der Zeit einen dafür besonders zuständigen Priester, der den Titel Plebanus (Leutpriester) trug. Die Stiftskirche war der Mittelpunkt der (oft sehr ausgedehnten) Pfarrei. Die Kollegiat- oder Chorherrenstifte waren neben den fränkischen Eigenkirchen die wichtigste Struktur im frühmittelalterlichen Organisationswesen der Kirche.

Das Stift zu Öhringen

Eine der ältesten Stiftskirchen, an einem Ort entstanden, der nicht zugleich Bischofssitz war, und auch nicht ursprünglich als Kloster gegründet, sondern von Anfang als Stätte einer priesterlichen Gemeinschaft, steht an der Westgrenze des fränkischen Siedlungsraumes, wo sich Alemannen und Franken eng berühren, in Öhringen. Der Stiftungsbrief, den *Adelheid,* die Mutter des Salierkaisers *Konrad II.* schreiben ließ, trägt das Datum des 16. August 1037. Ihr Sohn, damals längst schon zum Kaiser gekrönt, hatte sieben Jahre vorher den Grundstein zum Dom von *Speyer* legen lassen (dessen verantwortlicher Bauleiter Bambergs nachmaliger großer Bischof *Otto* wurde). Konrads Stiefbruder *Gebhard* – aus der zweiten Ehe Adelheids mit dem Grafen *Poppo Lobdeburg* – war Bischof von *Regensburg*. Seinem Bistum wurde auch Öhringen zugeeignet. So kam der Bischof der ostbayerischen Diözese endlich doch zu zwei großen Stiften, nachdem die beiden Klöster an seinem Sitz, *St. Emmeram* und *St. Jacob,* reichsfrei waren, sodaß er ihnen kaum etwas dreinreden konnte. Mit dem Öhringer Stift erhielt er nun an der westlichen Grenze des fränkischen Siedlungsgebietes ein Eigenkloster; an der Ostgrenze, in *Spalt,* gehörte ihm die inzwischen zum Stift umgewandelte Benediktinerabtei *St. Emmeram.* Und weit im Süden, über die fränkische Siedlungsgrenze hinaus, auch im Alemannischen, war die Ries-Zentrale *Nördlingen* sein Eigentum. Die Bischöfe von Regensburg blieben Lehensherren der Waldenburger Berge und der Ebene bei Neuenstein, bis sie 1803 die Rechte als weltliche Herren hergeben mußten. Bischof Gebhard war ein wahrhaft wohltätiger Ausstatter seiner Diözese.

Sechs Zeugen hatte Kaiserin Adelheid auf die Beine gebracht, um ihre Stiftung bezeugen zu lassen. Hätte nicht einer genügt? Warum pflegte man diese lästige Sitte mehrzähliger Zeugenschaften? Jene gehen wohl nicht fehl, die meinen, daß die Bezeugung einer solchen Stiftung auch deren Anerkennung sei und die Anerkennung der Verzicht auf mögliche eigene (Erb-)Ansprüche. Die frühere Kaiserin Adelheid hatte eine große Verwandtschaft.

Übrigens wollte der Fürstbischof von Regensburg auf dem Umweg über Nördlingen und Öhringen die beiden Reichsklöster bei sich daheim doch noch in seine Gewalt bringen, indem er einen Tausch vorschlug. Der Kaiser und die Fürsten waren sogar damit einverstanden, aber die Äbtissinnen von *Niedermünster* und *Obermünster* protestierten mit besten Argumenten – „keinem Könige ist es erlaubt, dem Reich ein Reichsfürstentum zu entfremden" –, sodaß das ferne Öhringen unter der Kuratel des Regensburgers blieb, die nahen Klöster sich seinem Angriff aber entzogen. So blieben (die spätere Reichs-)Stadt Nördlingen und das Dorf Öhringen (villa Orngov) unter der Regensburgischen Vogtei. Die beiden Damen reisten, um ihre Rechte zu wahren, eigens 1216 zum Reichstag nach Würzburg.

Das große Öhringer Münster war von Anfang an sowohl Stifts- als auch Pfarrkirche. Ihr östlicher Teil war den Klerikern, der westliche den Laien zugeteilt. Vom ersten Münsterbau sind nur ein paar pergamentene Zeugnisse (Abbildungen und ein Gedicht) sowie verborgene bauliche Überreste erhalten. Die Rekonstruktionen zeigen deutlich den Einfluß der salischen Königskirchen und der Hirsauer Reformer. Schade ist, daß die Zweiturmfront des Westwerkes, die schon fundamentiert war, nicht verwirklicht wurde. So wäre die Öhringer Stadtkirche zum viertürmigen Münster geworden; ostwärts standen zwei hohe Türme. Tatsächlich war um die Zeit der großen

Umgestaltung der Öhringer Kirche zwischen 1236 und 1246 eine Bamberger Dombildhauergruppe am Werk. Sie hat den kostbaren Adelheid-Sarkophag geschaffen. Andererseits kam die Öhringer *St. Peter-* und *Paulskirche* durch den planerischen Meinungswandel zu einer sehr einprägsamen, eigentlich unvergeßlichen Silhouette. Die Krypten unter dem Chor, die eine einfach gewölbt, die zweite, unterste als Säulenkrypta ausgestattet, zählen zum Schönsten aus der zweiten Bauphase. Ihnen hat auch die große Baumaßnahme im 15. Jahrhundert – sie begann 1451 – nichts anhaben können. Fünfzig Jahre war die Stiftskirche Baustelle. Der Aufwand an Zeit und Kraft erwies sich als gerechtfertigt: So kam das Hohenloher Land zu einer selten schönen, formenreichen, vielgestaltigen spätgotischen Kirche. Dabei wollte man sich zunächst nur mit dem Chorraum abgeben, der auch besonders glücklich gelungen ist. Zum Neubau des Kirchenschiffes entschloß man sich aber, als 1457 der alte, romanische Glockenturm an der Westseite einfiel, der anstelle des alten zweitürmigen Westwerks entstanden war. Kaum war der Kirchenbau abgeschlossen, begannen die Öhringer mit dem Kreuzgang und dem Stiftsgebäude. Von 1502 bis 1507 brauchten sie für diese harmonische Anlage.

Die Reformation führte das Ende des Stiftes herbei und brachte auch für die Stiftskirche viele Veränderungen. Die Wirkung des Hallenraumes wurde durch die Emporen zurückgedrängt; der starke Andrang zu den lutherischen Gottesdiensten hatte es nötig gemacht, mehr Sitzplätze einzuziehen. Anstelle des Chorgestühls entstanden die ruhmsüchtigen Epitaphien der Hohenloher Dynasten. Die Stiftskirchenkanzel fiel dem Veränderungswillen am häufigsten zum Opfer: dem barocken Geschmack entsprach die gotische nicht mehr (der herrliche Hochaltar scheint hingegen dem barocken Empfinden gleichgültig gewesen zu sein, er blieb); in der Klassik war man mit dem barocken Predigtstuhl nicht mehr zufrieden; im 19. Jahrhundert stellte man dann eine neugotische Kanzel auf, die bis heute unangetastet blieb. Sollte der emsige Kanzeltausch ein Zeichen dafür sein, daß die Predigt eben doch am stärksten dem Geschmack der Zeit ausgeliefert ist? Gott hat es wohl in Kauf genommen, als er Menschengestalt annahm.

Das Stift zu Aschaffenburg

Wer einmal offenen Auges durch Aschaffenburgs Innenstadt gegangen ist, wird die alles überragende Stiftskirche, den Aufgang zu ihr, den kreuzgangartigen Vorbau und den kraftvollen, fünfschiffigen Innenraum mit den rundbogigen Pfeilerarkaden in Erinnerung behalten.

*Die Stiftskirche
in Aschaffenburg,
um 1850*

Die Aschaffenburger Stiftskirche ist aus einem der ältesten Kollegiatstifte hervorgegangen, die Franken hat, aus der ersten Generation der Priester-Klöster gewissermaßen, eine Gründung des Herzogs *Liudolf,* des Sohnes Kaiser *Otto des Großen,* dem der Vater das schwäbische Herzogtum zugeschanzt hatte (was der ehrgeizige Sohn seinem Vater mit einer Revolte lohnte, die freilich der König als Sieger überstand, während der enttäuschte und enttäuschende Liudolf spätestens auf dem Reichstag zu Langenzenn sein Herzogtum verlor). Im Jahr der Aschaffenburger Stiftsgründung waren Vater und Sohn bereits wieder versöhnt und der Herzog hatte seine Eigengüter zurückerhalten, sodaß er sich die Aschaffenburger Stiftung leisten konnte. Ihr genaues Datum ist nicht mehr festzustellen.

Das Kollegiatstift Aschaffenburg gehört zu einer ganzen Reihe fränkischer Neugründungen dieser Art. Aber mit Aschaffenburg wurde der Reigen um 950 eröffnet. *Würzburg* erhielt gleich drei solche Stiftungen: 996 das Kloster *Neumünster* und um 1000 *St. Stephan* und das Kollegiatstift *Haug.* Alle vier Stiftskirchen sind zwar im Laufe der Jahrhunderte immer wieder dem modi-

141

schen Geschmack ihrer Zeit angepaßt worden, aber die Bauten waren in ihrer Grundanlage derart kräftig, daß ihre erste Baustruktur bis in die Gegenwart erhalten blieb. Dem ehemaligen Kollegiatstift *St. Peter und Paul,* das später in eine Benediktinerabtei umgewandelt wurde – ein Vorgang ähnlich der Rückverwandlung *Heidenheims* oder *Feuchtwangens* (um Klöster aus anderen fränkischen Diözesen zu erwähnen) –, blieb sein romanisches Langhaus erhalten. Es wird von zwei quadratischen Türmen aus ottonischer Zeit flankiert und hat im Westen eine bemerkenswerte Hallenkrypta. Nicht zuletzt war die schwere Zerstörung 1945 Ursache für notwendige bauliche Eingriffe beim Wiederaufbau. St. Stephan wurde nach Auflösung des Benediktinerkonvents 1803 die erste evangelische Pfarrkirche Würzburgs.

Der Kollegiatkirche Neumünster sicherte die Übertragung der Kiliansreliquien in die dortige Krypta das volkstümliche Interesse. Auch der Dombau konnte dem „neuen Münster" den Zulauf nicht beschneiden, sondern höchstens unwesentlich mindern. Die spätromanische Pfeilerbasilika ist ähnlich angelegt wie die Stephanskirche, wie diese hat sie ein breites, wenig ausspringendes Querschiff. Auch das Neumünster war ehedem doppelchörig.

Zurück nach Aschaffenburg: 957 starb der Stiftherzog Liudolf. Sein Sohn Otto, Herzog von Schwaben und Bayern, vollendete den ersten Stiftskirchenbau. Nach dessen Tod übernahm der Erzbischof von Mainz Stift und Kirche. Bewegt vom tatkräftigen Reformwillen des 10. Jahrhunderts wurde ein neuer Kirchenbau betrieben. Wo einst nur eine Kapelle stand, stellte man jetzt eine mächtige, zweitürmige Basilika mit Querschiff hin. Den Grundriß, der dann bis in die Gegenwart maßgebend blieb, erhielt die Kirchenanlage im frühen 12. Jahrhundert. An ihn fühlten sich alle nachfolgenden Baumeister und Bauherren gebunden; das erstemal im 13. Jahrhundert, als man den Chor neu gestaltete; dann als man im 15. Jahrhundert die eleganten gotischen Netzgewölbe einzog und den gewaltigen Südturm in die Höhe führte.

Aschaffenburgs Kollegiatstift sammelte im Laufe der Jahrhunderte immense kunstgeschichtliche Reichtümer – gemauert, gemeißelt, geschmiedet, getrieben, gemalt, geschnitzt.

Der Kreuzgang aus der Mitte des 13. Jahrhunderts ist für sich schon eine Reise wert. Es ist, als wäre es den Meistern, die auf engstem Raume bauten, gelungen, Stille und Sammlung für alle Zeiten in Stein zu fassen und für immer einzufangen. Daß nicht immer der technische Fortschritt verändernd eingesetzt werden muß, um größere Wirkung zu erzielen, kann man hier lernen: Man hat darauf verzichtet, den Kreuzgang einzuwölben, sondern es bei der flachen frühen Decke belassen. Gott sei Dank!

Und wie eh und je zieht der romanische Kruzifixus alle Augen auf sich. Zu Recht. Er gehört nicht nur zu Aschaffenburgs, sondern zu Frankens größten Kostbarkeiten überhaupt.

Augustiner-Chorherren und Prämonstratenser

Als die Klöster erstmals reformiert wurden, drängten auch die Priestergemein-
schaften nach Reformen. Eine der ersten großen Reformgemeinschaften waren
die Augustiner-Chorherren. Aber es ging nicht nur um die Priestergemeinschaf-
ten in den Kanonikerstiften. Es ging auch darum, einen regellos lebenden Welt-
klerus zu neuer priesterlicher Gemeinschaft zu formen.

Die bedeutendste neue Augustinergemeinschaft entstand in Südfrankreich. Im
frühen 11. Jahrhundert wurde sie in der Nähe von Avignon gegründet. Bald
kamen Augustiner auch nach Franken, Bayern und Österreich. Ihr Weg führte
über Belgien und die Niederlande. Sie ließen sich von Anfang an in den Städten
nieder – die ersten christlichen Orden in den städtischen Pfarrzentren. Von da
an gab es zwei Arten von religiösen Gemeinschaften: jene, die abseits der mensch-
lichen Wohnstätten in Wäldern und Auen ihre Klöster gründeten, und jene, die
mitten in der Welt lebten, in den Städten. Die einen hatten sich über das Ere-
mitenwesen zu Mönchsklöstern entwickelt, die anderen über den priesterlichen
Dienst zu Regular-Kanonikern, die hauptsächlich in der Seelsorge tätig waren.

Es entspricht der zentralen Lage Frankens, daß die beiden Priesterorden, die
sich im Zuge der Kirchenreform entwickelten, auch im Fränkischen heimisch
wurden: die Augustiner-Chorherren und die Prämonstratenser. Zu Blüte und
Einfluß wie in Altbayern brachten sie es freilich nicht.

Während man den altbayerischen Raum geradezu ein augustinisches Stiftsland
nennen könnte, prägten Franken die benediktinischen Zisterzienser. Immerhin:
ein paar Reformstifte wurden auch in Franken heimisch, in und um Würzburg,
dazu Klostersulz, in Spalt, Neunkirchen am Brand, Langenzenn und Birklingen
bei Iphofen.

Norbert von Xanten, der vergessene Heilige

Der 50jährige Norbert aus dem niederrheinischen Xanten (1082 – 1134) faßt
sein Leben so zusammen: „Ich war am Hofe, ich lebte im Kloster, ich stand
in hohen Ehrenämtern der Kirche, und ich habe überall gelernt, daß es
nichts besseres gibt als sich ganz an Gott hinzugeben". Die äußeren Lebens-
daten: geboren 1082 in Xanten, dort Ausbildung zum Priester, danach Domherr in Köln, schließlich Hofkaplan Kaiser *Heinrich V.* Er schloß sich denen
an, die die Kirche von innen heraus erneuern wollten. Als Priester sah er
seinen Erneuerungsauftrag vor allem an der Priesterschaft. Sein Bekehrungserlebnis erinnert an das des heiligen Paulus – und wird sich später wieder-
holen im jungen Studenten der Rechtswissenschaft *Martin Luther*: als er
eines Tages inen Spazierritt unternahm, zog plötzlich ein heftiges Unwetter

herauf. Schrecken und Angst befielen ihn. Er gab seinem Gaul die Zügel frei, um dem Gewitter zu entkommen. Da schlug der Blitz vor ihm ein, das Pferd scheute, warf ihn ab – Norbert lag lange Zeit bewußtlos. Als er wieder zu sich kam und erkannte, wie nahe er am Tode war, nahm er sich vor, sein Leben grundlegend zu ändern. Im Benediktinerkloster Siegburg bereitete er sich auf das Priestertum vor. Vom Papst Gelasius II., den er in *St. Gilles* traf, ließ er sich die Predigererlaubnis geben und empfing die Priesterweihe. In der flandrischen Bischofsstadt *Laon* erhält er Land an dem öden, abgelegenen Ort *Prémontré*, mitten im Wald. Dort führt er Priester zusammen und gründet eine Reformvereinigung nach der Regel des Augustinus, die ihm größeren Spielraum läßt für den Auftrag tätiger Bekehrung. – Norbert entwickelt sich zum gefragten Prediger. Er war eher Prediger als beschaulicher Philosoph. Er durchzieht Frankreich, Belgien, Deutschland, die Niederlande.

Die „*Norbertiner*", wie man die Prämonstratenser auch nannte, fanden schnell Anhänger. Fünf Jahre nach der Gründung bestätigte sie der Papst. Im selben Jahr wurde Norbert zum Erzbischof von *Magdeburg* erhoben – gegen seinen Willen, wie der Chronist ausdrücklich betont. Aber in Wirklichkeit scheint es ihn doch in dieses Amt gezogen zu haben. Prémontré bekam Norberts Weggang gut. Zu Magdeburg mußte er viele Widerstände überwinden, denn er war dem dortigen Klerus zu streng. Volksaufläufe und Mordanschläge mußte er überstehen. Aber er setzte sich durch. Eisern bestand er auf seinen bischöflichen Rechten. Kaiser *Lothar* ernannte ihn sogar zum Kanzler von Italien. Mit fünfzig Jahren waren seine Kräfte erschöpft. Am 6. Juni 1134 starb er. Seine Heiligsprechung erfolgte erst 450 Jahre später, 1582, als es in der Gegenreformation um die Erneuerung des Klerus ging.

Das Bild dieses eigenwilligen Mannes schwankt in der Geschichte. Der Grenzlanddeutsche Norbert war nirgends wirklich zu Hause, nicht in Deutschland, an dessen Westgrenze er geboren wurde, nicht in Frankreich, an dessen Nordgrenze er den Augustinischen Priesterorden schuf, nicht im Kloster und nicht im Bischofspalast, nicht am Kaiserhof und nicht an der Kurie. Aber er wußte sich überall hingesandt als Prediger, als Missionar, als Kirchenleiter und Vermittler zwischen Kaiser und Papst. Im Fränkischen hat sein Priesterorden dazu beigetragen, das Priestertum zu erneuern und die Aufmerksamkeit nach Osten zu lenken. *Otto von Bamberg*, der Pommernapostel, wußte, was er wollte, als er auch die Norbertiner als Priester nach Franken holte, nicht nur die Zisterzienser als Mönche.

Auf Darstellungen trägt Norbert meist das Prämonstratenser-Habit (im langen Rock mit Skapulier, Cappa und Kapuze), er trägt Bischofs- oder Kreuzstab, den Kelch oder eine leuchtende Monstranz.

Im Zuge der Gegenreformation gelangten die Priesterorden zu neuer Geltung. Denn der Klerus bedurfte ja auch da der Erneuerung.

Der heilige Norbert als Stammvater der Prämonstratenserklöster.
Kupferstich, 18. Jh.

Die Augustiner-Chorherren zu Triefenstein

Das älteste Augustiner-Chorherrenstift entstand in der Diözese Würzburg und wurde von einem Reformkleriker gegründet, dem Dekan der Kanoniker zu *Neumünster* in der Mainmetropole. In den Wirren des Investiturstreites war der unabhängige Mann 1088 von Würzburg weggezogen und hatte sich an der einsamen Spessartkapelle zu Triefenstein niedergelassen. Dekan *Gerung* aus Würzburg scheint weitreichende Beziehungen mobilisiert zu haben, um eine lebensfähige Kleriker-Kommune zu gründen. Äbte und Bischöfe hat er mobilisiert, um zu seinem Ziel zu kommen, einer erneuerten Priestergemeinschaft. Das Kloster *Neustadt am Main* tat ebenso mit wie die

145

Bischöfe *Eginhart* aus Würzburg und *Konrad* aus Salzburg, der deutsche Primas. 1102 kam es endlich zur Gründung der Kirche, die den Aposteln *Petrus und Paulus* gewidmet wurde. Die Priestermönche lebten nach der Regel der Augustiner-Chorherren.

Der Platz war auch unter dem Gesichtspunkt der Betonung kirchlich-reformerischen Gestaltungswillens gut gewählt: Wer von Würzburg kommend bei Lengfurt-Homburg den Main überquert und nach Triefenstein hochfährt, wird unwiderstehlich von den überragenden Türmen der Abteikirche angezogen. Bis diese Symbole des geistlichen Anspruchs entstanden, dauerte es freilich noch eine Weile.

Die erste Klosteranlage brannte schon nach zwei Generationen, 1160, nieder. Doch nach vier Jahren konnte schon die neue Kirche vom Würzburger Bischof *Heinrich* eingeweiht werden. Aus dieser Bauzeit stammen die Untergeschosse der jetzigen Türme; zukunftsbewußt hat man von Anfang an gebaut.

Um die Mitte des 15. Jahrhunderts, während dessen viele ähnliche Einrichtungen mit innerem Verfall zu kämpfen hatten, scheint es dem Augustinerchorherrenstift besonders gut gegangen zu sein. Das beweisen auch die Baumaßnahmen des Abtes *Johannes Schreck,* der einen neuen Konventsbau, dazu gleich zwei Kapellen, dem heiligen Augustinus und dem heiligen Schutzengel geweiht, errichten ließ und dem Kloster eine große, neue Halle gab. Das ging zwischen 1457 und 1472 vor sich.

Die Reformationszeit machte auch den Triefensteinern arg zu schaffen, aber sie fingen sich wieder im Sinne des Würzburger Fürstbischofs und brachten es in den Jahren 1617–1620 zu einer großartigen Erneuerung fast der gesamten Anlage. Unter ihrem Propst *Johannes Molitor* entstanden ein neuer Konventsbau, der Kirchenbau zum Main hin, die großartige Sakristei, der Kapitelsaal und die Bibliothek – insgesamt eine überwältigende Leistung.

So wie die Kirche jetzt im Spessart steht, ist sie allerdings erst nach dem Dreißigjährigen Krieg geschaffen worden. Vor dreihundert jahren (nach 1687). Bis die (jetzige) wertvolle Inneneinrichtung angeschafft werden konnte, dauerte es nochmals ein Jahrhundert. Zwischen 1783 und 1803 ließ Propst *Melchior Zösch* die kostbaren Stukkaturen, die Altäre und die Kanzel, das Chorgestühl (eine Wiederholung des Ebrachischen), die Beichtschreine, Tabernakel und Hochaltarfiguren anfertigen, wobei er die tüchtigsten Meister des Landes beschäftigte. Die Ausstattung „gehört zum Besten jener Epoche in Bayern", schwärmt Franz Prinz zu Sayn-Wittgenstein in seinem schönen Reisebuch „Der Main". Propst Zösch stellte, wie die meisten Potentaten seiner Zeit, Männer von europäischem Ruf an, insbesondere Italiener.

Mit der Münstermalerei betraut er den Italiener *Joseph Ignaz Appiani,* kurmainzischer Hofmaler, der schon im 73. Jahre stand, als er den Auftrag übernahm – Maler werden alt. Über seinen plötzlichen Tod steht in einem köl-

nischen Kanonikerbrief: „Am 19. des verflossenen August (1785) starb im
Alter von 73 Jahren der Herr Ignaz Appiani in einer gewissen Abtei von Regular-Kanonikern – ich weiß nicht, welchen Ordens – in der Stadt oder
dem Flecken Trieffenstein in Franken, zehn Stunden über Aschaffenburg,
wo er die Kirche ausmalte, er litt an einer Verdauungsstörung und Konstipa-
tion und dann an innerlicher Entzündung, die neun Tage dauerte. Seine sehr
alte Frau lebt noch und ich glaube, sie ist Alleinerbin". Appiani wurde – wie
alle seiner Zunft – Zeichen der Wertschätzung des Künstlers, den man dennoch nur als Handwerker vergütete, in der Kirche begraben.

Nach der Säkularisation fiel das Kloster dem protestantischen Zweig der
Fürsten zu Löwenstein-Wertheim-Freudenberg zu. Ihnen ist die Last des
klösterlichen Bauwerks zu schwer geworden, sodaß sie es allerjüngst einer
evangelischen Kommunität übergaben, von der noch zu berichten sein wird.
In den Jahren nach dem Zweiten Weltkrieg hat es abwechselnd der Inneren
Mission, dann als Regierungsdurchgangslager für Heimatlose und sogar Bun-
deswehreinheiten gedient.

Die Prämonstratenser in Oberzell

Oberhalb von *Zell am Main* entstand das älteste und einzige Prämonstra-
tenserstift Frankens, Oberzell. Seine Berühmtheit hat dieser Vorort Würzburgs in jüngerer Zeit nicht durch ein Kloster erlangt, sondern durch die
Druckmaschinen-Fabrikanten Friedrich Koenig und Karl Bauer, die anfangs
des vorigen Jahrhunderts die Schnellpresse für den Zeitungsdruck erfanden
und ihr Werk in Oberzell einrichteten – im säkularisierten Chorherrenstift.

Der Name „Oberzell" freilich erinnert daran, daß hier einstmals klösterliches Leben geherrscht hat. Und tatsächlich: wer von der nördlichen Höhe
herunterfährt, auf Würzburg zu ins Maintal, dem fällt rechter Hand eine
romanische Portalanlage auf.

In Oberzell, errichteten die Prämonstratenser, die durch *Norbert von
Xanten* einen starken Einfluß auf Würzburg ausübten, ihr Kloster. Das
romanische Hoftor stammt noch aus jener frühen Zeit, aus der zweiten Hälfte des 12. Jahrhunderts. Es hat Seltenheitswert. Der geteilte Zugang – für
Wagen ein großes Tor, für Fußgänger ein kleines Pförtchen – steht für die
praktische Vernunft der Gründer.

In der Zeit der Gegenreformation hat *Balthasar Neumann* auch diese Anlage neu gestaltet, ein großartiges Wohngebäude geschaffen und eine Anlage
konzipiert, in der man gerne verweilt. Die dreischiffige Basilika ist trotz aller
Barockisierung fundamental romanisch geblieben, ein strenger Bau.

147

Kloster Oberzell am Main. Ölgemälde von Andreas Geist, 1844.

Heute wirken in Oberzell die „*Guten Hirtinnen*", ein Orden, der zur Betreuung „gefallener Mädchen" im französischen Angers gegründet wurde
und über siebzig Niederlassungen und Fürsorgeheime mit modernen heil-
pädagogischen und psychotherapeutischen Abteilungen betreut. Die „Ober-
zeller Schwestern" haben von ihrem Mutterhaus aus eine weitgefächerte
Tätigkeit entfaltet.

Auch dieser Orden hat seine Wurzel in fremden Landen, in Angers. Hier-
zulande hat der Orden Fuß gefaßt im Zuge der großen Erneuerung, die im
zweiten Viertel des vorigen Jahrhunderts das katholische Franken ergriff,
Hand in Hand mit der Erneuerung der katholischen Kirche im vorigen Jahrhundert. Auf deren Drängen hin errichtete der romanisierende König *Ludwig I.* mehrere Seminare neu, vor allem aber stellte er viele säkularisierte
Klöster wieder her. Die Benediktiner danken diesen Bemühungen eine wahre Renaissance, desgleichen die Benediktinerinnen, die Dominikaner und
Dominikanerinnen, ebenso die Franziskaner. 1838 rief Ludwig die „Frauen
vom guten Hirten" nach München.

Von da kamen sie, entsandt vom selben Herrscher, der Franken besonders
zugetan war und am liebsten Nürnberg zu seiner Residenz erhoben hätte, erneut nach Franken und ließen sich dort an vielen Orten nieder. Unter anderem auch in dem prächtig erblühten Oberzell. Wie es weiterging, darüber
steht ein wenig in einem späteren Kapitel.

Die Augustiner-Chorherren in Rebdorf

Die gewaltigen Rebdorfer Kirchtürme, die Stiftskirche, die Konventbauten, die heute noch im Tal der Altmühl zu Füßen der *Willibaldsburg* zu sehen sind, lassen ahnen, welcher Geist hier geherrscht und welcher Wille hier anfangs gewirkt hat. Daß die Säkularisation schlimme Schäden zufügte und vorher schon die Bauherren den ursprünglichen Willen wacker verbogen hatten, ist ein Zeichen dafür, wie die Geschichte immer wieder verändernd in menschliches Bemühen eingreift.

Um 1156 errichtete der Eichstätter Bischof *Konrad I. von Morsbach* eine Wegstunde von seinem Sitz entfernt ein Augustiner-Chorherren-Stift. Kaiser *Friedrich Barbarossa* hatte ihm dafür das Reichsdorf im Altmühltal, wo einstmals Weinreben gediehen, überlassen. Das Stift wurde für diejenigen geistlichen Herren zu Eichstätt geschaffen, die ihr Priesterleben in der geistlichen Gemeinschaft Gleichgesinnter führen wollten, im gemeinsamen geistlichen Leben, der vita communis. Im italienischen Neu Lodi stellte Barbarossa 1159 die Urkunde aus, derzufolge im königlichen Rebdorf Eichstätts Bischof sich ein Eigenkloster für seine Kleriker einrichten sollte. Ausdrücklich bekräftigte der Kaiser seine Schutzherrschaft über die Chorherren, die – „sub regula beati Augustini deo militantes" – nach der Regel des frommen Augustin als Gottesstreiter leben wollen. Die Vogteirechte erhielten die Altmühlgrafen von Hirschberg. Als nach ihrem Erlöschen sie die Bischöfe von Eichstätt beerbten, wurden diese neben ihrer geistlichen Zuständigkeit auch die weltlichen Herren des Stiftes.

Die Rebdorfer Chorherren lebten in enger Verbindung mit dem eine Generation älteren benediktinischen Reformkloster zu *Plankstetten*, das sich noch deutlicher den *Hirschberg-Grafen* verdankte als Rebdorf. Eigene Ernsthaftigkeit, Kaiser-, Bischofs- und Adelsgunst sicherten dem Stift Rebdorf einen raschen Aufstieg, machten es allerdings auch anfällig für Abstieg und Verfall. Als der reformeifrige Bischof *Johann III. von Eich* sein Amt antrat, nahm er hauptsächlich die Erneuerung des Rebdorfer Chorherrenstiftes aufs Programm, indem er den Anschluß von Rebdorf an die junge Reformbewegung betrieb, die von den Niederlanden ausging. Die Eichstätter Augustiner-Chorherren wurden Mitglieder der Windesheimer Kongregation, die aus der erneuerungsbewußten, religiöser Innerlichkeit zugewandten Bewegung der „*devotio moderna*" hervorgegangen ist. Das 1386 in *Windesheim* bei *Zwolle* gegründete Kloster hatte sich sehr schnell den Ruf einer tief innerlichen Frömmigkeitspflege erworben und war durch Zusammenschluß mit Klostergemeinschaften bei *Dordrecht* und *Brüssel* sowie durch Klosterneugründungen bei *Arnheim* und *Hoorn* zum Hoffnungsträger erneuerungswilliger Kirchenmänner geworden. Auch Bischof Johann von Eich, dem die Reform seiner Klöster besonders am Herzen lag, setzte auf die Windesheimer Kongregation, die neue „devote" Chorherrenklöster-Gruppe, die sich unter der geschickten Organisation des Priors *Goswini Vor von Heusden* bildete. Zu dieser Bewegung gehörten so bemerkenswerte Gestalten wie *Thomas von Kempen* (1380–1471), dessen mystisches Werk der „Nachfolge Christi" seit seinem Erscheinen einen unschätzbaren Einfluß auf die künftigen Theologengenerationen ausübte oder wie *Nikolaus von Kues*, der die deutschen Augustiner-Chorherren-Stifte durch die Windesheimer Kongregation zu erneuern trachtete. Den Auftrag dazu hatten die Windesheimer 1435 erhalten.

1458 kam Rebdorf an die Reihe. Die Erneuerung war derart nachhaltig, daß Rebdorf sogar den inneren Ansturm überstand, den die Reformation auch für die Augustinerchorherren im Altmühltal bedeutete. Daß die gelehrten Priester zu Rebdorf längst die Grundgedanken des Humanismus aufgenommen und zu jener Zeit einen ebenso ernsthaften wie tüchtigen Vorsteher hatten, der nahezu fünf Jahrzehnte die Geschicke des Klosters lenkte, mag dafür die Gewähr geboten haben.

Prior *Kilian Leib* leitete das Kloster von 1505 bis 1553. Er ist die bedeutendste Chorherren-Persönlichkeit in der Geschichte von Rebdorf, die es nicht zuletzt deshalb verdient, kurz porträtiert zu werden, weil sie die Kraft hatte, im turbulenten Reformationsjahrhundert dieser großartigen und folgerichtigen Erneuerungsbewegung zu widerstehen und zugleich die Klostergemeinschaft zusammenzuhalten.

Kilian Leib ist am 23. Februar 1471 in *Ochsenfurt* geboren, ein Nachkomme von *Gnodstädter* und *Immerhausener* Bauernkindern, die ähnlich Luthers Eltern in die Stadt gezogen waren und allen Ehrgeiz daran setzten, ihren begabten Sohn studieren zu lassen. Nach dem Besuch der Lateinschulen in Ochsenfurt und Schweinfurt kam er nach Eichstätt, wo er bald darauf als Fünfzehnjähriger ins Chorherrenstift eintrat. Mit 31 Jahren wählten ihn seine Mitbrüder zum Prior, wie man den Probst seit Einführung der Windesheimer Reform nannte. Kilian Leib hat dem Kloster die Gesinnung der devotio moderna meisterlich vermittelt, es zu wirtschaftlicher Sicherheit und zu großem Ansehen geführt. Mit dem Bischof verband ihn ein enges Vertrauensverhältnis. Prior Leib galt als ebenso fromm wie gelehrt, historisch nicht weniger interessiert wie naturwissenschaftlich: Seine Geschichtswerke und Tagebuchaufzeichnungen sind ergiebige Quellen für die erste Hälfte des 16. Jahrhunderts; sein Wettertagebuch ist das vollständigste und umfangreichste aus alter Zeit. Daß er, humanistisch gebildet, ohne akademisches Studium Griechisch konnte, ist keine Selbstverständlichkeit, daß er dazu auch noch Hebräisch lernte, ist erstaunlich und stellt seinem Drang „zu den Quellen" (ad fontes!) ein beachtliches Zeugnis aus. Mit Luther scheint er anfänglich sympathisiert zu haben – wie alle Humanisten jener Jahre –, dann aber entzog er sich ihm, näherte sich Luthers Gegner *Johann Eck* und trachtete, das Seine dazu beizutragen, daß sich die bestehende Kirche von innen erneuern ließe. Von grundstürzenden Veränderungen hielt er nichts. So wurde er seinen Bischöfen *Gabriel von Eyb* und *Moritz von Hutten* eine Stütze bei der Vertretung der Interessen der papsttreuen Kirche. Daß er auf dem Augsburger Reichstag 1530 von Eck, *Cochläus* und *Fabri* zur Formulierung der Antwort auf das lutherische Bekenntnis herangezogen wurde, ehrte ihn und beweist die Wertschätzung, deren sich der Rebdorfer Prior erfreute. Ähnliches gilt für den Reichstag von Regensburg 1546.

Obzwar er viel aufschrieb, blieb ihm der literarische Erfolg versagt: Wie die meisten seiner Gesinnungsgenossen fand er keinen Verleger. Die druckten lieber, was Luther und seine Anhänger schrieben, denn deren Meinung war aktuell und fand reißenden Absatz. Sein Werk „Die sieben Ursachen der Ketzerei" wurde zum Beispiel erst 1557, vier Jahre nach seinem Tod, gedruckt; geschrieben hatte er es 1528.

Kilian Leib sah die Erfüllung seines Lebens darin, Gott zu verherrlichen und den Menschen zu dienen. Er war Augustiner aus Überzeugung.

Nach der Säkularisation hatte das Stift Rebdorf eine wechselvolle Geschichte. Der schwere, großzügig angelegte spätromanische Kirchenbau hat die Zeiten überdauert und ist in den letzten Jahrzehnten des 18. Jahrhunderts im schönen Barock wiederhergestellt worden, das ihm die großen Meister gegeben hatten, die in Eichstätt tätig waren, allen voran *Gabriel de Gabrieli* (1671–1747) und *Matthias Seybold* aus Wernfels bei Spalt (1696 bis 1765).

Die Prämonstratenserinnen in Klostersulz

Oft organisierten sich die Prämonstratenser als Doppelorden. Sie setzten damit eine Tradition fort, die schon vom altchristlichen Mönchtum praktiziert wurde – und stets umstritten blieb. Aus Gründen der Sicherheit in gefährlichen Gegenden und um der geistlichen Versorgung willen siedelten die Nonnen sich gerne in der Nähe der Mönchklöster an. Kaiser und Konzilien gingen zwar immer wieder dagegen an, setzten sich aber nicht durch. Vergeblich untersagte *Justinian* von Byzanz aus die Doppelklöster im fünften Jahrhundert und auch das zweite Konzil von Nicäa im achten Jahrhundert, das allerdings die bereits bestehenden Klöster duldete. Die großen Orden des 12. Jahrhunderts, vor allem die Zisterzienser, erneuerten die alte Überlieferung der Doppelklöster, meist allerdings in deutlicher räumlicher Trennung.

Auch die Prämonstratenser schafften es, ein Frauenkloster im Fränkischen zu leiten.

Klostersulz heißt die Ortschaft heute, wo einst dieses Prämonstratenserinnen-Kloster entstand. Wer die Initiative zur Gründung ergriff, ob die Würzburger Norbertiner oder der fränkische Adel am Rande der oberen Altmühl, ist nicht mehr auszumachen. Zu den frühen Gönnern jedenfalls gehörten die Herren *von Wahrberg* am Rande der Frankenhöhe. Von ihnen nimmt man an, daß sie die Klostergründung veranlaßt haben; sie waren lange Zeit auch die Vögte des Klosters, das der geistlichen Leitung von *Oberzell* unterstand.

Daß auch der kolonisatorische Wille Klostergründer oft geleitet hat, wird an der Wahl des Ortes im Tal der Sulz deutlich, die heute *Sulzach* heißt. Sulz: das ist das altdeutsche Wort für Kotlache, sumpfiges Gelände. Und sumpfig war es zu Füßen des für die Verhältnisse der Frankenhöhe mit seinen 530 Metern recht hohen Klosterberges.

Die bedachtsame Standortwahl läßt sich allerdings auch daran ablesen, daß man sich am Fuß des Berges vor den rauhen Nord- und Ostwinden schützte und nach Westen hin einen weiten, flachhügeligen Talkessel vor sich hatte.

Wichtiger als der Kolonisationswille könnte die Kirchenstrategie gewesen sein: Haarscharf zwischen Sulz und Dombühl verläuft die Grenze zwischen dem westfränkischen Bistum Würzburg und dem südfränkischen Bistum Eichstätt. Das eichstättische Kloster Herrieden verlangte von den Würzburgern ein Gegengewicht auf ihrer Seite, dies um so mehr, als im nahen Feuchtwangen die Augsburger Diözese hineinragte. Herrieden – Feuchtwangen – Klostersulz bildeten eine Art Drei-Diözesen-Ecke.

Das Kloster war auf eine kleine Zahl von Insassinnen angelegt. Versorgungsinteressen und fromme Leidenschaft scheinen zusammengespielt zu haben: Mit dem Klostereintritt waren reichliche Stiftungen verbunden, und wer aufgenommen wurde, mußte sich der augustinischen Regel beugen, die der Priesterorden angenommen hatte.

Um 1200 ist das Prämonstratenserinnen-Stift gegründet worden. Aufgenommen wurden nur Töchter adeliger Familien. Es gehörte zur *Zirkarie Ilgeld* – so nannten die Prämonstratenser ihre Ordensprovinzen, deren sie seinerzeit 30 hatten, Ordenskreise also. 1260 zerstörte ein Brand die junge Anlage auf der Frankenhöhe. In den ersten Jahrzehnten des 14. Jahrhunderts wurde das Kloster Sulz wieder neu gebaut. Um 1500 und im Bauernkrieg 1525 ist es nochmals niedergebrannt.

Über dem Eingangsportal der einschiffigen Klosterkirche, die man durch den westlichen Fassadeneingangsturm betritt, ist noch heute eine uralte Marienabbildung zu erkennen. Sie erinnert daran, daß Kloster und Kirche der Jungfrau Maria geweiht waren. Die Himmelsherrscherin Maria hält das Jesuskind, vor ihr steht eine Nonne, die Wiedererbauerin der Kirche nach dem Brand von 1500.

Für das, was heute an Altem zu sehen ist, zeichnet die Meisterin *Brigitta von Aufseß* verantwortlich. Zweimal ist während ihrer Amtszeit das Kloster abgebrannt, zweimal hat sie es aufgebaut. Die Kirche ist so geblieben, wie sie sie gewollt hatte. Man rühmt ihr nach, daß sie eine besonders gute Haushälterin war. Sie war es dann auch, die die Einführung der Reformation mitmachte.

Das älteste Dokument des Klosters entstand 1252. Es regelt eine Streitsache mit den Grafen von Oettingen, die offensichtlich in die klösterlichen Besitzungen hineinregierten.

Die Liste der Namen der Meisterinnen, wie man die Vorsteherinnen titulierte, liest sich wie ein fränkischer Adelsalmanach: *von Brugberg, Rotenburk, Stetten, Ödendorf, Vinsterloe, Wallenhausen, Seckendorf, Crailsheim, Aufseß, Auernhofen, Lobenhausen* hießen sie. Dem Südwestfränkischen hätte wirklich etwas gefehlt ohne ein solches Kloster als Adelsbleibe.

An der Meisterinnenwahl von 1454 beteiligten sich zwölf Konventualinnen. Das scheint die normale Zahl gewesen zu sein. „Frau von Sulz" wurde die Meisterin genannt, die eine stattliche Wohnung hatte, um das Kloster angemessen zu repräsentieren und die über alle Insassinnen die Disziplinargewalt ausübte. Ihr oblag auch die Klosterverwaltung, die Kassenführung und die Pflege der Beziehungen nach außen, einschließlich des Eintreibens der Außenstände. Klosterintern spielte ihre Vertreterin, die Priorin, eine große Rolle, die die Sprecherinnen-Funktion der Klosterfrauen ausübte.

Die „Cüstrin" war verantwortlich für das gottesdienstliche Leben.

Wer ins Kloster wollte, mußte Mobiliar und Wäsche selbst stellen, das beim Ableben im Klosterbesitz verblieb.

Das Klosterleben war säuberlich organisiert. Die Gebetszeiten mußten eingehalten werden. Dazwischen saß man am Spinnrad in der Konventsstube. Jede Klosterfrau hatte ihren Stammplatz. Wer eine Reise unternehmen wollte – in Klosterangelegenheiten oder zum Verwandtenbesuch – brauchte die Genehmigung der Meisterin.

Die Meisterin führte ein strenges, sehr persönlich geprägtes Regiment.

Daß die Damen zuweilen auch Schwierigkeiten miteinander hatten, nimmt kaum wunder. Auch nach dem Eintritt in die Gemeinschaft mit dem frommen Anspruch blieben sie halt Menschen und brachten vielleicht auch manchen Ärger und manches Vorurteil von außen mit in das Kloster hinein. Zwei Damen aus den alten fränkischen Adelsfamilien Seckendorf und Crailsheim taten sich im Kloster besonders schwer miteinander. „Blutrünstig", so heißt es im Beschwerdebericht, habe die Seckendorfer ihre Meisterin *Barbara von Crailsheim* geschlagen, so daß deren Hand dadurch vorübergehend gelähmt wurde. Soviel Aggression verlangte eine strenge Strafe, die allerdings nur im Einvernehmen mit dem Abt von Oberzell oder dem Markgrafen von Ansbach als Vogt verhängt werden konnte. Die Delinquentin wurde bei Wasser und Brot in den Klosterkerker gesteckt, mußte ein Bußgewand tragen, den „Grotenrock", und konnte sogar mit dem Ausschluß bedroht werden.

Feuersbrünste, die größte Plage aller Gebäude in damaligen Zeiten, machten dem Kloster nicht nur in Sulz zu schaffen, sondern verfolgten es sogar andernorts. 1425 verbrannte die Vorsteherin *Margarete von Vinsterloe* auf einer Dienstreise in einer Herberge zu Nürnberg mitsamt wichtigen Dokumenten, die sie bei sich hatte.

„Die meisterin, aine von Vinsterloe selbiger zeit mit solichen privilegien gen Nürnberg komen, aldo in nechtlicher weyl in irer herberg feur auskomen und sie samt des closters schrifftlichen fundationen verprunen ...“ So steht es in einem Bericht an den Markgrafen, der nach den Wahrbergern die Schutzvogtei übernommen hatte, Ansbach gehörte zur Diözese Würzburg.

Beim Brand von 1525, den beim Bauernaufstand *Leutershausener* anstifteten, wurde das kurz vorher von der Meisterin Brigitta von Aufseß aufgebaute Kloster schlimm zugerichtet. Die *Dombühler* Bauern, die sich mit den Klosterfrauen nie gut standen – man stritt sich andauernd um die geistliche Versorgung der viel älteren, wehrhaft angelegten Wallfahrtskirche Dombühl, die zudem noch Eichstättisch war – raubten das Kloster aus, wie man es noch nie erlebt hatte. 22 Pferde, 50 Stück Rindvieh, 60 Schweine, 310 Schafe, 500 Malter Getreide, 40 Fuder Heu und Stroh, 40 Federbetten schleppten sie auf ihre Kirchenburg. Sogar die vier Turmglocken und den Kirchenornat der Prediger nahmen sie mit.

Ob die Zahlen stimmen, die 1599 ein evangelischer Pfarrer aufgelistet hat, ist nicht wichtig. Kloster Sulz war allemal ein lohnendes Objekt der Revolutionäre. Und verhaßt hatte es sich bei denen gemacht, die endlich auch etwas zu sagen haben oder wenigstens mitreden wollten, also nach politischen Rechten strebten, wie alle Einrichtungen dieser Art. Daß die Plünderer im Weinkeller bis zu den Knien im Wein wateten, veranschaulicht die Zerstörungswut der Bauern ebenso wie die Übertreibungslust des Berichterstatters.

Auch Kloster Sulz war kurz vor der Reformation am Ende, reif für eine große Veränderung. Als die aufgebrachten Bauern es ausraubten, flüchteten die Nonnen nicht geschlossen, etwa nach Ansbach, sondern gingen meist zu ihren Familien zurück, und selbst nach dem Wiederaufbau suchten sie anderweitig ihr Auskommen. Vom Klosterleben wollten nur noch wenige etwas wissen. Diese Frauen von Kloster Sulz erhielten im Zuge der Reformation einen evangelischen Prediger. Als die letzte Sulzerin das Zeitliche gesegnet hatte, wurde das Kloster dem markgräflichen Besitz einverleibt.

Es hat lange gedauert, bis die Nonnen ihr Kloster wieder aufbauten. Noch nach dreißig Jahren reimte ein Besucher mit einem Wortspiel auf lateinisch: „haram noch aram vidisses“, einen Saustall aber nicht einen Altar siehst du (wenn du die Kirche betrittst). Das war 1556.

In diesem Jahr starb die letzte Meisterin.

Diese letzte „Frau von Sulz“, *Barbara von Seckendorf*, die zugleich die letzte Sulzer Konventualin war, lobt die Überlieferung als „ernsthafte gute

Haushälterin". Allerdings galt sie zugleich als „ein heftig weib, mit der alle nachbarn streit und irrung gehabt". „Alle nachbarn" – ein solcher war auch der eichstättische Obervogt zu Wahrberg. Er beschwert sich beim Markgrafen: „So kennt ihr vielleicht die Meistrin zu Sulz, das widig hitzig Gemuet auch wohl." – Einem anderen Nachbarn, den katholischen Pfarrer von Weinberg, der gerne auch die Dombühler betreut hätte, drohte sie: „Wenn er von diesem Eingriff in ihr Recht nicht läßt, wird er drunter gehauen und gestochen".

Der Markgraf, der ihr manche Eigenwilligkeit durchgehen ließ – schließlich war sie ja doch die letzte Meisterin –, veranlaßte eine Schrifttafel über ihrem Grab, das sie an der Nordwand der Kirche haben wollte, wo danach der Nonnenfriedhof lag. Der gestelzte Reim ist nur noch schwer zu entziffern.

> „Als man zählt 15 hundert Jahr
> Und sechsundfünfzig geschrieben war,
> Starb die ehrwürdig Barbara
> Von Seckendorf, eine edle Frau,
> Welche Kloster Sulz verwahr
> Prämonstratenser Ordens war,
> Auch Meisterin und Äbtissin,
> Liegt hier in diesem Schrein;
> Gott woll deren Seel genädig sein."

Das Kloster wurde markgräflichen Verwaltern unterstellt, meist verdienten Veteranen der Ansbacher Fürsten. Wo einst die Klostermeisterinnen beigesetzt wurden, ließen sich jetzt die weltlichen Herrschaften begraben. Seit 1573 war die Kirche endlich wieder aufgebaut.

Die Klostergebäude dienten seit der Auflösung des Klosters als markgräfliches Jagdschloß. Die Fürstlichkeiten ließen sich freilich nur selten sehen. 1802 wurde das ehemalige Konventshaus – den Empfehlungen Luthers über die richtige Verwendung der Klöster entsprechend – zur Schule und Lehrerwohnung umgestaltet.

Das Chorherrenstift St. Nikolaus in Spalt

Daß es einmal eine Zeit gab, wo in Spalt an der fränkischen Rezat Wein angebaut wurde, guter Wein, der zum Prominententrunk hochgelobt wurde, hält der Zeitgenosse heute für unwahrscheinlich. Aber es war so: In seinem „Buch über die Wunder des heiligen Emmeram" berichtet der Regensburger

Propst *Arnold*, daß *Karl der Große* verfügt habe, ihm für sein Hoflager in Regensburg Wein aus Spalt zu schicken. So steht es in einer lateinischen Handschrift aus der Zeit um 1030, in der der Regensburger Propst Arnold notierte: „Es wird bezeugt, daß gegen Osten dieses Gebietes (um Regensburg) der gut bewässerte Mondsee mit vortrefflichem Fischreichtum liegt, woher die königliche Speise kommt; gegen Westen aber wird die weintragende Spalter Rebe angebaut, aus der der königliche Trunk bereitet wird". Die ostbayerische Karpfenzucht ist geblieben, um Spalt aber wird kein Wein mehr angebaut, getränkebedingte Berühmtheit hat sich Spalt dennoch erhalten – durch sein Bier. Wo einst Wein wuchs, gedeiht jetzt ein guter Hopfen.

Spalt war im Mittelalter ein bedeutender Ort. Seine Verkehrslage an einer Hauptverbindungsstraße von Nordosten nach Südwesten, speziell von Nürnberg nach Nördlingen, begünstigte es. Da nimmt es nicht wunder, daß auch das geistliche Leben immer wieder von neuem erblühte. Das Urkloster *St. Emmeram*, das längst wie die Klöster in *Ansbach*, *Herrieden* und *Feuchtwangen* in ein Chorherrenstift umgewandelt war, genügte nicht mehr den Ansprüchen. So entstand im Zuge der Bemühungen um eine Kirchen- und Klerikerreform an der Wende zum 13. Jahrhundert ein klösterliches Priesterstift eigener Art: St. Nikolaus zu Spalt. Die nach strengen Regeln organisierte Priestergemeinschaft schloß sich weder den Prämonstratensern an, die sich bei Würzburg niedergelassen hatten, noch den Augustinerchorherren, die im eichstättischen *Rebdorf* ein blühendes Kloster hatten. Sie – oder ihr Stifter – fühlten offensichtlich die Kraft, ohne Einbindung in einen weiterreichenden Verband zurechtzukommen und blieben ein selbständiges, gewissermaßen unabhängiges Kollegiatstift, im Unterschied zum alten Emmeramsstift das „neue Stift" genannt.

Der Gründer des Nikolausstiftes war ein Hohenzoller (wie der Gründer der *Langenzenner* Chorherrengemeinschaft) nämlich der Burggraf von Nürnberg, *Konrad II.*, der als erster Zoller den Beinamen *„der Fromme"* trug. Der Eichstätter Bischof *Reinboto* half bei der Gründung des Kollegiatstiftes tatkräftig mit. Offenbar wollte er in Spalt ein Gegengewicht zu dem von Regensburg aus gegründeten ehemaligen Benediktinerkloster; denn der Propst von St. Emmeram wurde noch immer vom Bischof von Regensburg ernannt, obwohl der Ort in der Diözese Eichstätt lag. So kompliziert waren die Rechtsverhältnisse, allzumal in Franken.

Zwischen Februar und Juli 1294 stifteten Konrad der Fromme und seine Gemahlin *Agnes von Hohenlohe* das neue *„collegium canonicorum saecularium"*, im Jahr darauf schon stellte Bischof Reinboto den Statutenbrief aus, wo die Regeln des Zusammenlebens festgelegt waren. Konrad und Agnes scheinen um diese Zeit in der Bindung an das geistliche Leben den Sinn ihres eigenen Daseins erkannt zu haben, denn im selben Jahr, am 16. Juni 1294, vermachte das Burggrafenpaar seine Burg in *Virnsberg*, nordwestlich von

156

Die Stadt Spalt. Nach dem Prospekt von J. A. Böhmer, um 1700.

Ansbach, dem geistlichen Ritterorden der Deutschherren. Der Anlaß: die drei Burggrafensöhne waren in den Deutschen Orden eingetreten (jetzt drei Zollernsöhne wie zuvor drei Hohenloher).

Wie auch anderswo (zum Beispiel in *Neunkirchen am Brand*) wurde die örtliche Pfarrei dem neuen Stift inkorporiert; die Pfarreikirche *St. Marien* wurde zugleich Stiftskirche. Und welche der beiden stattlichen Kirchen war es? Die alte Kollegiatskirche des Stiftes St. Emmeram; denn deren ehrwürdiges romanisches Langhaus diente zugleich als Pfarrkirche. Wäre es nicht immer wieder zu Streitereien gekommen, die der Bischof zu schlichten hatte, wüßte man heutzutage nichts mehr von dieser Dreifachfunktion der Spalter Marienkirche seit 1299. Das alte Stift verfügte über den St. Emmeram geweihten Chor, das neue Stift benutzte das der Gottesmutter geweihte Langhaus; und dieses diente zugleich als Pfarrkirche.

Konrad den Frommen scheint diese Regelung nicht befriedigt zu haben: Ein paar Jahre später, 1296, übergab er die Burg und den Ort *Abenberg* an den Bischof von Eichstätt, der das neue Spalter Stift dorthin verlegte. Aber auch diese Lösung der Verlegung der für Spalt zuständigen Priestergemeinschaft in das benachbarte Abenberg bewährte sich nicht; noch im selben Jahr wurde das neue Kollegiatsstift nach Spalt zurückgeholt, der Schildhof und einige andere Anwesen wurden der Kanonikergemeinschaft übereignet, damit sie ihre Gebäude dort errichten konnten, und der Bau einer eigenen Chorherrenkirche wurde ins Auge gefaßt. Kein Wunder, daß es erneut zu Mißhelligkeiten kam. Drei Gruppen unter einem Dach – und seien es auch fromme Gruppen unter einem Kirchendach – das kann leicht zuviel sein. Hier ein Beispiel aus jener Zeit:

In Eichstätt war man mit dem neuen Stift zufrieden, wenigstens anfangs; am Emmeramsstift aber fand man weniger Gutes. Dessen Propst *Ulrich von Hohenfels* wurde kritisiert, weil er nicht für einen ordnungsgemäßen Chordienst sorge. „Unfähige Knaben läßt er den Chordienst verrichten". 1306 be-

auftragte der Bischof von Eichstätt den Dekan am *Nikolaus-Stift*, den Emme-
ramkanonikern einmal zu zeigen, wie die Stundengebete zu singen seien.
Einige Chorherren gingen deshalb hinüber, um den Emmeramsherren bei-
zubringen, wie man richtig singt. Weit hatten sie ja nicht: nur vom Lang-
schiff zum Chor; denn die neue Kirche war noch nicht im Bau. Dem Vorsteher des Emmeramsstiftes, Ulrich von Hohenfels, gefiel die Belehrung überhaupt nicht. Im Verlauf der immer heftiger werdenden Auseinandersetzung
schlug er dem jungen Nikolaus-Chorherren *Burkhard von Weitersdorf* das
Chorbuch auf den Kopf. Die genagelten Holzdeckel des schweren Buches
verletzten den Chorherren, Junker Burkhard, so schwer, daß er blutend zu-
sammenbrach. Die Kanoniker des neuen Stifts traten zwar Rückzug an, ließen sich solche Mißhandlung aber nicht gefallen. Sie fühlten sich am längeren Hebel, denn Burkhards Vater war eichstättischer Vogt auf der benachbarten Burg *Wernfels*. Wenige Tage nach der wenig christlichen Auseinandersetzung um die schöne Form des Gotteslobes ließ der Wernfelser den gro-
ben Propst Ulrich solange ins Gefängnis sperren, bis der bereute und dem
Mißhandelten eine gute Pfründe am Emmeramsstift zusicherte und ein
Schmerzensgeld aushändigte. Wieder frei, gab Propst Ulrich keine Ruhe und
wandte sich an das Reichsgericht in Regensburg, bekam aber nicht recht. –
Dieser Krach scheint den Stiftern Konrad und Agnes zuviel geworden zu
sein, auch wenn dabei die neuen, ihre Kanoniker nicht schlecht abschnitten.
Wenn nicht Ruhe einkehre und das Stiftsleben nach seinem Willen und den
Regeln durchgeführt werde, ziehe er seine Schenkungen und die Ausstattung
des Klosters wieder zurück, drohte Konrad der Fromme kurz vor seinem
Tod.

Als endlich jedes Stift seine eigene Kirche hatte und auch eine eigene
ummauerte Klausur, besserte sich das Verhältnis zwischen den beiden Priestergemeinschaften. Die Kanoniker von St. Nikolaus beauftragten mitunter
sogar Propst Ulrich mit der Wahrnehmung ihrer Rechte bei auswärtigen
Konferenzen.

An der Stelle, wo bisher eine Nikolauskapelle gestanden hatte, entstand
jetzt die Stiftskirche, deren Patron der heilige Nikolaus wurde. Dennoch
blieb die Pfarrkirche im höher gelegenen „oberen“ Stift – und dem „unte-
ren“, dem Nikolausstift, inkorporiert. Der Pfarrer von Spalt war immer ein
Kanoniker von St. Nikolaus.

Im Jahre 1314 starb Konrad der Fromme, fünf Jahre danach seine Frau.
Die beiden scheinen wirklich an „ihrem“ neuen Stift gehangen zu haben. Sie
ließen sich nicht wie Konrads Bruder Friedrich in der Zollerngrablege des
Klosters *Heilsbronn* bestatten, sondern in St. Nikolaus. Wie sehr sie um ihre
Stiftung besorgt waren, läßt sich auch daran erkennen, daß König *Heinrich
VII.* sogar im fernen norditalienischen Brescia eine Urkunde über die
Zollernstiftung ausstellte und die neue Stiftung in Spalt unter seine könig-

liche Obhut nahm; dem Burggrafen *Friedrich von Nürnberg* und dem Grafen *Albert von Hohenlohe* befahl er, den Propst, den Dekan und das ganze Nikolaus-Kapitel zu schützen.

Das Ernennungsrecht für den Vorsteher des neuen Stifts nahm der Bischof von Eichstätt in Anspruch; der Propst war zugleich Domherr zu Eichstätt. Der erste Propst, der das Hin und Her der ersten Jahre durchstand, hieß Ulrich, wie der des konkurrierenden Stiftes St. Emmeram, er scheint aus Herrieden gekommen zu sein, dem er als Kanoniker angehörte.

Das neue Stift wurde personell wie materiell gut ausgestattet. Die Zahl der Kanoniker war im bischöflichen Statut auf zehn festgelegt, dazu sieben Vikare, also insgesamt 17 Stiftsherren. Kein Kanoniker durfte ein volles Jahr abwesend sein, wenn er nicht die Mitgliedschaft im Kapitel verlieren wollte (diese Einschränkung ist ein spezielles Zeichen des zurückhaltenden Reformwillens, mit dem man den Kanonikerstiften wieder aufhelfen wollte).

In Spalt besaß das neue Stift eine größere Anzahl von Anwesen, dazu 51 Bauernhöfe, die weit verstreut bis in der Nähe von *Feuchtwangen, Rothenburg* und *Markt Bergel* lagen. Der Hohenzoller Konrad gab den Spaltern das Recht, so weit entlegene Pfarreien wie *Flachslanden, Weiler* (einen Ortsteil von Markt Bergel), *Möning* bei Neumarkt und ein Vikariat in *Herrieden* zu besetzen. Das Emmeramsstift verfügte nur über zwei Pfarrstellen, ein Vikariat und 25 Höfe. Sogar an der zollerischen Pfarrei *Gräfenberg*, die zu Bamberg gehört, gaben Konrad und Agnes dem neuen Stift zu Spalt besondere Rechte.

Als die Reformation im Herrschaftsgebiet der Hohenzollern eingeführt wurde, besetzte der Markgraf die Pfarreien, die seiner hohen Gerichtsbarkeit unterstanden, mit evangelischen Pfarrern; das eichstättische Spalt aber blieb katholisch. Die Zahl der Konventualen nahm allerdings noch mehr ab. Viele Kanoniker baten um Dispens und zogen fort. Zu Beginn des Dreißigjährigen Krieges, 1619, gab es im Nikolausstift nur noch 7 statt der ehedem 17 Kanoniker, im Emmeramsstift nur vier statt zehn. Außerdem waren in der Zeit des allgemeinen kirchlichen Niedergangs des 15. und 16. Jahrhunderts viele heftige Streitereien zwischen den beiden Stiften sowie zwischen der Stadt und den Chorherren ausgebrochen. Endlich einigten sich die lange um ihre verschiedenen Rechte ringenden Bischöfe von Eichstätt und Regensburg 1619 darauf, St. Emmeram und St. Nikolaus zu einem Doppelstift zusammenzulegen.

Was heute von St. Nikolaus zu sehen ist, nämlich der großartige barocke Kirchenbau im Herzen von Spalt, ist während der herbstlichen Blütezeit des Doppelstiftes entstanden: Knapp vier Jahrzehnte vor seiner Auflösung fing man mit einem vollständigen Neubau an, der mit seinen faszinierenden Doppeltürmen der kleinen Stadt, aus der Ferne betrachtet, den Charakter von Klein-Florenz verleiht. *Moritz Pedetti*, der eichstättische Hofbaumeister, hat den Plan entworfen, der Deutschordensbaumeister *Matthias Binder* die Architektur-Gutachten getreulich ausgeführt. Im Jahre 1803 wurde das Spalter Stift aufgelöst. Die Wirkungen der französischen Revolution, die manches leer gewordene Gefäß zerbrachen und aus den blutigen Scherben auch gutes Neues erwachsen ließen, trafen auch Spalt. Dabei wurde die Untere Stiftskirche arg mißhandelt. Nach dem Motto „alles Kircheneigentum ist Staatseigentum" langte der bayerische Staat kräftig zu, verkaufte die Liegenschaften und die „überzähligen Klöster und Stifte zum Behufe des Aufwandes für Gottesdienst, Unterricht und gemeinnützigen Anstalten als zur Erleichterung der Finanzen" (letzteres besorgte er am gründlichsten – die Erleichterung seiner Finanzen). Auch die Stiftskirche St. Nikolaus bot der Staat zum Verkauf an, allerdings vergeblich. Die kostbare Stiftsbibliothek übergab er der Würzburger Universität. Das katholisch-religiöse Leben wurde heftig gebremst, unter Truppenaufgebot und bei Festnahme der Teilnehmer wurden die Wallfahrten eingeschränkt, auch die nach Spalt. Die im südlichen Franken einzigartige Nikolauskirche wurde als Lagerhalle, Getreideschuppen und Hopfendörrboden verwendet. Sechs Jahrzehnte später, 1863, gelang es dem wackeren Stadtpfarrer von Spalt, *Johann Baptist Fuchs*, nach mühseligen Verhandlungen dem Staat die Stiftskirche abzukaufen; die Stadt übernahm aus Liebe zu diesem schönen Gotteshaus die Baupflicht, die sie bis in die Gegenwart sorgfältig, ja beispielhaft erfüllt, denn für ihre Bürger ist die im Zentrum gelegene Untere Kirche ein untrennbares Stück ihrer Geschichte und ihrer Gemeinschaft heutzutage.

Das Augustiner-Chorherrenstift Neunkirchen am Brand

Das stattlichste Gebäude im kraftvoll aufstrebenden Neunkirchen am Brand, dem bedeutenden Marktflecken des Landkreises *Forchheim*, ist immer noch die Kirche *St. Michael*. Wer sie betritt, merkt schnell, daß er nicht in einer gewöhnlichen Pfarrkirche ist, selbst wenn der Marktflecken aus einer der fränkischen Urpfarreien herausgewachsen ist. Die Michaelskirche zu Neunkirchen verdankt ihre Gestalt und den überaus reichen Schatz an Bildwerken und Plastiken dem Mönchtum. Über viele Jahrhunderte hinweg prägte das Kloster der Augustinerchorherren den Ort östlich von Erlangen, dessen Name sich von „neun Kirchen" ableiten soll, die zur Pfarrei gehörten.

Neunkirchen am Brand ist eine der ältesten Pfarreien Oberfrankens. Von Forchheim aus, der Ahnfrau vieler Pfarreien ringsum, wurde Neunkirchen am Brand gegründet, bis ins neunte Jahrhundert reicht dieser Vorgang zurück. Die Riesenpfarrei wurde selbst die Mutter einer stattlichen Zahl von

Tochtergründungen zu denen *Effeltrich, Ermreuth, Stöckach, Langensendelbach* und *Uttenreuth* zu zählen sind.

Gegenüber dem Haupteingang der Michaelskirche fällt der riesige Christophorus ins Auge, der im frühen 16. Jahrhundert an die Südwand gemalt worden ist. Neunkirchen lag an einer wichtigen Durchgangsstraße, die von der Oberen Pfalz und dem Böhmischen nach Bamberg und Würzburg führte. Da pflegten die Reisenden, ehe sie sich morgens auf den Weg machten, noch einen Blick auf ihren Schutzheiligen zu werfen und sich so seinen Segen zu holen.

Kaum weniger fallen die Steinfiguren an den Pfeilern des Langhauses der Kirche ins Auge. Die Grabdenkmäler, die einen zur Annahme verleiten könnten, eine Auswahl der Reichsritterschaft der Fränkischen Schweiz und des Nürnberger Patriziats habe sich versammelt, tun ein übriges, um das Interesse an der Geschichte dieser Kirche und der gesamten Anlage zu wecken. Bildnisse und Wappensteine erinnern an die Schenken von *Stauffenberg*, die *Egloffstein*, die Herren *von Büg*, die *Guttenberg*, die *Atzelsberger*, die *Haller von Hallerstein* und viele andere.

In den Jahren 1313 und 1314 hat der Bamberger Domherr *Leupold von Hirschberg*, ein Adelssproß aus dem südlichen Franken, seine große Pfarrei Neunkirchen in ein Priesterkloster umgewandelt. Die Kleriker, die für das weite Territorium zuständig waren, sollten in einer Mönchsgemeinschaft zusammenleben, die nach der augustinischen Regel organisiert war – in einer weniger straff gebundenen Gemeinschaft wie die Jünger des großen Benedikt von Nursia also, aber in einer Gemeinschaft, die den besonderen Aufgaben der Priesterschaft entsprach. Die bischöfliche Genehmigung des Klosters erteilte Bambergs großer Klosterfreund *Wulfing von Stubenberg*, der erste Dominikaner auf dem Bischofsstuhl zu Bamberg, ein gebürtiger Südtiroler, der die weitläufigen Verflechtungen Frankens, vor allem aber die engen Beziehungen Bambergs nach Süden, persönlich verkörperte.

Die Umwandlung von Großpfarreien in Chorherrenstifte oder deren Einverleibung in Klöster war ein beliebtes Verfahren, um die finanzielle Ausstattung der Priestergemeinschaften und den unmittelbaren bischöflichen Einfluß auf die betreffende Pfarrei zu verbessern. Wulfing von Stubenberg bediente sich dieses materiellen wie geistigen Sanierungsverfahrens gut ein halbes dutzendmal höchst virtuos. Dem Chorherrenstift Neunkirchen fielen alle Besitzungen und sämtliche Einkünfte der Großpfarrei zu, in der sich der Domherr durch priesterliche Repräsentanten, seine Vikare, bis dahin hatte vertreten lassen. Jetzt übernahmen die Mitglieder der Mönchsgemeinschaft, die Konventualen, die priesterlichen Aufgaben. Vor allem wurde dem Kloster die bischöfliche Immunität verliehen: „Die Kanoniker und ihre Nachfolger sind allzeit Untergebene des Bischofs, die sich niemals einem anderen Herren unterwerfen sollen" – also Schluß mit der westlichen Bevormundung. Acht Priester und sechs Scholaren bildeten den Konvent. Der Erzengel Michael war der Schutzpatron des Klosters.

Dem Stift wurden zudem im ersten Jahrhundert seines Bestehens reiche Stiftungen und Schenkungen vermacht, entsprechend intensiv wurde seine Bautätigkeit. 1368, vier Jahrzehnte nach der Gründung, wurde der Kreuzgang begonnen, von dem nur noch spärliche Reste erhalten sind. Um dieselbe Zeit wurden der Kapitelssaal und über ihm die Bibliothek errichtet. Sie liegen im zweigeschossigen Kapitelsbau, der parallel zur Kirche steht und dessen kleiner Chor der Anlage eine besondere Note gibt. Der Kapitelssaalbau ist in den vergangenen Jahren sachkundig und mühevoll renoviert worden.

Wo die Priestermönche ehedem zum Gebet zusammenkamen und ihre Versammlungen abhielten, ist jetzt eine gottesdienstliche Andachtsstätte und ein Ausstellungsraum, der beachtenswerte Schätze birgt. Eine besondere Kostbarkeit ist die Wandmalerei in der *Augustinuskapelle* aus dem frühen 15. Jahrhundert, die die Augustinuslegende darstellt von der Taufe bis zur Übergabe der Ordensregel an die Chorherren. An die engen Beziehungen zu Nürnberg erinnern die Reste einer Darstellung des Todes des Nürnberger Lokalheiligen *Sankt Sebald*. Am tiefsten prägt sich dem Besucher der Augustinuskapelle die Ausmalung des Gewölbes ein und da vor allem die Evangeliensymbole. Wie sehr die Christusverehrung bei den reformierten Chorherren Neunkirchens daheim war, belegen die Christusdarstellungen. Daß die Augustinuskapelle nach der Auflösung des Klosters lange als Holzlege diente, ist ihr nach der Restaurierung nicht mehr anzumerken. Eine zusätzliche Qualität verleihen ihr die großen Bildtafeln, die nach Kupferstichen *Albrecht Dürers* gemalt sind und das Leiden Jesu und Szenen aus dem Leben Marias darstellen. Zu den Kostbarkeiten, die spezielle Aufmerksamkeit verdienen, gehören die Altarflügel aus dem Jahre 1490, die man dem Nürnberger *Hans Traut* zuschreibt.

Der einst hervorragende Zustand des Neunkirchner Chorherrenstiftes läßt sich auch daran ablesen, daß es schon im ersten Jahrhundert seines Bestehens in Nürnberg zwischen dem Bamberger und dem Coburger Hof eine eigene Dependence einrichtete. Der Neunkirchner Hof an der Tetzelgasse im Egidienviertel konnte sich sehen lassen: vier Stockwerke hoch war er, achtzehn Zimmer standen dem Propst offen, wenn er in die Reichsstadt kam – und das war oft der Fall. Namhafte Stiftungen und Schenkungen förderten den Reichtum. Als Stifter taten sich auch die Hohenzollern hervor. Der Nürnberger Burggraf räumte um 1400 den Chorherren das Recht ein, unentgeltlich und „auf ewige Zeiten" im Wald bei Nürnberg ihr Bau- und Brennholz zu schlagen. Als sich die Zollern von der Stadtvogtei trennten, wurde diese Holzgerechtsame zu einem verbissen gehüteten Zankapfel zwischen der Stadt Nürnberg als Rechtsnachfolger des Burggrafen und dem Kloster. Die Nürnberger sahen die Neunkirchner nicht gern in ihrem Reichswald.

Auch die Neunkirchner Chorherren konnten sich dem Geist der Zeit nicht entziehen, der sie umschloß – auch wenn sie gewollt hätten. Und sie waren den Gesetzmäßigkeiten von Blüte und Welken unterworfen, die auch das Mönchtum charakterisierten. Kaum war ein Dreivierteljahrhundert seit seiner Gründung vergangen, da war die erste Reform fällig. Der Bamberger Bischof Lamprecht setzte sie durch, indem er die Unterwerfung der Neunkirchner Chorherren unter die Reformstatuten der Raudnitzer Observanz anordnete. Von *Raudnitz* an der Elbe, in der heutigen CSSR, ging diese Reform aus, die speziell Kaiser *Karl IV.* lebhaft unterstützte, dem Nürnberg und das Nürnberger Umland so viel verdanken. Neunkirchen war das Einfallstor der Raudnitzer Observanz nach Süddeutschland.

Die lutherische Reformation führte ein Jahrhundert danach schließlich zur Auflösung des Chorherrenstiftes, obzwar es uneingeschränkt der erzbischöflichen Oberhoheit unterstand. Auch in Neunkirchen hielt man die mönchische Lebensweise für überholt. Die Konventsmitglieder verließen das Kloster, ließen sich auf verschiedenen Klosterhöfen nieder, übernahmen Neunkirchner Tochterpfarreien oder gründeten Familien. Ein späterer Kaplan von Neunkirchen, der sich die Erforschung der Geschichte seines Wirkungskreises sehr angelegen sein ließ, schrieb im ökumene-fernen Stil des vorigen Jahrhunderts: Die Konventualen wurden während der Reformation sehr bald „von dem Kitzel des Fleisches geplagt" und suchten die (gewiß nicht nur evangelische) Freiheit.

Im Winter 1552 verließen die letzten Konventualen Neunkirchen. Sie zogen in ihr Haus zu Nürnberg, wo *Philipp Melanchthon* Ende Januar 1552 in der Egidienkirche seine berühmte Reihe von dreißig Predigten absolvierte. Die Chorherren aus Neunkirchen besuchten diese lutherischen Gottesdienste „sehr fleißig", „fanden Wohlgefallen" am erneuerten Glauben und „bekannten sich zur neuen Konfession". Einige von ihnen wurden lutherische Pfarrer, zum Beispiel an der ehedem Neunkirchner Pfarrei *Uttenreuth*.

Heute ist das meiste der einstigen Stiftsherrlichkeit verschwunden. Der Kreuzgang, der Speiseraum, die Küche, die Schlafunterkünfte des Klosters sind nicht mehr. Auch die Wirtschaftsgebäude und die Behausungen der Bediensteten sind niedergerissen: der Zehnthof, der Klosterspeicher, der Schafstall, die Mühle und schließlich das Propstenpalais – nichts ist mehr übrig geblieben. Nur die schöne Kirche, die Sakristei und der Kapitelsbau sind erhalten.

Die Burggrafen von Nürnberg scheinen eine besondere Vorliebe zu den Augustiner-Chorherren empfunden zu haben. Im Süden ihres Einflußgebietes gründeten sie das Stift *St. Nikolaus* zu *Spalt*, im Westen der engeren Burggrafschaft inkorporierten sie die uralte Pfarrei Langenzenn dem geistlichen Stift, das schon seit 1021 als Großpfarre bestand und durch *Friedrich IV.* 1409 als Stift erhöht wurde. Friedrich IV. war der erste Hohenzoller, der die brandenburgische Markgrafenwürde erreichte und damit Kurfürst des Reiches wurde.

Das Augustiner-Chorherrenstift Langenzenn ist eine vergleichsweise junge klösterliche Stiftung – und in Franken eine seltene dazu. Im Altbayerischen häuften sich die Chorherrenstifte schon seit dem 11. Jahrhundert. Franken brachte nur vier Priesterstifte der Augustiner-Chorherren hervor: 1102 wurde *Triefensteins* Chorherrenstift gegründet, 1295 entstand St. Nikolaus in Spalt, 1314 Neunkirchen am Brand; 1457 *Birklingen* bei *Iphofen*. Die Reform-Chorherren der Prämonstratenser, die unter *Norbert von Xanten* sich vom Priesterorden abgespalten hatten, hatten schon 1150 in *Zell* bei Würzburg ein Kloster gegründet.

Wer das mittelalterliche Langenzenn kennenlernen will, muß den Kreuzgang hinter der ehemaligen Stiftskirche aufsuchen. Er ist den schönsten und stimmungsvollsten Anlagen in ganz Franken zuzuzählen. Das bunt gefaßte Kreuzrippengewölbe, die maßwerkreichen Spitzbogenarkaden zum Hof hin, die selten lebhaft figurierten Schlußsteine an der Nordseite des Wandelganges: das alles nimmt in eine kultivierte, längst vergangene Atmosphäre hinein, die zu Besinnung und Konzentration ruft. „Die Hauptsehenswürdigkeit des ganzen Rangaus" nennt ein Heimatkundiger den Kreuzgang – zurecht. „Licht- und Schattenwirkungen zaubern einmalige Bilder vor den Beschauer", schwärmt er. Es ist nicht übertrieben.

Der Kreuzgang wurde sehr früh nach der zweiten Erbauung des Klosters errichtet, 1468. So weist es die Jahrzahl auf einer Gurtrippe im Westteil aus.

Wer sich die Zeit nimmt, ins südliche Obergeschoß aufzusteigen, wird mit ungewohnten Ausblicken – und damit auch mit wertvollen Einsichten – entschädigt. Hier schälte man sogar wertvolle Fresken aus der oft übermalten Wand heraus.

Das Stift ist im klassischen Klosterstil aufgebaut und hat sich über die Jahrhunderte hinweg gut gehalten. Man wünschte, daß die Anlage etwas bekannter wäre. Zu ihrer Erhaltung haben sich die Langenzenner große Mühe gemacht; bei der Werbung für die gestaltungsfreudige, reiche Vergangenheit waren sie weniger erfolgreich. Dabei verdient vor allem die Kirche die Beachtung der Durchreisenden.

Die Kirche Zenn ist eine der Urpfarreien an der Wegstrecke, die von Würzburg nach Regensburg führt, wie *Roßtal*, *Fürth* und *Altdorf*. An ihrer Geschichte läßt sich viel an fränkischer Geschichte ablesen. Die Zenn-Parochie wurde sehr früh zum geistlichen Zentrum. 1268 wird ein „decanus" erwähnt. Zenn war Dekanat. 1379 wurden die Burggrafen von Nürnberg die Patronatsherren der großen Pfarrei. Das paßte den nürnbergischen Rivalen nicht. Sie brannten Langenzenn 1388 nieder, auch die dreischiffige Kirche. Nun wurde ein noch stattlicheres Bauwerk hingestellt, das in seiner Konzeption damals reichlich modern gewirkt haben muß: Turm und Langhaus wurden als ein geschlossenes Ganzes konzipiert. Der Turm wächst aus der Westfassade buchstäblich heraus. Die großen Spitzbogenfenster zählen zu den Seltenheiten im Rangau.

Die Langenzenner legen Wert darauf, daß ihre Stadtkirche kein Münster, also keine Klosterkirche ist, sondern ihrem Ursprung nach eine Pfarrkirche. Sie ist älter als das Stift.

Wer in die weiträumige Kirche hineinschaut, merkt, daß das bilderduldende Luthertum die Schätze des Mittelalters zu pflegen und zu erhalten wußte. Der Chorraum ist eine Bilderbibel für sich. Die Kapellen ringsum schlagen andere Seiten der Geschichte des Gottesvolkes auf, von den frühen Propheten bis zu späten Beamten der Markgrafen. Bis zur Renovierung von 1972 hat ein Grabstein auf der Gruft vor dem Hauptaltar die Erinnerung an die Pröpste des Stiftes wachgehalten (wie sich die Vorsteher der Augustiner-Chorherren nannten). Ein Nürnberger Imhof war der erste Propst.

Der Flügelaltar in der nördlichen Seitenkapelle ist besonderer Beachtung wert, ein Christusaltar, der die gotische Christusmystik anschaulich macht.

Zeitweilig war die Marienkirche von Zenn sogar das Ziel großer Wallfahrten. Das begann bald nach dem Brand von 1388. Damals soll das Bildnis der Maria die Feuersbrunst unversehrt überstanden haben, die Langenzenn überzog – Grund genug, eine Wallfahrt in Gang zu setzen. Man suchte damals Hilfe und Fürsprache vor den Feuersbrünsten, wo man sie sich nur denken konnte.

Am Äußeren der Kirche hat sich eine Freiluftkanzel erhalten. Der römische Ablaßprediger *Tetzel* soll dort 1517 für den Peterspfennig agitiert haben.

In Langenzenn waren große Künstler am Werk. Die Langenzenner Baukonzeption des 15. Jahrhunderts soll von *Peter Parler* stammen, der auch die Nürnberger Frauenkirche geplant haben soll. Die Freundschaft zwischen Burggraf *Friedrich V.* und Kaiser *Karl IV.* habe ihm auch diesen Auftrag eingebracht, erzählt man sich.

Als bedeutendster Künstler hat sich *Veit Stoß* mit seinem prachtvollen Verkündigungsrelief eingemeißelt. Langenzenn verdient mehr Beachtung als es gemeinhin findet.

VI
Die Zistersienser

Der Zeitzusammenhang

*Das 10. und 11. Jahrhundert war die erste Blütezeit eines ganz Europa überstrah-
lenden Mönchtums. Als die von Cluny, Gorze und vor allem Hirsau ausgehenden Wirkungen erlahmten, trat eine neue asketisch-geistige Bewegung auf. Sie
führte zu einer neuen Epoche christlichen Lebens bei den Völkern Europas. Ihr
Träger war Bernhard von Clairvaux, ihr Initiator der unruhige Wanderprediger Robert von Molesme, der Gründer des Klosters Citeaux (am 21. März 1098),
ein in der Champagne geborener Franzose, Anhänger des päpstlichen Reformers
Gregor, nach dessen Idealen er das Kloster Molesme gründete und danach, als
ihm dort alles zu festgefügt schien, ein anderes Kloster, dem er den Namen „Ci-
stercium" gab, Citeaux. Die nachhaltigste Wirkung ging von einem der tüchtigsten Gefolgsleute Roberts aus, dem aus England angereisten Stephan Harding,
der mit seinem Heimatkloster in Sherborne nicht mehr einverstanden war,
mehr Strenge suchte und sie in Citeaux fand.*

*Die Zisterzienser verliehen dem Geist ihrer Zeit die Form – dem Geist der
Entsagung und zugleich tätiger Weltbejahung; dem Geist ehrfürchtiger, ja mystischer Anbetung und zugleich energischen Handelns; dem Geist des Verzichts, der
Armut – und im gleichen Atemzug der großen Geste und sichtbaren Versinnbildlichung. Die Bauwerke der Zisterzienser atmen diesen Geist – in Franken
allen voran die Klosterkirche von Ebrach.*

*Diese Zisterzienser bildeten die zweite Reformbewegung des benediktinischen
Zeitalters. Und sie lösten eine neue, große Klosterbauwelle in Europa aus, noch
nicht die letzte, aber die größte, schnellste, beständigste – vor allem auch in
Franken.*

*In Ebrach, im Herzen des Steigerwalds gelegen, an dem kleinen Fluß, der einer
fast vergessenen Bodensenke den Namen gab, wo Geier und Wölfe die Menschen
noch vor vierhundert Jahren verunsicherten, das Rauschen der Wälder sich aber
noch vor heute wie eine Symphonie in Grün ausnimmt: dort entstand 1127,
zwölf Jahre vor dem Tod des Bamberger Bischofs Otto, kurz nach seiner großen
Polenreise, die erste Zisterzienserabtei in Franken. Der Ort war planvoll ge-*

Bernhard von Clairvaux

wählt und erstes Glied einer großen Kette von Gründungen, die bald folgten: In der Steiermark entstand – von Ebrach aus – die Zisterze Rein (1130), zwischen Ansbach und Nürnberg das Kloster Heilsbronn (1132), im Obermaingebiet wurde Langheim gegründet (1132), in Böhmen die Abtei Nepomuk; in Niederbayern Aldersbach bei Vilshofen (1146), hervorgegangen aus einem Augustinerchorherrenstift und schließlich Bildhausen bei Neustadt an der Saale (1158).

Weit im Süden Frankens stifteten die Grafen von Lechsgmünd ein Kloster, das sich stolz 'Kaisersheim' nannte, Kaisheim bei Donauwörth. Am westlichen Rand von Franken entstand mainwärts im Taubertal 1151 Bronnbach, von Maulbronn aus gegründet, ebenso, einige Jahre danach, 1157, Schöntal im Jagstgrund.

Von allen Seiten wirkte die junge Bewegung auf Franken ein, und nach allen Seiten dehnte sie sich aus: nach Waldsassen im Oberpfälzischen, Sittich bei Krain

(1136) und Wilhering in Oberösterreich (1144–1146). Anderen half man von Ebrach aus wieder auf: dem Kloster Heiligenkreuz im Wienerwald zum Beispiel, das vom gemeinsamen Stammkloster Morimund aus gegründet worden war (1135–1136) und das dann seinerseits in kürzester Zeit unter dem Einfluß aus dem Steigerwald drei Klöster neu besiedelte: Zwettl in Niederösterreich (1137), Baumgartenberg am Rande des Mühlviertels (1141), Czikador in Böhmen (1142).

Was war das für eine Bewegung, die sich so mächtig in Franken und von Franken aus entfaltete?! Was für Leute waren das, etwa Adam von Ebrach, der es gleich zweien gleichtat, Bernhard von Clairvaux, dem Leitstern der Zisterzienserbewegung, und seinem Bamberger Bischof, dem Klostergründungsvirtuosen Otto. – Und dabei sind hier nur die Männerklöster genannt, die in kürzester Zeit entstanden und die es wert sind, der Reihe nach vorgestellt zu werden. Die Liste der Zisterzienser-Frauenklöster ist nicht weniger lang. Wechterswinkel in der Rhön wurde 1143 gegründet; der Würzburger Bischof Embrico und der deutsche König Konrad III. traten als Stifter auf. Allein von hier ging die Gründung von elf Filialklöstern aus: Ichtershausen (1147) bei Arnstadt, in Bamberg (1157), Neuwerk bei Goslar (1186) und im schwäbischen Schmerlenbach (1218), dazu um die gleiche Zeit Johanniszell in Thüringen. Sie alle erhielten die Regeln der Zisterzienserinnen, wie sie sich in Wechterswinkel bewährten. Trebnitz in Schlesien (1203), Oslavan in Mähren (1225), Olobok in Polen (1213), Owinsk an der Warthe (1250), Culm beim polnischen Bromberg (1267), Königsberg in Ostpreußen (1349) sind als Wirkungsgebiete allein von Wechterswinkel aus zu nennen.

Franken selbst wurde zur selben Zeit mit einem dichten Netz von Frauenklöstern des Reformordens überzogen: Birkenfeld im Steigerwald entstand hundert Jahre später, 1275. Heiligenthal bei Schwanfeld 1233, Frauenroth 1231–34, Himmelspforten bei Würzburg, Frauental am Ostrand des Hohenloher Gaues, bei Mergentheim, Maidbronn bei Würzburg, Himmelthal bei Obernburg, Seligenporten bei Neumarkt 1247, Mariaburghausen bei Haßfurt, Lichtenstern bei Löwenstein in der Nähe von Weinsberg, Gnadental bei Schwäbisch Hall 1243. Himmelkron bei Berneck 1279, Schlüsselau bei Bamberg, Sonnefeld bei Coburg 1260. Die Truhendinger Grafen, die Henneberger, die Hohenloher und die Orlamünder, die Rienecker und viele andere, nahezu alle hochadeligen Familien Frankens, waren beteiligt. Jede Herrensippe, die es sich leisten konnte, suchte zu einer eigenen Grablege zu kommen, denn jede wollte sich ewige Fürbitte sichern. So gebot es der Glauben jener Zeit.

Die Schnelligkeit und die Weiträumigkeit, innerhalb deren sich das alles vollzog, machen einen staunen.

Die Mönche des französischen Benediktinerklosters Citeaux lösten sich unter ihrem Abt Stephan Harding vom Benediktinerorden; sie beließen es nicht bei einer bescheidenen Reform. Harding wollte mehr, eigenes. 1118 schuf er mit sei-

ner „Charta caritatis" die Grundlage für einen selbständigen Orden, den Orden derer, die aus Citeaux in den Vogesen kamen, die Zisterzienser. Die Klöster sollten nicht mehr, wie unter den Benediktinern, locker miteinander verbunden, aber grundsätzlich selbständig sein, sondern sie wurden von vorneherein durch ein neues System der Neben-, Zu- und Unterordnung straff organisiert. Die oberste Autorität sollte das Generalkapitel der Äbte sein, eine aristokratische Versammlung, die regelmäßig alljährlich zusammentrat. Vom Mutterkloster Citeaux aus wurden die ältesten Tochtergründungen visitiert und diese hatten ihrerseits ihre Töchterklöster ständig zu überprüfen. Eines der Grundübel mangelnder Klosterzucht sah man ja in der Selbständigkeit der einzelnen Klöster. Dem wurde nun entgegengewirkt durch eine straffe zentrale Organisation.

Asketisch wollte man leben, äußerst einfach. Weiß und grau war die Tracht, nicht mehr vornehm schwarz. Die Frömmigkeit war geprägt von der Marienverehrung und von einer starken Neigung zu mystischer Versenkung. Missionarische Aufgaben stellte man sich nicht, wohl aber wirtschaftlich-kolonisatorische: Unbebautes Land wollte man kultivieren, Viehzucht und Ackerwirtschaft, Wein-, Garten- und Obstbau einführen. Vor allem aber: unerschlossene Gebiete sollten besiedelt werden. Das hatte übrigens Folgen: die Zisterzienserklöster kamen sehr schnell zu Einfluß und Macht, auch sie wurden reich. Man nannte sie schließlich die Bankiers des Abendlandes, es waren puritanische Bankiers.

Und man richtete das Institut der Laienbrüder ein, man wollte nicht mehr als Adelsgemeinschaft unter sich bleiben, sondern holte verstärkt nichtadelige und nichttheologisch gebildete Glieder des Volkes Gottes, eben Laien, zu sich — wenigstens als Laienbrüder. Die Tätigkeit der Vollmönche war auf Klosterzelle und Klosterkirche beschränkt, die der Laienbrüder vollzog sich auf den Äckern, in den Handwerksstuben und in der Klosterwirtschaft. Am Klosterregiment hatten sie allerdings keinen Anteil. Sie waren Arbeitsmönche und stammten aus den niederen Volksschichten, die Mönche dagegen aus dem Adel, gelegentlich auch schon aus dem städtischen Bürgertum.

Die beiden Gruppen lebten streng getrennt voneinander — und doch unter einem Dach, unter einem für damalige Verhältnisse paradiesisch festen, schützenden Dach. Wer da rein kam, fühlte sich, als hätte er den Himmel auf Erden; vor allem die draußen waren, stellten sich das so vor. Das württembergische Maulbronn vermittelt heutzutage die vollständige Vorstellung von Lebensweise, Baukultur und Religiösität, mithin vom Lebensgefühl jener neuen großen Bewegung, die das 12. Jahrhundert über anhielt und ganz Europa durchdrang, am dichtesten Franken.

Bernhard von Clairvaux, der Beweger seiner Zeit

Zur Hauptfigur wurde Bernhard von Clairvaux, *Stephan Harding* hat ihn entdeckt. Fünf Brüder hatte Bernhard und eine Schwester. Vier seiner Brüder traten mit ihm 1112 in das kurz vorher gegründete Kloster *Citeaux* bei Dijon ein.

Bernhard muß ein Mann von ungeheuerer Ausstrahlung gewesen sein. Als er, Sohn adeliger Eltern, mit einer umfassenden klassisch-höfischen Bildung ausgestattet, den Entschluß gefaßt hatte, ins Kloster einzutreten und in seiner Umgebung Verwandte, Freunde und schließlich seine Brüder, auch die schon verheirateten, dafür gewann, mitzugehen, zog es auch den greisen Oheim hin. Citeaux, für das Harding eine außerordentlich strenge Regel verfaßt hatte, wurde durch Bernhard anziehend und begehrenswert, auch für adelige Frauen. Schon drei Jahre nach seinem Eintritt wurden zwei Tochterabteien gegründet, die eine in Clairvaux, die andere in *Morimond*. Der 25jährige Bernhard wurde Abt von Clairvaux. Bis zu seinem Tod gründete er von dort aus weitere 67 Klöster, ein ruheloser Wanderer und Gründer, der seinen Gefolgsleuten jedoch unermüdlich die „*stabilitas loci*" einschärfte; dem großen Bernhard nahm man das ab.

Überzeugungstreue und Standfestigkeit waren hervorragende Eigenschaften Bernhards. Daß er Auseinandersetzungen nicht scheute, sondern seine Meinung mit Nachdruck vertrat, beweisen sein Briefwechsel und die literarische Fehde mit *Cluny* und dessen Abt – schließlich mußte es Gründe haben, daß die Mönche der neuen Regel von Citeaux aus dem Verband der Benediktiner vollständig ausschieden. „Es sind Blinde, die Blinde führen", zürnte er über den zeitgenössischen Abt *Petrus von Cluny*, den man später *Venerabilis* nannte.

Der Abt von Clairvaux unterhielt Briefkontakt zur ganzen damals bekannten Welt, zum Papst wie zum Kaiser – und zu jenen Rittern, die sich nach der Eroberung von Jerusalem zu einem gemeinsamen Ritterorden zusammentaten. Ihnen formulierte er sogar Grundsätze, die zur Regel des *Ritterordens der Templer* wurden.

Ebrach. Stahlstich.

Ebrach im Steigerwald

Ebrach ist die älteste Zisterzienser-Niederlassung in Franken, überhaupt die erste rechtsrheinische Gründung, 1127 gestiftet. König *Konrad III.*, der Staufer, war daran beteiligt, ebenso der Hochadelige *Berno* aus Würzburg. Kaiser Konrads Gemahlin wurde in Ebrach bestattet, Berno selbst zog das Mönchshabit an. Betrieben hat die Gründung Bischof *Otto von Bamberg*. Er rief die ersten Mönche aus dem französischen *Morimond* ins Land. *Adam* wurde der erste Abt. Adam muß viel vom Geiste Bernhards in sich gehabt haben, denn von ihm ging die Gründung von sechs Tochterklöstern aus, drei davon liegen in Franken, *Heilsbronn* südlich, *Langheim* östlich, *Bildhausen* nordwestlich vom Steigerwald. Bis nach Holland reichte die Wirkung der Abtei Ebrach: 1342 entstand dort das Zisterzienser-Kloster *Fytheren*.

Schon 1134 wurde Ebrachs Klosterkirche geweiht – ganze sieben Jahre nach der Gründung. Der Würzburger Bischof nahm die Weihe vor, denn seiner Diözese gehörte Ebrach an. Das Herz der Bischöfe von Würzburg schlug – zunächst jedenfalls – für die Abtei im Ebrachgrund. Dort sollten deshalb die Bischofsherzen auch ruhen. Ausnahmslos wurden sie bis zu *Julius Echter von Mespelbrunn* in Ebrach beigesetzt.

171

Um 1200 begann der Bau der großen Klosterbasilika. Bis es zur Weihe kam, dauerte es noch lange: erst 1285 erfolgte sie. Das ganze 13. Jahrhundert hatte man daran gebaut, drei Generationen lang.

Unbeschadet der barocken Veränderungen ist Ebrachs Basilika ein überwältigendes Erlebnis gotischer Baukunst. Um den strengen, asketischen Geist der Zisterzienser-Baukunst steinnah zu erleben, gehe man in den linken Seitenchor und von dort in den nördlichen Querhausarm, wo die *Michaelskapelle* angefügt ist. In *Maulbronn* ist solche Strenge noch eindrücklicher zu erleben. Denn dort sind die ursprünglichen Bauformen der Zisterzienserkunst unverändert erhalten geblieben.

Aber manchmal scheint es, als ließen die barocken Anreicherungen die ursprünglich strengen Formen lichter, lichtvoller, leuchtender, auch erleuchtender werden. Das Charakteristische der Zisterzienser Baukunst ist hier noch überhöht worden: reich variierte Fensterformen, unterschiedlichste und doch einheitliche Gesimsprofile, vor allem aber: der älteste, der erste Chorumgang ist hier zu erleben. Burgundische Baukunst mitten im Steigerwald! Europäische Weite in einem abgelegenen fränkischen Winkel!

Das Bestechendste, das Unvergeßliche der Ebracher Klosterbasilika sind die beiden riesigen Rosetten an Westwand und Ostwand. Wie diese großen Fensterquadrate sieben Jahrhunderte überleben konnten, bleibt rätselhaft. Es muß in der konstruktiven Eindeutigkeit, in der scharfkantigen linearen Klarheit, im Zusammenwirken der steinernen Struktur mit der gläsernen Fläche seine Ursache haben.

An den Grabmälern der Königin *Gertrud* und des Herzogs *Friedrich von Rothenburg* prägen sich die ausdrucksstarken Gesichter, die man später für sie gefunden und in Stein gemeißelt hat, tief ein.

Im Barock erlebte Ebrach eine neue Blüte. *Leonhard Dientzenhofer* hat die Abtei geschaffen, der man eine reich gegliederte, harmonisch durchgestaltete Fassade gegeben hat und innen ein Treppenhaus, das zum Kaisersaal führt. Man sucht seinesgleichen.

Die Amtshöfe auf dem Lande, in *Burgwindheim*, vor allem aber der alte (im Renaissancestil gebaute und der neue barock-rokokohaft gestaltete) *Ebracher Hof*, symbolisieren den Reichtum und die Überlebenskraft der Abtei – bis zur Säkularisation. Heute ist in Ebrach eine Jugendstrafanstalt untergebracht und sein Münster ist Pfarrkirche, dazu ein viel besuchtes Ziel von Kunstfreunden aus aller Welt.

Adam von Ebrach, der Steigerwaldheilige

Der erste Abt von Ebrach, Adam, war noch ein junger Mann, als er seine Aufgabe im Steigerwald übernahm. Aber er hatte schon einiges hinter sich: aus der Kölner Gegend stammend, hatte er 1124 den Konvent *Morimond* verlassen und mit den „Besseren und Vollkommneren" eine Pilgerreise nach Jerusalem angetreten. In Palästina wollte man ein neues Kloster gründen. Aber daheim starb am 3. Januar 1126 Abt *Arnold*. Nun bestürmte ihn *Bernhard von Clairvaux* in leidenschaftlichen Briefen, die von tiefer Zuneigung und ungewöhnlicher Hochachtung gegenüber dem noch nicht einmal dreißigjährigen Adam zeugen, nach Morimund zurückzukehren.

Wie Bernhard wirkte Abt Adam von Ebrach weit über seinen Orden hinaus. Mit mancher diplomatischen Aufgabe wurde er betraut; meist waren sie kirchenpolitischer Natur. So mußte er im Kloster *Heidenheim* das mönchische Leben wieder herstellen.

Ebrach. Stifterrelief am Außenbau der Abteikirche.
Zeichnung aus der Klosterchronik des P. Joseph Agricola.
Von links: Bertrada, Richwin, Berno (angeblich Geschwister);
Herzog Friedrich, Königin Gertrud; König Konrad III.

Sein Name ist in mancher wichtigen Urkunde erwähnt – meist gleich hinter dem von Bischof Otto.

Im jungen Franken, dazu in ganz Süddeutschland, tat sich Adam von Ebrach als Kreuzzugsprediger ähnlich hervor wie Bernhard im alten Franken und weit darüber hinaus. Er gehörte zu den treibenden Kräften der zweiten Kreuznahme am zweiten Weihnachtsfeiertag 1146. Er gehörte dann freilich auch zu denen, die zweieinhalb Jahre später in Salzburg sich um König *Konrad* scharten, der an der Kreuzzugs-Katastrophe schier zerbrach.

Auch zu Konrads Nachfolger *Barbarossa* stand Adam von Ebrach in einem engen Vertrauensverhältnis. 1159 war er sogar im kaiserlichen Feldlager vor Cremona. Bald darauf soll er in Barbarossas Auftrag die heilige *Hildegard* in Bingen besucht haben. Später kam es doch noch zu Spannungen, denn die Politik Barbarossas schränkte die Klöster ein. Adam aber wollte ein unabhängiges Klosterwesen. So wollte es das Programm der Hirsauer und auch der Zisterzienser.

Auch Abt Adam schaffte es also nicht, sich entsprechend dem Ideal der Zisterzienser von der „Welt" fernzuhalten. Immer wieder geriet er in den Sog der Probleme seiner Zeit.

Zu den schönsten Zeugnissen von Menschlichkeit und Frömmigkeit zählt der Briefwechsel zwischen Hildegard von Bingen und Adam von Ebrach. Er ist erhalten geblieben. „Gott erhöhte meine Freude, als er in seiner gütigen und wunderbaren Anordnung es so lenkte, daß in unserer Gegend Euer Antlitz gesehen und Eure Stimme gehört wurde und daß er mir, was ich kaum hoffen konnte, ein Zwiegespräch mit Euch gewährte. Ich vertraue darauf, daß Ihr nicht vergessen habt, was ich Euch damals als Grund meiner Angst gesagt habe". So steht es im Brief des Ebrachers, ehe er auf die praktischen Angelegenheiten zu sprechen kommt, die ihn beschäftigen.

Und Hildegard antwortet mit der Schilderung empfindsamer Visionen: „In wahrer Geistesschau, mit wachem Körper, sah ich etwas wie ein überaus schönes Mägdelein. Es strahlte in hellem Blitzesleuchten seines Antlitzes ... Und ich hörte eine Stimme, die zu mir sprach: Das Mägdelein, das du siehst, ist die Liebe. In der Ewigkeit hat sie ihr Zelt. Denn als Gott die Welt erschaffen wollte, neigte er sich in zärtlicher Liebe herab ... Die Liebe war im Anfang der Urgrund dieser Schöpfung, da Gott sprach: ,Es werde!' Und es ward. Wie in einem Augenblick wurde die ganze Schöpfung durch sie gebildet ... Dieses Mägdlein wird von der ganzen Schöpfung ,Herrin' genannt. Denn aus ihr ist sie hervorgegangen, weil die Liebe das Erste war. Sie schuf alles ... Auch Adam und Eva hat sie aus der reinen Natur der Erde erzeugt ... Und die ,Liebe' spricht zu dir: ,Treuer Freund, wir wollen nicht, daß du dich der Bindung deines Amtes entziehst ...'". Hildegard kommt auf die Demut zu sprechen. Ihr erteilt sie das Wort, die nun sagt: „Wenn das Volk dich liebt, so mühe dich mit ihm ab. Wenn aber Sturmgeheul losbricht mit

Kriegsbedrohung und mit dem Wirbel menschlicher Unsitten, so schaue auf mich (die Demut), und in der kreisenden Macht meiner Flügel werde ich dir helfen". Hildegard schließt ihren Brief mit den bezeichnenden Sätzen: „Mühe dich mit dem Volk. So wirst du gleich der Sonne Bestand haben." – Welch eine Liebe zur Welt und zu den Menschen! Welche tiefe Lebensbejahung – durch eine klösterliche Frau gegenüber einem Mönch, der dem Ideal der Demut anhing und auf seiner Suche das ganze Europa durchwandert hatte!

Abt Alberich, der Begründer des Ebracher Reichtums

Der Ebracher Konvent hatte das Glück, daß in seiner Mitte immer wieder bedeutende Führungspersönlichkeiten heranreiften, und er brachte die Kraft auf, sie auch tatsächlich zu wählen. Abt Alberich Degen (1625–86) ist nach dem Gründungsabt Adam die hervorragendste Gestalt unter den Vorstehern der Steigerwald-Zisterze. Von ihm gingen Wirkungen aus, die bis in die Gegenwart sichtbar und spürbar sind und weit über die Klostermauern hinauswirkten, wenn sie auch hinter denen Adams zurückbleiben. An Individualität, Orginalität und schöpferischer Kraft steht er seinem großen Vorgänger kaum nach.

Den größten Ruhm dürfte er sich damit erworben haben, daß er den fränkischen Weinbauern – und das waren zu seiner Zeit weit mehr als heutzutage – die Silvaner-Rebe ins Land holte. Eine Sandsteintafel erinnert daran; sie wurde 1665 aufgestellt und bei der Weinbergsbereinigung 1965 auf dem Würzburger „Stein" gefunden. Damit sie nicht noch einmal in Vergessenheit gerät, sondern bestimmungsgemäß die Erinnerung an den verdienstvollen Mann wach hält, wurde sie im Keller des Würzburger Julius-Spitals eingemauert. Die Inschrift: „Zum Gedenken an Abt Alberich Degen, Prior von der Cistercienser-Abtei Ebrach, welcher die Oestarreiche Rebe hier zuerst pflanzte anno Domini 1665." Als Vorstand der Ebracher Abtei-Außenstelle hatte der junge Theologe Alberich 1553 und 54 die in Franken bis dahin nicht heimische Rebsorte aus Österreich kommen lassen und angepflanzt, die ihm vermutlich aus dem steierischen Kloster *Rein* bekannt war, einer der vielen Ebracher Tochtergründungen. Die Silvaner-Stöcke waren unverhältnismäßig ertragreicher als die bis dahin weit verbreiteten „Hammelhoden". Mainfranken verdankt seine Weinqualität dem weiten Horizont, den weitreichenden Interessen und den sorgsam gepflegten Beziehungen eines Klerikers aus dem düsteren Steigerwald. Dreißig Jahre alt war Alberich, als er diesen glücklichen Einfall verwirklichte.

Es war nicht der einzige, den er durch die Tat zur Wirkung brachte: Als ihn seine Brüder 1658 zum Abt gewählt hatten, der er 31 Jahre, bis zu seinem Tode, blieb, zeigte er die Vielfalt seiner Fähigkeiten und entfaltete eine Aktivität, die zunächst seinem Kloster, dann dem Orden, schließlich der ganzen Landschaft zugute kam. Was heute an Ebrach so anziehend ist, dankt es und danken seine Bewunderer dem Abt Alberich.

Alberich war nicht nur Theologe, er war auch – durch und durch vielseitiger Barockmensch – Wirtschaftler, Politiker, Administrator, Historiker, Bauherr und Künstler, mitreißender Prediger und wenn nicht Dichter, so doch ein höchst produktiver Reimer. Dank seiner ökonomischen Interessen ordnete er die wirtschaftlichen Verhältnisse und stellte wenige Jahre nach dem Westfälischen Frieden die alten Besitzverhältnisse wieder her. So legte er den Grundstock für eine Zeit der Blüte und der Entfaltung jener Größe und auch des Prunkes, die heute noch staunen machen. Er kaufte, verkaufte, erwarb und tauschte und betrieb so eine spezielle Art von „Flurbereinigung". Sein Traum scheint der eines eigenen fürstäbtlichen Territoriums gewesen zu sein.

Aber auch durch seine Verwaltertätigkeit wurde der im guten Sinn des Wortes haushälterische Alberich zum Begründer des Ebracher Reichtums. Unermüdlich ließ er registrieren und protokollieren, legte Inventarien an und ließ Besitzstand wie Ertrag sorgsam dokumentieren.

Die „Zweiteilige Chronik des Ebracher Marienklosters in Franken" (dies ist nur ein Zwölftel des umfänglichen Barock-Titels) war – ein halbes Jahrtausend nach der Gründung – die erste brauchbare Klostergeschichte. Die Mühe der Sammlung und Sichtung des Materials nötig Bewunderung ab.

Es scheint nicht nur barocke Vielfalt gewesen zu sein, sondern ein tief innerliches Bedürfnis, auch die Möglichkeiten einer sorgfältigen Liturgie zur Ehre und Anbetung Gottes einzusetzen. Sein Eifer, die Gottesdienste würdig und festlich zu gestalten und ihren Ort auszuschmücken, so gut es nur ging, wurde immer wieder rühmend hervorgehoben. Er ließ neue Altäre aufstellen, Kelche und Kandelaber schaffen, ein Chorgitter schmieden, das in den wenigen Überresten, die seinen Nachfolger und später die Säkularisation überstanden haben, aller Bewunderung wert ist. Die Orgel, die er 1669 bauen ließ, zählte mit ihren 18 Registern und guten Zinkpfeifen zu den beachtlichsten in Franken; ihr Erbauer war ein aus Böhmen verbannter (protestantischer) Exulant, der auch im Straßburger Münster, im Würzburger Dom und in der Zisterze zu Kaisheim gearbeitet hat.

Kurz vor seinem Tod berief Abt Alberich den *Johann Leonhard Dientzenhofer* zum Architekten für die Erstellung eines einheitlichen barocken Klosterbaues. Nur die ehrwürdige frühgotische Klosterkirche sollte stehen bleiben, alle anderen Aktivitäten des Klosters sollten in einen repräsentativen und rationellen fürstlichen Hofbau integriert werden. Abt Alberich war der Initator der heutigen Anlage. Ihre Verwirklichung hat er nicht mehr erlebt. Am 24. November 1686 ist der an der Wassersucht und anderen Gebrechen Leidende, 61jährig, gestorben. Er hinterließ eine wirkliche Lücke. Auch in seinem Orden, denn er war annähernd drei Jahrzehnte der Generalvikar der fränkischen Ordensprovinz und deren bevollmächtigter Visitator. Zweiundzwanzig Jahre stand er zudem noch der gesamten oberdeutschen (heute würde man sagen süddeutschen) Ordensprovinz vor – und das auf beispielhaft pflichtbewußte Weise. Die damit verbundene Reisetätigkeit – allein viermal war er in Citeaux – nahm der Mann, den ein Würzburger Ärztekolleg gegen Ende seines Lebens als „phlegmatischen" und „melancholischen" Herrn schildert, unverdrossen wahr. Zwei Dutzend Zisterzen zählten allein zum Ebracher Klosterverband, vom Steigerwald aus in Böhmen, Mähren, Kärnten und Oberösterreich, in Oberbayern und im Hohenlohischen gegründet oder aus dessen Stiftungen hervorgegangen. Und so weitreichend wie der Bereich, der ihm unmittelbar unterstellt war sowie das gesamte weit über Süddeutschland hinausreichende Visitationsgebiet, war seine Korrespondenz, die in den Archiven verwahrt ist.

Abt Alberich hat die Möglichkeiten, die in ihm angelegt waren, genutzt und ausgelebt – und zwar so, daß seine Fähigkeiten der Umgebung zugute kamen, in die er hineingeboren war. Zur Welt gekommen und aufgewachsen ist er in *Zeil* am Main. Seine Mutter, die Erbin eines beachtlichen Vermögens in Zeil, wurde 1628 als 135. Zeiler Hexe eingesperrt. Sie hatte vier Kinder. Der fürstbschöflich-bambergische Inquisitionskommissar machte auch vor der Frau seines bambergischen Beamten-Kollegen nicht halt. Dennoch wählten die Zeiler Alberichs Vater 1630 zum Bürgermeister und trotz allem fand der Zeiler Alberich als Ordensmann die Erfüllung seines Lebens.

Langheim bei Lichtenfels

Wer das Zisterzienser-Kloster Langheim bei Lichtenfels erleben möchte, braucht Fantasie, Ahnungsfähigkeit und viel guten Willen. Der Klosterbezirk wirkt zwar, von Norden her betrachtet, nach wie vor stattlich und umfangreich; er löst die Vorstellung einstiger Größe geradezu zwingend aus: Die *Michaelskapelle* ist größer, als die Bezeichnung 'Kapelle' vermuten läßt, die Reste des Konventsbaus im Hintergrund sind recht umfänglich, aber es sind eben Reste, Überreste, Trümmer. Die einstigen Anlagen müssen ungewöhnlich ausgedehnt angelegt gewesen sein, strotzend vor Selbstbewußtsein – insofern wenig ursprünglich zisterzienserhaft, wenn auch später so üblich. Die Fassade des Ökonomiehofes von Langheim bestätigt diesen Eindruck,

Kloster Langheim. Kupferstich aus Daniel Meisner, Politisches Schatzkästlein, 1627.

die Amtsgebäude zu *Trieb* mit dem großartig barocken Rundbau des Guts-
hofes *Nassanger* und des Schlosses *Tambach* desgleichen.

Daß der *Langheimer Hof* in *Bamberg* und der *Langheimer Hof* in *Kulmbach*
nicht zurückstehen durften, verwundert nicht. Jeder dieser Bauten rechtfertigt eine eigene kleine fränkische Reise, wenigstens für Freunde eindrucksvoller Architektur.

Bischof *Otto von Bamberg* hatte auch die Gründung der Zisterzienserabtei
Langheim initiiert. Dem Obermaingebiet tat eine solche Stiftung gut. *Hermann von Stahleck-Höchstadt*, schon als Gründer von *Münchaurach* hervorge-
treten, der Pfalzgraf bei Rhein und Freund der Staufer, gab mit seinen Brüdern *Gundiloch* und *Wolfram* die Familiengüter im Langheimer Kessel her.
Das gab eine gute Grundlage für die Klostergründung. – Das mächtige Her-
zogsgeschlecht der *Andechs-Meranier* engagierte sich desgleichen, und ihm taten es die Grafen von *Orlamünde* und *Truhendingen* gleich.

Auch wenn die Zisterzienser sich freimachen wollten vom fränkischen
Eigenklosterwesen, waren sie doch auf fürstliche Stifter, Vögte und Förderer
angewiesen. Davon ist heute nichts mehr zu sehen. Und nichts außer Ruinen
erinnert mehr an das denkwürdige Jahr 1132, als Abt Adam mit 12 Mönchen, dem ersten Konvent, von Ebrach mainaufwärts zog, um den Bau der
neuen Zisterze zu beginnen. Um 1154 schon wurde die erste Kirche geweiht
und 1193 soll das Kloster endgültig fertiggestellt gewesen sein. Auch die
Abteikirche ist nicht erhalten. Der großartige Plan *Balthasar Neumanns* für
ihren Neubau kam nicht mehr zur Verwirklichung.

Die spärlichen, aber immer noch imposanten Reste des Langheimer Klosters
haben für die Thematik „Franken als europäische Landschaft" fast symbo-
lischen Aussagewert: Vieles ist verändert worden, vieles hat die Geschich-

te zerstört. Vieles aber bringt das Vergangene immer wieder in Erinnerung. Langheim hat das oberfränkische Land tief geprägt, nicht zuletzt durch die Frauenklöster *Sonnefeld, Schlüsselau, Himmelkron, Himmelthron* und *Maidbronn*, dazu auch noch *St. Maria* und *Theodor* in *Bamberg*; alle diese Klöster unterstanden dem Abt von Langheim als 'Weiser'. Bis in die Gegenwart aber lebt Langheim in seiner größten und schönsten Schöpfung fort, in der Wallfahrtskirche *Vierzehnheiligen*. Was hätte auch ein ideenreicher Baumeister wie Balthasar Neumann vermocht, wenn nicht ein starker Bauherrenwille ihm Gelegenheit geboten hätte, sein Können – wieder einmal – zu beweisen.

Vierzehnheiligen

Im Jahre 1344 hat die Zisterzienserabtei *Langheim* das Stückchen Land gekauft, auf dem die große Vierzehnheiligen-Wallfahrtskirche einst entstehen sollte. Hundert Jahre später war der Kult der Vierzehn Heiligen populär geworden. Der Schäferssohn *Hermann Leift*, ein Bediensteter der Langheimer, hatte besonders heftige Erscheinungen. Von ihm erbaten, ja forderten die Vierzehn Nothelfer in wiederholten Visionen die Errichtung einer Wall-

Vierzehnheiligen und Kloster Banz.

179

Vierzehnheiligen. Stahlstich, 1836–41.

fahrtskapelle. Da ließ das Kloster an dem Ort, den der Hirte bezeichnete,
1446 ein Kreuz errichten und bald danach eine Kapelle – „zu Ehren Mariens und der heiligen Vierzehn Nothelfer".

1466 baute man an dem vielbesuchten Ort ein stattliches Pfarrhaus, Propstei genannt, zu dem Kaiser pilgerten wie Künstler. Und endlich, drei Jahrhunderte nach den ersten Erscheinungen, war es soweit, daß man – ganz im
barocken Geist und nach barocker Kirchlichkeit – mit dem Bau jener Kirche anfangen konnte, bei deren Betreten es heute noch jedem Besucher
eigentlich sein muß als sängen die Engel. Die Pläne zu der Kirche stammten
vom schönbornschen Lieblingsbaumeister *Balthasar Neumann*. Vorher hatten sich andere an der Planung versucht, waren aber nie durchgekommen, so
auch ein protestantischer Landbaumeister, der für Langheim gearbeitet hatte. Dem gewaltigen barocken Bauwerk merkt man nichts mehr an von den
Schwierigkeiten, die es zur Zeit der Planung und auch noch nach begonne-
ner Ausführung gegeben hatte.

Der Gnadenaltar wirkt wie die Krönung der ganzen Anlage und die Kirche wie eine Krönung des Werkes von Balthasar Neumann. Manchem sagt
zwar seine letzte benediktinische Abteikirche im schwäbischen *Neresheim*
mehr zu, doch diese ist von Neumann nicht mehr vollendet worden. Fast
drei Jahrzehnte hat man an dem gewaltigen Werk von Vierzehnheiligen gearbeitet.

Daß die Verehrung der „Vierzehn Heiligen Nothelfer" solch weite Verbreitung finden konnte, liegt sicherlich auch an der Zeit, die mit Unruhen,

180

Kriegen und Krankheiten das Äußerste von den Menschen forderte. Vierzehn Fürsprecher bei Gott sollten Hilfe in allen Lebenslagen garantieren, und die mächtigsten der Heiligen sollten die entsetzliche Not in jener Zeit lindern helfen. Von Bamberg und von Regensburg aus entwickelte sich diese besondere Form der Verehrung bis nach Ungarn, Italien und über ganz Deutschland. Die Namen der Vierzehn Nothelfer sind: *Ägidius, Barbara, Blasius, Christophorus, Cyriacus, Dionysius, Erasmus, Eustachius, Georg, Katharina, Margareta, Pantaleon, Rochus, Vitus.* Je nach Gegend oder persönlichen Vorlieben wurde der eine oder andere „ausgewechselt" – zum Beispiel für Franken gegen *Antonius, Leonhard, Nikolaus* oder *Wolfgang.* – Die älteste Darstellung der Vierzehn Nothelfer findet sich auf einem Fresko in der *Dominikanerkirche* in *Regensburg.*

*Die Wallfahrtskirche
in Vierzehnheiligen,
erbaut 1743–1772.
Entwurf von
Balthasar Neumann.*

VIERZEHNHEILIGEN, WALLFAHRTSKIRCHE, 1743 – 1772

181

Wäre nur der Klostereinfluß für die Prägung einer Landschaft von Belang, müßte man noch heute mit gutem Grund Franken eine zisterziensische Landschaft nennen. Auch an der fränkischen Kleinstadt Heilsbronn ist dies abzulesen. Aber wer redet schon von Heilsbronn. „Wohin führt der Weg?" – „Nach ‚Kloster'." So fragte und antwortete man über Jahrhunderte. Von Heilsbronn redete man im Volke kaum. Das Kloster war alles, galt alles, bewirkte alles – weit über seinen unmittelbaren heilsbronnischen Besitz hinaus.

1132 wurde es als zweite Tochter der rasch aufblühenden Steigerwaldabtei Ebrach gegründet. Treibende Kraft war auch hier *Otto von Bamberg*. Er kaufte zu ‚*Halesprunnen*' den Grafen von *Abenberg* ein Gut ab. Ein bischöflich-bambergisches Eigenkloster entstand so, dessen Schirmherren freilich die Abenberger – und in ihrer Nachfolge alsbald die Hohenzollern – wurden. Die hohen Herren fanden dort ihre Grablege. Gerne wären die Mönche von Heilsbronn die zollerische Schirmvogtei losgeworden, aber sie schafften es nicht. Auch eine Tochtergründung gelang den Heilsbronnern nicht, anders als den Langheimern. Zisterziensisch war dieser Leistungsmangel nicht: die Ziesterzienser stifteten üblicherweise eine Tochtergründung nach der anderen. Vielleicht besteht ein Zusammenhang zwischen der Tatsache, daß Heilsbronn ursprünglich kaum als Zisterze, sondern eher als cluniazensische Stiftung gedacht war; darauf lassen jedenfalls gewisse bauliche Eigentümlichkeiten schließen, und Ottos Gründungsvirtuosität spricht kaum dagegen.

Unter den fränkischen Zisterzienserabteien ist Heilsbronn dennoch ein Kleinod: Denkt man sich die etwas klobigen brandenburgischen Sarkophage weg, dann vermittelt die ehrwürdige, strenge, fast herbe Abteikirche, ganz im asketischen Stil der Reformer ausgebaut, einen Eindruck davon, wie überwältigend die Idee des Mönchtums seinerzeit auf die Menschen gewirkt haben muß, die Zeit und Kraft fanden, sich Höherem als dem täglichen Lebensunterhalt zuzuwenden. Der Bau ist noch voll und ganz romanisch, nur das Hauptchor ist gotisch ausgebildet; die Nebenchöre enden mit geraden Wänden. Die Kapitelle der Säulen wandelten sich im Laufe der Bauzeit in steinerne Herbarien, ein sichtbares Zeichen des gewandelten Verhältnisses zwischen Architektur und Natur. Ähnliche Gedanken kommen einem, wenn man den Schlußstein im Heilsbronner Refektorium sieht, ein unentwirrbares Drachengeschling: die Tiere des Bösen sind durch einen Ring und durch die Windungen ihrer eigenen Leiber bewältigt, gebunden. Die geschuppten Bestien – zweifüßig übrigens – verkörpern die beachtliche Fähigkeit zur Symbolisierung, die schon um 1230/40 im Fränkischen herrschte, Ausdruck hoher Intellektualität, die die burgundischen Baumeister eingebracht hatten.

182

Heilsbronn,
Zistersienser-
Abteikirche.
Stahlstich, 1826.

Besonderer Berühmtheit erfreuten sich das Heilsbronner Skriptorium und seine Bibliothek. Abt *Heinrich von Hirschlach* tätigte fleißig Ankäufe, beschäftigte Lohnschreiber und spornte die eigenen Mönche an. Er selbst legte sogar eine Statistik über Schreiberhonorare an. „Dieses Buch kostete 3 Pfd. Heller. Dem Schreiber aber gebührt ewiges Leben", vermerkt er einmal – welch ein Kopierhonorar!

Viele der Heilsbronner Schriften – etwa fünfhundert Pergament- und einhundertvierzig Papierhandschriften – verwahrt die Universitätsbibliothek Erlangen. Aus ihnen läßt sich ableiten, wie eng verknüpft das junge Franken mit dem alten war: Um die Mitte des 14. Jahrhunderts studierten Heilsbronner Mönche im Pariser Ordenskolleg und erwarben dort mehrere französische und italienische Schriftensammlungen. Sie gaben den heimischen Schreibermönchen wertvolle Anregungen für eigenes Gestalten. Es versteht sich, daß zu den Skriptorien und Bibliotheken auch Buchbinderwerkstätten gehörten.

Aus den alten Papieren wird auch ersichtlich, wie es um den Wirtschaftsbetrieb dieser großen klösterlichen Anlagen stand: um 1350 unterhielt die

Abtei Heilsbronn allein auf ihrem Hof im benachbarten *Dettelsau* 603 Schafe, 11 Kühe, 2 Pferde. Es scheint, als hätte man damals den Landbau schon auf spezialisierten Betrieben praktiziert. Die Viehzucht gedieh: Über dreitausend Tiere besaß Heilsbronn zu jener Zeit – und noch hundert Jahre später. Natürlich betrieb es auch eine intensive Fischereiwirtschaft. Und die Zeitlerei, also die gewerbliche Bienenzucht, stand in Blüte. Heilsbronn hatte einen enormen Honigverbrauch. Zwölf Tonnen wurden allein 1488 zur Herstellung von Lebkuchen, damals schon eine fränkisch-nürnbergische Spezialität, verarbeitet.

Zur wirtschaftlichen Blüte Heilsbronns trugen seine Mühlen und Manufakturen nicht unwesentlich bei. Die Laienbrüder und Mönche, die dort „um Gottes Lohn" arbeiten durften, sicherten beachtlichen Ertrag. Zwanzig Mühlen betrieb das Kloster – eines der größten zisterziensischen Mühlenunternehmen. Ihre Nutzung stand der Bevölkerung offen – gegen Entgelt oder durch Verpachtung.

Im 14. Jahrhundert leistete die kluge Heilsbronner Wirtschaftsführung viel zur Versorgung weiter Gebiete Frankens.

Freilich, die Blüte, die Heilsbronn im frühen Mittelalter erlebte, verblaßte, als die Städte wuchsen, als die städtischen Orden der Dominikaner und Franziskaner den Zisterziensern ihren Nachwuchs entzogen und sich vor allem die Konversen – die Laienbrüder – zu den jungen Orden schlugen. Die dunklen Schatten der Auflösung waren auch über Heilsbronn längst hereingebrochen, als die Reformation ausbrach.

1524 traten – sehr früh also – vierzehn Klosterangehörige zur Lehre Luthers über. Heilsbronn wurde von den Brandenburgern säkularisiert. Es diente lange Zeit – durchaus im Sinne Luthers – als Schule, als „Fürstenschule" allerdings.

Maria Bildhausen bei Münnerstadt

Die junge Steigerwald-Zisterze *Ebrach* übte unter ihrem Abt *Adam* eine gewaltige Anziehungskraft aus. 1127 gegründet, hatte sie einen derart großen Zulauf, daß innerhalb der folgenden dreißig Jahre sechs Tochtergründungen erfolgen konnten, von *Rein* in der Steiermark über *Heilsbronn* und *Langheim* im Fränkischen bis nach *Nepomuk* in Böhmen, *Altersbach* an der Vils und Bildhausen bei Neustadt an der Saale. Außerdem half Abt Adam mit bei Gründungen seiner Tochterabteien; es waren ihrer noch einmal sechs.

Der jüngste und letzte Ableger der Steigerwald-Zisterze war Bildhausen. Diese Gründung steht im Zusammenhang mit dem bald danach erloschenen

Pfalzgrafengeschlecht, das im Aischgrund, um *Höchstadt*, seine ostfränkischen Besitzungen hatte. Die Gründung des Klosters Langheim wäre nicht möglich gewesen ohne die pfalzgräflichen Stiftungen. Und auch nicht die Bildhausens am Rande zwischen Rhön und dem Grabfeld. Dem Pfalzgrafen *Heinrich von Stahleck* verdankte es sich. Dieser fränkische Hochadelige war engstens mit den Staufern verwandt. Er hatte die Schwester König *Konrad III.* zur Frau, *Gertrud*, die in Ebrach ihr Grabmal bekam. So wird die Gründungsgeschichte überliefert: Pfalzgraf Heinrich von Stahleck war das Opfer politischer Händel geworden und 1155 wegen Landfriedensbruchs zu der entehrenden Strafe des Hundetragens verurteilt. Da habe er sich aus Gram als Laienbruder in die Zisterze Ebrach zurückgezogen — und den Entschluß gefaßt, eines seiner Stammgüter zur Stiftung eines neuen Klosters zu verwenden: *Bilheldehuse* weit im Norden. Schon drei Jahre später stellte Kaiser *Friedrich Barbarossa* einen kaiserlichen Schutzbrief aus. Aber da war Heinrich von Stahleck nicht mehr am Leben. Den Gründungsakt selbst hatte er 1156 noch miterlebt.

Heinrich hieß der erste Abt, der, zisterziensischer Übung und der Zahl der Apostel folgend, im Zwölferteam aus dem längst schon berühmt gewordenen Ebrach nach Bildhausen überwechselte und sofort mit dem Bau der Klosteranlage begann.

Wem es gelingt, in den Heizungskeller der heutigen Pflegeanstalten vorzudringen, der hat ein eigenartiges Raumerlebnis: starke Pfeiler tragen das uralte, breit gespannte Gewölbe des ehemaligen Konventbaues. Hier ist die Kraft und die Wucht der einstigen Anlage zu erahnen.

Die Winde, oft auch die Stürme der Geschichte haben viel von dem weggefegt, was einst die Größe und den Stolz der Abtei Bildhausen ausmachte, auch die Last für die umliegende Bevölkerung. Nur noch das Abteigebäude steht mit dem mächtigen Archivturm. Der volutenreiche Westgiebel weist dieses Gebäude als ein Werk der Renaissance des 17. Jahrhunderts aus. Während im Osten und im Westen Deutschlands der Dreißigjährige Krieg tobte, ging es im Grabfeldgau noch ruhig zu. Abt *Georg Kihn* konnte 1626 diese Prälatenwohnung hinstellen lassen. Hundert Jahre vorher, 1525, hatte in der letzten Aprilwoche der Münnerstätter Haufen der aufständischen Frankenbauern das Kloster arg zugerichtet. Die nackte Angst, vielleicht auch das schlechte Gewissen über die der Bevölkerung auferlegten Lasten, hatte die wenigen noch verbliebenen Mönche aus der stolzen Kirchenstadt herausgetrieben und in alle Winde zerstreut. Als der Spuk der Meuternden weg war, griff Würzburgs Bischof *Konrad von Thüngen* hart durch: 1528 ließ er Abt *Valentin I.* absetzen. Offensichtlich zürnte er ihm, weil es ihm nicht gelungen war, den Übertritt vieler Mönche zu Luthers Lehre zu verhindern. Das Kloster war personell derart ausgelaugt, daß der neue Abt *Bartholomäus Streit* den Würzburger Bischof um Weltgeistliche für die seelsorgerliche Betreuung der unterstellten Frauenklöster bitten mußte. Aber auch das kam vor, daß man Bildhäuser Priester-Mönche von ihren Seelsorgestellen in den Dörfern wegjagte, weil man dort lutherische Prediger haben wollte.

Im Dreißigjährigen Krieg mußte Bildhausen jahrelang eine schwedische Besatzung aufnehmen. Der Wiederaufbau nach dem westfälischen Frieden 1648 dauerte lang und fiel schwer. 1672 schlossen sich die Bildhäuser Zisterzienser der Oberdeutschen Ordenskongregation an. Es erlebte eine letzte Blüte. Abt *Robert Metzel* ließ zwischen 1675 und 89 die aus der Gründungszeit stammende dreischiffige Pfeilerbasilika nach dem Geschmack seiner Zeit renovieren. Fünfzig Jahre später half Abt *Engelbert Klöpfer* zwischen 1754 – 1770 mit barocken Ausschmückungen nach, die die damals gewaltige Summe von zehntausend Gulden kostete. Heute erinnern die bizarr aufgelösten Muschelwerkbrüstungen der Stiegen des Prälatenbaues an den tatkräftigen Gestaltungswillen jener Jahre – und auch an die reichlich unbenediktinische Lebensgestaltung jener Jahre.

Die Säkularisation des Jahres 1803 fegte viel von dem brutal hinweg, das seit dem Dreißigjährigen Krieg entstanden war. 1826 fing man an, die Abteikirche niederzureißen. Selbst die Fundamentsteine wurden herausgeschlagen. Kreuzgang, Torkapelle und Gastgebäude verschwanden.

Aber was geblieben ist, ist des Staunens über die Schönheit menschlicher Schöpfungen immer noch wert. Das reizende Gartenhaus zum Beispiel, das 1766 der „Sonnenabt" *Bonifaz Gessner* als „Sommerrefektorium" bauen ließ. Dieser schöne Rokokobau wurde zum Stolz der Mennonitenfamilie *Muselmann*, die die Klosteranlage erworben hatte. Über lange Jahre hinweg war Maria Bildhausen ein wichtiges, eigentlich das einzige fränkische Zentrum dieser tüchtigen, stillen, eigenwilligen Glaubensgruppe aus den Niederlanden, die die Turbulenzen und geistigen Auseinandersetzungen der Reformationszeit überstanden hatte.

Sechs Jahrhunderte ist die spätromanische Madonna alt, die über dem ehemaligen Haupteingang zum Kloster Bildhausen steht. Dieses ehrwürdige Bildwerk gräbt sich tief in das Gedächtnis ein, Zeuge großer Kunst aus gotischer Zeit. Als einziges Werk, das aus jener frühen Zeit in Bildhausen erhalten blieb, bestätigt es den tiefen Respekt, den die Menschen dieser Landschaft vor heiligen Gestalten haben. Unter dem Dachvorsprung steht die Inschrift: „Soli deo gloria per secula seculorum. Amen" (Allein Gott die Ehre durch alle Ewigkeiten der Ewigkeit. Amen).

Auch in Bildhausen hat man sich nicht immer daran gehalten. Das Kloster mußte bitter büßen. Großartig ausgestattet, übte es von Anfang an einen etwas zu starken Einfluß auf seine Umgebung. Seine Äbte waren die „Weiser" der Nonnen von *Frauenroth*, *Heiligenthal*, *Mariaburghausen*, *Wechterswinkel* und *Johanniszell*. So viel Macht in geistlicher Hand ist gefährlich, vor allem für die, die sie ausüben.

Bronnbach im Taubertal

Die Zisterzienser wählten ihre Standorte sorgfältig aus. Einsam sollte es dort sein; wald- und wasserreiche Täler bevorzugten sie; außerdem sollte die Anlage ausbaufähig sein – sowohl das Kloster wie auch der Wirtschaftsbetrieb. Ehe der erste Konvent einzog, der nach der Regel aus dem Abt und zwölf Mönchen bestand, nahm der Vaterabt oder ein von ihm beauftragter Inspektor eine gründliche Ortsbesichtigung vor. So war es Vorschrift. Auch in Bronnbach wurde sie angewandt.

Die Klosterkirche bildet das Zentrum der Gesamtanlage. Ihrem nördlichen oder südlichen Seitenschiff schloß sich das Klausurgebäude im Viereck an. Die Räume der Laienbrüder waren der Außenwelt zugewandt mit dem Refektorium und dem Speiseraum, und darüberliegend dem Dormitorium, dem Schlafraum. Den Kreuzgang durften die Konversen nicht betreten. Deshalb hatten sie in der sogenannten Klostergasse eigene Portale zur Kirche wie zum Schlafraum.

Kern der Klausuranlage ist der rechteckige Kreuzgang. Er diente als Verbindungsgang und zugleich zur inneren Sammlung der Mönche. An Festtagen durchzog ihn der Konvent in feierlicher Prozession vor dem Hochamt, wobei der Abt das Kreuz vor den Mönchen hertrug – Kreuzgang.

Die Mönche wohnten gegenüber den Konversen, im allgemeinen im Ostflügel. Unmittelbar an die Kirche schloß sich eine Sakristei und zum Kreuzgang hin die Bücherkammer an. Daneben lagen der Versammlungs- und Beratungsraum des Konvents, der Kapitellsaal. Am äußersten Ende waren über dem wegziehenden Bach die Mönchslatrinen angebaut (wie auch am Versammlungsraum der Konversen). In den Kreuzgang ragte das Brunnenhaus tief hinein, der allgemeine Waschplatz für die Mönche. Von dort kamen sie über den Zugang zum großen Mönchsrefektorium, dem Speisesaal, wo üblicherweise aus Gründen der Akustik wie der Optik eine Lesekanzel eingebaut war. Das gesamte Obergeschoß war als Schlafsaal (Dormitorium) der Mönche ausgebaut und durch die Schlafsaaltreppe unmittelbar mit der Kirche verbunden.

Zurück ins Erdgeschoß: Auf der einen Seite des Speisesaales (Refektorium) der Mönche, auf den Kapitelsaal zu, war als einziger heizbarer Klosterraum das Wärmehaus eingerichtet, das Calfactorium. Ihm gegenüber lag die Küche, die auch den angrenzenden Speiseraum der Konversen versorgte.

Der an die Kirchenwand angelehnte Flügel des Kreuzganges diente für die abendlichen Lesungen und zugleich für liturgische Fußwaschungen. Bis heute sind Wasserausgüsse erhalten.

Die am vollständigsten erhaltene deutsche Zisterzienseranlage ist im württembergischen *Maulbronn*. In Franken ist eine der schönsten Anlagen die zu

Bronnbach an der Tauber, mit gutem Grund einst eng mit Maulbronn verbunden.

1146 war der berühmte *Bernhard von Clairvaux* in Würzburg. Mit seinen Kreuzzugspredigten hatte er tiefen Eindruck auf die Bevölkerung gemacht. Voll wogender Begeisterung riß er die Ritterschaft mit. Einige, die im Umgriff der Grafschaft Wertheim lebten, vertrauten sich dem Maulbronner Abt an, als sie sich entschlossen, ein Kloster zu gründen. Das „*Castrum Brunnebach*", eine Burganlage also, hielten sie für geeignet. Aber es entsprach nicht den Ansiedlungsgewohnheiten der Zisterzienser. Die Gründungskommission, die geschickt wurde, entschied sich für ein waldreiches Tal, das sich zur Tauber hin öffnet und für den Ackerbau geeignet schien.

Die Platzwahl kostete viel Zeit. Sogar der Erzbischof *Arnold von Mainz* mußte mithelfen. Sofort begann man mit der Grundsteinlegung der Kirche und dem Bau. Zwei Generationen lang schaffte man daran; 1222 konnte die Weihe der Anlage erfolgen. Die lange Bauzeit ist auch an den unterschiedlichen stilistischen Einflüssen abzulesen.

Auch Bronnbach ist also eine fränkische Adelsstiftung. *Billung von Lindenfels*, *Erlebold von Grensheim* und *Siegebot von Zimmern* übergaben 1151 dem Abt und Konvent von Maulbronn ihren Besitz, damit er ein Kloster gründe. *Rainhard* hieß der erste Abt; er kam ins Taubertal mit Mönchen aus *Waldsassen*. *Adam von Ebrach* war der Vermittler für Rainhard und seine Mönche. 1157 legte Rainhard den Grundstein. Er scheint ein eigenwilliger, sehr selbständiger Kopf gewesen zu sein. Jedenfalls hat er sich hinsichtlich des Gehorsamsgebotes gegenüber dem Vaterabt zu Maulbronn so verhalten. Als in der großen Auseinandersetzung zwischen Papst *Alexander III.* und *Friedrich I. Barbarossa* die Zisterzienser zum Papst hielten, schlug sich Abt Rainhard eigenwillig auf die Seite des Kaisers. Daraufhin maßregelten ihn seine Abtskollegen, was ihn 1166 zum Rücktritt veranlaßte. Nun schickte Maulbronn seinen Wirtschaftsdirektor, den Cellerar, nach Bronnbach. Wohin gehörte nun das Kloster? War es eine Tochtergründung von Waldsassen oder von Maulbronn? Wie im einzelnen entschieden wurde, wissen wir nicht mehr. Die Baugeschichte des Klosters zeigt, daß sowohl Maulbronn als auch Waldsassen ihren Einfluß ausübten: der Staffelchor Bronnbachs erinnert an die Waldsassener Anlage; die Umgestaltung der gestaffelten Kapellen zur gleichen Länge erinnert an Maulbronner Überlieferungen.

Der gewaltigen Klosteranlage, insbesondere der mächtigen Kirche, ist noch heute trotz empfindlicher Verluste während der Reformationszeit und des Dreißigjährigen Krieges anzumerken, daß es sich hier um ein sehr großes und wohlhabendes Kloster gehandelt hat. „Eine der bedeutendsten Klosteranlagen Süddeutschlands", schrieb *Georg Dehio* in seinem Handbuch.

Die heutige Verfassung der Anlage ist freilich beklagenswert. Eine Bundesstraße reißt sie auseinander, in wichtigen Räumen wird heutzutage Bier gebraut. Ein Gang um die Kirche lohnt dennoch. Die ursprüngliche Schlicht-heit fällt auf. Die zisterziensischen Kirchen- und Klösterreformer verzichte-ten auf unnötigen Bauschmuck. Die Westportale und die Ostapsis wurden dennoch mit schönem Zierat versehen. Spätere Änderungen, wie der ver-kürzte Wiederaufbau der Seitenkapellen, beeinträchtigen die ehedem ausge-wogenen Proportionen. Auch in Bronnbach mußten die Bauleute auf einen stattlichen Turm verzichten; eine als Dachreiter ausgeformte Laterne mußte ausreichen. Sie gehört der letzten spätromanischen Bauepoche an.

Bronnbachs Kirchenwestfront schmückt eine zisterziensische Fensterrose als Erinnerung an die Christusmystik Bernhards: Der auferstandene Erlöser leuchtet aus der Mitte in das All.

In der frühen Zeit Bronnbachs müssen burgundische und provenzalische Baumeister am Werke gewesen sein, und viele Anregungen kamen sicherlich aus Maulbronn. Schade, daß im Dreißigjährigen Krieg das sogenannte Para-dies zerstört wurde, durch das man die Kirche betrat.

Die klare Kirchenarchitektur der Zisterzienser wurde später durch die schweren Formen des Hochbarock übertönt. Aber die Außenansicht ver-mittelt noch immer den vollen Eindruck einer zisterziensischen Fassade.

Der dreischiffige Kirchenraum hat ein in Deutschland einmaliges Gewöl-be: diese Art der Wölbung scheint man in Südfrankreich gelernt zu haben. Dort ist sie öfters anzutreffen.

Der spätromanische Kapitelsaal ist sehenswert. Vier monolithe Säulen aus schwarzem Muschelkalk, auf denen mächtige Kapitelle ruhen, tragen ein ge-waltiges Kreuzgewölbe. Der Schmuck der Sockelsteine beweist, daß elsäs-sisch-lothringische Bauleute hier ihr Können zeigten.

Die gleichen Einflüsse sind auch im Kreuzgang zu finden, vor allem an den Säulen und den Bögen des ältesten östlichen Teiles. In den Fenstergewänden des romanischen Teiles hatte man bereits Eckfalse eingespitzt, um die ganze Anlage zu verglasen – der älteste verglaste Kreuzgang in Deutschland.

Dieser Kreuzgang gehört zum Eindrucksvollsten der ganzen Anlage. Schon um 1160 soll der Bau begonnen worden sein. Zunächst war er mit Holzdecken ausgestattet, ein Jahrhundert später wölbte man ihn ein. Schlan-ke Säulen mit üppigen Knospenkapitellen auf flachen Basen dokumentieren den burgundisch-elsässischen Einfluß. Es lohnt, Einzelheiten zu betrachten, die oft von einer unnachahmlichen erzählerischen Kraft sind; man muß sich nur die Zeit nehmen, um die aus dem Stein herausgearbeiteten Bildwerke zu lesen.

Über der chorförmigen Brunnenhalle war die Bibliothek untergebracht.

Bronnbach ist nicht mehr das, was es war und nach dem Willen seiner Gründer sein sollte. Der Barockisierungwille der nachreformatorischen Zeit hat sich hier ausgelebt, gebändigt freilich vom Mangel an Mitteln. Der bunte Festbau des Josephssaales über dem alten Refektorium dokumentiert das heitere, beschwingte, ganz und gar unzisterziensische Lebensgefühl der Barock-zeit.

Und dennoch: beide Stilarten können nebeneinander bestehen; sie haben Wert und Gewicht jeweils in sich. Man kann es auch daran wahrnehmen, wie das hervorragendste Ausstattungsstück der ganzen Kirche, das Chorge-stühl, sich einpaßt in den strengen romanischen Raum.

Die Basilika von Bronnbach sucht ihresgleichen ringsum.

Schöntal an der Jagst

Wer von Künzelsau die Jagst entlang nach Berlichingen fährt, wird mehr als einmal in Gedanken, vielleicht sogar laut, vor sich hinsagen: „Ein schönes Tal". Und das zu jeder Jahreszeit, bei jedem Wetter. Er mag zwar mit sich unzufrieden sein, weil ihm keine bessere Formulierung einfällt, als die vom „schönen Tal". Aber der wahre Wortsinn braucht keine Steigerung.

So müssen auch jene Mönche empfunden haben, die von dem Berlichinger *Wolfram von Bebenburg* ins Land gerufen wurden, um eine Zisterze zu grün-den. *Hoefelden* hieß der Ort, wo die Menschen schon seit acht Jahrhunderten siedelten. Auch kirchlich war die Gegend längst wohlorganisiert. Sie gehörte zum Bistum Würzburg. *Kilian* war der zuständige Kirchenpatron.

Die lateingewohnten Mönche von *Maulbronn* nannten ihre Gründung *Lucida* oder *Speciosa Vallis*, alsbald mit „*Schonental*" verdeutscht.

Vom 15. März 1157 datiert die älteste Urkunde. Im Rahmen der großen Hochzeitsfeierlichkeiten mit Beatrix fertigte Kaiser *Friedrich Barbarossa* sie in der Bischofsstadt Würzburg aus. In ihr heißt es: „Ein gewisser Edeling Wolfram, nämlich von Bebenburg, holte aus einem guten Schatz Güter für sein und seiner Eltern Seelenheil auf seinem Eigenbesitz, der Neweseze heißt. Er gründete für seiner Eltern Seelenheil ein Kloster, in welchem er geistliche Brüder von der Regel des heiligen Benedikt, und zwar vom zister-ziensischen Orden, für immer Gott zu dienen bestimmte." Es folgt die aus-drückliche Zusicherung des kaiserlichen *Schutzes* und die Benennung aller Rechte sowie der Besitzungen, die dem Kloster zugeteilt sind. Auch Papst *Eugen* wird zitiert – der Schüler *Bernhards* auf dem römischen Stuhl. Wolf-ram, der Stifter, so steht es in der Urkunde, trat als Laienbruder ein. Er folgte damit dem Beispiel vieler seiner Standesgenossen. Daß sein Schritt in voller Übereinstimmung „mit seinen Kindern ohne jeden Widerspruch" ge-tan wurde, ist ausdrücklich vermerkt. Ganz unumstritten war Wolframs Stif-tung dennoch nicht. Das geht aus der nächsten Urkunde hervor, die erhalten ist. Der Würzburger Bischof resümierte 1163 demnach, daß Wolframs Erben

„nie gegenteilig sich entschließen würden": Die Klosterstätte, die „damals Nusace hieß, jetzt aber Speciosa Vallis, ist unbestrittenes Gut der Zisterzienser". Man vermutet, daß dem Namenswechsel ein Ortswechsel vorausging, damals keine Seltenheit, von *Neusaß* auf der Höhe, das hinter dem jetzigen Kloster liegt, hinunter ins schöne Tal. So waren die Mönche dem Wasser und den Fischen näher; sie konnten ja ohne beides nicht leben, denn sie waren auf das Eiweiß der Fischspeise angewiesen, nachdem ihnen der Genuß von Fleisch verboten war.

Fabulierfreudig ersannen später die Schöntaler Mönche folgende einprägsame Legende: Als der Stifter und die drei Mönche von Maulbronn auf dem zum Kloster bestimmten Platze wegen des neuen Baues sich beratschlagten, stand plötzlich ein unbekannter alter Mann vor ihnen, der sie fragte, über was sie so eifrig redeten, und als er ihre Absicht vernahm, sagte er zu ihnen: „Verlasset diesen Platz und gehet abwärts, dort unten ist ein schönes Tal", worauf er plötzlich verschwand.

Es hat offensichtlich längere Zeit gedauert, bis der Konvent von Schöntal vollständig wurde. Erst 1171 wird ein Abt erwähnt. Vermutlich haben Streitereien um die Stiftung verzögernd gewirkt.

Es scheint auch andere Schwierigkeiten gegeben zu haben, die nicht mehr klar zu rekonstruieren sind: die „Vaterrechte" an Schöntal lagen bei Maulbronn – eine Tochterstiftung von dort. Der Gründungskonvent aber kam aus *Waldsassen*. Es wiederholte sich also, was sich schon in Bronnbach an der Tauber abgespielt hatte, im anderen hohenlohischen Kloster.

Maulbronn scheint Schöntals nie vollends froh geworden zu sein: Nach mehr als hundert Jahren, 1282, tritt es die Paternität an *Kaisheim* ab, die südwestlich entgegengesetzt gelegene fränkisch-schwäbische Abtei.

Ob die Entscheidung des Generalkapitels der Zisterzienser im Jahre 1152 die Gründung von Bronnbach und von Schöntal im Auge hat, ist nicht mehr zu entscheiden. Jedenfalls muß es mehrfach zu Schwierigkeiten gekommen sein, denn die Abtsversammlung der Zisterzienser formulierte die Stimmungen, die unbedachte Neugründungen von Klöstern erschweren sollten. Es war nötig, denn als Bernhard von Clairvaux starb, zählte man 350 Klöster seines Ordens in Europa – welch ein Lebenswerk! Und: welch eine Last! Im deutschen Kulturgebiet gab es etwa 130 Männerklöster, dazu 320 Frauenklöster, deren Frauen man übrigens die Aufnahme zeitweilig sehr erschwerte.

Gute Gründe sprechen für die Annahme, daß das Kloster Schöntal schon vor der urkundlichen Erwähnung durch Barbarossa existierte, nämlich spätestens seit 1152. Denn der von Kaiser Barbarossa erwähnte Papst *Eugen III.* starb 1153; die Turbulenzen um die Klostergründung wurden 1152 korrigiert. Die Mönche im Jagsttal taten sich schwer. Das ist auch daran zu erkennen, daß es ihnen nicht gelang, Tochterklöster ins Leben zu rufen. Der einzige Versuch, den man wagte, ist mißlungen: statt der Mönche in der grauen Kutte aus Schöntal übernahmen die vornehmen Prämonstratenser das Kloster *Adelberg* bei Göppingen.

1282 stand Schöntal vor dem Ruin. Die tüchtigen Kaisheimer sanierten es auf Bitten des Vaterabts von Maulbronn, der ungeschminkt feststellte, daß Kloster Schöntal „in seinen zeitlichen Gütern unwiederbringlich zusammengebrochen" sei. Die Kaisheimer zahlten die Schulden, lieferten Roggen, Hafer und Spelt und sorgten dafür, daß im Kloster wieder die Ordensregeln beachtet wurden. Es war nämlich um diese Zeit „mehr die Behausung von Gläubigern und Juden als von Mönchen" geworden. Schon zwei Generationen vorher hatte man geklagt, daß Schöntal „durch vielfältige Räubereien und andere zahlreiche Heimsuchungen so heruntergekommen ist, daß es ohne sofortige Hilfe nicht weiterbestehen kann".

Im Laufe der nächsten eineinhalb Jahrhunderte nahm Schöntal einen derartigen Aufschwung, daß es sich zur reichsfreien Abtei erklärte: unmittelbar dem Kaiser unterstellt, also ohne Klostervogt, der zwar theoretisch den Auftrag hatte, das Kloster zu schützen, in Wirklichkeit es aber meist finanziell ausbeutete. Die Schöntaler Äbte erreichten sogar die Bischofswürde; ab 1439 durften sie die Pontifikalien tragen, den Bischofsstab und die Inful (Mitra); zugleich durften sie niedere Weihen erteilen.

Der wirtschaftliche Wohlstand gegen Ende des 15. Jahrhunderts verstärkte das Repräsentationsbedürfnis der Schöntaler. Abt *Johannes Hoffmann* erkämpfte sich vom Papst das Vorrecht, mit rotem Wachs siegeln zu dürfen und sich auf dem Siegelbild sitzend darstellen zu lassen – in der Haltung der Herrscher. Daß er sich dazu noch die Erlaubnis geben ließ, beim Ausritt goldene Sporen tragen und das Riemenwerk seines Pferdes mit goldenen Verzierungen schmücken zu dürfen, war wenig zisterziensisch-asketisch. Aber er kämpfte damit nur für Rechte, die auch andere Äbte in Anspruch nahmen.

Um diese Zeit erwirkten die Berlichinger das Recht, mit ihren Frauen die Klosterkirche betreten zu dürfen – wenigstens bei Begräbnissen und Jahrtagsgottesdiensten. Schöntal ist die Grablege der Berlichinger. 29 Denkmäler finden sich heute im gotischen Kreuzgang. Das älteste Grabdenkmal erinnert an den 1377 verstorbenen *Behringer von Berlichingen*, das jüngste an *Hans Jakob von Hornberg*, das bekannteste an den 1562 verstorbenen *Götz von Berlichingen* mit der eisernen Hand. An ihrem Erbbegräbnis hielten die Berlichinger fest, als sie längst schon zur Reformation übergewechselt waren. Diese Galerie eigenwilliger Köpfe und Gestalten ist sehenswert.

Nichts erinnert mehr an die Wirren der Hussitenkriege, die der Verbrennung *Johannes Hussens* auf dem Konzil in Konstanz 1415 folgten. Gegen Ende der ersten Hälfte des 15. Jahrhunderts aber geriet die Bevölkerung oft an den Rand der Verzweiflung. Auch in Schöntal. Am 12. August 1430 zogen Abt und Konvent mit sämtlichen Klosterreliquien, begleitet von zweitausend Menschen, die alle Kreuze trugen, zur Wallfahrtskirche nach Neusaß. 1437 wurden bei Schöntal 130 hussitische Terroristen gefangen genommen. Wer nicht hingerichtet werden wollte, mußte seinem Glauben abschwören.

Auch das inzwischen aufgekommene Raubrittertum machte dem Kloster zu schaffen: So setzten den Abt *Heinrich Höfling* die heruntergekommenen Herren auf seinem Heimweg vom Basler Konzil 1441 auf der Burg *Maienfels* bei Öhringen gefangen; es dauerte eine Weile, bis ihn die vereinigten Reichsstädte unter Führung von *Hall* befreit hatten.

Auch unter den Bauern hatte sich das reiche Kloster verhaßt gemacht. Im Bauernaufstand von 1525 wurde es entsprechend hergenommen. „Da habens großes Gut erschnappt, das zusammen hat gespart der Abt, davon da wer gar viel zu sagen, sie haben ihm die Fenster ausgeschlagen, manches kriegt ein guter Schanz. Sie ließen kein Brief noch Bücher ganz, sie täten alles samt zerreisen." Ein unbekannter Heilbronner Bürger hat das Schöntaler Drama so beschrieben.

Die ganze Landschaft wurde evangelisch, das Kloster blieb katholisch; dafür sorgte der Erzbischof von Mainz, der sich als Schutzherr des Klosters verstand. Leicht scheint es nicht gewesen zu sein, den Konvent zusammenzuhalten, denn Abt *Sebastian Stattmüller* beklagt „die Zwietracht der Brüder". Als im Jahre 1573 Bischof *Julius Echter von Mespelbrunn* in Würzburg die Gegenreformation einleitete, ging es in Schöntal wieder aufwärts. Es erholte sich von den Schlägen der Bauernkriege und den Zerwürfnissen der Reformation.

Der Dreißigjährige Krieg hat dann freilich auch Schöntal arg mitgenommen. Zeitweilig wurde es sogar aufgehoben. Der tüchtigste Abt jener Jahre wurde sogar in der Schweiz, im Exil also gewählt, *Christoph Haan*. Er mußte sich seine Würde schwer erkämpfen; schließlich wurde er sogar Visitator der ganzen oberdeutschen Zisterzienserkongregation. 1636 trat er die Regierung an, damals erst dreißigjährig, 1675 starb er. Immer wieder mußten Abt und Konvent während der Kriegsauseinandersetzungen fliehen; die meiste Zeit verbrachte er in Konstanz und Bregenz. In Kellergewölben und in den umliegenden Wäldern versteckten sich die Mönche zuweilen. Schöntal war unbewohnbar geworden. Die Klosteruntertanen der umliegenden Ortschaften probten zusätzlich den Aufstand. Abt Christoph Haan brachte schließlich die Abtei wieder hoch, nach einem persönlichen Intermezzo in Eberbach im Rheingau, was ihm bei den sechs Mönchen, die noch in Schöntal verblieben waren, viel Ärger eintrug. Und noch einmal mußten er und die Mönche die Flucht ergreifen: im September 1673, als französische Truppen die Landschaft besetzten.

Unter dem Abt *Benedikt Knittel*, der als zweiter Nachfolger Haans 1683 das Klosterregiment übernahm, erlebte Schöntal eine zweite große Blütezeit. Im späten Wiederaufbau des Klosters entstanden die mächtige Abteikirche, die Residenz des Abtes und das Konventsgebäude, wie sie heute zu sehen sind. Die doppeltürmige Westwand zeigt, wie weit man sich von der asketischen Gesinnung Bernhards entfernt hatte. Ein Dachreiter sollte es nach dessen Willen tun; jetzt aber wollte man wieder eine repräsentative Westwand. Den Entwurf der Anlage ließ Knittel von dem berühmten *Johann Leonhard Dientzenhofer* in Bamberg fertigen. Knittel beließ es nicht dabei, Aufträge zu erteilen; er hatte seine eigenen Vorstellungen. Das barocke Schöntal ist auch das Werk des Abtes, nicht nur des Baumeisters. Knittel sagt man nach, daß er der Erfinder der sogenannten Knittelverse sei. Das ist allerdings nicht belegt. Aber gereimt hat Abt Knittel fleißig und überall: fast sämtliche Türstürze des Klosters ließ er mit seinen Geistesblitzen bemalen.

Im Zuge der Französischen Revolution wurde Kloster Schöntal aufgelöst. 1802 hatten es die Württemberger besetzt. Herzog *Friedrich*, der 1803 von Napoleon zum Kurfürsten und drei Jahre später zum König von Württemberg gemacht wurde, erhielt als Ausgleich für die linksrheinische Grafschaft *Mömpelgard* und den Besitz um *Reichenweier* die zahlreichen Klöster und Reichsstädte, die in seinem Territorium lagen. Abt und Mönche von Schöntal wurden mit stattlichen Pensionen abgefunden, dem Abt wurde neben freier Wohnung auch eine Kutsche und Naturalleistungen zugestanden.

Ein Teil der jüngeren Konventsmitglieder übernahmen Pfarreien in der Umgebung. Die württembergischen Beamten waren stolz: „Sie hätten den Pfaffen in Schönthal nichts übrig gelassen als die Augen zum Weinen". Die Klosterkirche von Schöntal wurde zur Pfarrkirche erklärt, die Klostergebäude dienten der Württembergischen Landeskirche als evangelisch-theologisches Seminar. Am 31. Oktober 1810 wurde das Seminar Schöntal eröffnet. Die Ausbildung des Theologennachwuchses der Landeskirche nahm nach dem Abschluß der Studien an den Universitäten in Schöntal seinen Anfang, es wurde das „erste Seminar", im Jahr danach wechselten die Vikare nach Maulbronn, ins „zweite Seminar". Im ganzen 19. Jahrhundert lebte so in Schöntal die alte Tradition der Klosterschulen fort, wenn auch auf evangelisch. 1975 machte die Evangelische Landeskirche in Württemberg das Seminar in Schöntal zu und gab die Anlage dem Württembergischen Staat zurück. Am 20. Oktober 1979 wurde das Bildungshaus der katholischen Diözese Rottenburg-Stuttgart in Schöntal eröffnet, eine beispielhaft renovierte, gern besuchte Stätte des Gesprächs und der Besinnung.

Die Klosteranlage von Schöntal lohnt eine gründliche Besichtigung. Mehr als 30 verschiedene Gebäude erzählen, jedes auf seine Weise, vom Reichtum und auch vom Elend vergangener Zeiten. Die Grablegen im Kreuzgang, das Treppenhaus in der Neuen Abtei, der Ordenssaal dortselbst sind aller Aufmerksamkeit wert. Und natürlich auch die kleine, versteckt liegende *Kilianskapelle*, die „Leutkirche" des Klosters.

Die Frauenbewegung der Zisterzienserinnen

Die religiöse Gewalt des 12. und 13. Jahrhunderts ergriff auch die Frauen. Hilde-
gard von Bingen, die „Prophetin Deutschlands", ragt als herbe Mahnerin, tiefsin-
nige Naturphilosophin, als Kräuterkennerin und begabte Ärztin, vor allem aber
als verständnisvolle Seelsorgerin und mystische Verkünderin des göttlichen Erlö-
sungswillens weit hinaus. Mit guten Gründen übt sie auch auf unsere Zeit einen
faszinierenden Einfluß aus. Die Rheinpfalz-Fränkin stand einem Kloster vor,
das sie 1147–50 auf den Rupertsberg bei Bingen verlegte. Sie erreichte das für da-
malige Zeiten schier unbegreifliche Alter von 81 Jahren: 1098 geboren, starb sie
1179. Ihre Wirkung erstreckte sich auch auf das östliche Franken. Und zwar
nicht nur bis Ebrach, wo sie mit dem großartigen Abt Adam korrespondierte,
sondern auch bis ins rauhe Rhöngebiet.

Den Schwestern in Wechterswinkel schrieb sie folgendes:

„Töchter Jerusalems, ich künde euch, daß ich euch nichts anderes zu sagen wage
als das, was der Herr mir gezeigt hat. Ich sehe in eurer klösterlichen Gemein-
schaft den Glanz der Furcht und Liebe Gottes, wie es heißt: ‚Wer ist die, die da
heraufsteigt aus der Wüste wie eine Rauchsäule aus den Düften von Myrrhe und
Weihrauch?'. Und darum freut sich meine Seele über eure Gemeinschaft als sei
sie bei euch ... Wir werden uns allesamt dort zusammenfinden, wo der Winter
vorüber, der Regen dahin und vorbei ist, die Blumen sich zeigen, die Weinblüten
ihren Duft geben und die Stimme der Turteltaube gehört wird, so daß unsere
Erde ein Garten aller Wohlgerüche wird und wir alle hineingenommen werden
in die innige Umarmung der Liebeswonne unseres gemeinsamen Bräutigams.
Aber auch du, Tochter Gottes, A., die du den Qualen dieser Welt entflohen und
gekommen bist, um Blumen im Paradies zu sammeln, harre starkmütig aus in
der Beharrlichkeit guter Werke. Amen".

So drückte Hildegard die Empfindungen der ersten großen europäischen Frau-
enbewegung aus. Es war eine mystisch-religiöse Bewegung. Die Damen wollten
sich zu einem neuen Leben hinwenden, wie sie es im Evangelium vorgezeichnet
fanden: Verzicht auf Güter und Ehren der Welt, Gemeinschaft mit ihresglei-
chen, Armut, Keuschheit. Sie konnten es sich leisten, denn sie kannten und hat-
ten das alles; die Frauenbewegung des Mittelalters war eine Adelsbewegung.
Auch in Franken.

Frauental bei Bad Mergentheim, im Hohenloher Land, war eine Stiftung der
Brüder Gottfried und Konrad von Hohenlohe (1232). Graf Ludwig von Rieneck
und seine Frau Adelheid von Henneberg stifteten im selben Jahr Kloster Him-
melthal bei Obernburg am Main. Himmelkron bei Kulmbach wurde vom Gra-
fen Otto von Orlamünde und seiner Frau 1280 „zur Nachlassung ihrer Sünden
und zu ihrem Seelenheil" gegründet und mit großem Grundbesitz ausgestattet;
die Hohenzollern, Burggrafen in Nürnberg, beerbten die Orlamünder und sorg-

ten dafür, daß die Töchter ihres Hauses Äbtissinen wurden. St. Theodor in Bamberg verdankt seine Gründung dem Grafen von Stahleck, Schlüsselau im reichen Ebrachgrund den Herren von Schlüsselberg. Die Liste läßt sich beliebig verlängern. Und immer wieder kam es zu Wirkungen, die weit über Franken hinausreichten: von Wechterswinkel reichen sie bis nach Trebnitz in Schlesien und nach Königsberg in Ostpreußen.

Dabei ging es den Adelsfamilien zunächst nicht um die Versorgung von Töchtern, die nicht an den Mann zu bringen gewesen wären. Viele Frauen suchten wirklich ein Leben in Askese und Keuschheit: „In der ersten Zeit wagte das weibliche Geschlecht nicht zu hoffen, solchen strengen Vorschriften genügen und zu diesem Gipfel der Vollkommenheit gelangen zu können. Die Last schien den stärkeren Männern schon zu schwer und kaum zu bewältigen, wenn Gott sie nicht stärkte. Später jedoch fanden sich gottergebene Jungfrauen und heilige Frauen, die im Eifer und mit der Sehnsucht eines heiligen Geistes ihre Schwachheit überwanden und, um dem Schiffbruch der Welt zu entgehen, sich in den ruhigen Hafen des Ordens von Citeaux begaben und dessen Tracht annahmen ..."

So berichtet es Jakob von Vitry, einer der geistlichen Leiter dieser Bewegung, auch einer ihrer fleißigsten Propagandisten. „... Um dem Schiffbruch in der Welt zu entgehen ..." Hier wird das entscheidende Motiv dieser frühen Frauenbewegung sichtbar. Weltverdrossenheit. Man suchte nach einer Alternative.

„Die Zahl der Frauenklöster im Zisterzienserorden wuchs ins Unendliche; sie vermehrten sich wie die Sterne am Himmel. Es wurden Frauenkonvente gegründet, heilige Räume gebaut, es füllten sich die Keller, es strömten Jungfrauen zusammen, es eilten Witwen herbei und verheiratete Frauen, die mit Einwilligung ihrer Männer die Ehe in eine geistliche verwandelten. Aus anderen Klöstern kamen Nonnen, änderten ihre Ordenstracht, wollten den schmalen Weg gehen und die Frucht eines besseren Lebens genießen. Edle und in der Welt angesehene Frauen verließen ihr irdisches Leben und zogen vor, verachtet zu sein und die Tür zu hüten im Hause des Herrn. Nicht nur im Abendland findet dieser Andrang statt, sondern auch in den Provinzen des Morgenlandes, in Konstantinopel, in Cypern, in Antiochien, in Tripolis und Accon: überall entstehen neue Nonnenklöster des Zisterzienserordens". Überschwenglich und bunt malt Jakob von Vitry in seiner „Geschichte des Westens und Ostens" aus, wie die Zisterzienserinnenklöster entstanden sind und gewirkt haben. Er mußte dabei nicht einmal übertreiben: am Beispiel des Klosters Frauenroth in der Rhön läßt sich darlegen, was der Freund der weiblichen Mystik geschildert hat.

Frauental bei Creglingen

Sieben Kilometer nordöstlich von Creglingen, in der fruchtbaren, waldreichen Gegend des Tales der Steinach, die ihr Wasser in die Tauber schüttet, liegt das ehemalige Zisterzienser-Nonnenkloster Frauental. Es ist eine Stiftung der Grafen *Gottfried* und *Konrad von Hohenlohe*. Sie gehörten zur ständigen Begleitung des höchst interessanten Hohenstaufern-Kaisers *Friedrich II.* Der Lebenslauf der beiden Hohenloher Herren war sehr bewegt, wie der ihres Königs. Fünf Brüder teilten sich in der Herrschaft der Hochebene über Tauber, Kocher und Jagst, *Andreas* und *Friedrich*, *Heinrich*, Gottfried und Konrad. Gleich drei Brüder schlossen sich als erste fränkische Adelige dem Deutschen Ritterorden *Hermanns von Salza* an. Gottfried und Konrad blieben im weltlichen Dienst des Kaisers. Die Ordensritter brachten ihre Mitgift in den Orden ein; so wurde das heutige *Bad Mergentheim* zur zweitgrößten Komturei in der Ordensprovinz Franken; die Größte war *Sachsenhausen* bei Frankfurt. Heinrich von Hohenlohe erreichte als Deutschordens-Hochmeister die höchste Würde, die diese geistliche Rittergesellschaft zu vergeben hatte. Die beiden Brüder Konrad und Heinrich wollten etwas für ihre Damen tun: sie stifteten ein Zisterzienserinnenkloster. Einer von beiden, Gottfried, bedeutender Rechtsgelehrter, blieb ständig in der Nähe Friedrichs II.; er war staufischer Reichsrat. Sein Bruder Konrad, Graf der Romagna, festigte gleichzeitig seine Hohenloher Herrschaft. An der Seite Friedrichs II. waren die Hohenloher zu Macht und Ansehen herangewachsen. Zeitweilig regierten sie sogar Deutschland, Gottfried als Rechtsberater, Heinrich, der Mann im weißen Ordensmantel, als geistlicher Ratgeber des Kaisers. Dem Nonnenkloster von Frauental merkt man auch noch heute etwas von dem hohen Anspruch an, der hinter der asketischen Schlichtheit der Form stecken kann.

Und was waren nun wirklich die Motive für diese fromme Stiftung? – Letztlich ist man auf Vermutungen angewiesen: Erstens, es war damals so üblich. Wer es sich leisten konnte, stiftete ein Kloster. Klöster galten als der Ort, an dem man hoffte, mit Gebet und Kasteiung zu Gott zurückzufinden. Wer selbst nicht in ein Kloster eintreten wollte, konnte wenigstens ein gutes Werk vollbringen. – Zweitens, persönliche Erlebnisse mögen den frommen Akt ausgelöst haben: man war weit in der Welt herumgekommen. Sogar Kreuzzüge hatte man überstanden. Die Klosterstiftung war eine Tat der Dankbarkeit. – Drittens, die Kirche wünschte es so. Und in ihrem Dienste stand man ja wie in dem des Kaisers. – Viertens, die Frauen bestanden auf der Chance zum asketischen Leben wie sie die Männer längst hatten. Sie hatten keine andere Möglichkeit, als die Stiftung von Klöstern in ihrem Drang, es den Männern gleichzutun.

In die Stiftungsurkunde ließen die Brüder „Gotefridu et Cunratus de Hohenlohe" schreiben: „Zur Ehre unseres Erlösers und der Heiligsten Jungfrau Maria für unser Seelenheil". Auch der „Glaubenszeuge Kilian und seine Genossen" werden erwähnt; Frauenroth liegt im Bereich der Diözese Würzburg, der Bischof bestand auf dem Patronat seiner Bistumsheiligen.

Die Stiftungsurkunde ist verlorengegangen, eine Abschrift liegt im Stuttgarter Staatsarchiv. 1132 erfolgte der Gründungsakt. Die Damen *Rechenza*, eine geborene Krautheimerin, die dem Gottfried von Hohenlohe reichen Grundbesitz mit in die Ehe gebracht hatte, und *Petrissa*, Heinrichs Gemahlin, hatten, was sie wollten. In der Urkunde werden sie als solche genannt, die ausdrücklich zustimmen. Noch im selben Jahr genehmigte der zuständige Bischof *Hermann von Würzburg* die Gründung. Und schon ein Jahr später lag auch die Schutzurkunde von Papst *Gregor IX.* vor. Der königliche Schutzbrief ließ etwas länger auf sich warten. „Konrad, des göttlichen Imperators Friedrichs Sohn" unterzeichnete ihn am 1. Januar 1239 im elsässischen Hagenau, wo sich die Staufer gerne aufhielten. Die weltliche Schutzherrschaft kam an die Stifterfamilie der *Hohenlohe-Brauneck*, versteht sich. Als die Herrschaft an das Haus *Brandenburg-Ansbach* verkauft wurde, gingen die Vogteirechte an die hohenzollernschen Besitzer über.

Die Klosterfamilie bestand aus zwei Gruppen, den Chorschwestern und den Laienschwestern. Erstere waren meist Töchter des Adels, die zweite Gruppe, noch arg benachteiligt, weil weder mit aktivem noch passivem Wahlrecht ausgestattet, besorgte die gröbere Arbeit, bestellte die Klostergärten, diente im Backhaus und in der Küche, mitunter auch im Brauhaus – die Arbeitsbienen der hohen Damen.

Der Zustrom zu den Klöstern muß enorm gewesen sein. Im 14. Jahrhundert verordnete eine Äbteversammlung der Zisterzienser deshalb, daß nicht mehr als zwei aus dem Geschlecht der Äbtissin und nicht mehr als zwei leibliche Schwestern in einem Konvent sein dürfen, auch nicht mehr als drei Nonnen aus einem Dorf. Gruppenbildungen sollten verhindert werden. Das Mindestaufnahmealter wurde auf 18 Jahre festgelegt, die Kandidatin mußte ehelicher Abkunft sein, andernfalls war päpstlicher Dispens nötig. Schließlich mußte sich die Bewerberin körperlicher und geistiger Gesundheit erfreuen. Nach fünftägiger Prüfungszeit in der Gastzelle wurde die Bewerberin erstmals gefragt, ob sie die Ordensverpflichtungen übernehmen wolle, am achten Tag ein zweites Mal. Dem folgte ein einjähriges Noviziat, wobei zu jener Zeit die Novizinnen noch weltliche Kleider trugen. Bei einer feierlichen Messe legten sie das mündliche „Profeßgelübde" ab, nahmen aus der Hand der Äbtissin die Profeßurkunde entgegen und empfingen das Abendmahl, während der Chor den Hymnus sang „Veni Creator Spiritus". Darauf wurde den neuen Chorschwestern das Ordensgewand überreicht.

Die Aufnahme der Laienschwestern war schlichter. Sie versprachen vor dem Kapitel der Chorschwestern ihrer Äbtissin Gehorsam bis ans Lebensende und waren damit zum Tragen der Tracht und zur Einhaltung der Verordnungen verpflichtet. Untergebracht waren die Konversen nahe den Wirtschaftsgebäuden.

Die Äbte von *Bronnbach* waren die Weiser oder Vateräbte des Klosters Frauental. Sie hatten damit das Visitationsrecht. Eine neue Äbtissin konnte nur in Gegenwart des Vaterabtes gewählt werden.

Zweimal waren Hohenloherinnen Äbtissinnen zu Frauental, *Elisabeth* von 1293–1309 und *Margareta* im Jahre 1342. Andere Angehörige der Familie nahmen dieses Amt in der Urabtei zu *Kitzingen* ein, *Gisela* und *Rechenza*; *Isengart von Hohenlohe* war von 1349–1359 sogar eine der Nachfolgerinnen der heiligen Hildegard von Bingen auf dem *Ruppertsberg*.

1448 kaufte der Ansbacher Markgraf *Albrecht Achilles* Brauneck und Creglingen. So kam diesen Teil des urfränkischen Hohenlohe zu Ansbach. 1547 wurde das Kloster säkularisiert.

Von der ursprünglichen Klosteranlage sind nur noch die Kirche und das östliche Langhaus erhalten. Der sogenannte „Ansbacher Neubau", der sich an den Chorraum anschließt, stammt aus späterer Zeit; heute sind dort Schule und Rathaus untergebracht.

Im Laufe der Reformation wurde die Kirche auf „ansbachisch" verändert: der Markgraf ließ aus der Nonnenempore einen Getreidespeicher machen. Das gleiche Verfahren wählte übrigens sein geistlicher Kollege in Würzburg, Bischof *Julius Echter von Mespelbrunn*, als er die Zisterzienserinnenabtei von *Wechterswinkel* übernahm.

Längst gehört die Marienkirche von Frauental zu den wertvollsten Baudenkmälern der Landschaft. Anschaulich wie kaum ein anderes Gemäuer erzählt sie die Geschichte der Baustile.

Die „Unterkirche" prägt sich dem Besucher besonders unvergeßlich ein. Die achteckigen schlanken Pfeiler teilen den Raum in drei Schiffe; das Netzgewölbe gibt ihm einen geheimnisvoll-kryptenhaften Charakter. Daß sie in der Zeit des Übergangs von der Romanik zur Gotik entstanden ist, vertieft diesen Eindruck. Das Gleiche gilt für die schmalen, engen Fenster der Unterkirche.

So hat man den Laien einen schönen Versammlungsraum für die Gottesdienste gebaut. Ihretwegen? Wohl kaum. Dort war zugleich die Grablege der hochadeligen Familie Hohenlohe-Brauneck. Die Epitaphien von Gottfried, Andreas und Konrad von Hohenlohe, ausnahmslos im 14. Jahrhundert geschaffen, dokumentieren es. Die Ansbacher Amtsmänner schlossen sich der hochedlen Tradition an und ließen sich in der Grabkammer beisetzen. Heute kann der Betrachter die „Mumien" der Amtmannsfamilie *Meyer* aus der Mitte des 18. Jahrhunderts bestaunen.

Die Enge der „Unterkirche" wird einem bewußt, wenn man die wieder-hergestellte Nonnenempore betritt, volkstümlich „Oberkirche" genannt: alles ist weit, hell, licht. Hohe Rundbogenfenster, säulenlose Überdeckung. Die Nonnen betraten ihre Kirche vom Westen her, einen „himmlischen Raum".

Mit 42½ Metern ist die Abteikirche von Frauental die längste Zisterzise-rinnenkirche in ganz Franken; ihre Breite von etwas über acht Metern dehnt die Raumwirkung zusätzlich. Der hohe Bogen unmittelbar vor dem Chor-raum erinnert daran, daß man in Frankreich, wo die Zisterzienser ihre Bau-modelle holten, Kreuzkirchen baute; in Frauental und andernorts *(Heiligen-thal)* schrumpfte der Kreuzarm zu einem seitlichen Sakristeiraum zusammen; auf der gegenüberliegenden Seite schloß sich einst die Klosterklausur an, das Langhaus.

Der Bauernkrieg hatte dem Kloster schwer geschadet. Die Korrespondenz der Klosterfrauen liest sich rührend. Die Äbtissin klagt: „... haben mir ge-nommen alles was ich habe ... haben mir mein Closter zerbrechen lassen ... mein Wein allen in die Erde lauffen lassen ... brechen noch stettiglich ab ..."

Schon 1520 hat der dortige Pfarrer *Heinrich Neubauer* „nach Aussag alter Leut nicht mehr päpstisch gepredigt, im Ehestand gelebt und Kinder er-zeugt". Es dauerte noch eine Weile, bis auch im Kloster die Reformation ein-geführt wurde. 1547 waren nur noch drei alte geistliche Frauen dort. Man war taktvoll und wartete ihren Tod ab. Als es soweit war, griff der Ansba-cher Markgraf flink zu und setzte den ersten Amtsmann ein, *Heinrich Winckler*.

Man hat sich in den letzten Jahren große Mühe gegeben, die einzigartig schöne Klosterkirche von Frauental so gut es ging wiederherzustellen. Heute gehört Frauental zur lutherischen Pfarrei *Freudenbach*.

St. Afra zu Würzburg

Vom alten Benediktinerinnenkloster St. Afra zu Würzburg ist nicht mehr viel vorhanden. Die spärlichen Überreste aus dem 17. Jahrhundert sind – einschließlich des Kreuzgangs – in den Neubau des *Kilianeums* in der Otto-straße integriert. Der Vorgang der Gründung von St. Afra scheint ähnlich verlaufen zu sein wie eine Generation danach in Bamberg: Ein uraltes Hospi-tal, das an *St. Stephan* angehängt war, wurde aufgelöst und das Stiftungsgut auf „das Jungfrauenkloster zu St. Afra" übertragen. Mit dieser Gruppe von städtischen Gründungen deutet sich eine Entwicklung an, die dann zum ein-zigartigen Erblühen des Zisterzienserinnenordens führte.

Es war ein paar Jahre nach der Gründung des Schottenklosters *St. Jakob*, nämlich 1137. Ob ein innerer Zusammenhang zwischen beiden Gründungen besteht, ist nicht mehr zu ermitteln. Gewiß ist, daß beide Einrichtungen nach der benediktinischen Regel verfaßt waren. Die Frauen folgten also unmittelbar dem Beispiel ihrer großen Wegbereiterin *Hildegard von Bingen*, nicht auf dem zur gleichen Zeit möglichen Reformweg der Zisterzienserinnen. Zu großem Einfluß scheint es indes die Benediktinerinnen-Abtei nicht gebracht zu haben. Ihre Zeit schien damals – für eine Weile – vorübergewesen zu sein, und die des neuen Ordens war noch nicht angebrochen. Aber St. Afra überdauerte die Jahrhunderte. Auch die zahlreichen Bettelklöster, die ein Jahrhundert später in der Stadt entstanden, konnten ihr nicht an die Substanz greifen. Und zur Zeit der Reformation war immer noch soviel vorhanden, daß Bischof *Julius Echter,* der die einzelnen Klöster sehr kritisch prüfte, sich für die Reform und den Erhalt von St. Afra (wie auch von *St. Marx*) entschied.

Das Frauenkloster war bei seiner Gründung wie üblich ausgestattet werden. Ausdrücklich werden in einer aufschlußreichen Zunfturkunde aus dem Jahre 1373 unter den 37 Zünften der Stadt die „Winzer bei St. Afra" an der Lehnleite erwähnt – eine der acht Winzervereinigungen Würzburgs. Was in der Mainmetropole dazu veranlaßt hat, eine Klostergründung der Schutzpatronin von Augsburg zu verschreiben, ist kaum mehr zu ermitteln. Populär war die Schwabenheilige jedenfalls in jenen Jahren: 1064 war sie offiziell heiliggesprochen worden, so daß in den folgenden hundert Jahren viele kunstvolle Darstellungen dieser Märtyrerin der alten Kirche entstanden. *Afra* war ein Flüchtlingskind, Tochter des Königs von Zypern, vermeldet die Legende. Als der Vater in einer kriegerischen Auseinandersetzung erschlagen wurde, flüchtete die Mutter *Hilaria* mit der Tochter nach Augsburg. Dort findet sie, beeindruckt vom Tischgebet des Bischofs *Narcissus,* der ebenfalls vor den Verfolger-Kaiser *Diokletian* geflohen war und in Augsburg in ihrem Hause einkehrte, zum Glauben. Nach ihrer Taufe wird auch sie ein Opfer der Verfolgung. An einem Baum gefesselt sei sie anno 304 auf der Lechinsel verbrannt worden. Auch ihre drei „Gespielinnen" ereilte das Schicksal Afras und Mutter Hilaria dazu.

Es ist anzunehmen, daß die Welle der beginnenden frühmittelalterlichen Frauen-„Bewegung" zu Afras Popularisierung viel beigetragen hat.

St. Maria und St. Theodor zu Bamberg

Einer der schönsten, stimmungsvollsten, anregendsten Kreuzgänge Frankens ist in Bamberg zu sehen, ja zu bewundern: im heutigen Karmelitenkloster auf dem Kaulberg. Bauen ließen ihn die Benediktinerinnen zu St. Maria und St. Theodor. Die noch ganz romanisch wirkenden Bogenreihen wurden um 1300 geschaffen, in gotischer Zeit also schon. Die Kreuzgangwölbung kam bald nach 1450.

Im Jahre 1392 entstand eine Kapitellplastik, deren Figurenprogramm bis heute nicht vollends gedeutet ist. Die einzigartigen Gestalten, die die Säulenkapitelle schmücken, erzählen aus dem Alten und dem Neuen Testament, aus der Apokalypse und aus den Apokryphen, aus Evangelien, die nicht in die Bibel aufgenommen wurden, sowie Geschichten der geistlichen und ritterlichen Dichtung, Tierfabeln und handfeste historische Ereignisse. Ein Besuch des Kreuzganges zu St. Theodor regt zum Nachdenken an, inspiriert die Lust am Fabulieren und lockt zu wahren Entdeckungsreisen rundum im schönen Kreuzgang.

Bis heute ist nicht ganz sicher, ob das im Jahre 1170 gegründete Bamberger Frauenkloster förmlich ein Zisterzienserinnenkloster war. Die starken Bindungen an Benedikt sind unübersehbar – sogar im Kapitellschmuck des Kreuzganges, wo der große Heilige von Nursia die sichtliche Zuneigung einer Klosterdame erfährt, nicht der junge Heilige von Clairvaux. Andererseits sind die engen Beziehungen zu *Wechterswinkel* nachweisbar. Von dort kamen die ersten Nonnen unter der Führung der Gründerin, *Pfalzgräfin von Stahleck-Höchstadt*, deren Gatte Hermann die Zisterze zu *Bildhausen* am Rande der Rhön gestiftet hat, ehe er im älteren *Ebrach* starb. Hermanns Schwager war der staufische Kaiser Konrad III., der 1152 im Dom beigesetzt wurde. Der Klostergründungseifer dieses Paares ist von persönlicher Tragik und adeliger Schmach umweht: Kaiser *Barbarossa* hatte seinen Standesgenossen und Verwandten *Hermann von Stahleck* zu einer schändlichen Strafe verurteilt; nicht nur Heinrich der Löwe hatte sich mit dem mächtigen Staufer überworfen.

Ehe die benediktinischen Damen – in dieser Tradition standen sie auch als Zisterzienserinnen – auf dem Kloster gegenüber der „Oberen Pfarre" einzogen, stand dort ein Spital für durchreisende Pilger und zum Besten der vielen Siechen, die sich dahin schleppten.

Wie das Kloster zum heiligen Theodor als Namenspatron neben Maria kam, ist nicht bekannt. Der Großmärtyrer der Alten Welt zählte zu den berühmtesten und verehrtesten Heiligen der frühmittelalterlichen Christenheit. Seit dem 9. Jahrhundert hielt sein Kult auch im Abendland Einzug. Der römische Soldat starb den Märtyrertod zu Beginn des vierten Jahrhunderts

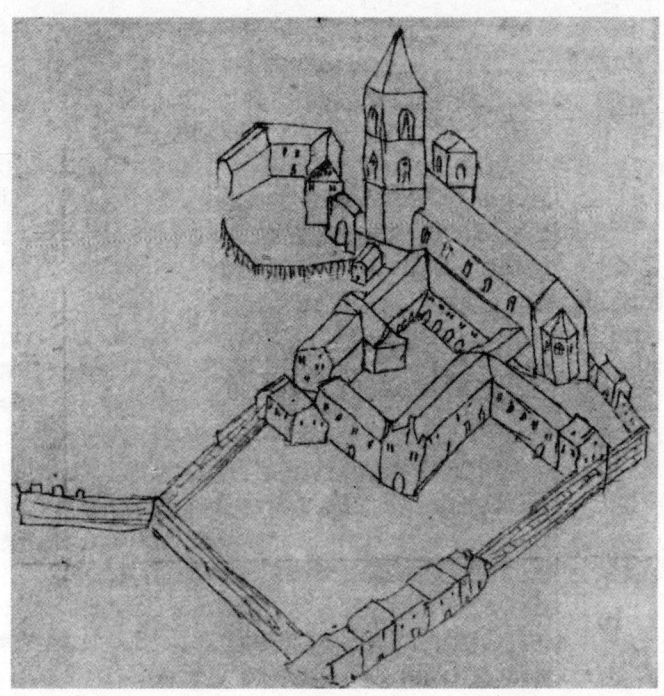

St. Theodor-
(Karmeliter-)Kirche
und Kloster.

unter dem Kaiser *Maximian*. Theodorus wurde wie *Georg* – auch durch seine Drachenkampf-Legende – zum Patron der Kriegsleute und gegen den Sturm. Es ist anzunehmen, daß ein Zusammenhang zwischen dem fränkischen Kriegsadel und dieser Patronatswahl besteht – wie auch bei der Dedication des Domes an St. Georg, den anderen Soldatenmärtyrer.

Schade ist, daß das kostbarste Stück des Theodor-Klosters, die stattliche Madonnenplastik aus der Zeit zwischen 1330 und 1340, nicht mehr in der Kirche zu finden ist, sondern auf der *Veste Coburg*. Zart und nachdenklich, innig, hellwach und träumerisch zugleich, wirkt die Frau, die den munteren nackten Jesusknaben auf ihren Armen trägt. Eine „Schöpfung aus Minne und Mystik" wird sie einmal genannt, ebenbürtig der *Agnes von Orlamünde* zu *Himmelkron* und dem Ehepaar *Otto* und *Beatrix von Botenlauben*.

Die Klosterkirche selbst ist wenig zisterziensisch, eine dreischiffige Pfeilerbasilika mit ehedem doppeltürmiger Westfassade. Das Portal an der westlichen Fassade ist sehenswert: das älteste seiner Art in Bamberg, aus dem Jahre 1154, mit stumpfem normannischen Zackenschmuck. Bambergs Zisterzienserinnerkloster beweist, daß auch die strengen Gefolgsleute Bernhards zu Konzessionen bereit waren und Ausnahmen zuließen, wenn höherer Wille oder die Überlieferung es verlangten.

Am Kloster St. Maria und St. Theodor ist noch mehr außerhalb der Regel und den Gewohnheiten der Zisterzienser: die Lage auf dem Berg und die

Einrichtung in oder bei einer Stadt. Bleibt eben zu vermuten, daß die Zister-zienserinnen-Abtei zunächst als Benediktinerinnenkloster gebaut wurde, was ähnlich auch auf *Heilsbronn* zutrifft und in Würzburg *St. Afra* tatsäch-lich so war.

Wo der Repräsentationswille der hochadeligen Gründer es verlangte, lie-ßen sie sogar das bernhardinische Turmbauverbot außer acht. Nach der Sä-kularisation wurde übrigens einer der beiden Türme abgetragen.

1554 wurde der Konvent der Frauen aufgelöst. „Wegen Verwilderung der Sitten" wird behauptet. 35 Jahre später übernahmen die Karmeliten die ge-samte Anlage. Sie ließen im 18. Jahrhundert die Kirche barockisieren, *Leon-hard Dientzenhofer* wurde mit dieser Aufgabe betraut. Schon 1593, wenige Jahre nach der Übernahme des Klosters, hatten die Karmeliten einen stattli-chen Bibliotheksbau errichtet, Symbol ihres wissensdurstigen Tatendranges bis heute.

Nach der Säkularisation benutzte das bayerische Militär die Klostergebäu-de. Man merkt es dem Kreuzgang und anderen Teilen an, daß hier über eine lange Zeit mangelnder Kunstsinn gehaust hat.

Auch vom Kloster der bambergischen Zisterzienserinnen ging eine starke missionarische Wirkung nach Osten aus, nicht nur vom Domberg oder vom Michaelskloster der Benediktiner. Der Osten war Bambergs Mission. Um die Jahreswende 1202/1203 entsandten die Bamberger Nonnen den Grün-dungskonvent nach *Trebnitz* in Schlesien. Dorthin hatte die heilige *Hedwig,* Nichte der frommen *Elisabeth* und Gattin des schlesischen Herzogs *Hein-rich,* sie ans Werk gerufen. Und Trebnitz seinerseits löste eine ganze Reihe von Zisterzen im ostdeutschen, polnischen und mährischen Raume aus.

Längst haben die Karmeliten wieder das Kloster St. Maria und St. Theodor in der Hand und betreiben von da aus ihre weltweite Missionsaufgabe.

Wechterswinkel in der Rhön

Wer in das kleine Bauerndorf Wechterswinkel im *Elsgrund* bei *Mellrichstadt* kommt, das kaum 200 Einwohner zählt, muß sich anstrengen bei der Vor-stellung, daß dort einst das zweitälteste, außergewöhnlich große Frauen-kloster der Zisterzienser stand. Schon vor 1143 ist es vom Würzburger Bischof *Embricho* gegründet worden. 1147 entsendet es eine Nonnengruppe nach *Ichtershausen,* um dort eine Frauenzisterze zu gründen.

Die jetzige katholische Pfarrkirche St. Cosmas und Damian war einst Maria und Margareta geweiht. Die Weihe der Kirche wird auf 1179 datiert. Zuviel ist verlorengegangen, um ohne Zuhilfenahme der Fantasie die einstige

Ausdehnung auch der Kirche, nicht nur der klösterlichen Anlage, sich vorstellen zu können: Die westliche Vorhalle ist nicht mehr; auch die Nonnenempore und die drei Apsiden des Ostabschlusses sind verschwunden.

Um 1200 waren über hundert Nonnen im Kloster, so daß 1231 keine weiteren mehr aufgenommen werden durften, bis die Zahl wieder auf hundert gesunken war. Kein Wunder, daß Wechterswinkel ein Dutzend Frauenklöster in seiner Abhängigkeit hatte, die es zum Teil besetzt hatte wie *St. Maria und St. Theodor* in Bamberg, zuvor das schon erwähnte Ichtershausen oder danach *Johanniszell* im Thüringischen und *Schmerlenbach* bei Aschaffenburg. Die „Enkel- und Urenkel"-Klöster in Schlesien, Preußen, Polen und Mähren wurden von Bamberg aus vermittelt: *Trebnitz* 1203, *Oslavan* 1225, *Owinsk* 1250, *Olobok* 1213, *Kulm* 1267, *Königsberg* in Ostpreußen 1349.

Die religiöse Frauenbewegung des 12. Jahrhunderts trug den Reformwillen der Zisterzienser mit Leidenschaft durch die Lande. Was von der romanischen Kirche zu Wechterswinkel übriggeblieben ist, läßt die Reformgesinnung mystischer Schlichtheit erkennen. Auch wenn die basilikale Bauanlage von der vorherrschenden Gewohnheit der Zisterzienserinnen abweicht, hauptsächlich einschiffige Kirchen zu bauen wie in *Frauental* bei Bad Mergentheim, *Gnadental* bei Schwäbisch Hall oder *Mariaburghausen* bei Haßfurt: Wechterswinkel hat sich noch eine Basilika geleistet. Im thüringischen Ichtershausen, in Frauenroth und im schlesischen Trebnitz hat man es nachgemacht. Warum? Weil man noch nicht anders zu bauen verstand. Man war noch nicht so weit, schmale schlichte einschiffige Saalkirchen zu schaffen wie bald danach.

Über 100 Nonnen zählte der Konvent siebzig Jahre nach seiner Gründung. Die Besitzungen und Einkünfte des Klosters stiegen enorm. In der Mitte des 14. Jahrhunderts bezog es sie aus 150 verschiedenen Ortschaften.

Der Bauernaufstand von 1525 zeigt, daß das übermächtig gewordene Kloster den kleinen Leuten verhaßt geworden war. Der große katholische Reformer Fürstbischof *Julius Echter* säkularisierte es 1589 als eines der Ersten und verwendete sein Vermögen für die umliegenden Pfarreien und die Universität, die er in Würzburg gründete.

Die Klosterherrlichkeit ist längst dahin. Aber noch erinnert Sagenhaftes an einstiges Klosterleben – und an das volkstümliche Mißtrauen. Der unterfränkische Sagensammler *Ludwig Bechstein* hat notiert: „Unweit im Pfarrdorf Frickenhausen im Landgericht Mellrichstadt liegt auch Wechterswinkel, ein Pfarrdorf und ehemals ein bedeutendes Kloster. Wenn man auf dem Weg von Mellrichstadt beim Wassermeer herumkommt, sieht man in der äußeren Ringmauer des Klosters eine Schuhsohle als Wahrzeichen eingedrückt. Eine Nonne in jenem Kloster war beschuldigt worden, das Gelübde der Keuschheit gebrochen zu haben und in der Hoffnung zu sein. Sie war aber unschuldig und trat mit ihren kleinen Füßen so heftig gegen den Stein, daß gleich in ihm die Spur ihres Fußes zum Wahrzeichen ihrer Unschuld haften blieb." – So die weiblich-monastische Ausgabe der männlich-raubritterlichen Schweppermannsage von Nürnberg.

Kein Wunder, daß man in Wechterswinkel oft genug das Alpdrücken erlebte. Auch darüber berichtet Bechstein: „Zu Wechterswinkel im Kloster diente ein junger bildhübscher Knecht, den drückte oft der Alp ... Er klagte einem weisen Mann seine Not, und der sagte ihm, es sei nichts leichter, als den Alp zu bannen, der Knecht solle nur, wenn er wieder drücke, herzhaft dahin greifen, wo er ihn fühle und das, was er fasse, festhalten und einsperren. Diesem Rat folgte der Knecht, und als der Alp ihm wieder heftig drückend auf der Brust lag, griff er zu und faßte – eine Flaumfeder ... Plötzlich war ihm federleicht zumute, er sprang aus dem Bett und schloß die Feder in ein kleines Kästchen. Am anderen Morgen ging ein Geschrei durch das ganze Kloster, es sei eine Nonne in ihrem Bett erstickt und also tot gefunden worden. Zufällig begegnete der Knecht dem weisen Mann und erzählte ihm das mit der Flaumfeder und auch als etwas Neues, daß eine Nonne erstickt sei. Da sprach jener Mann: ‚Um Gottes willen, schließ deinen Kasten auf, und laß die Feder fliegen!‘ Der Knecht tat's, und da flog die Feder gerade in die Zelle der gestorbenen Nonne, wo das Fenster offen stand, und zur Stunde wurde jene wieder lebendig. Der Knecht hatte nie wieder Alpdrücken."

Schönau bei Gemünden

Versteckt und unbekannt liegt das ehemalige Minoritenkloster *Mariä Empfängnis* am Saalezufluß bei Gemünden am Main. Wenn man von Schönau, dieser verborgenen Insel des Friedens, überhaupt redet, verwechselt man es gerne mit dem größeren *Schönau* zwischen Bad Neustadt und Bischofsheim. 1189 hat *Philipp von Thüngen* das Zisterzienserinnenkloster Schönau gestiftet. Weil er hoffte, daß seine Stiftung am besten unter den Schutz des Würzburger Bischofs führe, übertrug er den gesamten Besitz dem Stuhl des heiligen Kilian. Er wollte es nicht einer weltlichen Vogteiherrschaft unterworfen wissen.

Im Kreuzgang an der Kirche sicherten sich die Herren von Thüngen ihr Erbbegräbnis. Auch die Grafen *von Rieneck* machten mit. Ihre Töchter nahmen zu Schönau den Schleier, nicht weniger als sieben Äbtissinnen stellte das edelfreie Geschlecht. Und gerne wären sie Vögte geworden. Schließlich waren sie ja die Vögte des Stiftes zu Fulda. Volle zwei Jahrhunderte bemühten sich die zähen Rienecker, bis der Würzburger Bischof sich abfinden ließ. Da war es fast zu spät. Das Kloster war arg heruntergekommen. Der Bauernaufstand tat ein übriges dazu. 1553 wurde es liquidiert. 1699 kam es in die Hände der Franziskaner-Minoriten zu Würzburg.

Von der ältesten Anlage ist nichts mehr erhalten. Es war nach dem Schema der Zisterzienserinnen gebaut, mit Nonnenempore und Gruft und einer Sakristei an der Nordseite, Rudiment einer ursprünglichen Kreuzkirchenanlage. Die Franziskaner bauten die ganze Anlage um und versahen die Kirche mit einem hölzernen Scheingewölbe, später stellten sie ein schönes Chorgestühl mit einem eindrucksvollen Apostelzyklus auf und dekorierten die Langhauswände mit einheitlich gerahmten großen Ölbildern, die Szenen aus dem Leben Jesu darstellen.

Bischof Hermann von Lobdeburg

Es gibt keine deutsche Landschaft, die so viele Frauenzisterzen hat wie der Bereich Frankens, den man im Verwaltungshochdeutsch „Unterfranken" nennt. Sie lagen fast ausnahmslos im Bereich der Diözese Würzburg. Hermann von Lobdeburg hatte eine bemerkenswerte Vorliebe für die Zisterzienserinnen. *Himmelspforten*, *Frauenroth*, *Maidbronn*, *Frauental*, *Heiligenthal*, *Mariaburghausen*, *Vallis s. Mariae* in *Böckingen* bei Heilbronn, *Seligental*, *Gnadental*, *Lichtenstern* ließ er gründen. Er ahnte offensichtlich, daß eine neue Form des monastischen Lebens nötig sei neben dem Gebet und wirtschaftlich-gesellschaftlicher Bestätigung, wie es benediktinischer Regel entsprach, das Ja zum Verzicht, das Ja zur Armut und zur Arbeit. Und er wußte offensichtlich, daß eine Zeit der Frauen angebrochen war. Dieser Ideale wegen hat der Lobdeburger auch die Bettelorden, die sich auftaten, entschlossen unterstützt. Nach Würzburg ließ er sie scharenweise kommen, die Dominikaner, die Minoriten des Franziskus, die Karmeliten, die Reuerinnen. Offensichtlich hatte der Herrschaftsmensch Hermann auf dem Würzburger Bischofsstuhl für die neuen Trends seiner Zeit einen Spürsinn.

Hermann von Würzburg zählte zu den Reformern seiner Epoche. Er war feudaler Aristokrat wie es alle Bischöfe seit Karl dem Großen waren, in erster Linie Politiker, Diplomat, Reichsfürst. So verstand man damals das Bischofsamt. Sein Hin- und Herpendeln zwischen dem Kaiser und dem Papst, seine außergewöhnlich intensive Förderung des Klosterwesens sind aber zugleich ein Hinweis darauf, daß er tiefer blickte und wußte, worauf es ankam, und ahnte, wohin die Entwicklung ging.

Hermann von Lobdeburg ist Würzburgs große mittelalterliche Bischofsgestalt. Er kommt seinem historischen Range nach durchaus *Otto von Bamberg* gleich, der zwei Jahrhunderte vor ihm sich als ähnlicher Virtuose der

Würzburg mit der Marienburg (Unser Frauen Berg).

Reform bewährte. Hermanns Leistungen kamen Würzburg zugute. Dabei kam ihm entgegen, daß Kaiser *Friedrich II.* Würzburg schätzte. Die Staufer weilten oft in der Mainmetropole.

Man weiß nicht genau, wo der Lobdeburger geboren ist. Die Wiege der Edelfreien von Lobdeburg soll an der Wörnitz gestanden haben, dort, wo sie später ihr Hauskloster *Auhausen* errichteten; von da habe sich die Familie ins Thüringische verzogen, nach *Lobdeburg* bei *Jena.* Die dichten Beziehungen zwischen dem Kloster Auhausen und nordfränkisch-thüringischen Familien beweisen zumindest den engen Zusammenhang zwischen der südfränkischen Wörnitzherrschaft und dem Grabfeld – wie dem Radenzgau. Von 1225–1254 regierte Hermann von Lobdeburg das Würzburger Hochstift. Seine Schwester *Adelheid* war Äbtissin von *St. Afra* in Würzburg. Sein Onkel *Otto von Lobdeburg* war sein Vorvorgänger im Bischofsamt, auch er kräftig mitmischend in der Reichspolitik, tatkräftig, herrschaftsbewußt, durch und durch mächtiger Mann seiner Zeit, ganz so, wie man sich damals eben Bischöfe vorstellte. Von 1207–1223 regierte er.

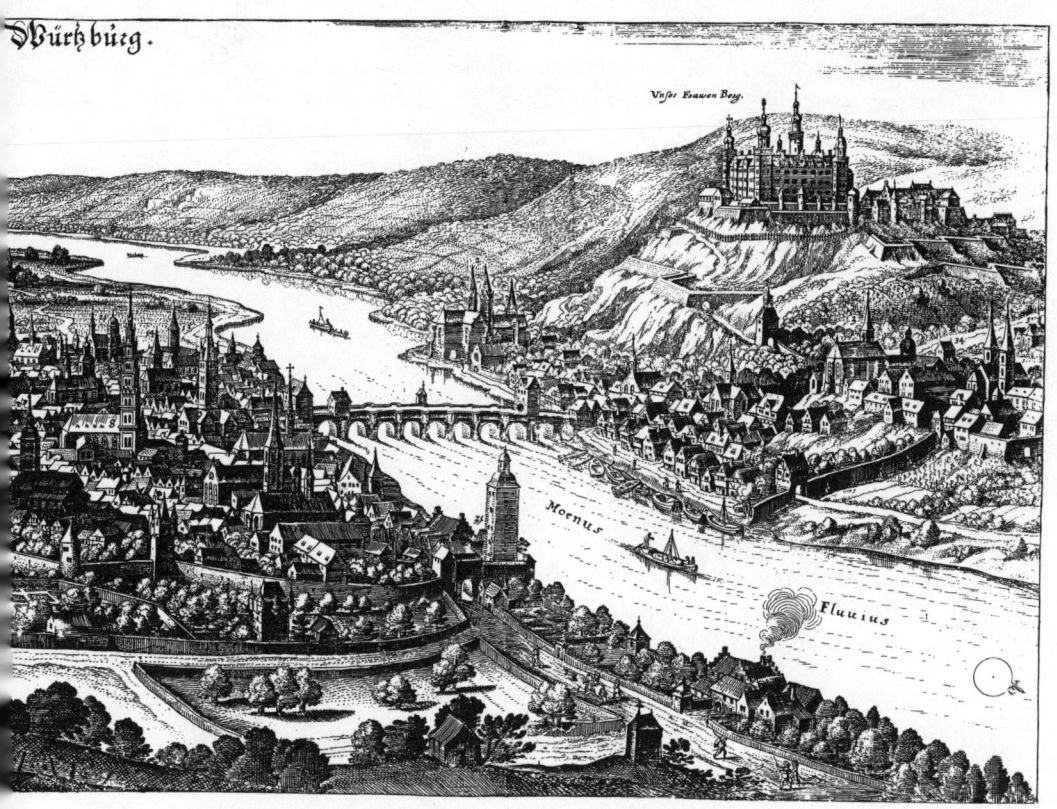

Aus Matthaeus Merians Topographien von Franken, 1648.

Bischof Hermann war ständig mit dem Kaiser unterwegs, vermittelte zwischen ihm und dem Papst, besuchte im Auftrag seines Herrn den König von Frankreich, *Ludwig IX.*, den Heiligen, und nebenher baute er das Territorium seiner Diözese kräftig aus. Er kaufte und erbte für sein Reichsstift, was nur zu haben war, zum Beispiel die Stammburg des berühmten Minnesängers *Otto von Botenlauben*, dem wir als Gründer von *Frauenroth* begegnen. Unmittelbar ehe er sein Amt als Bischof antrat, wurde er zu Magdeburg im September 1525 zum Priester und zum Bischof geweiht. So schnell ging das damals. Als geistlicher Herr hat er in seiner Diözese zahlreiche Weihehandlungen durchgeführt, Kirchen und Pfarreien, Klöster und Stifte einander zugeordnet und – vor allem – neuere Formen des Mönchstums unterstützt.

Das Neue an den Bettelorden war, daß sie sich als städtische Orden verstanden. Sie hielten sich ans Bürgertum; Franziskus war ein Bürgersohn gewesen. Sie erkannten, daß die Menschen, die in einer höheren sozialen Mobilität lebten, mit den alten Methoden der Kirche nicht mehr zu halten waren. Neue Formen der Seelsorge mußten entwickelt werden. Es mußte in

209

einer neuen Sprache geschehen, in der Volkssprache. Neue Leitbilder muß-ten entwickelt werden, die der Armut und der Gewaltlosigkeit. Predigerstel-len wurden geschaffen. Schon die Zisterzienserinnen hatten sich entgegen dem ursprünglichen Brauch gerne in Stadtnähe angesiedelt; *Mariaburghausen* bei Haßfurt beweist es. Andere ließen sich inmitten der Stadt nieder, *St. Theodor* in Bamberg ist dafür ein Beleg.

Der im großen europäischen Rahmen denkende und handelnde Bischof Hermann I. von Würzburg hat in Franken Wirkungen ausgelöst, die sechs-bis siebenhundert Jahre zu spüren waren. Die *Marienburg* ist das sichtbarste Zeichen. Ein Jahr vor seinem Tod hat er sie vollendet und ist nach heftigem Streit mit dem würzburgischen Bürgertum, das mehr Rechte wollte, nach-dem es längst schon mehr wirtschaftliche Macht gewonnen hatte, hinaufge-zogen.

Die Figur, die er selbst verkörperte, entsprach freilich nicht mehr den wahren Idealen jener Zeit; so blieb ihm, anders als dem mächtigen *Otto von Bamberg*, die Ehre versagt, als Heiliger offiziell anerkannt zu werden, wenn die Menschen ihm auch in verehrender Erinnerung – einem Heiligen gleich – anhängen.

Frauenroth bei Bad Kissingen

Wer von Frauenroth erzählt, muß sich entscheiden zwischen Geschichte und Gegenwart. Karg ist die Gegenwart, grenznah, eisig; rauh im Winter, herb im Frühjahr, auch im Sommer und im Herbst. Und rauh war die Ver-gangenheit. Ob es dieser Landschaft zu danken ist, daß *Otto von Botenlauben* zu einem der großen Minnesänger seiner Zeit und zu einer der frömmsten Gestalten seiner Tage wurde, ohne je zum Heiligen erklärt worden zu sein? Zur offiziellen Heiligsprechung fehlte ihm vermutlich die nötige Lobby; sein Geschlecht, die *Henneberger*, war am Aussterben; das Gebiet, in dem er verwurzelt war, war nicht interessant genug. Auch deshalb lohnt es sich, von ihm ein wenig zu erzählen – und damit vom Zisterzienserinnenkloster, das er 1231 gegründet hat.

Das Grabmahl Ottos und seiner Frau *Beatrix,* das bald nach 1245 ausgeführt wurde und im Chor der alten Pfeilerbasilika angebracht ist, beflügelt dazu. Wer es einmal gesehen hat, den läßt es nicht mehr los. Hier ist die Liebe zweier Menschen in Stein geschrieben, aus dem Stein herausgemeißelt, den Menschen vor Augen geführt – humane Heiligkeit. Da denkt man nicht mehr an Baustil und Bildkunst, nicht mehr an Romanik, Gotik oder was auch immer: dieses Werk ist zeitlos, weshalb es auch etwas stilisiert wirken muß.

Seinem Vater schon war das Heilige Land zum Schicksal geworden; er starb 1190 als Teilnehmer an dem Kreuzzug, der auch *Barbarossa* das Leben gekostet hatte, in Syrien. Das Heilige Land wurde auch Otto von der Botenlauben zum Schicksal. Denn dort fand er seine Frau. Um 1205 hat er Beatrix, die Tochter Joszelins von Courtenay, in Jerusalem geheiratet.

„Herr, Gott, du sollst mir Hilfe sein,
   daß ich mir und ihr noch erwerbe die Gnade dein."

So dichtete der Mann, und es war ihm ernst damit. Er war in Palästina zum Reichtum der Erfahrung irdischer Liebe und auch zum irdischen Besitz gekommen. Nach kurzem Aufenthalt in seiner Heimat um 1219 reiste er zurück nach Jerusalem, um zu verkaufen, was er dort an Gütern und Ländereien erworben hatte. Vertragspartner war der Deutsche Orden in Jerusalem unter Führung *Hermanns von Salza*. Einzelhöfe, zwei Dutzend Dörfer und sonstigen Besitz übertrug er den Ordensrittern und kehrte heim auf die Burg seiner Familie, *Botenlauben* bei Kissingen. Er war mit der heiligen *Elisabeth*, der Landgräfin von Thüringen, verwandt und bewunderte sie. Seine Frau desgleichen. Beide folgten sie ihrem Beispiel.

Elisabeth muß die Menschen ihrer Tage fasziniert haben. Wer sie kannte, fing an, auf seine Weise ihrem Beispiel zu folgen. 1231, in dem Jahr, in dem sie starb, gründeten Otto und Beatrix das Kloster Frauenroth – „Der lieben Frauen Rothung", ein Marienkloster. Sie taten es damit ihren hohenlohischen Freunden *Gottfried* und *Konrad* gleich, die um die gleiche Zeit bei Mergentheim *Frauental* stifteten. Man kannte sich ja gut. Über den Deutschen Ritterorden stand man – nicht nur von Jerusalem her, sondern auch in der fränkischen Heimat – in engster Verbindung. Sogar im fernen Jerusalem wurden die Grafen von Hohenlohe zu Geschäftspartnern derer von Botenlauben, ihrer fränkischen Landsleute.

Mit dem Erlös des Verkaufs seiner Güter beschenkte Otto von Botenlauben das Kloster. Ein paar Weingärten, Pferdeställe, zwei Häuser und eine Kapelle behielten Otto und Beatrix für sich. Das Kloster war ihr Lebensinhalt geworden. Otto reicherte die Anlage zudem um ein Spital an.

So endete im 13. Jahrhundert ein fränkisches Adelsgeschlecht. Freiwillig wählten die Letzten die Armut und den Dienst am Nächsten; so fanden zwei Menschen, nein, eine ganze Familie, den Sinn ihres Seins; so verstanden sie den göttlichen Auftrag für ihre Existenz. Anfangs ein welthungriger, lebensgieriger junger Mann, erfolgreich, geistesstark, tiefsinnig, weltzugewandt – am Ende legte er alle Macht, allen Besitz und alles vordergründige Ansehen beiseite. Nur die Gemeinschaft Gottes und seiner Gattin wollte er erleben. Gedichte aus jener Zeit gibt es nicht mehr. Hat ihm das neue Leben die Sprache verschlagen? Fand er keine Worte mehr für das, was er empfand? Wir wissen es nicht. Das Bildnis aber lebt fort – in einer Klosterkirche, die der zweiten Generation der Zisterzienserstiftungen zuzurechnen ist. 1245 ist

Otto gestorben. Kurz vorher hatte er seine Besitzungen unter anderem in *Iphofen, Fuchsstadt, Steinach* und dazu den Burgstall dicht über dem Kloster den Zisterzienserinnen zu Frauenroth vermacht. Der Würzburger Bischof *Hermann von Lobdeburg*, der diese Schenkung zu genehmigen hatte, beurkundete mit den Worten: „Glückselig und vielfach gesegnet die, welche eingedenk sind, Gutes zu säen in die Gegenwart, um in der Zukunft zu ernten! Dessen eingedenk und davon bewegt, hat der edle Graf Otto, genannt von Botenlauben, mit dem Wunsche, sich die guten Vorgänger zu Freunden zu machen, die ihn nach Ablehnung dieser Sterblichkeit aufnehmen in die ewigen Hütten, um mit den Auserwählten zur Rechten versammelt zu werden, zu Ehren des allmächtigen Gottes und seiner Gebärerin, der ewigen Jungfrau, sein Eigentum ... dem Kloster Frauenrode mit Einverständnis seiner glückseligen Gattin Beatrix zum Eigentum geschenkt und übergeben".

Sein Landsmann, *Hugo von Trimberg*, Rektor am Stift *St. Gangolf* zu Bamberg, hat zwei Generationen später, um 1300, in seinem Lehrgedicht „Der Renner" dem Henneberger einen schönen Nachruf geschrieben:

„Geiz, Trägheit und Unkeusch, Mutwille und sinnlich Täusch
haben manche Herren also besessen,
daß sie der Weise gar vergessen,
in der hiervor edle Herren sungen,
von Botenlauben, von Mohrungen ..."

Nur die Kirche, eine stattliche Pfeilerbasilika, ist übriggeblieben vom Frauenkloster in Frauenroth, Markt *Burkardsroth*. Eine schlichte Anlage, die im Vergleich zu allen anderen Kirchen der Umgebung auch dem Unkundigen auffallen muß. Die Deckplatte des Grabmals für das Stifterehepaar Otto und Beatrix von Botenlauben ist ihr kostbarster Besitz.

Himmelthal bei Miltenberg

Es nähme Wunder, wenn nicht auch die mächtigen mainfränkischen Grafen von Rieneck sich durch eine Klostergründung eine angemessene Grablege, ihren weiblichen Nachkommen einen austräglichen Verbleib und für die eigene Herrschaft ein neues Machtinstrument geschaffen hätten. Fromme Hoffnungen müssen solche praktischen Erwägungen ja nicht ausschließen. Im Gegenteil.

1232 schenkte Graf *Ludwig II. von Rieneck* mit seiner Gemahlin *Adelheid*, einer Gräfin *von Henneberg*, die notwendigen Güter zur Klostergründung. Das Recht auf Schutz und Schirm des Klosters behielt er sich vor, und es blieb in den Händen der Rienecker bis zu deren Aussterben 1559.

Die geistliche Aufsicht lag beim Erzstift in Mainz. 1236 vertraute Erzbischof *Siegfried* dem Zisterzienserinnenkloster die Pfarrei *Erlenbach* an.

Von den ursprünglichen Bauten des Klosters ist nichts mehr zu sehen. Was die Zerstörungen des 16. Jahrhunderts überstand, ist von den Jesuiten umgebaut und dem Geschmack der Zeit entsprechend barockisiert worden. 1595 hatten sie die Zisterzienserinnen beerbt, deren Kloster 1568 nach dem Tod der letzten Nonne, die zugleich auch Abtissin war, zunächst dem Erzbischof als erzstiftischer Kameralhof gedient hatte.

Maidbronn bei Würzburg

Aus dem Jahre 1232 datiert die Stiftung der Zisterze für fromme Frauen in Maidbronn. Kein anderer als *Hermann I. von Lobdeburg* ist der Gründer. Zunächst stand das Kloster in *Ezelnhausen*, wurde aber schon 1235 nach Maidbronn verlegt; dort war es dem Gründer näher, das Klima war milder, die Lage günstiger.

Aus dem Jahre 1290 gibt es eine Urkunde über den Klosterbau. Die Kirche ist geprägt von den frühen gotischen – noch fast romanischen – Bauvorstellungen, eine Saalkirche mit eingezogenem rechteckigem Chor. Ausgangspunkt des ganzen Baues ist das Chorquadrat (wie auch in *Gnadental*). Dem Beispiel der Bettelorden folgend mauerte man es länglich, so daß ein schmaler, gestreckter Chorraum entstand. Nicht ein Vieleck schließt den Chor ab, wie man es später liebte, sondern eine gerade Wand, die freilich – Zeichen der sakralen Bedeutung des Raumes – mit einem hoheitsvoll gestalteten Fenster verziert ist.

Von der Klosterkirche ist der Laienteil des Langhauses noch erhalten, dazu der Chor mit dem Kreuzrippengewölbe, mehr nicht.

Das Kloster ist klein geblieben. Die Bauernkriege gaben ihm den Rest. Selbst so nahe an der Bischofsresidenz war es nicht zu halten. Bischof *Melchior Zobel von Guttenberg* überließ es *Wilhelm von Grumbach*; als der aber geächtet wurde, zog es der Würzburger Bischof wieder an sich. *Julius Echter von Mespelbrunn* schlug es dem Juliusspital zu.

Die größte Kostbarkeit aus der sonst so ärmlichen Geschichte ist das Steinrelief „Die Beweinung Christi". Würzburgs großer Meister *Tilman Riemenschneider* hat es geschaffen. „Eines der letzten und in der Darstellung der trauervollen Stimmung wie in den überlegten Komposition eines der reifsten Werke des Meisters", schreibt *Georg Dehio*. Man vermutet, daß es ursprünglich für den Epitaph der Herren von Grumbach in Auftrag gegeben wurde. Seinen heutigen Platz fand es im Jahr nach dem Bauernkrieg, 1526. In der

Gestalt des Nikodemus am Pfahl des mittleren Kreuzes erkennen Sachverständige ein Selbstbildnis Tilman Riemenschneiders. „Ein letztes Werk, nicht nur des Meisters, sondern auch der Zeit" nennt *H. M. von Freeden* die Beweinung, „beseelt durch eine vorher nicht und nachher nie wieder erreichte Innerlichkeit und echte Größe des Gefühls". Allein schon diese Kreuzabnahme rechtfertigt einen Ausflug nach Maidbronn. Die Maidbronner haben den Weg zu „Riemenschneider" vorzüglich ausgeschildert.

Von der Unterkirche, der Gruft, ist nur noch ein Joch erhalten. Das Übrige steckt im Pfarrhaus, zu dem der Westteil der Kirche 1885 verbaut wurde.

Heiligenthal bei Schwanfeld

Mitten in der Gemarkung der uralten karolingischen Siedlung Schwanfeld, eineinhalb Kilometer südwestlich vom Dorf, in einer einsamen Talniederung, liegt das Kloster zu *„Bonnebach"*. So hieß die Stätte, als 1233 *Jutta von Fuchsstadt* das *„Vallis sanctorum"*, das Kloster im Tal der Heiligen, stiftete. Sie hatte ihren Bruder, den Ritter *Helebold von Fuchsstadt*, dafür gewonnen, das Kloster gründen zu können. Bischof *Hermann von Lobdeburg* der unermüdliche Klostergründer, gab schon am Neujahrstag 1234 der frommen Frau, die in *Esleben* an der Rhön bereits in einer klösterlichen Gemeinschaft lebte, seine Zustimmung und den Namen für die Stiftung. Sich selber und seinen Nachfolgern sicherte er ein Mitspracherecht bei der Wahl zur Äbtissin sowie in allen Angelegenheiten von rechtlichem Belang. Jutta von Fuchsstadt wurde die erste Äbtissin; sie stand in hohem Ansehen. Sie plante, weitere Klöster zu gründen. Schon 1236 beteiligte sie sich an der Gründung des Odenwaldklosters *Seligental*; bald darauf an der des Klosters *Sturs*, östlich von Schweinfurt, das später nach *Mariaburghausen* verlegt wurde.

Im 15. Jahrhundert machte das Kloster schwere Zeiten durch. Eine Zeitlang scheint der Konvent aufgelöst gewesen zu sein. Bischof *Lorenz von Bibra* holte 1501 die Äbtissin von Marburghausen nach Heiligenthal, um Abhilfe zu schaffen: seit vierzig Jahren sei das Kloster „mißbraucht" worden. Durch den Bauernkrieg geriet erneut alles durcheinander. Bischof *Julius Echter* löste 1579 Heiligenthal auf und verwendete die Klöstergüter für Universität und Spital. Die Nonnenempore wurde zum Getreidespeicher, die Kirche teilweise Wirtschaftsschuppen und Lagerraum. Nur der Chor dient noch zu Gottesdiensten. Würzburgs Bischof ging kaum schonungsvoller mit Heiligenthal um wie Ansbachs Markgraf mit Frauental.

214

Gnadental in Hohenlohe

Im Jahre 1238 schenkte das ritterliche Ehepaar *Konrad* und *Kunigunde von Krautheim* an der Jagst einen beträchtlichen Teil seiner Güter zur Gründung eines Klosters in *Hohebach*. Bischof *Hermann von Lobdeburg* gab auch da freudig seine Zustimmung. Die Nonnen müssen sehr bald in das Tal der kleinen Biber zwischen Schwäbisch Hall und Waldenburg gezogen sein, vielleicht noch im selben Jahr. Jedenfalls bestätigte am 3. Januar 1245 Papst *Innozenz IV.* der Äbtissin ihr Kloster „*Vallis gratiae*", Gnadental, in der Diözese Würzburg.

Im Jahre 1266 zog sich Konrad von Krautheim ins Kloster zurück; es ging auf sein Ende zu. Die Schutzvogtei übertrug er seinem Neffen *Kraft von Hohenlohe*. Mitte der 15. Jahrhunderts muß es auch im Gnadental schlimm ausgesehen haben. Visitator des Klosters Gnadental war der Abt von *Schöntal*. Im Jahre 1468 sah sich Abt *Bernhard* veranlaßt, auf die Einhaltung der Regeln bei Äbtissin und Nonnen zu drängen. Von den Kaplänen verlangte er, darüber „zu wachen, daß im Kloster Stille herrsche, das Herumschweifen aufhöre, das Tor bewacht und geschlossen werde". Weltlichen Personen müsse der Zugang verboten werden. Und niemand dürfe ohne Erlaubnis das Kloster verlassen. Das Stundengebet sei regelmäßig bei Tag und Nacht zu verrichten, die Kapläne selbst hätten nur die notwendigsten Besuche im Kloster wahrzunehmen und sich um die Seelsorge zu kümmern. Eine deutliche Anweisung.

1536 trat die Äbtissin *Anna Nothaft* zurück, um zu heiraten. Die Herren von Hohenlohe brachten ihre gestrenge Schwester *Helene* daraufhin als Äbtissin von Gnadental unter; sie war der Reformation wegen aus *Lichtenstern*, der Nachbarzisterze, vertrieben worden.

Ab 1551 wurde in Gnadental die Reformation eingeführt. Die Grafen von Hohenlohe schlugen das Klostergut ihrem Besitz zu. An Lichtmeß 1557 zog der erste evangelische Pfarrer ein.

Die letzten Nonnen wurden an seinem Tisch beköstigt; die geistliche Betreuung übernahm der Kaplan der Comburg. Den Damen wurde eine kleine Pension ausbezahlt. Die altgläubige Priorin scheint sich mit dem evangelischen Pastor gut verstanden zu haben; bei einer Pfarrerstochter übernahm sie sogar das Patenamt – eine frühe Handlung der Ökumene.

Gegen Ende des Dreißigjährigen Krieges richtete Graf *Wolfgang Julius von Hohenlohe-Neuenstein* in Gnadental ein Spital ein. Das Gebäude ist noch vorhanden. Solche Verwendung des Klostergutes entsprach dem Willen der Reformatoren.

Die Gnadentaler Kirche entspricht voll und ganz den Baugewohnheiten des Zisterzienserordens. Der plastische Schmuck der Kirche verdient Beachtung, zum Beispiel „das Nönnchen" an einem der äußeren Strebepfeiler oder die Konsolen und Säulenkapitelle im Inneren.

Ursprünglich war das Kirchenschiff dreigeteilt. Im Osten befand sich in der eingewölbten Unterkirche der Laienteil, darüber der Nonnenchor, den die Konventsmitglieder durch eine eigene Pforte von der Klausur her betraten; beides war auf den rechteckig geschlossenen Chor ausgerichtet.

Der Ostteil der Kirche, ehedem der Chor, die Laienkirche und ein Teil der Nonnenempore, befinden sich wieder in bestem Zustand. Die gründliche Renovierung in den 60er Jahren hat die Schönheit des Steinmaterials wieder zum Leuchten gebracht.

Besondere Beachtung verdienen die Maßwerke der Fenster; für sie gibt es andernorts keine Parallele. Schade, daß dieses schöne Kirchenbauwerk so oft übersehen wird. Es ist von hoher kunstgeschichtlicher Bedeutung, ein Schmuckstück im fränkischen Hohenlohe.

Lichtenstern bei Löwenstein

Der Fremde braucht einige Zeit, bis er Lichtenstern findet. Die Anfahrt durch den Waldenburger Forst, einige Kilometer vor Löwenstein, kann er leicht verfehlen – und ob er auf dem richtigen Weg ist, bezweifelt er, bis er sein Ziel erreicht hat: dann aber ist es ihm, als säße er auf einem „lichten Stern", weit vorgeschoben auf der spitzen Nase des Berges, mit einem herrlichen Blick über die Hohenloher Ebene, halbwegs zwischen Schwäbisch Hall und Heilbronn. Lichtenstern gehört zwar zum Landkreis Heilbronn; dennoch ist es geschichtlich dem Fränkischen zuzurechnen.

Das Kloster ist offensichtlich eine Gemeinschaftsgründung derer von *Weinsberg* und der Schenken von *Limpurg*. Beide Geschlechter blieben lange Wohltäter des Klosters. 1242 bestätigte der Würzburger Bischof *Hermann von Lobdeburg* die Stiftung; aus dem Jahre 1257 stammt das große Ordensprivileg, das Papst *Alexander IV.* ausstellte.

Die ersten Nonnen des Klosters „*Clara Stella*" kamen aus dem mainfränkischen *Himmelthal*. Die dortige Zisterze war überfüllt. Es lag nahe, daß die Äbtissin von Himmelthal, eine Weinsbergerin, ihrer Familie bei einer Neugründung im heimatlichen Gebiet half. Dies um so mehr, als die Limpurger und die Weinsberger so zu einer Familiengrablege kamen, wie sie die hohen Herrschaften für standesgemäß hielten.

Bischof Hermann hatte auch bei dieser Klostergründung seine Hand im Spiel, wie bei knapp einem Dutzend anderer Klöster in seiner Diözese. Dabei mögen ihn reichspolitische Erwägungen ebenso geleitet haben wie territoriale Gesichtspunkte zur Sicherung seiner neuesten Erwerbung, der *Grafenburg* zu *Löwenstein*. Klostergründungen waren in jener Zeit oft mehr durch politisch-strategische Erwägungen motiviert als durch rein religiöse Überzeugungen. Auch die staufische Reichspolitik spielt herein. 1234/35 war die Zeit der großen Empörung König *Heinrichs* gegen seinen Vater *Friedrich II.*, der deshalb nach Deutschland reiste. In Wimpfen unterwarf sich Heinrich. Der Schenk von Limpurg stand auf Heinrichs Seite.

Er mußte einen Teil seiner Besitzungen an Bischof Hermann von Würzburg abtreten sowie an die Hohenlohe um *Hermann von Salza*, den Gründer des Deutschen Ritterordens.

Erst 1268, eine Generation nach der Gründung, wurde das Kloster vollständig dem Zisterzienserorden inkorporiert. Im Jahre zuvor waren die Äbte von *Bronnbach* und *Schöntal* mit der Aufgabe betraut worden, das Kloster nach den Gewohnheiten des Ordens einzurichten. In der folgenden Äbteversammlung wurde der Abt von *Maulbronn* zum Vaterabt bestellt.

Auch in Lichtenstern entstand eine klassisch-strenge ziesterziensische Frauenklosteranlage. Der einschiffige Saalbau der Kirche wurde offensichtlich in einem Zug hingestellt. Eine Mauer trennt den Kirchenraum in Unterkirche, Empore und Chorkirche. Um 1280 dürfte der Bau abgeschlossen gewesen sein, der den Konvent wirtschaftlich arg belastet zu haben scheint. Die Klosterfrauen litten „Mangel und Armut", heißt es in einer Urkunde der Johanniter von Hall. Das mag freilich auch eine formelhafte Redewendung gewesen sein, denn über zwei Jahrhunderte hinweg wurde Lichtenstern andauernd beschenkt und mit Stiftungen ausgestattet; die kritischen zwei Jahrzehnte des Mißwuchses ab 1310 überstand es ebenso wie die Pestepedemie, die Ende der vierziger Jahre ausbrach. Im 15. Jahrhundert hat es seinen Besitz noch einmal kräftig ausgedehnt.

Der Bauernkrieg hat Lichtenstern arg getroffen. Der Schaden wird mit drei Jahreseinkommen beziffert, 600 Gulden.

Sichere Unterlagen über die Größe des Konvents gibt es nicht. Man nimmt an, daß er mit etwa 20 Nonnen besetzt war.

1554 wurde das Kloster aufgelöst. Schon 1534 hatte Württembergs Herzog *Ulrich* angeordnet, daß die Klöster nur noch Prediger anstellen dürften, die „das reine Evangelium verkündigen." Die Lichtensterner Klosterfrauen wollten nicht zustimmen. Sie baten um weitere Beschäftigung ihrer „Religiosen", der katholischen Klosterpriester. Der Herzog lehnte ab. Am Ende blieb den „Klosterweibern", wie sie ein Dokument aus jener Zeit nennt, nichts anderes übrig, als den aufgelösten Konvent zu verlassen. Drei Lichtensterner Nonnen traten zur evangelischen Kirche über. Zwei Damen blieben im Kloster. 1575 und 1578 sind sie den Weg getragen worden, „den niemand gewenden möcht" – die letzten von etwa 200 Frauen, die in 300 Jahren zu Löwenstern als Nonnen gelebt haben.

Während des schrecklichen Glaubenskrieges kam es 1638 erneut zur Ansiedlung von sieben Ordensschwestern; im Frieden von Osnabrück wurde das Kloster Lichtenstern unter dem Namen *Marienkron* ausdrücklich dem Hause Württemberg zugesprochen und damit protestantisch. 1836 wurden die klösterlichen Überreste von Lichtenstern als Anstalt der Inneren Mission verwendet.

Die „Evangelische Stiftung Lichtenstern" bietet „geistig behinderten Menschen unterschiedlichen Alters, beiderlei Geschlechts, jeder Konfession, möglichst aus der näheren Umgebung stammend, eine Versorgung und Förderung an, die ihren Fähigkeiten, Bedürfnissen und ihrem Behinderungsgrad gerecht werden." 1963 wurde die „Kinderrettungs- und Lehrerausbildungsanstalt" in die Stiftung umgewandelt, die zur Zeit bis zu 300 geistig behinderte Menschen beherbergt.

Seligenporten bei Neumarkt

Auch an der östlichen Grenze Frankens, zum bayerischen Gebiet hin, das in den Händen der kurpfälzischen Wittelsbacher lag, entstand früh ein zisterziensisches Frauenkloster. 1230 zogen zehn Frauen aus Neumarkt nach *Pilsach*. Sie lebten dort ohne Ordensregel unter ihrer Vorsteherin Adelheid. Vermutlich war es eine Beghinengruppe, wie sie auch in *Nürnberg* waren (und von dort nach *Engelthal* zogen).

1242 hat der Reichsministeriale Graf *Gottfried I. von Sulzbürg-Wolfstein* alten Aufzeichnungen zufolge mit seiner Frau *Adelheid von Hohenfels* durch umfangreiche Stiftungen ein Kloster ermöglicht. Die erste Äbtissin kam aus *Maidbronn* bei Rimpar, nahe Würzburg. Seligenporten wurde sogleich mit 45 Nonnen besetzt. Auch bei dieser Gründung dürfte Würzburgs Klostergründer *Hermann von Lobdeburg* mitgeholfen haben.

Zunächst hieß das Kloster nach der Hofstatt des Stifters „zu den Eichen". Den Namen „*Felix porta*", Selige Pforte, klangvoll-verlockend wie alle zisterziensischen Namensschöpfungen, war erstmals 1247 zu lesen, als das Generalkapitell in *Citeaux* den Aufnahmeantrag der Neumarkter Frauen und des Sulzbürger Grafen beriet. Die Genehmigung des zuständigen Diözesanbischofs *Heinrich von Eichstätt* folgte in ungewöhnlich kurzer Zeit – vielleicht auf königlichen Druck hin – bereits 1249.

Die geistliche Aufsicht über das Kloster führte als „Weiser" der Abt von *Heilsbronn*, obwohl die Heilsbronner nicht die Initiatoren waren. Auch wenn es Seligenporten nicht gelang, Reichskloster zu werden, stand es dennoch unter königlichem Schutz. Allerdings setzte der König Untervögte ein;

Kloster Seligenporten.
Kupferstich von A. Ertel, Chur-Bayerischer Atlas II, Nürnberg 1690.

1355 den Kurfürsten von der Pfalz, wodurch Seligenporten, zunächst nach Nürnberg und zu den Burggrafen hin orientiert, in die „obere" Pfalz hineingeriet.

Zunächst waren weder „Altar noch Kapel" da, doch man begann alsbald mit einem Kirchenbau nach klassisch zisterziensisch-strengem Plan. Der langgestreckte, einschiffige Bau aus Backstein mit Eckquadern, die dem Ganzen mehr Halt geben sollten, wirkt noch heute „großartig an diesem weltfernen Ort". Der jüngere Chor ist ganz und gar in zisterziensischer Manier gebaut, hoch, schlank, mit drei Fensterjochen, gebündelten Wanddiensten, schönen Schlußsteinen, maßwerkverzierten Fenstern. „Einen Höhepunkt unter den Zisterzienserinnenkirchen überhaupt", nennen Fachleute das „hohe, lichte Presbyterium" von Seligenporten, „dessen Wände gänzlich zu gotischen Fenstern aufgelöst und dessen Gewölbelinien aus dünnen Wanddiensten zwischen den Fenstern ohne Unterbrechung emporsteigen." In *Schlüsselau* bei Bamberg hat man ähnlich gebaut.

Die Klosterkirche von Seligenporten „wirkt durch großzügige Einfachheit. Das nur durch kleine Fenster belichtete, vom offenen Dachstuhl bedeckte Langhaus kontrastiert zum hellen Chor mit seiner gotischen Kreuzrippenwölbung," schwärmt Reclams Kunstführer. Zurecht. Mit diesem Kirchenbau hat die zisterziensische Bauweise ihre Vollendung gefunden. Die

Unterkirche, Gruft genannt, ist noch tiefer in den Raum hineingedrückt als sonst üblich. Eine bescheidene Holztreppe führt von unten zur Empore. Auf der Nonnenempore ist sogar noch das alte Chorgestühl anzuschauen.

Vom Konventsbau ist noch der mittelalterliche Unterteil mit sechs Jochen des Kreuzganges erhalten. Er lief einst an der Nordwand der Kirche unter den Strebepfeilern hindurch. Auch die Ringmauer um das Kloster ist noch vorstellbar. Und der Torturm bildet noch immer eine malerische Kulisse für Träumereien, die vergangenen Tagen nachhängen.

Stattliche Wappensteine und -schilde erinnern an die frühen Potentaten dieses Gebietes, so der Grabstein *Gottfrieds von Wolfstein* aus dem Jahre 1322, des Gründersohnes, oder der Äbtissin *Margareta von Stiebar* aus dem Jahre 1532. Der Epitaph der letzten Äbtissin *Anna von Kuedorf* versinnbildlicht die enge Verbindung Seligenportens in Fränkische hinein: Kuedorf liegt südwestlich von Schwabach.

Zur Zeit der Reformation und Gegenreformation teilte Seligenporten das wechselvolle, fast launische Schicksal der Oberpfalz: 1556 zog eine pfalzgräfliche Kommission von Kloster zu Kloster, visitierte die gut zehn Konvente unterschiedlichster Ordenszugehörigkeit und sorgte für die Einführung der evangelischen Lehre. Nur die beiden Frauenklöster leisteten beharrlich Widerstand, die Gnadenberger Birgitten-Äbtissin *Ursel Preunin* und ihre zisterziensische Kollegin Anna von Kuedorf zu Seligenporten.

Zu dieser Zeit hatte Nürnberg längst wieder Einfluß auf Seligenporten gewonnen. Die Kuedorfer stellten Angehörige des Nürnberger Patriziats. Vor allem unterstand seit langem Seligenporten dem Landrichter in Nürnberg, den Burggrafen. Das hatte schon 1265 König *Konrad III.* ins Werk gesetzt. Nürnberger Bürgern wurde damals der Vollzug dieser königlichen Entscheidung übertragen. Seligenporten unterhielt einen stattlichen Hof in Nürnberg, wie auch die anderen großen fränkischen Klöster.

Seligenporten überstand zunächst sogar die allgemeine Aufhebung der oberpfälzischen Klöster des Jahres 1562. Es kam erst 1576 nach dem Tod der letzten Äbtissin in pfalzgräfliche Verwaltung. Aus den Klostergütern sollten Schulen werden; schließlich finanzierte man das große Pädagogium zu Amberg daraus. Auch Seligenporten hatte – wie die ganze Oberpfalz – die wechselnden Einflüsse zwischen lutherischem, schweizerischem, calvinistischem Verständnis des Evangeliums zu ertragen, bis dann nach den Schrecknissen des Dreißigjährigen Krieges das ganze Gebiet rekatholisiert wurde. 1667 wurden die Klostereinkünfte den Salesianerinnen zu Amberg zugewiesen, 1696 wurde die Klosterkirche Pfarrkirche, 1803 übernahmen es die Salesianierinnen und mußten seine Säkularisierung hinnehmen. Ab 1930 kamen die Zisterzienser *Bronnbachs* nach Seligenporten. Doch auch diese Zeit ist vorbei. Das mittelalterliche Klosterwesen scheint keine Chance mehr zu haben, wenn es nicht fortgeschrieben wird in die Formen unserer Tage hinein.

Am 24. Juni 1967 beschloß der über Bronnbach aus der Abtei *Sittich* in Slowenien nach Seligenporten gewanderte Konvent seine Auflösung. Die Mönche verteilten sich auf andere Klöster in Deutschland und Österreich. Die Klostergebäude wurden allmählich verkauft.

Mariaburghausen bei Haßfurt

Breit und behäbig steigt die Silhouette der hohen langen einstigen Klosterkirche von Marienburghausen jenseits des Mains bei Haßfurt aus dem Tal. 1243 verlegten die Adelsdamen ihr Kloster von *Kreuzthal* nördlich von Haßfurt, in die lieblichere Mainaue, in die alte karolingische Siedlung *Marpurgehausen*. Bischof *Hermann von Lobdeburg*, der eifrige Klostergründer, war auch an dieser Gründung beteiligt. Er verkaufte dem Kloster die Hälfte des Dorfes, gewährte Zollfreiheit und kirchliche Selbständigkeit. Das Kloster *Bildhausen* wurde mit der geistlichen Oberaufsicht betraut.

Die Klosterkirche zu Mariaburghausen ist ein typisches Bauwerk der Zisterzienserinnen später Prägung: die Saalkirche mit halbrundem, dreiseitig gebrochenem Ostende ist nach Süden geöffnet; nach Norden schließen sich die Klostergebäude an. Nahtlos gehen die Seitenmauern des Langhauses zu Chor und Chorschluß über. Charakteristisch ist das einheitliche Dach mit seiner ununterbrochenen Firstlinie.

Dank dieser schlichten, einfachen Linienführungen und Wandgestaltung wirkt das Bauwerk besonders nobel. Die Innenwölbung ist bis zur Nonnenempore durchgezogen, der Nonnenchor vom Langhaus mit einer gemauerten Schranke abgeriegelt. Dort versammelten sich die Laienschwestern.

Der Raum ist dreischiffig angelegt. Das Kreuzrippengewölbe ruht auf achtseitigen Innenpfeilern und an der Wand auf stattlichen Konsolen. Hier hat sich der fränkische Adel der Umgebung eine stattliche Grablege geschaffen.

Fürstbischof *Julius Echter von Mespelbrunn* hob 1582 auch dieses Zisterzienserinnenkloster auf und verleibte es seinem Spital und der Universität ein, die er gründete. An die dreihundert Hektar Äcker und Wiesen bewirtschaftete das Gut Mariaburghausen, das um 1600 den frühfränkischen Namen auf die fromme Form abwandelte.

Marburghausen hatte einst einen beachtlichen Reliquienschatz, der große Wallfahrerscharen anlockte. Doch im 15. Jahrhundert lockerten sich die Sitten, so daß der Abt von *Morimond* rügend einschreiten mußte. Eine Äbtissin, *Barbara von Lamprecht*, mußte nach *Heiligenthal* versetzt werden. Es ging bergab. 1543 lebte nur noch eine einzige „Konventsperson" im Kloster.

Dennoch konnte sich die Dame nicht zur Aufnahme von Frauen bürgerlicher Herkunft entschließen – eine Äbtissin ohne Konvent. Es nimmt nicht Wunder, daß Fürstbischof Julius bei seinem Entschluß blieb, das Kloster 1582 aufzulösen, auch wenn der Abt von *Ebrach* ihn bestürmte, das Kloster wieder seiner einstigen Bestimmung zuzuführen.

Die schlimmen Ereignisse des Bauernkrieges haben sich in Erinnerung durch folgendes Ereignis eingeprägt: Drei Söhne adeliger Familien, die im Dienste des Markgrafen standen, waren auf dem Heimweg. Als Landleute verkleidet trafen *Gerold Graf von Castell, Kunz von Giech* und *Gieso von Steinau* bei *Mariaburghausen* auf das Lager der Aufständischen.

Es blieb ihnen nichts anderes übrig, als sich unter die Bauern zu mischen. Da nahmen sie in der ausgeplünderten Kirche eine Frau wahr, die sich um ein Kind sorgte. Gero von Castell erkannte es als seinen Bruder. Die Bauern irritierte das feine Leinenzeug des Kindes. Sie wollten es erschlagen. Da zogen die drei Junker ihre Waffen, unterlagen aber der Übermacht. Das Kind ward gerettet. – Die beiden Castellbrüder waren Söhne der vielverehrten Gräfin *Martha von Castell,* die – selbst von ihnen schwer verfolgt – sich am Ende leidenschaftlich für eine schonungsvolle Behandlung der Bauern einsetzte. Was ihr Sohn Kunz über den Tod der lutherischen Mutter 15 Jahre später schrieb, gehört zu den schönsten zeitgeschichtlichen Zeugnissen.

Stahelsberg im Hahnenkamm

Der Hahnenkamm, dieser südliche Mittelgebirgszug des fränkischen Jura, der sehr früh schon die angelsächsischen Klostergründer anzog, war zu groß, um dort nur ein Kloster zu bauen, nämlich die Benediktinerabtei *Heidenheim.* Aber er war doch nicht ausgedehnt genug, daß zwei Klöster sich dort hätten halten können. Diese Erfahrung mußten die südfränkischen Adelsdamen machen, die sich 1245 auf dem Stahelsberg niederließen. Sie blieben nicht lange dort, sondern zogen nach sieben Jahren weiter in das fruchtbare Ries. Der steinige Boden, der auch heute noch die Gegend zwischen *Hechlingen* und *Ursheim* im Hahnenkamm charakterisiert, gab nicht genug her, um eine Nonnengemeinschaft zu ernähren. Außerdem blieben die Schenkungen aus, die man in solchen Fällen erwartete. Es waren nicht genug Grundbesitzer in der Gegend. Der Hahnenkamm war ein karges Land, er ist es heute noch – und deshalb sehr dünn besiedelt.

Allzu schwer dürfte den Zisterzienserinnen die Abwanderung nicht gefallen sein, denn sie hatten schon ein wenig Übung im Umziehen: Die erste altmühl-schwäbische Niederlassung war nämlich in Altmühltal gegründet worden, vermutlich bei *Windsfeld*. So ist es den Eichstätter Regesten zu entnehmen, dem historischen Urkundenverzeichnis also. Und an anderer Stelle ist zu lesen: „Der erlauchte Mann *Friedrich von Truhendingen* und seine Ehefrau *Agnes* haben mit Zustimmung ihrer Erben zur Ehre Gottes und der Jungfrau Maria ein Zisterzienserinnenkloster zu Stahelsperch gegründet und demselben alle zu dem Ort gehörigen Äcker, Wälder, Wiesen und Weiden mit Ausnahme eines Fischweihers, ferner ein Gut zu Winsvelt samt dem Patronatsrecht über die Kirche dortselbst zu freiem Besitz übergeben.“

Noch heute gibt es in dem stillen Winkel südlich von Hechlingen die „Stahlmühle“, und ganz in ihrer Nähe erhebt sich der „Stahlberg“. Von einem Ort, der dem Kloster vermacht wurde, ist nichts mehr zu finden. Er zählt zu den vielen Dörfern, die seit dem 14. Jahrhundert abhängig sind – Folge der Übervölkerung jener Zeit und der grausamen Pestwellen, die auch Franken überrollten und die Menschen dahinrafften.

Der Schloßberg bei Hechlingen liefert noch heute den wichtigsten Beleg für das unstrittig vorhandene Kloster zu Stahelsberg. Der uralte Flurname Schloßberg deutet auf ein edelfreies Geschlecht der Stahelsberger hin, das es tatsächlich gegeben hat, denn in einer Kaisheimer Urkunde trat ein „Rupertus, liber, puer de Stahelsperc“ als Zeuge auf: *Rupert*, der Freie, das Kind (der einzige seines Geschlechts?) von Stahelsberg (1197). – Das wichtigste Indiz für das Kloster auf dem Schloßberg über der Stahlmühle sind die Mauerüberreste, auf denen einst eine Kirche gestanden haben muß: Die einschiffige Kirche mit dem Chor entspricht dem Bauschema der Zisterzienserinnen.

Die Stiftungsurkunde über das Stahelsberg-Kloster erinnert im übrigen an einen Sachverhalt, der oft übersehen und noch öfter falsch dargestellt wird. Die Klöster waren in den seltensten Fällen selbst kolonisatorisch tätig. Die zahlreichen Urkunden, die von geistlichen Grundherrschaften verwahrt werden, machen deutlich, daß im allgemeinen der klösterliche Besitz nicht aus eigener Rodungsarbeit erwuchs, sondern dadurch entstand, daß adelige Grundherren aus Sorge um ihr Seelenheil Teile, oft ansehnliche Teile, ihres Besitzes an Klöster schenkten. Schenkungen waren die Existenzgrundlage der Klöster, auch in Stahelsberg, wo das ganze Dorf und die Patronatsherrschaft über Windsfeld mit einem Gut übergeben wurden. Aber das reichte nicht. Vergebens hatten die Nonnen sich eine Kirche gebaut. 1252 zogen die Zisterzienserinnen in das Ries, in dessen ausgedehntem Kessel es noch kein Kloster gab (die uralte Benediktinerabtei *Mönchsdeggingen* lag weit entfernt am Südrand). Wieder erhielten sie ein ganzes Dorf geschenkt, *Zimmern*, das durch die frommen Frauen zu dem Namen *Klosterzimmern* kam. Dort brachten sie es zu einem der größten und reichsten Klöster ihres Ordens. Noch heute machen die Gebäude, vor allem die gewaltige Kirche, staunen.

Sonnefeld im Coburgischen

Wer zum ersten Mal auf der Bundesstraße 303 von Coburg nach Mitwitz fährt, tut gut daran, in Sonnefeld anzuhalten und der Kirche Aufmerksamkeit und Zeit zu schenken. Sie ist von einer kaum zu übersehenden Höhe, eines der mächtigsten gotischen Bauwerke Oberfrankens. 1371 sind der mächtige Chor, die sehenswerte Sakristei und das kunstvoll eingewölbte Refektorium geschaffen worden. Mehr als ein Jahrhundert vorher, 1260, hatten die Herren von Sonnefeld den Zisterzienserinnen das Kloster gestiftet. Damals bat *Heinrich II. von Sonneberg* die Äbtissin von *Maidbronn* um Nonnen für seine junge Stiftung, der er den Namen Sonnefeld gab. Die jetzige Kirche entstand nach einem Brand, der 1287 alles zerstörte und zur Wahl eines neuen Platzes Anlaß gab.

Auch diese Kirche birgt einige bemerkenswerte Grabmale. Die intensivste Ahnung des Geistes der damaligen Zeit strahlt der Epitaph *Annas von Henneberg* aus: eine in sich gekehrte, versonnen auf das Buch in ihren Händen schauende Frauengestalt mit wallendem Lockenhaar. Links von ihr steht *Heinrich III. von Sonneberg* in martialischer Ritterrüstung „in gesucht bewegter Haltung", wie *Dehio* schreibt, auf einer Konsole, die die Halbfigur eines

Sonnefeld, Zisterzienserinnenkloster. Gesamtansicht mit Klosterkirche.
Zeichnung von Karl Koch, 1825.

betenden Mönches ziert. Die Erinnerung an seine Gemahlin *Kunigunde* wird durch den dritten Epitaph wachgehalten. Das Bildnis der Äbtissin Anna schließlich ist „das beste Grabmal seiner Zeit in der weiteren Umgebung", meint Georg Dehio.

Das Frauenkloster im Lichtenfelser Forst wurde unmittelbar dem Mutterkloster *Citeaux* unterstellt; als „Weiser" fungierte dennoch der Abt von *Langheim*; zu weit war Citeaux entfernt.

Der formvollendete, vieleckige Chorraum ist ein Werk von *Heinrich Parler*, dem Vater des Prager Dombaumeisters *Peter Parler*. Die berühmten Parler hatten in Sonnefeld viel zu tun. *Konrad Parler* ist für die Zeit von 1379 bis 1407 als Steinmetz und Klosterverwalter nachgewiesen. Von ihm nimmt man an, daß er die Sandsteinfiguren des Ritterehepaares geschaffen habe.

Trotz der prächtigen Bauwerke tat das Kloster sich wirtschaftlich schwer. Auch das innere Leben geriet durcheinander. Aus dem Jahre 1503 wird ein Nonnenaufstand gegen die neugewählte Äbtissin berichtet. Der Pfleger sperrte sechs widerspenstige Damen kurzerhand ins Gefängnis. 1524 verordnete ihnen der coburgische Landesherr einen lutherischen Prediger. Bald darauf zog er die Abtei als fürstliches Kammergut ein.

An der Anlage, auch an der Kirche, ist viel herumgebaut, auch verbaut worden. Dennoch bleibt ein tiefer Eindruck. Das prächtig gestaltete Portal an der Westseite mit einem Wimperg, einer giebelartigen Bekrönung und der großen Steinrosette darüber, prägt sich dem Betrachter ein. In nachreformatorischer Zeit wurde Herzogin *Anna von Coburg* hier beigesetzt. Ihr Gatte hatte diese unglückliche Frau als Gefangene von 1596 – 1603 ins einstige Kloster verbannt.

Schlüsselau im Reichen Ebrachgrund

Im Reichen Ebrachgrund war das Geschlecht der Schlüsselberger begütert. Auch sie hielten es für an der Zeit, sich mit einer adeligen Grablege zu zieren. 1260 schafften es *Eberhard II.* und sein Sohn *Konrad I.*, ein Kloster zu stiften, das alsbald von den Zisterziensern als Frauenkonvent akzeptiert wurde. Die Besetzung erfolgte von *Mariaburghausen* her.

Mit dem Kirchenbau hat man vermutlich noch im dreizehnten Jahrhundert begonnen, nachdem die Zisterzienserinnen 1290 die Bestätigung des Bamberger Bischofs *Arnold* gefunden hatten. Der Neffe des Stifters, *Gottfried von Schlüsselberg*, hat den Kirchenbau durch reiche Stiftungen möglich gemacht.

Noch 1320 baten die Nonnen um Zuwendungen zum Bau. Entstanden ist so im Laufe der Jahre ein spätgotisches Bauwerk ähnlich der Klosterkirche

Schlüsselau. Abteikirche von Südosten,
Bleistiftzeichnung von Carl August Lebschée.

von *Seligenporten*: Der Kirchensaal mit anschließendem Presbyterium samt vieleckigem Chorabschluß strebt mächtig in die Höhe. Durch einen Bogen sind Saal und Chor voneinander abgesetzt. Der Chor ist eingewölbt. Die Saalkirchen der Bettelorden, die in Nürnberg, Bamberg und Würzburg um diese Zeit entstanden, mögen als Modell gedient haben.

Konrad I., der Mitbegründer, trieb frühe fränkische Territorialpolitik. Auch dafür war ihm das Kloster nütze. Als einziger Territorialherr schloß er sich den fränkischen Reichsstädten an, die sich bemühten, durch einen Friedensbund eine Fehde in Franken abzuwenden.

Das Hauskloster Schlüsselau profitierte vom Streben des leider zu frühem Aussterben verurteilten Schlüsselfeldischen Hauses: Es wurde reich dotiert und überlebte so das Ende des Stiftergeschlechtes, dessen Besitz vom Hohenlohischen bis ins Bambergische reichte. Das Kloster erhielt sogar eine eigene Hochgerichtsbarkeit.

Die Bauern zerstörten 1525 viele Gebäude. Drei Jahre waren die Klosterdamen nach *Bamberg* geflüchtet. 1528 kehrten sie wieder zurück. Außerdem machte ihnen der Nachwuchsmangel zu schaffen. Der Augsburger Religionsfrieden festigte zwar die rechtliche und politische Position der katholisch gebliebenen Klöster, ihre inneren Probleme löste er nicht. Schlüsselau mußte 1554 aufgeben, wie auch *Neunkirchen am Brand* oder *St. Theodor* in

226

Bamberg. Im Jahr vorher hatte Markgraf *Albrecht Alcibiades* das Kloster niedergebrannt.

Das beachtenswerteste Kunstwerk des Klosters ist der Wappengrabstein *Gottfrieds von Schlüsselberg*, der 1307 gestorben ist und dessen Grabplatte das Datum 1308 aufweist. Diese, auf ursprünglich vier Säulchen gestellte Platte ist eine der frühesten Grabplatten Frankens. Die Umschrift lautet: Anno Domini MCCC VIII (1308) N(onas) Junii O (biit-starb) Dil(e)c(tus) GOTFRIDUS DE SLUZZELBERG FU (n)DATOR ECCL(esiae) ISTI(us – Stifter dieser Kirche).

1603 begannen tatkräftige Bamberger mit Restaurationsarbeiten. Fürstbischof *J. Ph. von Gebsattel* stattete den Konventsbau mit einem schönen Renaissancedoppeltor aus. Auch die Barockzeit schrieb sich in die Bauwerke ein. 1895 kam es zu einer erneuten großen Renovierung. Dennoch ist es still geworden um das Kloster der Schlüsselberger. Nur selten nehmen Reisende sich die Zeit, die paar Meter ins kleine Klosterdorf hineinzufahren und anzusehen, was an Bedenkenswertem geblieben ist.

Birkenfeld im Aischgrund

Die fränkischen Hohenzollern standen den Zisterzienserinnen besonders nahe. Ein Jahrhundert nach ihrer Beteiligung an der Gründung der Mönchs-Zisterze von *Heilsbronn* rief im Jahre 1275 Burggraf *Friedrich III. von Nürnberg* im Aischgrund ein Nonnenkloster ins Leben. Die jetzige Filialkirche der Pfarrei *Schauerheim* liegt nur drei Kilometer westwärts von *Neustadt an der Aisch.*

Das Erbbegräbnis, das die Adelsfamilien der *Seckendorff* und der *Rechberg* dort hatten, läßt darauf schließen, daß die Hohenzollern nicht im Alleingang die Damenzisterze stifteten. Die fränkische Frauenbewegung des 13. Jahrhunderts half zusammen. Bis in die Mitte des 14. Jahrhunderts war man in Birkenfeld mit der baulichen Grundausrüstung beschäftigt. Man hatte viel zu bauen, denn der weite Aischgrund bot Platz sich auszudehnen. Noch heute ist die weiträumige Anlage zu erkennen, obzwar der Bauernkrieg von 1525 und die Zerstörungen von 1553 auch Birkenfeld zerstörten. Die Reformation beendete das Klosterleben, die Gebäude aber blieben erhalten. Selbst die Schäden des Dreißigjährigen Krieges wurden zwei Generationen später, 1694, einigermaßen gutgemacht. Bei Veränderungen ging man allerdings wenig zaghaft zu Werke. Die vierflügelige Klosteranlage wurde stark entstellt. So wurde zum Beispiel 1694 die Nonnenempore der schönen *Marienkirche* abgetrennt und wirtschaftlicher Nutzung zugeführt. 1724 nahmen die markgräflich-hohenzollerschen Baumeister sich die Klosteranlage vor und setzten ihr das Gesicht ihrer Tage auf, das der fränkischen Barockzeit.

Der frühgotische Ostflügel der Klausuranlage mit dem Dormitorium ist heute noch sehenswert, die tonnengewölbten Keller desgleichen. Die sechs zugemauerten Fenster oberhalb weisen daraufhin, daß hier wichtige Räume eingebaut waren: das Refektorium, wo die Nonnen zu ihren Mahlzeiten zusammenkamen, und der Kapitelsaal, wo sie ihre Beratungen abhielten.

Die Klosterkirche von Birkenfeld war, ganz zisterziensisch-streng und nüchtern, als Saalkirche komponiert, der man einen tiefen rechteckigen Chor einzog. Die östliche Chorwand ist mit einem hoheitsvollen, majestätisch wirkenden Maßwerkfenster gestaltet. Der Raum wirkt wahrhaft sakral.

Ursprünglich war in der Nonnenkirche von Birkenfeld – wie auch in *Gnadental, Himmelspforten, Frauental, Mariaburghausen* und *Himmelkron* der Nonnenchor vom übrigen Langhaus mit einer gemauerten Schranke abgeriegelt. Über dieser Chorschranke sitzt noch heute der zisterziensische Dachreiter. Wie ein riesiger Kamin steigt er inmitten des Langhauses empor; er braucht Halt. Seit der Barockzeit trägt er eine schiefe ungleiche Zwiebel mit Laterne. Die beiden Zugänge zum Nonnenchor sind mit dem Dormitorium durch einen Emporenumgang verbunden. Eine Treppe führt zum Altar-

Ansicht von Birkenfeld. Stich aus „Meissners Schatzkästchen", 1630.

haus hinunter – sie sollte den Zugang zum Kommunionempfang eröffnen. Unter dem Nonnenchor verbirgt sich eine Krypta. Wie sie einmal gestaltet gewesen sein mag, kann man in Mariaburghausen oder in Frauental besser erkennen; sie dient heute als kühler Lagerraum.

Durch die markgräfliche Abmauerung ist vom einst stattlichen „Langhaus" nur noch wenig übriggeblieben. Die Birkenfelder Kirche zeigt, wie selbstbewußt die fürstlichen Bauherren die frommen Überlieferungen zerstückelten. Um 1760 gaben sie der Birkenfelder Kirche den berühmten fränkischen Kanzelaltar und lockerten den strengen Raum mit Rokokoschmuck auf. Den Kanzelkorb umschließen zwei Säulen, den Schalldeckel geschnitzte Lambrequins, darüber der Pelikan, der sich für seine Jungen opfert. Engel und Putten musizieren um das brandenburgische Wappen. Im Chor wie im Langhaus sind viele Epitaphien, die an jene erinnern sollen, die nach den Birkenfelder Nonnen in dieser Umgebung das Sagen hatten.

Himmelkron

„Aus göttlicher Eingebung, zum Nachlaß aller Sünden und zum Heilmittel unserer Seele" stiftete am „Tag der unschuldigen Kindlein", dem 28. Dezember des Jahres 1279, Graf *Otto von Orlamünde* dem Zisterzienserorden auf der *Plassenburg* von *Kulmbach* sein „castrum" *Pretzendorf* im Tal des Weißen Mains. Es sollte ein Frauenkloster errichtet werden; so war es Mode. So verlangte es die fromme Gesinnung der adeligen Herren. Sie suchten die Seligkeit. „*Corona coeli*", Himmelkron, sollte der Klosterbezirk heißen.

Otto III. hatte die im internationalen Rahmen handelnde, großeuropäische Familie der Andechs-Meranier beerbt; er selbst wurde von dem aufstrebenden Geschlecht der Zollern beerbt, die ihr Nürnberger Burggrafenamt dazu nutzten, sich im Herzen Frankens nach Westen und Norden eine ausgedehnte Herrschaft zu bauen. Um dieses Erbe rauften sich die Bamberger Bischöfe, die Thrüdinger Grafen und die Nürnberger Burggrafen von Zollern. Auch die Henneberger mischten mit, und nicht zuletzt die thüringischen Orlamünder. Die Hahnenkammgrafen von *Truhendingen* nahmen die Abtei *Langheim* als Grablege an; die Orlamünder stifteten den Zisterzienserinnen die Abtei Himmelkron als ihr Hauskloster und Erbbegräbnis. Die Henneberger setzten sich in den Klöstern *Mönchröden* und *Sonneberg* im Coburgischen fest. Jeder Familie ihr Kloster – jedem Kloster seinen Vogt. Nach diesem unausgesprochenen Motto wurde verfahren. Noch war die Klosterstiftung Adelssache.

Das Kloster Himmelkron war gut ausgestattet. Die Mutter des Stifters entstammte dem Hause *Andechs-Meranien*, seine Gemahlin war eine geborene Gräfin *von Truhendingen*. Als die Linie der Orlamünde-Plassenburg ausstarb, ging die Vogtei an die Burggrafen von Nürnberg und damit an die Hohenzollern über.

Die Klosterkirche von Himmelkron überragt die Landschaft, die Häuser wie die Felder. Hohe, durchgehende Fenster und schlichte Strebepfeiler lockern die östliche Kirchenhälfte auf, zwei Fensterreihen gliedern die westliche: kleine, schmale Fensterschlitze unten, breite und hohe, mit schönem Maßwerk ausgestattete Öffnungen oben. Viele Fenster sind zugemauert. Aber noch heute wird die typische Bauweise der Zisterzienserinnen erkennbar. Denn auch Himmelkron erhielt eine klassisch-zisterziensische Anlage. Die Idee strenger Weltentrücktheit bestimmte den Kirchenbau: die Krypta der Kirche blieb durch eine Ostwand geschlossen; sie reichte so hoch hinauf, daß sie den Nonnenchor von der übrigen Kirche abriegelte. Dem Kirchenschiff zugekehrt ist eine lettnerartige Laubenarchitektur, wie auch in *Birkenfeld*, *Mariaburghausen*, *Gnadental* und *Himmelspforten*.

Die größte kunstgeschichtliche Kostbarkeit der ganzen Anlage sind die Grabdenkmäler. Am eindrucksvollsten sind die der Äbtissin *Agnes von Orlamünde* und die Gestalt des Grafen *Otto VII.*, des letzten der Orlamünde, der 1341 starb. Seine Witwe *Kunigunde* soll den berüchtigten orlamündischen Kindermord begangen und deshalb in ihrem Tod keine Ruhe gefunden haben. Auch ihre Grabstätte liegt in einem ehemaligen Zisterzienserinnenkloster, in *Himmelthron* bei Nürnburg, wo sie das Großgründlacher Kloster gestiftet hatte.

Immer wieder hat man versucht, die Sage aus der Welt zu schaffen, Kunigundens Kinderleichen lägen in der Himmelkroner Kirche. In der Tat sind dort bis ins 17. Jahrhundert zwei Kinderleichen bezeugt – vermutlich waren es Reliquien. Man traute eben Frau Kunigunden viel zu; sie leistete sich nicht ungestraft ihren Liebhaber, *Albrecht den Schönen* von Nürnberg.

Es lohnt, vor den steinernen Bildnissen zu verweilen.

In der Gruftkirche verdient die farbige Gestaltung des Raumes besondere Beachtung; sie wurde in einer großen Renovierungsanstrengung wieder so hergestellt, wie sie ursprünglich war. Auch die Särge der markgräflichen Familie, die im 18. Jahrhundert in der klösterlichen Begräbnisstätte aufgestellt wurden, verdienen Beachtung. Östlich sind die Schlußsteine im Gewölbe mit ihrem reichen Wappen- und Ornamentenschmuck.

Über der Ritterkapelle liegt der Nonnensaal, das Herzstück des Klosters, wo die Nonnen sich zum Gebet versammelten, siebenmal bei Tag und bei Nacht. Nur zwei Fenster öffneten den weltabgeschiedenen Raum zur Laienkirche hin. Die Nonnen konnten weder gesehen werden noch selbst die Gemeinde sehen.

Grabdenkmal der
Gräfin von
Orlamünde an der
Klosterkirche.

Weit und breit sei kein so fantasievoll und glänzend gestalteter Kreuzgang zu finden wie der zu Himmelkron, schreibt *Georg Dehio*. Drei Seiten sind abgerissen; was übriggeblieben ist, gehört zu den schönsten Werken gotischer Baukunst. Jedes einzelne Relief erzählt eine eigene Geschichte. Das Netzrippengewölbe wirkt wie ein Konzert für staunende Augen: steinerne Köpfe musizieren, steinerne Hände halten Noten und alte Instrumente, Drehleier, Hackbrett, Sackpfeife und Harfe, Laute, Portativ, Psalterium und Trumbscheit, Fidel und Triangel und vielfältige Blasinstrumente. Die 26 musizierenden und singenden Engel am Chorgewölbe sind ein Zyklus ohnegleichen. Die 15 Wappen im Ostjoch dokumentieren, daß der ferne Winkel über dem Tal des Weißen Maines mit der ganzen Welt sich verbunden wußte, an eine Vielzahl europäischer Städte und Länder erinnert sie, in Spanien, Zypern, Dänemark, Mantua, Österreich-Ungarn, Kastilien, England und Navarra. 15 Wappen sollten die spätmittelalterlichen Ordensgesellschaften, die in ganz Europa entstanden, als Schwanenritterorden auch im Fränkischen, dem Gedächtnis erhalten.

Die Reformation brachte die Auflösung des Klosters. Die Markgrafen von Bayreuth nahmen sich seiner jahrhundertelang sorgfältig an. Die Klosterkir-

231

*Himmelkron,
Kreuzgang des Zister-
sienserinnenklosters.
Lithographie von
Th. Kammerer, 1846.*

che diente als Gemeindegotteshaus. Der letzte brandenburgische Markgraf *Alexander von Ansbach* ließ die Anlage ab 1792 an die Bevölkerung ver- schleudern. Hundert Jahre lang dauerte der Ausverkauf. Dann schaffte es der Himmelkroner Gemeindepfarrer *Langheinrich*, alle Gebäude wieder zusam- menzubringen, zu renovieren und an das junge lutherische Mutterhaus der Neuendettelsauer Diakonissen zu verkaufen. Kranke und Gebrechliche, vor- wiegend geistig Behinderte, werden heute im einstigen Kloster betreut.

Himmelthron in Großgründlach

Kraftvoll und massiv steht die *St. Lorenzkirche* in Großgründlach da. Die barocke Haube kann nicht darüber hinwegtäuschen, daß der Bau im frühen Mittelalter entstanden ist, nachweisbar schon 1303. Seine Geschichte war wechselvoll. 1348 zogen die Zisterzienserinnen ein und paßten die Kirche ihren Bedürfnissen an. Zweimal brannte sie im 17. Jahrhundert aus. So kam sie zur neuen Gestalt. 1719 hat sie *Christoph von Pfinzing* von Grund auf renovieren und barockisieren lassen. Die zahlreichen Totenschilde der Nürnberger Patrizierfamilie *von Haller* aus dem 14. bis 18. Jahrhundert geben dem Gotteshaus einen eigenen, reichsstädtischen Charakter. Die farbigen Glasfenster aus der Dürerzeit machen es lebhaft und die Grabmonumente nachdenklich. Das Grabmal der *Kunigunde von Orlamünde*, die hier 1382 beigesetzt wurde, weckt besondere Aufmerksamkeit.

Die „*Weiße Frau*" der Hohenzollern, der man unerbittliche Ruhelosigkeit nach dem Tode nachsagte, so daß sie immer wieder die Lebenden ängstigen mußte, hat hier als junge Witwe, ganz in der Nähe ihres Nürnberger Geliebten, nach der strengen Regel der Zisterzienser ein Kloster gegründet. Sie beteiligte daran auch den reichsten Geschäftsmann von Nürnberg, *Konrad Groß*, der gerne mittat, denn ein rätselhafter, von seinen Söhnen mißbilligter frommer Eifer trieb den Geschäftsmann um. Von ihm wird noch zu erzählen sein. Zunächst gewann Kunigunde ihn für den Gedanken, in seiner Heilig-Geist-Spital-Stiftung zu Nürnberg für 16 fromme Frauen ein Kloster

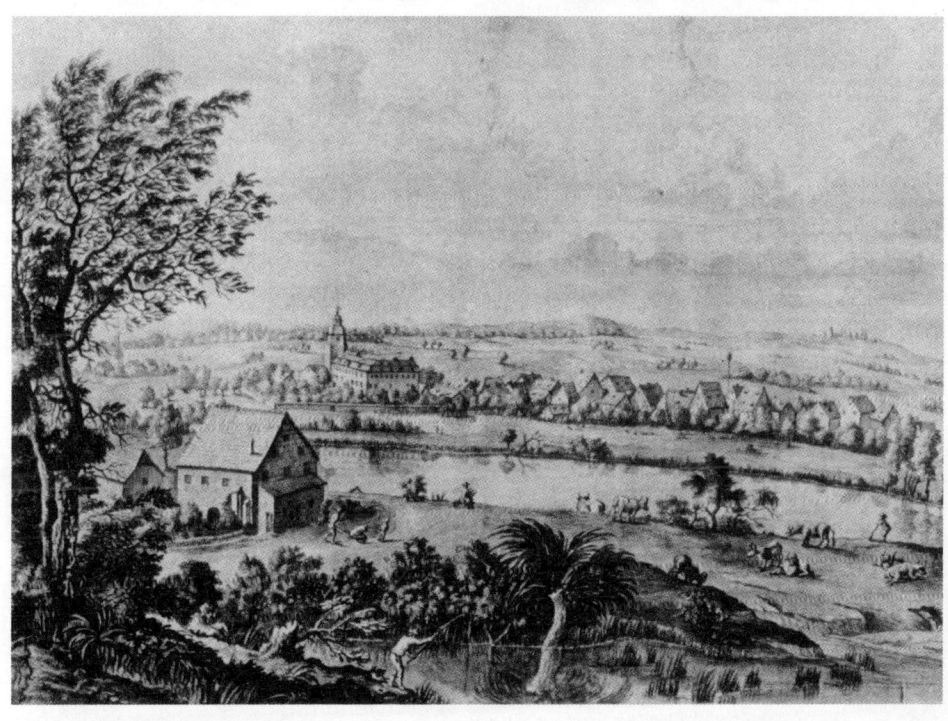

Zistersienserinnenkloster Himmelthron in Großgründlach.
Federzeichnung von J. A. Delsenbach, um 1730.

233

einzurichten. Das war 1343. Dafür wies sie ihm ihren Grindlacher Besitz zu. Als „Weiser" sollte der Abt von *Langheim* fungieren. Sie selbst trat als Nonne ein. Aber es wollte den Nonnen nicht recht gelingen, in der lebhaften Reichsstadt „nach des Ordens Recht und Gewohnheit" zusammenzusein. Fünf Jahre später, 1348, verlegte man das Frauenkloster nach Gründlach und verpaßte ihm den stolzen Namen „Himmelthron". Die Äbte von Langheim und *Ebrach* stimmten zu, der Bamberger Bischof desgleichen. Der Deutsche Orden rückte heraus, was man in Gründlach brauchte. Die Stifterin wurde alsbald zur Äbtissin gewählt – eine eigenmächtige Dame, die es sich und ihrer Umgebung nicht immer leicht machte.

1359 konnte die rührige Äbtissin mit den Ablaßbriefen von 19 Erzbischöfen werben – und gewiß auch ein wenig renommieren –, die es erleichtern sollten, den Kirchenumbau zu finanzieren.

Das Gründlacher Kloster war nicht ganz so ausgestattet, wie es eigentlich nötig gewesen wäre. Es hatte mit mancherlei wirtschaftlichen Schwierigkeiten zu kämpfen. Gegen Ende des 15. Jahrhunderts wurde es reformiert und den strengsten Regeln unterworfen. Wirklich zu helfen war dennoch nicht: als im Jahre 1525 Nürnberg lutherisch wurde, kam von den vier Klosterfrauen kaum Widerstand. Himmelthron war reif für die Säkularisierung. Es wurde dem riesigen Nürnberger Sozialfonds zugefügt, dem Großen Almosen. Kaum noch etwas erinnert an die Klosterbauten des Himmelthrons.

Das Kloster zu Himmelthron war die letzte und jüngste Zisterzienserinnengründung in Franken – und es war eine der ersten, die sich der evangelischen Reform durch Reichsstadtbeschluß anschlossen. Die Zisterzienserinnen-Idee war schon überlebt, als sie in Gründlach eine späte Verwirklichung fand.

VII
Die Kartäuser

In diesem Kapitel wird von den Kartäusern zu sprechen sein. Eine der wenigen einigermaßen erhaltenen Kartausen in Franken steht in Tückelhausen; sie ist aus einem Prämonstratenser-Ableger von Oberzell hervorgegangen.

Bruno der Kartäuser gilt als der Gründer dieses weltflüchtigen Ordens. In Deutschland wurde Nürnbergs Kartause zum sozialen Modell; die von Würzburg ist dem Gesichtskreis völlig entschwunden. Eine beachtliche Kirche haben die Kartäuser zu Astheim hinterlassen.

Die Kartäuser blieben auf eine eigentümliche Weise elitär.

Die Kartause zu Tückelhausen

Ein Erlebnis eigener Art vermittelt ein Besuch in Tückelhausen, sieben Kilometer südlich von *Ochsenfurt*, an der „Klosterstraße" von Kitzingen nach Tauberbischofsheim gelegen. Auch hier hatte *Otto von Bamberg* seine Hand im Spiel. 1138 wies der Bamberger Bischof den Prämonstratensern in *Oberzell* seinen Besitz zu Tückelhausen zu. Die Kirche, die diese dort erbauten – an Stelle der alten *Lambertuskapelle* –, erinnert heute noch an den strengen Geist dieser frühen Reformbewegung. Tückelhausen war nicht gut genug ausgestattet. Bald wurde die Abtei zu einer Propstei von Oberzell zurückgestuft.

Zweihundert Jahre nach den Prämonstratensern und nach vielfältigem Auf und Ab kamen 1351 die Kartäuser nach Tückelhausen. ‚Cella salutis' – Zelle des Heils – nannte man die Kartause, die nun eingerichtet wurde und deren eigentümlichen Merkmale noch heute deutlich zu erkennen sind.

Später hat auch der Barock Tückelhausen geprägt. Aber die Kartause ist geblieben. Das große Portal zur Klosteranlage, 1694 begonnen, stellt *Bruno*, den Gründer der Grande Chartreuse (1030 – 1101) und seinen Freund *Hugo* (1053 – 1132), den Bischof von Grenoble, dar. Es ist eine großartige, frühbarocke Sandsteinarbeit.

Vierzehn Mönchszellen hatten sich die Kartäuser geschaffen, regelrechte kleine Wohnhäuser mit eigenem Garten. In völliger Abgeschiedenheit lebten die Mönche, von ihren Brüdern getrennt durch Garten und Mauer, beteten und arbeiteten, wohnten, aßen und schliefen sie, jeder für sich. Jede Wohneinheit hatte vier Räume. Neben der Tür zum Kreuzgang befand sich eine Durchreiche für die Speisen; die Mönche wurden aus der zentralen Küche versorgt. Schweigend reichte der Laienbruder dem Mönch seine Speise, Suppe, Eier oder Fisch und Gemüse, niemals Fleisch – ganz wie bei den strengen Zisterziensern.

Vom Kreuzgang her wurde der Vorraum der Mönchswohnung betreten, Marianum genannt, weil hier ein der Verehrung Mariens gewidmetes Bild stand. Ihm schloß sich das Wohn- und Schlafgemach an, das Cubiculum. Das Bett war als Wandbett in einer Mauernische eingelassen; zwei Wolldecken wärmten das Strohlager. Eine zweite Nische wurde als Gebetsecke benutzt, das Oratorium. Nebenan lag das Laboratorium, die Werkstatt, ausgerüstet mit Hobelbank und Drechselwerkzeug. Täglich eine Stunde körperlicher Arbeit war Vorschrift. Damit das handwerklich-künstlerische Interesse nicht überhand nahm, begnügte man sich gerne mit Holzhacken; die Scheite wurden im Dachboden für den Winterbedarf aufgeschichtet. Sogar eine Wasserleitung hatte man gebaut, zunächst hölzerne Rinnen, dann solche aus Stein.

An einer der Zellen (Haus Nummer 28) ist ein Bildwerk aus dem 15. Jahrhundert abgegossen. Es stellt den heiligen Hieronymus dar. „Mir ist das Getriebe der Stadt ein Kerker; die Einsamkeit und die Zurückgezogenheit aber das Paradies", steht da in lateinischer Schrift. „Mihi opidum carcer est solitudo paradisus". Hieronymus war das abendländische Vorbild der Einsiedlermönche.

Mehr als 450 Jahre haben die Kartäuser zu Tückelhausen überstanden. Lange Zeit galten sie als der strengste Orden.

So weltabgeschieden die genossenschaftlichen Einsiedler auch lebten – genossenschaftlich, weil sie sich, wenn auch als einzeln arbeitende „Heimwerker" sich mit der Vermarktung ihrer Erzeugnisse nach außen gemeinschaftlich anboten – sie waren dennoch jeweils auch Kinder ihrer Zeit. Die kunstvolle Ausgestaltung ihrer Kirche und der ganzen Klosteranlage zeigt es, insbesondere die großartig qualitätsvolle Schreiner- und Bildhauerarbeit des Chorgestühls. Die überlebensgroßen Holzfiguren im Chorraum und an der Kanzel zählen zu den Meisterwerken des Rokoko in Franken, entstanden in der späten Blütezeit des Klosters, in der zweiten Hälfte des achtzehnten Jahrhunderts. – Über dem linken Chorstuhl steht eine Uhr aus dem Jahre 1692, ein Werk der Renaissance. Die Umschrift beginnt: „Omnem crede diem tibi diluxisse supremum ..." – „Glaube: jeder Tag kann dein letzter sein ..."

1803 ist die Kartause von Tückelhausen im Zuge der Säkularisation aufgelöst worden.

Die Kartäuser griffen einen alten Gedanken des Mönchtums wieder auf, den nämlich, daß die einzelnen Mönche streng von einander getrennt leben sollten, am besten in Einzelzellen. Askese war auch bei ihnen das Leitmotiv ihres Lebens – Askese vor allem auch im Verhältnis zur Gemeinschaft und deren, mitunter lästigen Geschwätzigkeit. Bis auf wenige Stunden an einem Tag der Woche hatte absolutes, beständiges Stillschweigen zu herrschen. Deshalb wurde jeder Einzelne in seiner Behausung mit dem Nötigsten versorgt, als Einzelner! Ein Grundgedanke der Eremiten tauchte wieder auf und wurde den Bedürfnissen jener Jahre entsprechend modifiziert. Schweigen, Beten, Handarbeit waren und blieben die Forderungen. Gemeinsamkeit nur zum Lobe Gottes!

Bruno der Kartäuser

Bruno, Stifter des Kartäuserordens, wurde um 1030 in Köln geboren und ist nicht mit dem gleichnamigen Erzbischof *Bruno von Köln* zu verwechseln. Er stammte aus einer reichen Familie und erhielt seine Ausbildung in Reims. Er wurde ein berühmter Lehrer der Philosophie, wurde mit einer reichen Pfründe in Köln versorgt, wieder zurück nach Reims gerufen, schließlich

Bruno, Stifter des Kartäuserordens.

237

nach Paris geschickt, bis er sich bei Grenoble in das Tal der Chartreuse zurückzog. Dort gründete er ein kleines Bethaus mit sechs Zellen. Nur zur sonntäglichen Messe sollten die Bewohner zusammenkommen, ansonsten durfte man sich im Schweigegebot nur durch Zeichen verständigen.

In ein weißes, langes, weitärmeliges Untergewand, darüber ein ärmelloses, skapulierartiges, mit einer Lasche zusammengehaltenes Obergewand mit Kapuze sind die Gefolgsleute Brunos gekleidet. Das absolute Schweigegebot nimmt sich aus wie die massivste Kritik am redefreudigen Benedikt. Auch diese fromme Existenzform hat ihr großes Wahrheitsmoment. – Die Kartäuser sind hervorgegangen aus der Kritik am Zustand der Benediktiner.

Im Kartäuserorden lebt die Erinnerung an Bruno fort. Die eigentlich organisierende Kraft der Kartäuser ging jedoch nicht allein von Bruno, sondern vom Vorsteher *Guigo I.* aus, der von 1110 bis 1136 die *Grande Chartreuse* bei *Grenoble* leitete und in 80 Kapiteln die überlieferten Kartäuser-Gewohnheiten niederschrieb. Er ist der eigentliche Gründer der Kartäuser. Er nannte sich nicht Abt, sondern Prior.

Die enge Verbindung zwischen Zisterziensern und Kartäusern wird oft übersehen. Aber *Robert von Molesme*, der Gründer von *Citeaux*, erhielt seine entscheidenden Anregungen in den ostfranzösischen Wäldern, von den Mönchen und Eremiten, die dort lebten. Ihnen schloß sich auch der weltverdrossene Bruno an, ehe er mit sechs Gefährten noch höher in die Berge zog. 1090 holte ihn Papst *Urban II.*, der sein Schüler gewesen war, nach Rom. 1091 gründete Bruno eine weitere Kartause in Süditalien, wo er auch 1101 starb.

Die Kartäuser blieben eine Minderheitengruppe in der gewaltigen Bewegung des Mönchtums des 12. und 13. Jahrhunderts. Viele hielten sich auch dafür berufen; am Ende erkannten sich aber nur wenige als auserwählt. Auch in Franken. In größeren Gruppen haben sie nie Fuß gefaßt. Auch in den Städten nicht.

Die Enttäuschung, die aus Englands erster Kartause überliefert wird, könnte man typisch nennen. Der Mönch *Alexander* klagte Prior *Hugo von Witham*, der später heilig gesprochen wurde, mit bitteren Worten an: „Unglücklicher, du hast uns getäuscht ... du hast uns in diese wilde, einsame Gegend gebracht und weggeführt von unserer freundlichen Umgebung und einer zivilisierten Lebensweise. Du hast uns gezwungen, uns zwischen wilden Tieren und Dornen zu verbergen ... Hier wurden wir apathisch und dumm vor Langeweile, weil wir tagelang niemand sahen und nur die Wände anschauten, die uns umschließen ... Das Joch der neuen Regel ist in dieser Welt fast unerträglich ..."

Alexander wurde cluniacensischer Mönch – und seines Lebens dennoch nicht froh. Als er zurück nach Witham wollte, weigerte sich Prior Hugo, ihn wieder aufzunehmen – auch Heilige können schwierige Menschen sein.

Es ist verständlich, daß die Kartäuser nie großen Zulauf hatten. Einzelne Klöster sind allerdings von besonderer Schönheit, zum Beispiel die Kartause von *Pavia* in der Lombardei oder die Mutterkartause bei Grenoble selbst und die zu *Ittingen* im Schweizer Kanton Thurgau. Tückelshausen kann sich mit ihnen nicht messen, wohl aber paßt es zu den Klagerufen des Mönches Alexander.

Die Kartause zu Nürnberg

Manche Stadt, die auf sich hielt, bemühte sich in diesem Zeitalter der Klöster und Mönche auch um eine Kartause. In Nürnberg kam es so 1380 – verhältnismäßig spät also – zur Stiftung des Kartäuserklosters. Es war Nürnbergs letzte Klostergründung. Der Großkaufmann *Marquard Mendel* rief die Kartäuser in die Stadt. Er nannte die Stiftung *Mariazell*. Marquards Bruder *Kon-*

Das Kartäuserkloster in Nürnberg, 1380–83 erbaut.

239

rad errichtete nebenan eine Rentnerwohnanlage, das *Zwölfbrüderhaus,* für arme Handwerker, eine soziale Großtat aus christlicher Gesinnung.

Religiosität und Handwerk sind die Leitgedanken der Kartäuser, abgeschieden von der Welt. Studierstube und Werkstatt, stetiges Schweigen, mäßiges Essen, Verzicht auf Fleisch, geboten die Regeln. Wie wichtig Nürnberg die Gründung der Kartause nahm, mag daraus hervorgehen, daß Nürnbergs großer Gönner, König *Wenzel,* sogar an der Grundsteinlegung der Kapelle am 16. Februar 1381 teilnahm. „Die erste im modernen Sinn soziale Einrichtung der Welt" hat sie ein Nürnberger Wirtschaftshistoriker unserer Zeit genannt.

Mit diesen Stiftungen suchte Marquard das Seelenheil seiner Angehörigen zu sichern, die 1379 der in Nürnberg wütenden Pest zum Opfer gefallen waren. Er eiferte mit diesem Werk seinem Ahnherrn *Konrad Groß* nach, der das *Heiliggeistspital* gestiftet hatte, von dem noch zu berichten sein wird.

Drei der backsteingemauerten Individual-Behausungen sind noch heute erhalten; sie zählen zum Bestand des Germanischen Nationalmuseums, das um und über das Kartäuserkloster im vorigen Jahrhundert gebaut wurde.

In der Kartause wie im Mendelschen Zwölfbrüderhaus macht sich weitreichender europäischer Einfluß bemerkbar. Die niederländisch-flämischen Begardenhäuser scheinen in Nürnberg Nachahmung gefunden zu haben. Solche „Seelhäuser" wurden allgemein üblich: In *Augsburg* und *Eger,* in *Regensburg, Wunsiedel* und in anderen bayerischen Städten entstanden ähnliche Einrichtungen — wobei es allerdings schwierig ist, den direkten Zusammenhang mit Nürnberg herzustellen, sieht man von der Gründungszeit ab.

Eine Nürnberger Spezialität höchst weltlichen Zuschnitts ist der seit 1425 übliche Brauch, jeden neu aufgenommenen Bruder in seiner bisherigen Handwerkstracht porträtieren zu lassen. In drei dicken Bänden sind die Bilder, die bis zum Ende der Reichsstadtzeit entstanden, gesammelt — ein Handwerkeralbum eigener Art, charakteristisch für Selbstverständnis und Selbstbewußtsein jener Männer.

Nürnbergs erstes Handwerker-Altersheim hatte eine strenge Verfassung. Das Reglement macht sichtbar, wie sehr das ganze alltägliche Leben religiös bestimmt war: Die Brüder hatten an den Gottesdiensten in der Zwölfapostelkapelle teilzunehmen, während der Fastenzeit mußten sie die Predigten in der *St. Lorenzkirche* besuchen. Täglich hatten sie sich zum gemeinsamen Gebet zu versammeln. Bei besonderen Gelegenheiten sollten sie der Stifterfamilie, des Rates der Stadt und ihrer speziellen Wohltäter fürbittend zu gedenken.

Die Kartausen haben zu dieser Zeit über das traditionell klösterliche Almosen- und Hospitalwesen hinaus wichtige sozial orientierte Einrichtungen geschaffen. In ihnen erweist sich erneut die Kraft des europäischen Mönchtums zur Anpassung.

Die Würzburger Kartause

1348 erhielt Würzburg seine Kartause *Engelgarten*. So viel Aufmerksamkeit diese Verbindung zwischen Eremitendasein und Gemeinschaftskonvent zu ihrer Zeit auch fand: es ist in Würzburg nichts bis in unsere Zeit erhalten. 1853, ein halbes Jahrhundert nach der Säkularisation, hat man die schöne Würzburger Kartäuserkirche niedergerissen, nachdem sie für kurze Zeit den evangelischen Christen Würzburgs als Gemeindezentrum zur Verfügung gestanden hatte. 1854 begann man am Ort einstiger Weltabgeschiedenheit, wo die Anhänger Brunos ihre Kartause errichtet hatten, den Bahnhof zu bauen. Aber schon nach zehn Jahren hatte auch er ausgedient. Heute steht das Neue Stadttheater an der Stelle der einstigen Kartause.

Eine Kartause zu Füßen der Vogelsburg, Astheim

Auch wenn die Kartäuser sich in Franken nie so tief und flächendeckend ausbreiteten wie andere Orden vor ihnen und gleichzeitig mit ihnen, scheint die Idee *Brunos* dennoch von Anfang an so anziehend gewesen zu sein, daß sie – oft in großem zeitlichen Abstand – immer wieder Menschen in ihren Bann schlug, die sich nicht vollständig an ihre Zeit und ihre Umgebung verlieren, sondern sich zurückziehen wollten – auch, so weit es ging, aus jeder Gemeinschaft mit anderen Menschen.

Die Kartause zu Astheim am Main, nahe *Volkach,* zu Füßen der Vogelsburg, ist ein Beispiel dafür. Wie es letztlich zur Gründung kam, was mehr den Ausschlag gab – der Wunsch einer adeligen Familie, zu einer würdigen Begräbnisstätte zu kommen oder der Drang einiger Gleichgesinnter, nach den Beispiel Brunos zu leben –, ist nicht mehr mit Sicherheit auszumachen.

Die hochadelige Familie derer *von Castell* hatte seit längerem ihre Erbbegräbnisstätte auf der Vogelsburg, da war es wohl auch für ihre Steigerwald-Verwandten (und ein wenig gewiß auch -Konkurrenten) an der Zeit, sich eine spezielle geistliche Anlage zu schaffen. Die Karmeliten, der Mönchsorden aus der späten Kreuzzugszeit, war bereits den Castellern verpflichtet – boten sich da nicht die Kartäuser an? Eine Kartause nahe an Volkach, gegenüber dem Wallfahrtsort *Maria im Weinberg,* an der Spitze der Mainschleife, nicht auf der Höhe, sondern am Fuße der Vogelsburg: das würde sich gut machen. So etwa könnten die Überlegungen des Ehepaares *Erkinger von Seinsheim* und *Anna von Bibra* ausgesehen haben, als sie 1409 in Astheim eine Kartause stifteten, der sie – ganz im Zeichen der Marienverehrung jener Zeit, speziell jener Landschaft – den Namen „*Mariae-Brück*" gab.

Im Jahr darauf bestätigte Fürstbischof *Johann I. von Egloffstein,* Verwandter und Standesherr wie die Stifter, diese Bereicherung seiner Diözese. Das klösterliche Leben ließ noch auf sich warten. Offenbar fehlten die nötigen Mönche. Aber vier Jahre nach der Stiftung war es soweit. Der Prior der Nürnberger Kartause half tatkräftig mit, daß Astheim besetzt werden konnte. Und schon fünf Jahre später mußte Anna von Bibra im Chor der neuen, noch unvollendeten Kirche beigesetzt werden. Erkinger von Seinsheim überlebte sie um 19 Jahre. Es war ihm sehr ernst mit seiner Stiftung, denn als er 16 Jahre nach Annas Tod die Witwe *Barbara von Schwarzenberg* heiratete, eine geborene *Abersbergerin,* da erneuerte er seine Astheimer Stiftung. Wenige Jahre nach dieser Eheschließung starb der Seinsheimer Stifter und wurde – wie seine erste Frau – im Chor der Konventskirche beigesetzt.

Auch der Kaiser mußte sich mit der Kartause zu Astheim beschäftigen: Die Seinsheimer erbaten eine ausdrückliche kaiserliche Bestätigung. Sogar den benachbarten, für ihre Verhältnisse viel mächtigeren Ansbacher Markgrafen involvierte die Familie, der es nicht allzu gut ging: Er erklärte sich bereit, für den Kreuzgang, den man endlich einwölben und weiter ausbauen wollte, einen beträchtlichen Zuschuß zu geben.

1525 besuchte, kurz nachdem der Bauernaufstand abgeklungen war, der brandenburgische Kanzler und hochangesehene, wenn auch durch und durch lutherisch gesonnene *Johann von Schwarzenberg* die „meist zerstörte" Kartause und half kräftig mit, daß sie wieder aufgebaut wurde. Der Steigerwaldgraf schätzte die Stiftung seiner Verwandten.

Die Kartause Mariae-Brück hat also die Reformation überstanden. Ihr tüchtiger Vorsteher *Johann Haupt,* der von 1570 bis 1590 die Leitung hatte, konnte sogar umfangreiche Bauten hinstellen, eine Johanniskapelle errichten und den Kreuzgang nördlich der Kirche fertigstellen lassen. In den Jahren danach wurden Torhaus und Scheunen von 1603–1609, einer Blütezeit des Klosters, die Kirche und das angebaute Kapitelshaus neu aufgeführt. Der Lettner zählt zum Sehenswertesten der Klosterkirche. Es wäre interessant zu erfahren, woher die Kartäuser bei Volkach den Mut nahmen, die Bestimmung des Tridentinums zu übergehen, die verlangte, daß die trennende Wand zwischen Priester- und Laiengemeinde weggenommen wurde. Dieser konziliare Ungehorsam ließ den steinernen Lettner von Astheim zu einer kunstgeschichtlichen und kirchenbaulichen Rarität in Franken werden.

Der Dreißigjährige Krieg brachte eine kurzfristige Säkularisation von Astheim. Eine Generation nach dessen Ende begann endlich der Wiederaufbau, der in eine neue religiöse Blüte führte und zu einer vollständigen Barockisierung der ganzen Anlage sowie zum Bau eines stattlichen Priorats westlich der Kirche.

242

Die Kartause von Astheim.

Bei der Säkularisation fiel das Kloster den inzwischen gefürsteten Schwarzenbergern zu, von deren Vorfahren nicht wenige in der Klosterkirche begraben sind.

Außer der Kirche ist nicht viel übriggeblieben von der einst stattlichen Kartause, keine einzige der ehedem so wohnlichen Einzelzellen ist mehr zu sehen; alle wurden an Kaufinteressenten abgegeben und privaten Zwecken zugeführt. Auf dem Papier alter Pläne und aus der Vogelperspektive läßt sich ein Bild dieser ehedem stattlichen Anlage machen.

VIII
Die Ritterorden

Der Zeitzusammenhang

Der große Bernhard von Clairvaux hat nicht nur seinen eigenen Orden zu größter Blüte gebracht, sondern war zugleich der Initiator der mächtigen Bewegung der Ritterorden. Ritterliche Mönche – mönchische Ritter: Was waren sie in erster Linie? Nach der Vorstellung Bernhards sollten sie beides sein, geistlich und weltlich, Mönch und Ritter. Er formulierte dem zweitältesten Ritterorden, den Templern, ihre Regel: „Sie mißtrauen jedem Übermaß an Lebensweise und Kleidung... Sie leben zusammen ohne Frauen und Kinder... Sie leben unter einem Dach mit nichts, was ihnen eigen ist, nicht einmal ihrem Willen... Niemand steht unter einem anderen. Sie ehren den Besten, nicht den Berühmtesten... Sie sind kahl geschoren... man sieht sie nie gekämmt, selten gewaschen, den Bart struppig, nach Staub riechend, schmutzig von ihren Kämpfen und von der Hitze..." Immer im Dienst. So hat Bernhard sie sich gedacht – und so waren sie zunächst auch. Hüter der Straßen und Reisenden, Förderer des Handels, Beschützer der heiligen Stätten, Betreuer der Kranken sollten sie sein. Solche militanten Aktivisten waren gefragt im Zeitalter der Kreuzzüge – im Abendland wie in Palästina.

Ritterorden und Zisterzienser sind einander eng verwandt. Keuschheit, Armut, Gehorsam und Beständigkeit gelobten die Zisterzienser; Keuschheit, Armut, Gehorsam schworen auch die Rittermönche, auf das Versprechen der Beständigkeit verzichteten sie.

Das Jahrhundert ihrer Gründung war religiös gestimmt wie kaum eine Zeit zuvor oder nachher.

Dennoch verlor die Kirche an Einfluß bei den Jugendlichen, die sich lieber als Knappe in ein Heer rekrutieren ließen als in den Dienst der Kirche. Durch die Sarazenenkriege, das Eindringen östlicher Legenden und Märchen war die Abenteuerlust geweckt. Und als die Zustände der christlichen Gemeinden im nahen Osten unhaltbar wurden, sich die Kreuzzüge bildeten, bekam die Kirche in der Kombination von Orden und Rittern, die im Auftrag Petri und Christi gegen die Muselmanen zogen, einen unglaublichen Zulauf von Männern jeden Alters – und es gab 1212 sogar einen Kinderkreuzzug. Daß sich die Ritter in den neuen Orden besondere Aufgaben stellten, nimmt nicht wunder.

Mystisches Denken und asketische Entsagung, uralte mönchische Ideale, beflügelten den Entschluß der frömmsten unter den Rittern, sich zu eigenen Orden zu vereinen. Andere trieb Abenteuer- und Kriegslust, fromm gerechtfertigt, zur ritterlichen Ordensgemeinschaft. Bernhard rechnete damit; er gab sich, was den Menschen anlangt, keinen Illusionen hin. Auch dieser Teil der Einflußreichen ihrer Zeit, militant, kriegerisch, nicht mehr weltflüchtig, sondern eroberungshungrig, trat dem Mönchtum bei – einem entsprechend seinem Lebensgefühl veränderten Mönchtum. Die Rückgewinnung des Heiligen Landes war sein Ziel; Abenteuerlust, Neugierde, Welt- und Erlebnishunger waren motivierende Kräfte. Bei den einen nur eines aus allem, bei anderen alles zugleich.

So lief das Kapitel Ritterorden in der Geschichte des Mittelalters an und ab: Die in jungen Jahren mächtig wachsenden Städte – den Anfang machten die Hafenstädte um das Mittelmeer herum – stellten vor neue Probleme und boten neue Chancen: das Gesundheitswesen bekam einen neuen Aufschwung. Spitäler mußten gebaut werden. Kaufleute finanzierten sie für die friedlich gesonnenen Ritter, die es ja auch gab und die sich der hilfsbedürftigen, kranken Pilger und Kreuzritter annahmen.

Die Mühe um den Kranken erschien genauso wichtig wie der Waffendienst. Jedenfalls bei den Johannitern, die nach der Eroberung Jerusalems 1099 in *Amalfi* ein großes Krankenhaus einrichteten und versorgten. Ritter waren eben ganz dem Praktischen zugewandt, dies um so mehr, als sie auf die Minne verzichteten. Eine Bruderschaft war es zunächst, zum Orden entwickelte sie sich weiter.

Die Ordenstracht dieser Ritter war ein schwarzer Mantel mit weißem Kreuz darauf. In Kriegszeiten trugen sie einen roten Waffenrock. Den Namen wählten sie nach *Johannes dem Täufer*, der schon in frühen Jahrhunderten einer der wichtigsten Schutzheiligen gegen alle möglichen Krankheiten war. Im medizinischen Bereich wurden viele Heilpflanzen nach ihm benannt (Johanniskraut, Johannisbeere). Auch wurde er in den Hafenstädten der Schutzpatron der Trinkerfürsorge und Helfer der Suchtkranken.

Ein paar Jahrzehnte später wies der König von Jerusalem, *Balduin II.,* einer Gruppe von Rittern, die sich die Aufgabe gestellt hatte, die Pilger aus Frankreich bewaffnet zu begleiten, einen Palast zu, von dem man meinte, daß er auf dem ehemaligen Tempelplatz stünde. Nach ihm nannte sich die Rittergruppe, die sich zu einem Orden zusammengetan hatte, die Templer. Der heilige Bernhard gab nicht nur eine Regel, sondern sorgte auch für eine rasche Ausbreitung. Die Ordenstracht sollte von den Johannitern zu unterscheiden sein: der Mantel blieb weiß, aber das Kreuz, das sie trugen, war rot, blutrot: die Templer. Ob das weiße Ordensgewand an die alttestamentlichen Leviten erinnern soll, die die Bundeslade bewachten, wie die Ritter jetzt die heiligen Stätten?

Bald regte sich Kritik am doppelten Dienst der Ritterorden; Kriegsdienst und Krankenpflege passe nicht zusammen. So entstand ein reiner Spitalorden der barmherzigen *Antoniter*, die sich hineinwagten in die Knochenarbeit der Kranken- und Seuchenpflege. Langen Bestand hatte er nicht. Im elsässischem *Isenheim* gründete man zum Beispiel ein Antoniterkloster; bis Franken drang der Orden dauerhaft nicht vor. Aber viele Franken fahren gerne zum großen kulturgeschichtlichen Denkmal, das dieser Orden in einer tapferen Tat sich gesetzt hat, zum Isenheimer *Antonius-Altar* nach *Colmar*. Der Antoniusorden wandelte sich in einen adeligen Chorherrenorden, die *Töniesherren*. Im elsässischen Isenheim erinnert nur noch eine weitläufige Anlage an das einst große Antoniterkloster mit dem riesigen Spital.

Dies war der Veränderungsprozeß: aus den Johannitern wurden die kämpferischen Templer, die nach der Regel der Augustinerchorherren lebten, bis sie eine eigene, streng zentralistische Ordnung erhielten mit einem Großmeister an der Spitze und unter ihm die adligen Ritter und Geistlichen; zur Verrichtung der geringen Hausarbeit und der minderen Waffendienste dienten ihnen bürgerliche Brüder. Als kritische Korrektur schälte sich aus ihnen der Antoniterorden heraus.

In Frankreich brachten es die Johanniter mit dem weißen Leinenmantel und dem blutroten Kreuz zu großem Einfluß und reichem Besitz. Als Jerusalem verloren ging, nahmen sie ihren Sitz auf *Zypern* (1291) und bald danach auf *Rhodos* (1310). Zweihundert Jahre später kamen sie nach *Malta* (1526) – *Malteser* nennt man sie seitdem.

In Frankreich, auf der iberischen Halbinsel und in Britannien brachten es die geheimnisumwitterten, oft beneideten Templer zu ungeheurem Einfluß, der ihnen oft genug zum Verhängnis wurde, so daß sich schließlich die noch Mächtigeren gegen sie wandten: 1307 setzte sie der König von Frankreich einem Prozeß der Inquisition aus, um in den Besitz ihrer Reichtümer zu kommen.

Die Deutschordensritter

Die ritterlichen Herren aus Deutschland brauchten etwas länger, bis sie es zu einem eigenen Orden nach Art der Johanniter brachten. Während des dritten Kreuzzuges unter *Barbarossa* (1189/90) gründeten einige Herren vor *Akkon* eine *Spitalbruderschaft* zur Pflege der Kranken. Sie war nötig, denn die

Städte verseuchten zusehends. Finanziert wurde die Bruderschaft von reichen Kaufleuten der Hansestädte Bremen und Lübeck. Bald darauf erweiterte man die Krankenpflegestiftung zum Ritterorden. Nur Deutsche sollten aufgenommen werden. Sie kennzeichneten ihren weißen Mantel mit einem bescheidenen schwarzen Kreuz an der linken Schulter.

Als militärischer Schutzorden wurden sie bald auch nach Ungarn gerufen, um die Moselfranken in Siebenbürgen zu schützen. Dort bauten sie die gewaltigen Burgen, die für diese Landschaft heute noch charakteristisch sind (1211). Und wenige Jahre später übernahmen sie die große Aufgabe, den deutschen Ostraum zu erschließen.

Hervorgegangen sind sie im wesentlichen aus den fränkischen Königslanden. Ihr hervorragenster Führer, *Hermann von Salza*, der vermutlich dem thüringischen Kleinadel entstammt, hatte in Franken seine Anhängerschaft fest verankert, vor allem bei dem hochedlen Geschlecht der *Hohenlohe*. Im Zusammenhang mit den Deutschen Ordensrittern tauchen die Namen der Herren aus dem uffenheimischen *Holach* zum ersten Mal auf. An seine Lieblingspfalz *Hagenau* im Elsaß lud *Friedrich II.* 1220 zwei der fünf Brüder, nämlich *Gottfried* und *Konrad von Holach*, zum ersten Mal ein. Sie entschieden sich für den Staufer, waren von da an geschworene Freunde dieses höchsten Geschlechtes und nahmen an allen weltweiten Unternehmungen der Staufer teil; die Hohenloher Franken gerieten zu europäischem Einfluß – speziell als Glieder des deutschen Ritterordens.

Unermüdlich war Hermann von Salza darauf aus, reiche Sponsoren zu finden, die sein Werk stützten. Er hatte Erfolg. Aus der Mitte des 13. Jahrhunderts stammen die großen Schenkungen der deutschen, vor allem der fränkischen Ritterschaft. Eindrucksvolle Überreste jener Stiftungen sind heute noch zu sehen. Sie nötigen Respekt ab.

Das hohenlohische *Bad Mergentheim* ist in Franken am sichtbarsten vom Geist und von der Macht des Deutschen Ritterordens geprägt. Im südlichen Franken gilt das Gleiche für Ellingen, im mittleren Franken, wenn auch auf viel bescheidenere Weise, für Virnsberg.

Schloß Ellingen

Der Glanzpunkt Ellingens ist natürlich das Schloß. Es stammt zwar aus späterer Zeit, aber gebaut haben dort als erste die Deutsch-Ordensritter. Wer vom Norden kommt, dem fällt die große Spitalanlage ins Auge, die heute noch außerhalb des Ortskerns liegt, zu seiner Zeit als riesiges Krankenhaus nach modernstem Muster hingestellt.

Seitdem die neue Umgehung der Bundesstraße den Blick aus der Ferne von Süden her freigibt, kommt die Anlage noch besser zur Geltung. Man kann sie mit Abstand betrachten. Und Abstand braucht man, ob man nur einen Teil oder die ganze Anlage oder auch die Deutsche Ordensritterschaft überhaupt würdigen will.

Die Geschichte dieses Schlosses des Deutschen Ritterordens in Franken ist ein Stück Geschichte des Ordens. *Walter von Ellingen* errichtete 1210, vom Kreuzzug zurückgekehrt, aus seinem und seiner Gemahlin *Kunigunde* Gut ein Spital. Spitalstiftungen gehörten damals zur Selbstverwirklichung reicher Leute. Zur endgültigen Zweckbestimmung schaltete er auch den Stauferkaiser *Friedrich II.* ein. Dieser städtefreundliche Herrscher sah solches gemeinwohlfreundliche Kirchentum gerne. Kaiser Friedrich II. war es, der das Spital 1216 dem Deutschen Orden übertrug. Ausgedehnte Stiftungen fielen dem Orden zusätzlich zu. Als der Ansbacher Markgraf *Albrecht Alcibiades* Ellingen 1552 zerstörte, bauten es die Ordensherren neu und schöner als zuvor wieder auf und machten Ellingen zum Sitz der Ordensverwaltung für ganz Franken. Im frühen 18. Jahrhundert erhielt es die großartige barocke Gestalt, die es bis heute behalten hat. Bald darauf fiel Ellingen im Zuge der Säkularisation an Bayern. So kamen die Fürsten *Wrede* in seinen Besitz.

Wolframs-Eschenbach, Virnsberg

Von Wolframs-Eschenbach wäre nun zu erzählen, ihm wurden die Ritter ja zum Schicksal – der Minnesänger *Wolfram* ebenso wie die Deutschen Ordensritter. Die alte Vogtei gehört zu den charakteristischen Gebäuden dieser kleinen, verträumten, unverändert mittelalterlichen fränkischen Stadt, die der Geschichtstourismus wieder erweckt hat – und die selbst nicht wenig dazu beigetragen hat, ihn zu wecken, wenigstens für sich selbst.

Auch in *Weißenburg*, in *Schweinfurt* und in *Rothenburg* zeugen bedeutende Überreste vom Deutschen Ritterorden. Desgleichen in *Obermessing*, im Süden Mittelfrankens, und in Virnsberg, im oberen Zenngrund, im nordwestlichen Mittelfranken.

In *Virnsberg an der Zenn* steht die einzige Höhenburg des Deutschen Ordens in Franken. Das alte Lehen des Deutschen Reiches hielten zunächst die Hohenlohe; von ihnen erwarben es die Zollern, die ihren ansbachischen Besitz abrunden wollten. Seit 1235 sind die Hohenlohe auf Virnsberg nachweisbar, eine Generation später, 1259, kauften es die Nürnberger Burggrafen, die von Virnsberg aus den ost-westlichen Handelsweg der ihnen anempfohlenen Nürnberger Kaufleute kontrollieren konnten.

Schloß Ellingen. Kupferstich von J. A. Friedrich nach J. V. Biber, 1746.

Das war unter dem bedeutenden *Friedrich III.*, der nicht nur die Grundlage für den oberfränkischen Besitz der Zollern schuf, sondern auch nach Westen hin den Einfluß seines Hauses ausbaute. Er betätigte sich im übrigen auch als „Königsmacher" – bei der Wahl *Rudolfs von Habsburg*. Am Virnsberger Besitz schienen die Burggrafen nur kurze Zeit zu hängen, denn bald nach dem Erwerb, eine Generation später, 1294, schenkten sie den Besitz dem Deutschen Orden, der dort eine Komturei errichtete, die bis 1806 bestand.

Die Deutschordensburg zu Virnsberg ragt heute noch stolz als Symbol ritterlicher Macht über die sanfte Frankenhöhe. Ihr gegenwärtiges Gepräge hat sie in der zweiten Blütezeit des (katholisch gebliebenen) fränkischen Zweiges des Deutschen Ordens erhalten, wie auch die Talburg *Ellingen*. Nur die Stützmauern des oberen Burgberings entstammen dem friedlosen 13. Jahrhundert, wahrscheinlich von den Nürnberger Zollern hochgezogen. Im ehemaligen großen Spital, das der Orden 1532 an der unruhigen Handelsstraße baute, hat man nach der Auflösung die Virnsberger Schule untergebracht; längst war es unter einem Komtur aus dem Freiherrengeschlecht der *Eyb* zu einem lebhaften Barockbau umgestaltet worden.

Der Deutsche Orden gab sich eine straffe Verfassung. Komturei nannte man die kleinste Einheit in einem bestimmten Gebiet, mehrere Komtureien wurden zu einer Ballei (Amtsbezirk) zusammengefaßt, so zum Beispiel alle im bayerischen Raum liegenden Komtureien zur Ballei Franken. An ihrer Spitze stand der Landkomtur; er hatte seinen Sitz zumeist in Ellingen.

In Bad Mergentheim war die Hauptzentrale des Deutschen Ordens, seitdem die preußischen Ostgebiete unter dem fränkischen Markgrafensproß *Albrecht von Brandenburg*, ihrem letzten Hochmeister, zum Luthertum übergegangen waren und ein weltliches Herzogtum gegründet hatten.

Die Schloßkirche von Bad Mergentheim, die jetzt als evangelische Stadtkirche verwendet wird, verkörpert die Macht, die der Deutsche Orden auch nach dem Übertritt seiner ostpreußischen Provinz zur Reformation zwei Jahrhunderte später noch einmal erreichte. Von 1731 bis 1736 wurde sie anstelle der einstigen Schloßkapelle errichtet. Unter dem wittelsbachischen Kurfürsten *Clemens August*, der seit 1732 auch Hochmeister des Ordens war und in dieser Funktion seinen Sitz in Mergentheim hatte, ist sie vollendet worden. Der wittelsbachische Hausarchitekt *François Cuvilliés* soll dem Bau den letzten barocken Schliff gegeben haben. Die hohe Qualität der Fassade wie des Inneren sprechen für die Federführung dieses tüchtigen Baumeisters.

Vom mittelalterlichen Baubestand ist in Mergentheim nicht viel geblieben. Es dankt sein Ansehen der Tatsache, daß nach der Zerstörung der ohnehin etwas abgelegenen Burg *Horneck* am Neckar schon 1527 der Sitz des Hoch- und Deutschmeisters in diese liebliche Landschaft an der Tauber gelegt wurde.

Offizielle Kirchenheilige hat der Ritterorden nicht hervorgebracht: solche aber, die nach einem heiligmäßigen Leben strebten, hatte er viele. Nach außen wurde das kaum sichtbar. Zu eng war die Verflechtung zwischen Macht, Besitz und Prestige. Das führte immer wieder weg von dem Streben nach Verinnerlichung. Um so bemerkenswerter waren die großen kolonisatorischen Leistungen. Wer von Siebenbürgen spricht, muß vom Deutschen Orden sprechen. Und wer den Eintritt Preußens in die Geschichte beschreibt, muß die Deutschen Ordensritter beschreiben. Die *Marienburg* zu *Danzig* ist eines der großen Zeugnisse des Ordens – ein Werk von Franken. Litauen, Estland, Livland zeugen von den Leistungen dieses Ritterordens. Und Mergentheim, das fränkische Bad Mergentheim!

IX
Die Bettelorden

Der Zeitzusammenhang

Mit dem Tode Kaiser Friedrich II. 1250 endete faktisch die Stauferherrschaft. Der Glanz des deutschen Königtums verblaßte. Die grausamen, enttäuschenden Kreuzzüge versickerten. Geblieben ist die neue Stellung der Städte im Reich. Sie kamen zu immer größerer Bedeutung. 70 Reichsstädte hatten sich in der Mitte des Jahrhunderts allein in Süddeutschland herausgebildet. Ein neuer Geist breitete sich aus im Land: die rationalistische Denkweise der Scholastik. Die Oberschicht in den Städten wurde von ihr ergriffen. Das Wirtschaftsleben wurde intensiver, und die Gesellschaftskritik kam auf. Die politischen Verhältnisse waren ja auch entsprechend: Das Interregnum, „die kaiserlose, die schreckliche Zeit", machte zu schaffen. Im Westen und Süden wirkte an den Rändern des Reiches die kirchenkritische, neue religiöse Bewegung der Katharer und Waldenser ein. Weitab tobten seit 1209 im südlichen Frankreich die Albingenserkriege. Der jahrhundertelange Machtkampf zwischen Kirche und Reich, zwischen Papst und Kaiser, zeitigte eine neue religiöse Virulenz. Die Seuchen, die ganze Landstriche entvölkerten, die unsicheren Verhältnisse, die Prozesse politischer, wirtschaftlicher, sozialer Gärung: das alles steigerte die Religiosität. Das Mönchtum trug diesen Entwicklungen durch eine neue Reformbewegung Rechnung, gewiß nicht geplant, aber aus der erneuernden Kraft heraus, die im Christentum steckt, die Bewegung der Bettelorden.

Die im 11. und 12. Jahrhundert schnell wachsenden Städte gerieten zuerst in eine große Krise. Umweltprobleme lösten sie aus. Zu forsch war man auf Wachstum ausgewesen. Zu sorglos hatte man sich des neuen Reichtums erfreut, den das unvorstellbare Wachstum der Bevölkerung und des Wirtschaftsvolumens mit sich brachte. Es kam zur Katastrophe. Auch in Franken, wie vorher schon in den Mammutstädten des Ostens und des Südens, in Konstantinopel, in Rom, in Florenz, Venedig und andernorts.

In Deutschland dauerte es nur noch eine Weile, bis es soweit war. Zuvor entstanden Denkmäler europäischen Ranges, weil von einer ganz Europa gestaltenden Gesinnung geprägt, monumentale Gotteshäuser, die gotischen Münster in

Brügge und in Wien, in Paris und in Prag, in London, Krakau, Kiew. Man muß genau hinsehen, will man die regionalen Differenzierungen erfassen, das Gemeinsame wirkt unmittelbarer und stärker: die junge, dem Süden und Südosten angeglichene europäische Städtekultur.

Die Lorenzkirche in Nürnberg ist Ausdruck des neuen bürgerlichen Selbstbewußtseins, das da heranwuchs. Desgleichen die Frauenkirche, die bald darauf entstanden ist – wie in Würzburg so auch zu Nürnberg und andernorts gebaut auf die leergeräumten Plätze ehemaliger Judenghettos. Hall und Gmünd im schwäbischen Franken, Dinkelsbühl, Rothenburg, Schweinfurt, Weißenburg und Windsheim legten sich ihre überhohen, spitzgewölbten Hallenkirchen zu: Bürgerkirchen waren es. Sie symbolisieren Machtwillen, Reichtum und Frömmigkeit des neuen Standes, der in jener Zeit nach Geltung strebte. Und das alles zur Zeit des Sturms der schwarzen Pest, der über Europa hinwegfegte und am Ende der Hälfte aller Europäer den Tod brachte.

Die Kirche nutzte die Pest für flammende Reden gegen Sorglosigkeit und Gottlosigkeit, denn Krankheit wurde damals immer noch mit Sünde und Gottesgericht gleichgesetzt. Man hatte den Zusammenhang von Ansteckung und Übertragung nicht erkannt, denn die Pest wurde durch Flohbisse von den infizierten Ratten auf den Menschen übertragen und eben nicht durch „lästerliches Leben".

Eine böhmische Chronik aus jener Zeit berichtet von einigen Studenten, die aus Bologna kamen und auf ihrem Weg nach Norden vom einen ausgestorbenen Dorf in das nächste gerieten. In einigen Flecken hatte man noch „große Gruben ausgehoben, breit und tief, in denen die Leichnams begraben wurden", in anderen aber seien die Toten bereits auf Straßen und Plätzen herumgelegen, „weil kein Überlebender zurückblieb, sie zu bestatten" und „vieler Orts wurde vom Leichengeruch die Luft noch mehr verpestet, was übler schadet als vergiftete Speise". Die Folge: „Es kam aber schließlich von den genannten Studenten nur einer nach Böhmen zurück. Seine Begleiter starben auf dem Weg." Zwischen 1347 und 1352 wurden Hunderttausende vom gleichen Schicksal getroffen, zuerst in Italien und Frankreich, dann auch in Deutschland, schließlich sogar auf den britischen Inseln. Selbst Ärzte waren ihm nahezu machtlos ausgeliefert.

Kein Wunder, daß da die Bewegung der rigorosen Bettelorden ihre große Chance hatte. Denn diese Zeit war zugleich eine fromme Zeit. In der Bewegung der Geißler verkörpert sie sich, in jenen peitschenschwingenden Büßern gegen Ende des Mittelalters, die ihre Litaneien hersagten, von Ort zu Ort vor den Kirchen ihre nackten Oberkörper blutig schlugen, das Volk zum Gebet aufriefen, innerlich wachrüttelten und viele mitrissen.

Im Süden Europas war das städtische Bürgertum etwas früher zu Macht, Einfluß und Reichtum gekommen. Vom Süden her kamen deshalb auch die neuen Heiligen. Und es waren wirklich Heilige: Menschen, die auf Gott zudrängten, die sich aus der Welt zurückzogen, um danach im Dienst am Nächsten in der Welt weiterzuhelfen. Es ist Zeit, von Franz von Assisi zu sprechen.

Die Franziskaner

Franz von Assisi, der Erneuerer der Frömmigkeit

„Der heilige Franziskus erschien wie ein Apostel des Friedens und der Liebe in einer Welt, in der Unrecht, Gewinnsucht und Gewalt herrschten. Es war die Zeit, in der Papst und Kaiser miteinander haderten, Ghibellinen gegen Welfen kämpften, Bürger sich gegen Adelige erhoben. Der ‚franziskanische Frieden‘ ist die Frucht des beharrlichen Werkes eines einzigen Menschen. Als sich der ‚Poverello‘ blind und dem Tode nahe auf seiner Bahre aufrichtete, um ein letztes Mal seine Stadt zu segnen, flehte er, als sicherstes Unterpfand seiner Liebe, den Frieden auf sie herab. Gott hat diesen Wunsch in Erfüllung gehen lassen". So faßt *Erna Melchers* in ihrem großen Heiligenbuch das Leben des heiligen Franziskus zusammen. Alles wird sichtbar in diesem Texte: das Wohlstandszeitalter des 13. Jahrhunderts, die große politische Auseinandersetzung jener Zeit, das Bürgertum, das Stadtwesen.

Der Sohn des umbrischen Tuchhändlers *Pietro Bernadone* hat die Spannungen seiner Zeit empfunden, durchlitten und durchlebt wie kein anderer. 1181/82 ist er in der mittelitalienischen Stadt Assisi geboren. Als junger Mann genoß er das Wohlleben in vollen Zügen, das ihm der Reichtum seines Vaters ermöglichte, der sich die bürgerliche Eigenwilligkeit geleistet hatte, seine Frau aus dem fernen Frankreich mitzubringen. (Sollte er sie aus dem Kreis der Katharer genommen haben? Franz sprach provenzalisch, wie er es von seiner französischen Mutter gelernt hatte.) Ihr Sohn hatte ein heiteres Gemüt und ein warmes Herz, er sang die Lieder der Troubadoure, verfaßte kleine Gedichte und hatte als Bürgerkind den Wunsch, zum Ritter aufzusteigen. Eine einjährige Gefangenschaft, in die er bei einer kriegerischen Unternehmung kam, brachte Franziskus zur Besinnung. Die Krise wurde ihm zur Chance der Wandlung. Von einer Pilgerreise nach Rom kam er bekehrt heim. Er hatte die Kraft, „aus der Reihe zu tanzen" und zum Gespött zu werden. Die Erkenntnis der Schrift und die Erfahrungen seiner Gefangenschaft wurden ihm wichtiger als manche Moden seiner Tage.

„Wenn du vollkommen sein willst, so gehe hin, verkaufe alles, was du hast und gib es den Armen und folge mir nach …" und: „Nehmt nichts mit auf den Weg, keinen Stab, keine Tasche, kein Brot, keiner soll zwei Röcke haben …", hatte Jesus gefordert. Franziskus nahm das wörtlich. Er tauschte seine Kleider gegen die rauhe Kutte des Berghirten, zog hinaus in die Welt und predigte Buße. Sein Auftreten wirkte revolutionär. Es löste Befremden und Bestürzung aus – und weckte Hoffnung für viele. Er war wie „ein neuer

Mensch aus einer anderen Welt", schreibt der reformierte Theologe *Walter Nigg* in seiner schönen Franziskus-Biographie über diese wirklich große Gestalt der Christenheit. Der mittelgroße, rundköpfige, schwarzhaarige Mann war ein mitreißender Redner, der gewinnend, feurig und treffsicher formulierte. Wichtig ist auch das zeitgenössische Urteil: Italiens größter Dichter *Dante Alighieri* staunte, daß mit Franziskus „der Welt hier eine neue Sonne geboren ward". Größere Worte kann man über einen Menschen kaum aussprechen.

Franziskus selbst in seinem Testament: „Gott gab mir, dem Bruder Franziskus, diesen Auftrag in Buße zu tun. Als ich nämlich noch in Sünden war, schien es mir gar bitter, Aussätzige zu sehen. Und der Herr selbst führte mich unter sie, und ich tat Barmherzigkeit an ihnen. Beim Scheiden von ihnen wurde mir das, was mir bitter erschien, in Süßigkeit des Geistes und des Körpers verwandelt. Und danach verzog ich nur noch ein wenig und ging aus der Weltlichkeit". Eine verhaltene Deutung seiner selbst! Der Grundakkord für die Lebensmelodie dieses Mannes: zu helfen, auf Gott zuzukommen und Christus zu begegnen durch Bemühung um die Erniedrigten.

„Zunächst gab Gott mir solches Vertrauen in die Kirchen, daß ich ganz einfach betete und sprach: Wir beten dich an, Herr Jesus Christ, hier und in allen deinen Kirchen, die in der ganzen Welt sind, und beneiden dich, weil du durch dein heiliges Kreuz die Welt erlöst hast". In den Kirchen erhoffte er sich die Begegnung mit Christus, der ihm das Ziel seines Denkens war. Und Christus trat in erlebbarer Weise in sein Leben ein – in einer mystischen Vision.

„Es ist, als ob der Christus am Kreuz während des inbrünstigen Gebetes des Franziskus herabgestiegen und in das Leben des Poverello eingegangen wäre! Das ist das Unfaßbare, für das man keine passenden Worte hat, denn was man auch sagen mag, es klingt alles armselig und gibt von diesem lodernden Feuer keine richtige Vorstellung. Für Franziskus war Jesus nicht eine vergangene Angelegenheit, sondern eine lebendige Realität, die ihn Tag und Nacht bedrängte". So resümiert Walter Nigg.

Vergleicht man Franziskus mit Bernhard, so spürt man, wie die Passionsmystik des *Bernhard von Clairvaux* durch die Christus-Mystik des Franziskus überhöht wird. Das später auch von Luther erneuerte Lied „O Haupt voll Blut und Wunden" des Bernhard hat der Fromme aus Assisi weitergedichtet und zum großen persönlichen demütigen Friedensgebet konkretisiert und ethisch umgesetzt: „Nicht daß ich ... sondern daß du; nicht ich, du ..."

Sein Gottvertrauen ist bedingungslos, seine Innigkeit uneingeschränkt, seine Demut ehrlich, seine Frömmigkeit echt. Franz von Assisi gehört zu den großen ursprünglichen Gestalten der Kirchengeschichte. In einer Zeit „der großen äußeren Machtentfaltung der Kirche" löste Franz von Assisi eine „spirituelle Revolution" aus.

Eigentlich hieß er Giovanni, doch sein Vater, der seinen Sohn als Kind zärtlich liebte, gab ihm den Kosenamen Francescino (Französlein), da seine Frau aus der Provence stammte.

Ein Kaufmann, ein Bauer und ein Ritter waren die ersten Anhänger. Keinen wies er zurück. Franziskus war im guten Sinne naiv und vertrauensselig. Großzügig ließ er zu, wer zu ihm kam. Und mit den Anhängern kamen die ersten Bitten, Kranke und Aussätzige zu pflegen. Kompromißlos verwirklichte Franziskus sein Armutsideal. Zunächst jedoch mußte Franziskus die Kraft aufbringen, mit allen Überlieferungen zu brechen, vor allem mit dem Vater.

Diejenigen, die es in Assisi zu etwas gebracht hatten und mit den Verhältnissen wie mit sich selber zufrieden waren, hielten den ehemals leichtsinnigen Kavalier und tapferen Ritter Franziskus inzwischen für einen Narren. Sein Vater zum Beispiel. Assisi hatte für Monate seinen Gesprächsstoff, als der Vater den „ausgeflippten" Sohn durch bischöflichen Richterspruch zur Raison bringen wollte und Franziskus energisch, entschlossen, endgültig revoltierte.

Er tat es auf Prophetenart mit einer unvergeßlichen Geste: Der Bischof hatte Franziskus vor ein Tribunal bestellt. Franziskus war pünktlich zur Stelle. So sprach der Bischof zu ihm: „Dein Vater ist aufs äußerste gegen dich aufgebracht. Willst du also gottesdienlich gegen ihn handeln, so gib ihm das Geld, das du hast, unverzüglich heraus! Hat er das Geld, so wird sich sein Zorn schon besänftigen." Da sprach Franziskus: „Herr, nicht nur das Geld, das ihm gehört, will ich ihm wiedergeben, sondern auch die Kleider." In aller Öffentlichkeit entledigte er sich der Kleider, die er am Leib hatte, und warf alles dem Vater vor die Füße. Dazu sprach er: „Hört ihr alle, und versteht es wohl. Bis jetzt habe ich den Pietro Bernadone meinen Vater genannt ... Von nun an will ich sagen: Vater im Himmel, und nicht mehr: Vater Pietro Bernadone". Wütend nahm der Vater Kleider und Geld an sich; der Bischof aber hing seinen Mantel dem schmächtigen Franziskus um. So befreite sich Franziskus für den Dienst an der Gerechtigkeit.

1210 erschien Franziskus mit zwölf Gefährten in Rom. Der Papst fertigte ihn höchst unfreundlich, wenn auch nachhaltig beeindruckt ab: „Gehe hin, mein Bruder, und suche die Schweine, denn mit diesen scheinst du mehr gemein zu haben als mit Menschen. Wälze dich mit ihnen im Morast, übergib ihnen deine Regel und übe an ihnen dein Predigtamt". – Der Poverello verneigte sich, ging zu den Schweinen, wälzte sich im Dreck und kehrte zurück: „Herr, ich habe getan, was du mir geboten hast. Erfülle nun mein Flehen." – Jetzt fiel die Antwort nicht mehr so schroff aus: „Mein Sohn, gehe und bete zu Christus, daß er seine Absichten kundtue. Wenn wir dann seinen Willen klarer erkannt haben, wollen wir deine fromme Bitte mit großer Zuversicht gutheißen." Der Papst hatte Bedenken wegen des Armutsideals. Die Predigt guter Sitten allerdings erlaubte er. Die Bestätigung wurde nur mündlich aus-gesprochen. Das genügte Franziskus; er hatte Vertrauen. Der Papst hatte sich der Christusliebe des Idealisten im Erscheinungsbild eines Hippie nicht entziehen können.

Es dauerte nicht lange, da sprach sich des fürsorglichen Franziskus Fröm-migkeit im Lande herum. In Mittelitalien fing man an, ihn zu verehren wie einen Heiligen. Er schloß sich einem Kreuzzug an, erlebte das Blutvergießen im unheiligen Heiligen Land, war zutiefst erschüttert und wagte einen Be-kehrungsversuch sogar am Sultan von Ägypten. Er war der erste, der das Evangelium friedlich weitertragen wollte im streitsüchtigen Mittelalter. In-sofern ist er der Vater der neueren christlichen Mission.

Zehn Jahre bestand der Orden, als Franziskus ins Heilige Land aufbrach und in Ägypten missionierte. Ein paar Jahre später gab es kaum ein Land in Europa, wo nicht die Gefolgsleute des Franziskus am Werke gewesen wären. Und sogar im Nahen Osten waren die *„Geringen Brüder"*, die *Minoriten*, wie sie sich nannten, tätig.

Der demütige Franziskus litt unter der Verantwortung, einen riesigen Kreis von Anhängern, der bald in die Tausende zählte, führen zu müssen. 1221 trat er von der Leitung des Ordens zurück. Er suchte die Einsamkeit. Da wuchs sein Einfluß noch mächtiger an. Am Ideal der persönlichen Besitz-losigkeit hielt er eisern fest: „Die Brüder sollen nichts zu eigen haben, weder ein Haus, noch einen Ort, noch irgendeine Sache".

Noch ehe der Orden rechtlich gegründet war, kamen Anhänger des Franz von Assisi über die Alpen, 1219 schon nach Regensburg. Sie waren zunächst erfolglos. Zwei Jahre später traten sie wieder auf, jetzt im Auftrag des Man-nes, den Franziskus mit der Führung des Ordens betraut hatte, *Elias von Cortona*. Sie gingen planvoll vor, und Mitte Oktober trafen sich die einund-dreißig Brüder, die auf getrennten Wegen über die Alpen gezogen waren, in *Augsburg* ein. In *Würzburg*, in *Bamberg*, in *Nürnberg* und in *Coburg* gründe-ten sie Niederlassungen, später auch in *Eichstätt*. Überall entstanden Franzis-kanerklöster.

Große geschichtliche Bewegungen kommen nicht zufällig. Der Mann, der nach alternativen Formen des Zusammenlebens suchte, war Städter. Mochte er, ganz Anhänger des eremitisch-asketischen Ideals, noch so sehr die Ein-samkeit lieben: der Orden, den er gründete, war ein Stadtorden – Städte brauchten jetzt eben Klöster.

Wo immer Klöster gegründet wurden, entstand ein Ring von Menschen, Männer und Frauen, die sich um eine ernste christliche Lebensführung im Sinne der Minoriten (*„ordo fratrum minorum"*, O. F. M.) mühten, auch wenn sie dem Orden nicht beitraten, der sogenannte *Dritte Orden*, die *Terziaren*.

Große Persönlichkeiten brachte der Orden hervor, den Kirchenlehrer

Bonaventura zum Beispiel. Das war wichtiger als die vielen Streitigkeiten, die durch das rasche Anwachsen des Ordens nicht ausblieben. Vor allem: Bonaventura, der in Paris und Pisa studiert hatte und lebenslang Hochschullehrer war, sicherte der Bildung einen Platz in dieser ursprünglichen, lebensnahen Bewegung. Und er festigte den Zusammenhalt im Orden wie zwischen dem Orden und seiner Kirche. Er selbst wurde Kardinalbischof von *Albano* und hatte die Leitung des *Konzils von Lyon*, wo er 1274 noch vor dessen Abschluß starb. Zwei Jahrhunderte später wurde er 1482 (durch Papst *Sixtus IV.*) heilig gesprochen.

Dem Ordensgründer selbst, Franz von Assisi, wurde diese Ehre viel schneller zuteil. Schon zwei Jahre nach seinem Tod, am 16. Juli 1228, ver-

Franz von Assisi

257

kündete Papst *Gregor IX.* vor einer großen Volksversammlung, vor Kardinä-len und Königen, daß der „Poverello" von Assisi in die Zahl der Heiligen aufgenommen worden sei.

Franziskus hatte sich, fast erblindet, auf den Tod gefreut: Als er ihn nahen fühlte, sang er sein „Willkommen an den Bruder Tod". Man brachte den Sterbenden zurück nach Assisi. Am 3. Oktober 1226 starb er auf dem blan-ken Fußboden seiner Zelle, während er seinem Herrn ein Loblied sang.

Das Gebet „von der Kraft des Tugenden" des heiligen Franz ist lesenswert. Es ist schlicht wie kaum ein anderes. Es führt zum Wesentlichen einer Hal-tung, der man sich auch heute noch verpflichtet fühlen kann. Es ist wie ein Spiegel, der zeigt, was ist und hinweist auf das, was sein sollte:

> „Wo wahre Liebe und Weisheit ist,
> da ist nicht Furcht noch Unwissenheit.
>
> Wo die Armut mit der Fröhlichkeit ist,
> da ist nicht Begierde noch Habsucht.
>
> Wo die Stille mit dem Gedenken Gottes ist,
> da ist nicht Unruhe noch Zerfahrenheit.
>
> Wo die Furcht Gottes als Wache des Hauses ist,
> da findet der Feind keinen Zutritt.
>
> Wo die Barmherigkeit und Klugheit ist,
> da ist nicht Verschwendung noch Täuschung."

Und nun wären viele Namen zu nennen von Männern, die aus dem Fran-ziskus-Kreis hervorgingen. *Duns Scotus* etwa, der Mönch iro-schottischer Tradition, die auch da nicht fehlt; der gewaltige Volksprediger *Berthold von Regensburg*; der scholastische Gelehrte *Alexander von Hales*. Viele von ihnen hatten auch mit Franken zu tun, direkt und indirekt.

Die Bewegung der Minderbrüder dehnte sich rasant aus. Deutschland mußte in drei Ordensprovinzen eingeteilt werden. Um 1300 hatte die Zahl seiner Konvente in den drei deutschen Provinzen die 200 schon über-schritten.

Die Barfüßer in Nürnberg

Sehr früh schon, nämlich um 1224, kamen die franziskanischen Barfüßer-mönche nach Nürnberg, ein Jahr nach ihrer Gründung in der Bischofsstadt *Bamberg*. Der Rat der Stadt nahm diesen 'modernen' Orden ernst und wies

Barfüßerkirche in Nürnberg, mehrmals umgebaut, zuletzt 1682.
Stich von J. A. Delsenbach.

ihm innerhalb der Mauern einen der immer knapper werdenden Plätze zu, und zwar im Lorenzer Teil der Stadt. Die anderen Orden, die sich nun der Stadt zuwandten, mußten sich außerhalb des schützenden Beringes ansiedeln und bis ins 14. Jahrhundert hinein warten, als endlich um sie die Schutzmauer der Stadt gezogen wurde.

Heutzutage erinnert nur noch der gotische Choraußenbau in der Königsstraße, Hausnummer 3, an das älteste Stadtkloster von Nürnberg. Seinerzeit zog es hohe und höchste Aufmerksamkeit auf sich: Kaiser *Konrad IV.*, Sohn des sizilianischen Staufers *Friedrich II.*, bestellte den Nürnberger Minoriten einen Nürnberger zum Verwalter ihres Besitzes (ohne den es doch nicht ging), nämlich *Konrad von Roth*. Die Barfüßer hatten um diesen kaiserlichen Gefallen gebeten. Konrad erhielt als Aufwandsentschädigung für seine fürsorglichen Dienste die vollständige Steuerfreiheit. Der Pflegerdienst war nicht minder einträglich wie die herrschaftlichen Vogteirechte über die alten ländlichen Klosterburgen.

In den Nürnberger Urkunden erscheinen die Herren von Rot („de Rote") seit dem 13. Jahrhundert. Die Ritter-Beamten edelfreier Herren taten es den

259

Bettelmönchen gleich und siedelten sich in den aufstrebenden und dazu sicheren Städten an. Die Pflegschaft über ein Kloster war wie ein Statussymbol für den Einfluß, den man auch als zugezogene Familie gewonnen hatte.

Die Ministerialen, die den Herrschaftsbereich im Rednitzgrund südlich von Nürnberg, wo die Roth und die südliche Aurach in die Rednitz münden, verwalteten, zu Roth am Sand, waren nach Nürnberg gezogen. Roth selbst kam ihnen nicht schnell genug voran. Die Besitzungen, die Nürnbergs junge Patrizierfamilie in *Büchenbach*, *Pfaffenhofen* und *Kauernhofen* hatte, beweisen ihre Herkunft.

Die „Roter", wie sie sich in Nürnberg nannten, fanden im Franziskanerinnenkloster ihre Begräbnisstätte. *Adelheid Rotterin* ist am 1. März 1255 gestorben und wurde im Kreuzgang der Barfüßerinnen beigesetzt. Wahrscheinlich handelt es sich bei ihr um die erste Priorin des 1240 entstandenen Klosters in *Engelthal*. Adelheid trat 1248 von diesem Amt zurück. Ein Jahrhundert später ist ein zweiter *Konrad Roter* als „des Closters Procurator oder Pfleger" bezeugt; „ligt im Kreuzgang bey der Porten begraben", stellt die Klosterchronik fest. Von seinen Vorfahren wird berichtet: „Ligen im Kreuzgang an der Wand begraben" (*Heinrich und Agnes Roter*). Ein *Cunrad von Rot* war 1308 Mitglied des Minoriten-Konvents.

Auch anderen städtischen Bettelklöstern blieben die Roter verbunden. Von 1366 bis 1386 gehörte *Eberhard von Roth* zur Klosterprominenz im „Frauenbrüderkloster": Er war Prior des Karmeliterklosters.

1810 und 1913 wurde die dreischiffige frühgotische Basilika aus den Jahren 1256 bis 1276, die noch mehrmals umgestaltet wurde, abgebrochen; sie mußten den Tempeln einer säkularisierten Wirtschaftsgesellschaft Platz machen. Wenigstens Teile des Choraußenbaues sind heute in das Bankgebäude der Nürnberger Bayern-Hypo integriert: versteinerte Erinnerung an eine vergangene Welt, die es immer noch wert ist, erhalten und aufgespürt zu werden.

Die Franziskanerkirche in Rothenburg

Die Franziskanerkirche zu Rothenburg ob der Tauber findet als Baudenkmal weniger Aufmerksamkeit als sie wert ist. Leider. Das flach gedeckte Hauptschiff, der hohe gotische Chor, an dem man 200 Jahre gebaut hat – 1285 fing man an, im 15. Jahrhundert wurde sein zartes Netzrippengewölbe abgeschlossen –, der hohe seltene Lettner, der Priesterchor und Laienlanghaus trennt, der gemütvolle Franziskusaltar, den man so schnell nicht vergißt, auch wenn er in den vergangenen Jahrhunderten manchen Schaden er-

Rothenburg ob der Tauber. Herrenmarkt mit ehemaliger Franziskanerkirche.
Lithographie, um 1840.

litt: *Riemenschneider* muß das alles gekannt haben, er muß es schön gefunden
haben und nachahmenswert. Seine Gestalten erinnern an die ältesten Plastiken hier.

Wer die Franziskanerkirche zu Rothenburg auf sich wirken läßt, entdeckt,
daß da eine neue ursprüngliche Kraft am Werke gewesen ist.

Diese Kraft ging aus von den neuen Ordensgemeinschaften der Bettelmönche, die sich in einem atemberaubenden Tempo in Italien, Spanien und ganz
Europa bildeten. Keine große Stadt des Mittelalters ohne Kloster der Franziskaner! Und keine ohne ein Kloster derer, die nach ihnen, oft auch mit ihnen, manchmal sogar kurz vor ihnen, sich in den Städten niederließen, ohne
ein Kloster der *Dominikaner*. In den Städten! Auch das war neu. Das deutsche Städtewesen war zu junger Blüte gekommen und zugleich war es in eine
junge Morbidität hineingeraten.

Die Franziskaner in Hof

Eines der wenigen mittelalterlichen Gebäude, die im oberfränkischen Hof
die vielen Brände vor dem letzten Weltkrieg überstanden haben, ist das Alte

Das Franziskaner- und Klarissenkloster in Hof. Nach einer alten Stadtansicht aus dem 18. Jahrhundert.

Gymnasium der Saalestadt. Zusammen mit der hochansehnlichen, stattlichen *Michaeliskirche* und der *Liebfrauen-Spitalkirche* zählt es zu den wenigen Zeugen aus mittelalterlicher Zeit.

Das Gebäude ist sogar um einiges älter als die beiden Kirchen und geistlichen Ursprungs wie die beiden Gotteshäuser: Ehedem war sein Hauptbau das Sommerhaus des Franziskanerklosters, im Kern dem 15. Jahrhundert entstammend. Auch wenn die Umbauten von 1543/45 und 1746 – beide in friedlichen Zeiten geplant und in turbulenten Jahren durchgeführt – das Aussehen dieses wichtigen Klosterbaues stark verändert haben, sind noch heute die zwei Säle zu erkennen, die das „Sommerhaus" zu klösterlichen Zeiten hatte: die Klosterbibliothek und das Sommerrefektorium. Beide Räume konnten – ihr Name besagt es – unbeheizt bleiben, denn sie wurden nur zur Sommerzeit benutzt.

Viel ist nicht mehr übriggeblieben vom ehemaligen Kloster der Hofer Bettelmönche. Wer das heutige Straßensystem „Klostertor" und Theaterstraße, Sigmundsgraben und Lessingstraße durchstreift, kann nur noch wenig entdecken, das die Veränderungen der Jahrhunderte überstanden hat: Die Neustädter Schule gehört mit ihren herausspringenden Eckpfeilern zum einstigen Kloster, das Alte Gymnasium desgleichen.

Unmittelbar nebenan hatte man im 14. Jahrhundert auch Klosterfrauen angesiedelt: Das *Klarissenkloster* hatte die gleiche Grundform. Einer der drei Wohnflügel, wo einst die Nonnen ihre Zellen hatten, liegt längs der heutigen Straße Klostertor.

In den Straßennamen lebt einiges der Hofer Stadtbaugeschichte weiter: Die Theaterstraße erinnert an das städtische Theater, das man zur Zeit der ersten industriellen Blüte der fränkischen Grenzstadt im Chor der Klosterkirche eingerichtet hatte. Man denke: Allein im Chorraum der Bettelordenskirche hatte das ganze Theater Platz. Das Kirchenschiff mußte drei Jahre später, 1826, einer Reithalle weichen. 1902 hatte die Theaterpracht ein Ende: die Neustädter Schule mußte erweitert werden.

Vom Frauenkloster blieb vor allem das Kreuzganggemäuer erhalten. Wo die Nonnen von Hof ihre Gäste einquartierten, errichtete der bayerische Staat sein Gerichtsgebäude, und nebenan erstand das Aktienhaus.

Wann die Franziskaner nach Hof gekommen sind, ist nicht mehr zu ermitteln. Zu oft verbrannten aufschlußreiche Urkunden, vor allem im ersten Jahrhundert nach der Gründung. In Oberfranken hausten die fanatischen *Hussiten* mit besonderer Grausamkeit. Fest steht, daß schon 1291 mit dem Bau einer Klosterkirche begonnen wurde. Am 13. Mai 1292 genehmigte der zuständige Erzbischof *Erich von Magdeburg* den Mönchen einen einträglichen Ablaß zu Gunsten ihres Klosters. Schenkungen erhielten die Bettelmönche dazumal noch nicht. Auf derartige Zuwendungen ließen sie sich erst später ein, als auch die Hofer Minoriten mit Geld und Gut ihren Frieden schlossen und Stiftungen und Schenkungen größeren Umfangs annahmen. Mit jährlichen Seelenmessen begann das fromme Geschäft. Über Zinsverschreibungen und Vermächtnisse an Fischwassern und anderem erwies es sich allmählich als recht einträglich, so daß das Kloster nach der Zerstörung durch die alles niederbrennenden Hussiten größer erstehen konnte, jetzt sogar mit einer beachtlichen Bibliothek und einem Lesemeister. Die Franziskaner betrieben so in Hof die erste unmittelbare Hochschulvorbereitung. Einer ihrer namhaftesten Schüler war *Johannes Wunscholt*, Bruder des Bürgermeisters, der sich 1521 an der Universität Erfurt einschrieb und später lutherischer Superintendent im Herzogtum *Liegnitz* wurde.

Die Barfüßer in Hof hielten sich zur strengeren Gruppe unter den Franziskanern. Sie gehörten zu den Observanten, den „Bewahrern" der ursprünglichen Überlieferung, und zwar bezeichnenderweise nicht in der fränkischen, sondern in der sächsischen Ordensprovinz. Hof, die hin- und hergerissene Grenzlandstadt sogar im Kirchen- und Klosterwesen.

Feste Einkünfte aus Stiftungen, dazu einmalige Zuwendungen, vor allem aber gut organisierte Almosensammlungen, sicherten den Mönchen zu Hof – und auf ähnliche Weise auch andernorts – ihr Auskommen. In der Praxis ging das so vor sich: Ab dem 28. Oktober, dem Tag von Simonis und Judas Thaddäus, wurde fünf Wochen lang von den Kanzeln in Hof und Umgebung „die Sammlung" angekündigt. Während dieser Zeit fuhren zwei vierspännige Rüstwagen, also besonders stattliche Gefährte, auf die Dörfer und luden auf, was man herbeischleppte. Die Ankunft der Sammlerfuhren wurde mit einem besonderen Blasinstrument angezeigt, der Pfaffenpfeife. – Dieses Opferwochenverfahren hatte sich derart bewährt, daß nach der Säkularisation des Klosters auch der Landesherr fest mit dem Sammlungsgeld rechnete, um seine geistlichen Besoldungsverpflichtungen einzulösen.

Im ersten Jahrhundert seines Bestehens erfreute sich der städtische Barfüßerorden größten Ansehens in der Bürgerschaft und weit über die Mauern der jungen, aufstrebenden Stadt hinaus. An der großen Zahl adeliger und selbst fürstlicher Gönner läßt sich das Renommee ablesen, das die Jünger des Franz von Assisi in Hof genossen. Der größte Vorzug, den man sich verschaffen konnte, war ein Begräbnis im Barfüßer-Kloster. Die fleißigen Beter des Barfüßerordens boten Gewähr für verläßliche Fürbitte; gerne zahlte man in ihre Kasse für ein jährliches Gedenken. Die Landesherrschaft der Hohenzollern sicherte sich vor dem Hochaltar der Kirche eine Fürstengruft, der benachbarte Adel erwarb wenigstens Erbbegräbnisse in der Kirche (die schließlich doch dem Erdboden gleichgemacht wurde). Um keine Seelenmesse zu übersehen, legten die Franziskaner ein sorgfältig geführtes „Totenregister" an, das sogenannte Nekrologium.

Aber auch den Lebenden standen die Klosterpforten offen. Für einen entsprechenden Betrag konnte man sich als Pfründner oder Laienbruder lebenslänglich in das Kloster einkaufen. In einem Vertrag aus dem Jahre 1449 steht schwarz auf weiß, daß Hans Truger, Nickel Trugers Sohn, für 40 rheinische Gulden lebenslänglich „mit den brudern zu tisch sitzen, mit ihnen essen und einen convent (Dünnbier) trinken soll, als gut er zu tisch gebracht und den andern brudern gegeben wird; soll auch mit einer kammer und zell versorget werden, darinnen er sein lager hab und ander sein gereth behalten und aufbearhen möge" – Wohnrecht und Pflege auf Lebenszeit anno 1449.

Die Reformation verwandelte das Hofer Franziskanerkloster ganz im Geiste des reformatorischen Humanismus in ein Gymnasium mit Alumnat. So hatte es Luther dem brandenburgischen Landesherren Markgraf *Georg dem Frommen* und seinem Bruder *Albrecht von Preußen* empfohlen. An allen Sonn- und Feiertagen wurde in der Klosterkirche nach dreimaligem Läuten Kinderlehre gehalten, und zwar im Beisein des Superintendenten, zweier Diakone (zweiter und dritter Pfarrer von Hof), eines Schuldieners (Lehrer) und „der ganzen Schulmeng".

Dominikus, der Streiter für die Kirche

Was Franziskus von Italien aus in Bewegung gesetzt hatte, lag längst in der Luft. Seine Schöpfung konnte nicht die einzige dieser Art sein. Es gärte in der westlichen Christenheit. Um die gleiche Zeit rief der Spanier Dominikus (1170–1221) einen anderen Orden ins Leben, den Predigerorden (*„ordo fratrum praedicatorum"*, O. P.). Die Franziskaner widmen sich hauptsächlich der Predigt, der Seelsorge, der Krankenpflege, der Mission; die Dominikaner

Der heilige Dominikus.

der Predigt, der Theologie und der Erhaltung der reinen Lehre. Auch durch das Mittel ständiger Inquisition meinten sie, dem hohen Auftrag der Wahrheitsfindung entsprechen zu können.

Der kastilische Priester Dominikus, aus dem altspanischen Geschlecht der *Guzmán*, empfand die albingensischen Sektierer als die große Herausforderung seiner Zeit – auch sie ein Hinweis auf die Unruhe jenes Jahrhunderts.

Daß er als Voraussetzung für die Predigttätigkeit ein Studium zwingend vorschrieb, war eine Neuerung, zu der es nur in seiner Zeit kommen konnte. In der gleichfalls geforderten Armut zeigt sich der sozialkritische Zug seines Denkens. Aber während für Franziskus die Armut die Norm allen Verhaltens war, gab Dominikus der Wahrheit diesen Rang. Allerdings seien die Ketzer nicht nur durch Verfolgung zu bekehren, sondern besser durch Überzeugen.

Dominikus, der leidenschaftliche Wahrheitssucher, machte sich als Wanderprediger auf den Weg, stellte sich öffentlichen Diskussionen, fand Anhänger, schickte seine Schüler aus, die, wie er zu Fuß, ohne Geld, nur auf Almosen angewiesen sein sollten. Anders als Franziskus, der nach einem mühseligen Bekehrungsweg von außen zum Erneuerer des Mönchtums wurde, stieß Dominikus als Kirchenmann zum Mönchtum. Dominikus wurde um 1170 in *Caleruega*, in der Nähe der altkastilischen Bischofsstadt *Osma* geboren. Die Familie Guzmán hatte dort umfangreiche Besitzungen. Sein Onkel war Erzpriester einer nahegelegenen Stadt. Auch Dominikus wollte Kleriker werden. 1198 wurde er an die Bischofskirche zu Osma berufen und zum Priester geweiht. 1206 nahm ihn der Bischof auf eine Romreise mit. Vorausgegangen war eine Reise nach Norddeutschland, bei der Dominikus in der Touristenherberge zu Toulouse erstmals dem damaligen Ketzerwesen begegnet war. Dominikus brachte einen Katharer zur rechten Einsicht. Aus diesem Erfolg erwuchs ihm seine Lebensaufgabe. Dominikus erbat sich beim Papst einen Auftrag zur Ketzerbekehrung; Dieser schickte ihn nach Südfrankreich zur Bekehrung der Katharer und Waldenser, die sich unter Adel und Bürgertum des Landes viele Freunde gemacht hatten. Nach dem Tod seines väterlichen Freundes, des Bischofs von Osma, widmete sich Dominikus zunächst der Frauenausbildung und gründete auch Frauenklöster. Sein Ziel blieb aber die Ketzerbekehrung. 1215 erhielt er, dem sich inzwischen eine Schar gleichgesinnter Mitarbeiter angeschlossen hatte, den Auftrag, als Bistumsprediger von Toulouse die dort grassierende Irrlehre abzuwehren. Dominikus dachte und drängte über Toulouse hinaus. Er strebte einen weltweiten Predigerorden an. Als das Vierte Laterankonzil, wohin ihn sein Bischof mitgenommen hatte, vermehrte Predigertätigkeit zur Ketzerbekehrung empfahl, präsentierte Dominikus seine Ordensideen. Der Papst zögerte und empfahl, auf eine der vorhandenen Ordensregeln zurückzugreifen. Nur nicht zuviel Neues! Dominikus entschied sich für die Regel Augustins, die er um eigene Satzungen ergänzte. Am 22. Dezember 1216 erhielt er die Bestätigung seines Ordens durch Papst *Honorius III.* und für das *St.-Romanus-Kloster* in *Toulouse*. Schon im August 1217 zogen die ersten Predigerbrüder des Dominikus nach Spanien und nach Paris, andere blieben in Toulouse; er selbst machte sich nach Italien auf. In Rom rief er ein Schwesternkloster ins Leben, zog wiederholt nach Spanien, kam nach Paris und brachte seine

Gründungstätigkeit mit zwei Generalkapiteln in *Bologna* 1220 und 1221 zu einem ersten Abschluß. Da wurden die entscheidenden Beschlüsse gefaßt: Verzicht auf Grundbesitz, Beschränkung auf Konvent und Garten, Tätigkeit in der eigenen Kirche, priesterliche Mithilfe in der Seelsorge, Unterstellung unter die Zentralgewalt des Ordenspriors, Errichtung von acht Ordensprovinzen und die Obergewalt des Generalkapitels. Ein ganzer Orden in Armut – das war neu! Neu war auch der ausschließliche Auftrag zur Predigt – Predigerorden nannte man ihn! – und neu war die Möglichkeit, von klösterlichen Übungen freigestellt zu werden, wenn sie dem Studium oder der Seelsorge hinderlich wären. Neu war schließlich der straffe organisatorische Zentralismus.

Dominikus machte immer mehr sein Magenleiden zu schaffen. Todkrank kam er nach einer Reise, die er zu dem Generalkapitel in Venedig und Verona unternahm, nach Bologna zurück. Am Freitag, 6. August 1221, starb er; am Samstag wurde er in der St.-Nikolaus-Kirche beigesetzt. Dreizehn Jahre später, am 3. Juli 1234, sprach ihn Papst *Gregor IX.* heilig.

Bis zu seinem Tod gab es über sechzig Dominikanerklöster. Nicht nur in Rom, Madrid und Paris, auch in Ungarn, England und in Deutschland. *Albertus Magnus*, *Thomas von Aquin*, *Katharina von Siena*, *Heinrich Suso*, *Petrus Martyr* und auch der Maler *Fra Angelico* sind einige große Namen aus der Schule der Dominikaner.

Noch zu seinen Lebzeiten gründete Dominikus den sogenannten *Zweiten Orden*, die *Dominikanerinnen*. Dem aufmerksamen Beobachter war nicht entgangen, daß die Frauen seiner Zeit nach Bildung hungerten, vertiefte religiöse Erkenntnis suchten und sich betätigen wollten. Der Papst drängte ihn, verschiedene Frauengemeinschaften den Dominikanern an- und unter einer Regel zusammenzuschließen. Die Dominikanerinnen pflegten scholastische Gelehrsamkeit und individuelle Frömmigkeit, doch auch spätmittelalterliche Mystik. Als *Dritter Orden* waren in den Städten Gemeinschaften in der Krankenpflege und allgemeinen Caritas tätig.

Albertus Magnus

Albertus Magnus zählt zu den größten Heiligen, die aus dem Dominikanerorden in Deutschland hervorgegangen sind. Es wird wohl strittig bleiben, ob er den Schwaben oder den Franken zuzurechnen ist. *Bollstädt*, wo er 1193 geboren wurde, liegt im schwäbischen *Härsfeld*, die Adelsschicht allerdings, die das Härsfeld überzogen hatte, ist wie das Geschlecht derer von *Oettingen* den Franken zuzurechnen. In Padua trat der 30jährige dem Dominikanerorden bei und entfaltete bald eine umfangreiche naturwissenschaftliche und

Albertus Magnus

theologische Lehrtätigkeit an verschiedenen Schulen des Ordens: in *Regensburg*, *Hildesheim*, *Freiburg*, *Straßburg* und schließlich an der Universität *Paris*. „*Doctor Universalis*" nennt man den Gelehrten. Nur kurze Zeit hielt er es im Bischofsamt aus. Lieber war ihm die Lehrtätigkeit. Er legte Regensburgs Mitra nieder und ging nach *Köln*, wo der größte mittelalterliche Theologe sein Schüler wurde, *Thomas von Aquin*, ein Vetter des Staufenkaisers *Friedrich II*. In Köln starb er am 15. November 1280.

Das Große an ihm: er hat den Versuch unternommen, Glauben und Wissen miteinander zu verknüpfen. Wäre die Entwicklung der Naturwissenschaften auf der von Albert eingeschlagenen Bahn weitergegangen, so wäre ihr ein Umweg von drei Jahrhunderten erspart geblieben. Und zur geistigen Folter des Galileo Galilei wäre es nie gekommen.

In der Geschichte kommt es nur selten vor, daß sie einen Mann des Geistes und der Wissenschaft mit dem Ehrentitel „der Große" auszeichnet. Meist sind es solche, mit deren Namen sich die Erinnerung an viel Blutvergießen, Gewalt und politischen Ruhm verbindet, die die Historie mit dem Beiwort „der Große" ehrt.

Eines der besonderen Verdienste des großen Albert ist es, daß er das griechische, jüdische und arabische Gedankengut im abendländischen Denken zu Ehren brachte.

Die Dominikaner in Würzburg

Vom Westen her, von Frankreich, kamen die Dominikaner nach Deutschland. In der westlichsten Bischofsstadt Frankens setzten sie sich zuerst fest, in Würzburg. 1228 hat sie der Bischof zur Ketzerbekämpfung und zum Predigtdienst nach Würzburg gerufen. Er tat sich schwer mit den kritischen Bürgern der wachsenden Stadt. Die Jünger des kirchentreuen Spaniers Dominikus sollten ihm helfen. Bereits zwei Jahre später wurden diese von Kaiser *Friedrich II.* mit dem Inquisitionsamt für ganz Deutschland ausgestattet; ausgeübt haben sie es hauptsächlich in Franken.

Der erste Klostervorsteher – die bescheidenen Bettelorden hielten nichts vom patriarchalischen Abtstitel, die Bezeichnung *Prior*, der erste unter seinesgleichen, fanden sie angemessener – war *Heinrich Graf von Bollstädt*, der Bruder des berühmten *Albertus Magnus*. In Würzburg war die Gelehrsamkeit zu Hause. Das Kloster der Dominikaner wurde berühmt wegen seiner Bücherschätze. Vielleicht hat es deswegen solange gedauert, bis mit dem Bau einer großen Kirche begonnen werden konnte. 1266 legte angeblich Albertus Magnus den Grundstein. Mit dem Chorraum fing man an: Würzburg erhielt seinen ersten Bau in gotisch-französischer Manier. Vier Jahre bauten die Handwerker daran, 1308 waren Langhaus und Klostergebäude fertig.

Im 18. Jahrhundert gab *Balthasar Neumann* auch dem Predigerkloster ein barockes Aussehen.

1803 wurde das Dominikanerkloster aufgehoben. 1813 haben es die Augustiner übernommen, die sich in Würzburg ein fränkisches Zentrum schufen. Der Name Dominikanergasse erinnert noch an den rührigen Orden, der nicht nur Würzburg, sondern vielen anderen Städten im erwachsenden Mittelalter sein Gepräge gab. Daß Balthasar Neumann den schönen gotischen Chor beibehalten hat, stellt seinem Einfühlungsvermögen das beste Zeugnis aus.

1945 ist die Rokoko-Innenausstattung der *Augustinerkirche*, wie man sie längst nannte, ausgebrannt; zwei Jahrzehnte später wurde sie wieder hergestellt.

Der Predigerorden in Nürnberg

Wo jetzt das evangelische Dekanat untergebracht ist, befand sich vor siebenhundert Jahren das *Predigerkloster*. Um 1275 hielten die Dominikaner in Nürnberg Einzug. Fünfzig Jahre später soll der Klosterbau abgeschlossen gewesen sein. Nach der Auflösung des Klosters infolge der Einführung der Reformation wurden die Gebäude teilweise zu Wohnungen umgebaut. Ein imposanter Treppengiebel erinnert noch heute an die weitläufige, mächtige Anlage von einst, der man nicht anmerkt, daß ein Bettelorden sie hinstellen ließ. Das gleiche läßt sich von den zwei Altstadthöfen sagen, die in diesem Stadtteil sich aus einem Teil der klösterlichen Gebäudetrakte herausentwickelt haben; um 1500 sind sie entstanden. Die Kirche wurde 1803 abgebrochen.

Das Dominikanerkloster vermittelte im Mittelalter den Geist europäischer Weite in die geheime Hauptstadt des Reiches. Es unterhielt einen regen Austausch zur Pariser Universität, wo die Scholastik erblüht war. Innerhalb des Predigerordens spielte der Nürnberger Konvent eine hervorragende Rolle: dreimal wurde der dominikanische Generalkonvent nach Nürnberg einberufen, 1316, 1361 und 1393.

Es nimmt kaum wunder, daß die schnell erblühte Predigergemeinschaft zu Nürnberg auch ihre Schwierigkeiten hatte. Aber der Stadtrat nahm sich auch des inneren Lebens an, was den Predigern kein Schade war: 1396 regte er beim Ordensgeneral eine Reform an, die der Prior des Colmarer Klosters, *Konrad de Prussia*, durchführte. Die internen Reformgegner konnten in ein anderes Kloster umziehen. Konrad, der das Nürnberger Priorat übernahm, wollte auch das *Katharinenkloster* reformieren. Dort schien es besonders nötig zu sein. Doch die Damen widersetzten sich ebenso hartnäckig wie erfolgreich, indem sie den ihnen wohlgesonnenen König *Wenzel* zu Hilfe riefen. Schließlich wurden sie doch der strengeren Observanz unterstellt – auch da ging die Erneuerung vom Elsaß aus.

Die Klarissen

Der Protest gegen den Wohlstand ergriff auch die Frauen. Viele Frauenklöster entstanden deshalb um jene Zeit. Die einen ordneten sich den Franziskanern zu, Klarissenklöster waren es, die anderen schlossen sich den Dominikanern an, wie das Frauenkloster in Engelthal bei Hersbruck oder das zu Rothenburg.

Klara von Assisi

Klara stammt aus Assisi, 1194 wurde sie dort als Tochter des Grafen *Offreducci Favarone* geboren. Sie war fasziniert von Franziskus und dessen Botschaft. Christus sollte ihr Bräutigam werden. Für ihn allein wollte sie leben. Am Palmsonntag 1212 empfingen die Franziskaner das 18jährige Mädchen im Kirchlein Portiunkula zu einer feierlichen Prozession; mit brennenden Kerzen und Ölzweigen in den Händen warteten sie auf sie. Hier legte Klara vor dem Altar ihre Festkleider ab, Franziskus führte die Schere, die ihr schönes Haar wegschnitt. Sie schlüpfte in eine Kutte aus Sackleinwand und gürtete sich mit einem Hanfstrick. Dem gräflichen Vater halfen nicht Bitten und nicht Drohungen: die geflohene Tochter blieb als Schwester bei den Minoriten. „Ihr sollt wissen, daß ich keinen anderen Bräutigam verlange als Jesus Christus. Freiwillig habe ich ihn erwählt, und nie werde ich ihn verlassen!" Auch die Schwestern *Agnes* und *Beatrix* folgten ihr und – nach dem Tod des Vaters – die Mutter *Hortulana*.

Franziskus sammelte fleißig Almosen und richtete auf *St. Damiano* ein Kloster ein, wo die Klarissen ihre Heimat finden sollten.

Man sagt Klara ein außerordentlich bußfertiges Leben nach: auf einem Bündel Stroh habe sie geschlafen, ein Holzklotz sei ihr Kopfkissen gewesen, so sehr habe sie gefastet, daß Franziskus selbst eingreifen mußte und ihr auferlegte, wenigstens etwas Nahrung an jedem Tag zu sich zu nehmen. Den größten Teil der Nacht habe sie im Gebet verbracht, stets mit bloßen Füßen, fleißig habe sie Kranke gepflegt und bei Tisch ihre Schwestern bedient. Kein Wunder, daß sie von einem schweren Siechtum befallen wurde, das sie aber geduldig und heiter trug, wie berichtet wird. 28 Jahre lag sie auf dem Krankenbett, immer wieder hatte sie Visionen, die wie ein leuchtendes Bild an ihrer Zellenwand auftauchten – aus diesem Grund wies ihr 1958 Papst *Pius XII.* das Patronat für das Fernsehen zu. 1253 starb Klara und folgte ihrem verehrten Vorbild Franziskus nach, den sie 27 Jahre schmerzlich vermißt hatte. Noch heute steht ihr kleines Klösterchen St. Damiano fast unverändert.

Die Barfüßerinnen in Nürnberg

Auch die Barfüßerinnen kamen sehr früh nach Nürnberg. Sie mußten sich mit einem bescheidenen Platz außerhalb der Stadtmauer begnügen. Zunächst jedenfalls. Das *Magdalenenkloster*, das schon seit 1232 in der Noris war, ging im *Klarissenkloster* auf. Die Franziskanerinnen begannen um 1270 mit dem Bau der heutigen Kirche. Schon 1274 wurde der Altar geweiht; der Chor war das Neueste vom Neuen, wie Nürnberg es bis dahin nicht kannte: ein kreuzrippengewölbter Rechteckchor mit 5 / 10 Schluß. Der Nürnberger Bürgerschaft war das klösterliche Angebot für Frauen hochwillkommen. Sie stellten ihre prominentesten Ratsmitglieder als Verwalter ab, die Herren *Ebner, Nützel, Pirckheimer* zum Beispiel. Und diese brachten ihre Töchter dort unter. Die Frauenklöster Nürnbergs wurden zu Pflanz- und Pflegestätten kultivierter Bildung, vor allem humanistischen Feinsinns, wenn auch die franziskanischen Seelsorger der Klarissen Bedenken geltend machen mochten. Der Name der *Caritas Pirckheimer* war nicht nur zu Zeiten der reformatorischen Kämpfe in vieler Leute Mund. Als Nürnberg die Reformation einführte, verbot der Rat die Aufnahme weiterer Novizinnen – und verurteilte so die Frauenklöster zum vorzeitigen Ende. Resolute Mütter, die längst lutherisch gesonnen waren, holten ihre Töchter manchen Widerständen zum Trotz hinter den Klostermauern hervor, zurück in die Welt, die sie als Feld der Bewährung christlicher Frömmigkeit zu bejahen gelernt hatten.

Noch heute erinnert die Kirche *St. Klara*, inzwischen Filialkirche der römisch-katholischen Frauenkirche, an das franziskanische Frauenkloster, eines der ältesten und frühesten in Franken. Das Caritas-Pirckheimer-Haus hält das Gedächtnis an die letzte Vorsteherin wach.

Die Klarissen in Hof

Bald nach den Minoriten scheint es auch in Hof Frauen dazu gedrängt zu haben, in der aufstrebenden Gewerbestadt eine klösterliche Bleibe zu errichten. Klara, die begeisterte Anhängerin des heiligen Franziskus, zog die junge kritische Frauengeneration des 13. Jahrhunderts ähnlich an wie der Poverello von Assisi. Über *Eger* kamen die Klarissen nach Hof. Es muß um 1287 herum gewesen sein. Darauf deutet eine Schenkung hin, zu der sich der Vogt von *Weida* und verschiedene adelige Herrschaften des Hofer Umlandes zusammentaten. Eine der ältesten Urkunden registriert *Arnold von Sparneck* als Stifter des Clarenklosters in Hof. Die erste Klostergründung scheint aller-

St. Klara in Nürnberg

dings ohne langen Bestand gewesen zu sein. 1348 kam es zu einer Neugründung des „Ordensklosters der hl. Klara in Hof-Regnitz unterhalb der Mauern des Hofgutes des tapferen Ritters Murring". Nur eine Mauer trennte vom etwas tiefer gelegenen *Franziskanerkloster*; über die Kirche fanden beide Klöster Verbindung zueinander.

Die erste Äbtissin war *Gertrud von Uttenhofen*, die Witwe des markgräflich Meißenschen Marschalls. Sie vermachte den Klarissen die Einkünfte aus einer großen Zahl von Gütern um Hof herum, was ihr sogar das Recht einbrachte, sich „Stifterin" des Klosters zu nennen. Ihre ebenfalls verwitwete Schwester *Thekla von Uttenhofen* übernahm nach Gertruds Tod das Äbtissinnen-Amt.

Das Hofer Clarenkloster war fast eine reine Adelseinrichtung. Auch der *Markgraf von Brandenburg* stand ihm sehr nahe. So vertraute Burggraf *Friedrich V. von Nürnberg* nach dem Tod seiner Gemahlin *Elisabeth*, 1375, den Klarissen seine drei Töchter, *Anna, Katharina* und *Agnes*, an. Katharina war schon seit sieben Jahren mit dem Sohne Kaiser Karls, dem späteren Kaiser *Sigismund*, verlobt. Für die wahrhaft fürstliche Entschädigung von 100 000 Gulden war unter Zustimmung des Papstes das Verlöbnis gelöst worden. Katharina wurde später Äbtissin des Klosters, und ihr folgte die Schwester Agnes. Unter beiden Burggräfinnen erlebte Hofs Frauenkloster eine gewaltige Ausdehnung seines Besitzes und seines Ansehens. Mit der franziskanischen Grundregel der Besitzlosigkeit scheinen sich die adeligen Frauen aus den Familien der *Aufseß, Rabenstein, Zedtwitz, Beulewitz, Waldenfels* und vieler anderer nicht herumgeplagt zu haben. Erst recht scheinen die hochfürstlichen Herrschaften der *Hohenzollern* und der *Orlamünde* sich darüber erhaben gefühlt zu haben.

Wie schwer mancher Äbtissin die Last der Verantwortung für den großen Klosterbetrieb geworden ist, geht aus einem rührenden Brief hervor, den eine andere Hohenzollerin, Äbtissin *Margareta von Brandenburg*, an ihren Vater schrieb, den berühmten Kurfürsten *Albrecht Achilles*. Als Vierzehnjährige war die Fürstentochter aus Kulmbach dem Kloster anvertraut worden. Damals hatte sie schon ein aufgelöstes Verlöbnis hinter sich. Mit 23 Jahren wurde sie Äbtissin. Gegenüber den älteren Nonnen hatte sie einen schweren Stand. Dennoch nahm sie ihr Amt „bei 25 Jahren" wahr. Am Neujahrstag 1486 schrieb sie ihrem Vater, daß sie während ihres 18jährigen Klosteraufenthaltes noch nie größere Sehnsucht nach ihm hatte als jetzt. Sie wolle ihm ihr Leid klagen und ihn um Rat fragen. Aber ihr Wunsch ging nicht mehr in Erfüllung: ein Vierteljahr später, am 11. März 1486, starb Markgraf Albrecht Achilles in Frankfurt. Margarete hielt es noch volle 15 Jahre aus. Aber Ende 1501 legte sie ihr Amt nieder: wegen „Unvermöglichkeit und Schwerheit des Leibes".

Sie wollte in einer Zeit, in der das Klosterwesen allenthalben in Mißkredit geraten war, ein gutes Beispiel geben und mühte sich als einfache Klosterfrau bis zu ihrem Tod um strengste Erfüllung der neuen Reformstatuten, die man an St. Clara eingeführt hatte. *Agnes von Hirschberg* war ihr eine würdige Nachfolgerin. Aus ihrer Zeit ist ein Saalbuch des Hofer Frauenklosters erhalten, das über den Besitzstand wie über den Personalstand interessanten Aufschluß gibt. Die „Dienerschaft" des Klosters füllte eine stattliche Liste. An ihrer Spitze stand der Klosterverwalter, Hofmeister oder auch Ökonomieamtmann. Unter ihm arbeiteten ein Bäcker, ein „Scheubenknabe" (vermutlich Bäckergehilfe), der Kellner oder Kornknecht, der Förster, zwei Brauknechte, der Holzhauer mit einem alten Mann, der im Hof das Holz haute, der Schweinehirte, der Schoten- oder Rebenhüter, die Köchin, zwei

Viehmägde, der Zehenter, der die Klostersteuer um die Stadt herum einsammelte, drei Drescher, die zugleich Taglöhner des Klosters waren, ein Schäfer mit drei Knechten und ein Müller mit Personal.

Dem Besitzstandsverzeichnis der Äbtissin Agnes zufolge bewirtschaftete das Kloster in der Gegend von Hof 171 Tagwerk Feld (ca. 57 ha), 103 Tagwerk Wiese, 76 Tagwerk Hut; an Wäldern und Gehölzen gehörten dem Bettelordenskloster 86 Tagwerk, dazu viele Teiche und Fischwasser. Sogar eine kleine Schutztruppe unterhielt das Frauenkloster, wenn man die Verpflichtung vieler Hintersassen hierher rechnet, die ihnen abverlangt, mit „Eisenhüten, Krebsen und Hellebarden" zum Schutz des Klosters bereit zu sein.

Das Hofer Jungfrauenkloster war von Anfang an mit Grundbesitz ausgestattet worden. Im Laufe der Jahrzehnt kam es zu beträchtlichem Zuerwerb. Viele Ordensfrauen brachten ihr persönliches „Leibgedinge" mit und verfügten nicht selten über beträchtliches Eigentum.

Nach Einführung der Reformation wurde das Hauptgebäude des wirtschaftlich florierenden Klosters als Getreidelager verwendet. Die preußische Verwaltung nutzte später das Untergeschoß als Salzmagazin. Die Bayern beließen es bei dieser Nutzung. Als 1848 die Naturalsteuern aufgehoben wurden, wandelte die Staatsverwaltung das Getreidelager in ein Gefängnis um. Als Hof im Zuge der Industrialisierung nach dem großen Brand sein Aussehen von Grund auf veränderte, wurden die Gebäude niedergerissen und das Gericht sowie ein Wohnhaus, das ein gemeinnütziger Verein errichtete, daraufgebaut.

Die Reuerinnen

Auch ohne Franziskaner und Dominikaner und deren weiblichen Ableger wäre es zu städtischen Ordensgründungen in Deutschland gekommen. Die mittelalterliche Gesellschaftsstruktur verlangte danach. Sie war vom Mönchtum nachhaltig geprägt und im gewissen Sinn darauf angelegt.

Schon 1227, noch vor der förmlichen Anerkennung der Franziskaner, nahm der Papst den städtischen Frauenorden der Magdalenerinnen unter seinen Schutz. Zu dieser Zeit gab es bereits eine größere Anzahl von Klöstern dieses Ordens. Ihre Insassen verstanden sich im Gefolge der heiligen Maria Magdalena als Büßerinnen. Ihr volkstümlicher Name war „Reuerinnen". Sie verdankten ihr Entstehen dem Hildesheimer Kanonikus Rudolf von St. Moritz, der sich zu Beginn des 13. Jahrhunderts gefallener Frauen annahm und sie in klösterlichen Frauenhäusern sammelte. In Frankfurt, Basel, Erfurt, in Köln, Regensburg, Speyer, Worms entstanden Reuerinnen-Klöster. Das erste fränkische Magdalenenklöster wurde in Würzburg gegründet. Bald darauf sammelten sich die Reuerinnen auch in Nürnberg zu einer Klostergemeinschaft.

Die Bewegung war so intensiv, daß schon fünf Jahre nach der päpstlichen Bestätigung des Ordens die Nonnen das Recht erhielten, sich selbst ihre geistliche Oberaufsicht zu wählen, den Generalpropst.

Zunächst verstanden sich die Reuerinnen als städtischer Ableger der Zisterzienserinnen, also dem großen Benediktinerwesen zugehörig. Etwas anderes kannten sie eben zur Zeit ihrer Gründung nicht. Als der städtische Frauenorden der Dominikanerinnen entstanden war, gab Papst Gregor IX. den Magdalenerinnen ihre Klosterordnung.

Lange hielten sich die Reuerinnen nicht. Schon 1300 kam es zum Verfall. Die meisten Klöster schlossen sich noch im ersten Jahrhundert ihres Bestehens anderen städtischen Frauenorden an. In Nürnberg wurden sie den Franziskanerinnen inkorporiert. Das Klarakloster war ursprünglich ein Magdalenenkloster; die Vorgänger der Klarissen waren die Reuerinnen.

Von Anfang an kümmerten sich die Magdalenerinnen um die Krankenbetreuung.

Die Magdalenerinnen in Würzburg

In Würzburg gab es bereits 1227 Magdalenerinnen. Im Jahr ihrer päpstlichen Anerkennung sind die Würzburgerinnen erstmals urkundlich erwähnt. Zunächst folgten sie der Zisterzienserregel; 1284 wurden sie dem Domdekan

Maria Magdalena predigt in Aix. Nach einem Gemälde aus dem 16. Jh.

und mit ihm der Augustiner-Eremiten-Regel unterstellt. Die Reuerinnen schienen nie recht zur Ruhe gekommen zu sein. 1564 ist das Kloster ausgestorben. 1627 holte Bischof *Ehrenberg* die *Unbeschuhten Karmeliten* von Wien nach Würzburg in das verlassene Kloster. 1660 wurde das Kloster neu gebaut, bald darauf auch die Kirche. Sie steht noch heute an ihrem alten Platz; noch heute pflegen die Karmelitinnen im Reuerinnenkloster vielfältige, vor allem moderne Formen der Meditation. Die Karmelitenkirche des Reuerklosters, die 1945 zerstört wurde, ist längst wieder im Stile des Hochbarocks ihres Baumeisters *Petrini* aufgebaut worden. Die katakombenartige Grablege des Klosters, die Krypta unter der Kirche, ist sehenswert: die größte unterirdische Grabanlage Frankens.

Die Dominikanerinnen in Würzburg

Bis heute hat sich in Würzburgs einstiger Pleicher Vorstadt die Pfarrei *St. Gertraud* erhalten. Sie zählt an die 3 000 Gemeindeglieder – soviele wie zur Zeit ihrer Gründung die ganze Stadt. Die Familie der *Enzelin* hat sie gestiftet und die Bedingung daran geknüpft, daß ihr Pfarrer der Familie Enzelin angehören müsse, eine kommunale Eigenpfarrei gewissermaßen. Das war 1133.

Als die Familie der Enzelin erlosch, wurde 1248 die St. Gertrauds-Pfarrei dem nahen Kloster *St. Markus* eingegliedert. Das *Marxen-Kloster* gab es als weiblichen Konvent in der Pleicher Vorstadt seit etwa 1150. Würzburgs Bischof *Hermann von Lobdeburg* organisierte die neue Zuordnung.

Wann sich die Frauen zu St. Markus der dominikanischen Regel unterwarfen, ist nicht mehr festzustellen. Vielleicht lebten sie vordem – ähnlich wie die *Neusitzer* Klosterfrauen bei *Rothenburg* – nach der Augustinusregel.

Die Pfarrei St. Gertraud ist geblieben, das Kloster der Dominikanerinnen ist verschwunden.

Die Dominikanerinnen in Rothenburg

Seit 1982 hat Rothenburg ob der Tauber ein besonders stattliches Museum vorzuzeigen. Der Stadtrat verlieh ihm den stolzen Namen Reichsstadt-Museum, vorher nannte es sich bescheiden Heimatmuseum. Wo heute interessierte Touristen betrachten, was Sammler zusammengetragen und ordnend aufgestellt haben, lebten früher die Nonnen des Dominikanerinnenklosters.

Der erste Konvent des Frauenklosters kam 1258 von *Würzburg*. Da ließen die Herren von *Nordenberg* auf dem Meierhof in der Nähe der Burg, an dem Platz des Königshofes aus fränkischer Frühzeit, ein Frauenkloster errichten. Ob es den Reichsküchenmeistern mehr um die Schaffung eines adeligen Versorgungsinstitute ging als um die Befolgung der neuen Regeln des Predigerordens, ist nicht mehr sicher auszumachen. Zunächst jedenfalls diente das Kloster offensichtlich der Unterbringung unversorgter Töchter des ministerialen Stadt- und Landadels und als nordenbergische Grablege. Harte Auseinandersetzungen zwischen Konservativen und Reformern führten dann dazu, daß ab 1398 die gleiche Zahl Bürgerlicher wie Adeliger aufgenommen wurde. Die Klosterfrauen hatten sich dem Eindringen bürgerlicher Frauen lange widersetzt. Erst als bewaffnete Bürger gewaltsam die Klosterpforten aufbrachen, war ihren Töchtern dauerhafter Zutritt zum Konvent verschafft, dessen Mitgliedszahl auf vierzig Nonnen festgesetzt wurde.

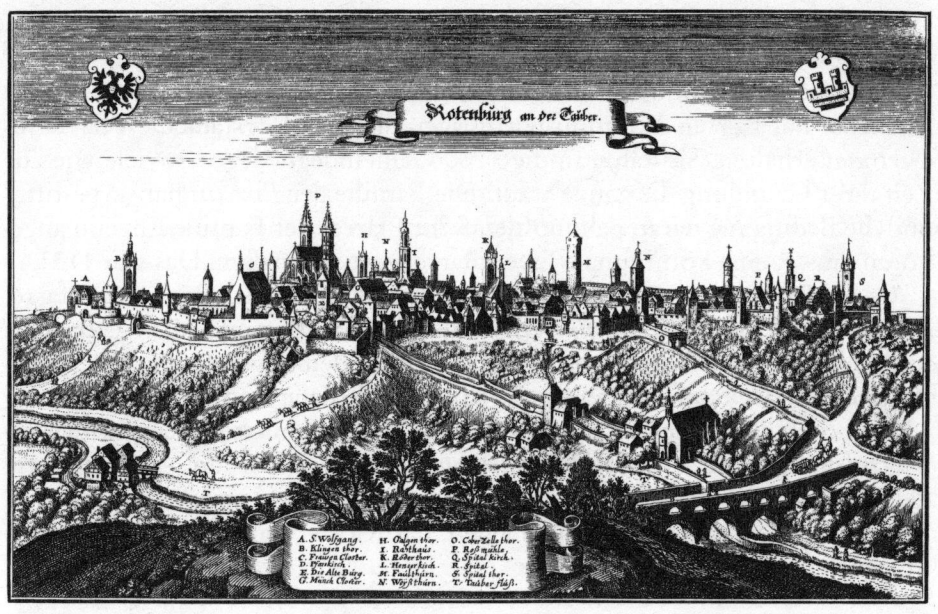

Rothenburg ob der Tauber.
Aus Matthaeus Merians Topographien von Franken, 1648.

Diese erste innere Reform war Rothenburgs Dominikanerinnen von außen, vom bürgerlichen Rat der Stadt, aufgezwungen worden – wie auch in Nürnberg. Wie die Nürnberger Nonnen mußten auch die Rothenburger ziemlich brachial zur Raison gebracht werden. Die Klostervorsteherin *Ursula von Seckendorf*, die zunächst mit dem gesamten Konvent eingesperrt wurde, kostete die Reform ihr Amt. Neue Priorin wurde die Bürgerliche *Katharina Trüb*. Die Auseinandersetzungen um und in den Stadtklöstern waren ein sichtbares Zeichen der sozialen Spannungen, die sich abzuzeichnen begannen. Zu dieser Zeit waren die Dominikanerinnen schon eineinhalb Jahrhunderte in der aufstrebenden Reichsstadt seßhaft.

1255 hatte der in Rothenburg ebenso einflußreiche wie begüterte Reichsküchenmeister *Lupold von Nordenberg* angefangen, für ein Frauenkloster in Rothenburg zu stiften. Sein Namensvetter *Lupold von Feuchtwangen*, Domherr in Würzburg und Propst zu Feuchtwangen, unterstützte ihn dabei. Als der Nordenberger vom Feuchtwanger Propst den Hof zu Rothenburg geerbt hatte, vermachte er diesen dem Frauenkloster in Neusitz – offenbar mit der Auflage, nach Rothenburg umzuziehen. Die Neusitzer Klosterfrauen lebten nach der Augustiner-Regel. Nach ihrem Umzug in die neue Klosteranlage am Rande der Rothenburger Stadtmauer schlossen sie sich den Dominikanerinnen an. Nonnen aus dem Würzburger *St. Markus-Kloster* halfen ihnen dabei. Sie verstärkten 1258 den Rothenburger Konvent.

Die Herren aus Nordenberg statteten das junge Kloster reichlich aus. Dabei taucht sogar der Name des berühmten *Albertus Magnus* auf, der die Stiftungen an die Dominikanerinnen bestätigte.

Das Kloster in *Neusitz*, unmittelbar vor den Toren der Stadt, blieb Wirtschaftshof der umgesiedelten Damen.

Die Rothenburger Dominikanerinnen standen in derartigem Ansehen, daß 1275 König *Rudolf I.* sie unter den Schutz des Reiches nahm.

Von der einst stattlichen gotischen Kirche, die der franziskanischen kaum nachstand, ist nichts mehr vorhanden. Auch der große Allerheiligenaltar, an dem *Tilman Riemenschneider* zwischen 1507 und 1510 arbeitete, ist verloren gegangen. Er muß von ähnlichen Ausmaßen gewesen sein wie der Heilig-Blut-Altar in der *Jakobskirche*; darauf läßt die Schreinerrechnung schließen.

Vom ehemaligen Liebfrauenaltar verwahrt das Germanische Nationalmuseum Nürnberg vier Tafeln. Sie sind es wert, betrachtet zu werden. Noch mehr Beachtung verdient die ‚Rothenburger Passion‘, zwölf Gemälde aus dem Jahre 1494, von denen niemand recht weiß, wo sie eigentlich angebracht waren und welchem Zwecke sie dienten. Vermutlich stammen sie von der Nonnenempore. Um sie zu betrachten, muß man nicht nach Nürnberg fahren: sie werden im Rothenburger Reichsstadt-Museum, im Dominikanerinnenkloster verwahrt und gelten als dessen kostbarstes Gut. Gemalt haben könnte sie der Rothenburger Franziskanermönch *Martin Schwarz*; enge Verbindungen zu *Albrecht Dürer* und *Martin Schongauer* sind unverkennbar. Jede Tafel ist eine Predigt für sich – narrative, den Glauben erzählende Theologie aus dem späten Mittelalter.

Die großen, auf Nadelholzbretter gemalten Bilder der Passion, jeweils 140 cm hoch und 130 cm breit, hängen im Konventssaal. Nach einer anspruchsvollen, gelungenen Restaurierung ist ihr Schattendasein zunächst in der Jakobskirche, sodann im Rathaus, beendet.

Die beachtlichen Kunstwerke aus dem Ende des 15. Jahrhunderts zeugen von einer großen Blüte des Klosters. In ihnen kündigt sich freilich auch der beginnende Verfall an. Wieder wurde um eine strengere Ordnung des Klosterlebens gerungen. 1518 weigerten sich Rothenburgs Dominikanerinnen, die strengere Observanz einzuführen; 1524, noch vor Beginn des Bauernkrieges, traten die ersten Klosterfrauen aus, 1525 nahmen die revolutionären Bauern das Kloster ein, teilten kostbare Meßgewänder untereinander auf und beschlagnahmten den Klosterschatz; die angestellten Klosterkapläne verließen ihre Stellung und schworen den Bürgereid. Mit dem Tod der letzten Priorin, *Katharina Euler*, die allein im Kloster verblieben war, ist das Klosterleben erloschen. Die Klosterräume wurden Pfarrwitwensitz, städtische Steuerstube, Getreidelager und Wohnung des Klosterpflegers.

Die wohlüberlegt erneuerten Räume des Dominikanerinnenklosters vermitteln einen guten Eindruck vom Leben der Frauen in dieser streng organisierten Damenkommune – auch wenn das Hauptgebäude, ihre Kirche, nicht mehr ist. Was vom Kreuzgang geblieben ist, verdient Beachtung, mehr noch der Konventssaal mit seinem einfachen Fenstermaßwerk aus dem Jahre 1300, desgleichen die Küche aus demselben Jahr, die zu den ältesten erhaltenen Großküchen in Franken zählt. Wie sehr die Nonnen auf das Neueste aus waren, das ihre Zeit ihnen anbot, kann man aus dem hohen Kamin herauslesen und aus der Drehlade, die sie einbauen ließen. Das Sommerrefektorium wie der Speiseraum für den Winter mit seiner warmen tonnenförmigen, hölzernen Gewölbedecke veranschaulichen ihren Drang zu einem gehobenen Lebensstil – und das zu einer Zeit, als die Masse ihrer Zeitgenossen in strohgedeckten, fensterlosen Hütten hauste. Innen mußte das ummauerte Kloster wie der Vorhof zum Paradies erscheinen, wo es schön sein mußte!

Und die Mitglieder des dominikanischen Bettelordens machten es schön um sich herum: Die Freskomalerei an den Fensterleibungen des ersten Obergeschosses, die wieder freigelegt wurde, beweist es noch heute. Auch in den Einzelzellen ließ es sich gut leben: eingebaute Wandschränke, holzverschalte Decken und Wände, kostbare Schlösser und Beschläge zeugen vom Sinn der Bewohner für Lebensqualität.

Rothenburg war gut beraten, als es in den dreißiger Jahren die leerstehenden Gebäude zunächst bescheiden als Heimatmuseum verwendete, und der bayerische Staat machte viel gut, als er von 1977 an den Ausbau zum großen Reichsstadt-Museum förderte.

Die Dominikanerinnen in Frauenaurach

Ziemlich einzigartig steht das ehemalige Frauenkloster Frauenaurach bei Erlangen da. Die „Frauen an der Aurach" siedelten sich nicht ganz zwei Kilometer vor der Mündung der nördlichen Aurach in die Regnitz an; auch im Süden gibt es ja ein Aurachflüßlein, das zu Roth in die Rednitz sich ergießt, und weit im Norden, im Steigerwald. Als Stiftungsjahr gilt 1268, und als Stifter treten der Reichsbeamte – Ministeriale nennt man diese Herren – *Herdegen von Gründlach* und seine Frau *Elisabeth* auf, der den Herrn von Aurach umfangreiche Besitzungen abgekauft hatte. 1271 ist das Kloster erstmals urkundlich erwähnt. Da war es bereits den Dominikanerinnen eingegliedert.

Es wurde von *Engelthal* aus besetzt. Noch in Engelthal wählte die Gründungsgruppe ihre Priorin, *Mechthild Krumpsit*. *Christina Ebner*, die spätere Engelthaler Vorsteherin, berichtet, daß die Nonne Krumpsit ihre künftige Aufgabe in Aurach in einer Vision angezeigt bekommen habe: „Du wirst erwalt hinz Aurach ze einer priolin, und da wirdest du begraben". Und: „Da

nu die zeit kom, daz unser herre seine werk volbringen wolt, als er vor geoff-
net het, da wart sie gewelt hinz Aurach."

Vermutlich war auch die zweite Auracher Priorin, *Jevta dicta de Lauf*, Jutta
von Lauf, eine Klosterfrau aus Engelthal.

Die Frauenauracherinnen richteten dann das Nürnberger *St. Katharinen-
Kloster* ein, die Stiftung *Conrads von Neumarkt* und seiner Ehefrau *Adelheid
Pfinzing*. 1294 war es soweit, daß vier Nonnen aus Frauenaurach vor den
Mauern, nahe am Siechhaus, Einzug halten konnten.

Ein Bettelordenskloster im strengen Sinn war Frauenaurach allerdings
nicht: Den Nonnen war Besitz erlaubt; die Klausur wurde nicht immer mit
voller Strenge eingehalten.

Die Klosterkirche wurde im Stile der Frauenkirchen von damals gebaut,
dreiteilig also, wie sie die Zisterzienserinnen schufen, mit einer Unterkirche
im Westen, die als Gruft für die adeligen Insassinnen diente, einer darüber
liegenden Nonnenempore und im Osten mit dem hohen Chorraum. Chorraum und Nonnenempore waren durch eine Stiege verbunden, über die die
Klosterfrauen zur Kommunion gingen. Da wenigstens mußten die Nonnen
in die Laienkirche – es sei denn, der Priester trug die Hostien zu ihnen.

Die Vermutung ist nicht ganz auszuschließen, daß das Kloster Frauenaurach zunächst als Zisterzienserinnenstift konzipiert war, dann aber den
Neuesten von damals zugeordnet wurde, den Dominikanerinnen.

Von Nürnberg her hatte vorher schon starkes Interesse an der Frauenauracher Gründung geherrscht. Der Nonnenkonvent, der sich im Nordosten des damaligen Stadtkerns auf dem *Paniersberg* niedergelassen hatte, zog
nach Frauenaurach um und fand dort eine dauernde Bleibe. Ähnlich war es
ja auch mit der Umsiedlung der Zisterzienserinnen von Himmelthron nach
Gründlach (unter der berühmten *Weißen Frau von Orlamünde*) und mit dem
Frauenkonvent, der nach Engelthal zog. Die engen Beziehungen zwischen
Nürnberg und Frauenaurach blieben auch, als die Markgrafen, die mit der
Reichsstadt immer wieder in Interessenkonflikte gerieten, ihre Hand auf
Frauenaurach hielten.

Die weltlichen Beschützer waren zunächst die Herren von Gründlach, dann
die Herren von *Hohenlohe-Brauneck*, die sich immer stärker ins östliche Franken hineinschoben, dann die Nürnberger Burggrafen, also die *Hohenzollern*,
schließlich die Markgrafen von *Brandenburg* der Linie „ob dem Gebürg", der
Kulmbachischen also, die über den ganzen Aischgrund verfügten.

Das Damenstift erlebte im 15. Jahrhundert eine große Blüte. Aus dem
Nachlaß und durch eigenen Erwerb kam es zu umfangreichen Besitzungen,
die freilich weit verstreut waren. Nach dem Bauernkrieg wurden die engen
Beziehungen zu Nürnberg wichtig: Der Frauenauracher Konvent zog in das
Katharinenkloster, bis im Lande wieder Ruhe einkehrte und das geplünderte
Kloster einigermaßen in Ordnung gebracht war. Die Markgrafen hatten sich

da schon für die Reformation entschieden und machten den Dominikanerinnen endgültig die Selbstverwaltung strittig: Die Priorin fungierte jetzt in der Verwaltung der Klosterwirtschaft als „Amtsmännin des Markgrafen", 1548 kam das Kloster vollständig in die Hand der Brandenburger; da war die letzte Priorin gestorben.

Den Turm der Kirche muß man sich zunächst wegdenken, denn die Frauenorden waren turmfeindlich. Er gibt erst seit seinem Anbau der Kirche die eigene Note. Errichtet wurde er in landesherrlicher Zeit, als das Kloster säkularisiert und die Kirche vollständig zum Gotteshaus der Gemeinde geworden war. 1553 war sie bis auf die Mauern im schrecklichen Krieg des zügellosen Hohenzollern *Albrecht Alcibiades* niedergebrannt worden. Der Landesherr ließ auch in diese Klosterkirche Getreideböden einziehen, um das vermehrte Erntegut lagern zu können. Das veränderte den Charakter der Kirche zu Frauenaurach (wie auch zu *Auhausen* an der Wörnitz).

Frauenaurach erhielt ein Klosterverwalteramt. Zeitweilig wurde es sogar eine kleine markgräfliche Nebenresidenz. Zu diesem Zweck ließ der Markgraf das frühere Refektorium und das Dormitorium zu einem Schloß umbauen, dem im Süden zwei breite Türme vorgesetzt wurden. Dieser Abschnitt Frauenaurachs begann 1616. Der Dreißigjährige Krieg entvölkerte die Landschaft, auch Frauenaurach und die umliegenden Dörfer.

Lange nach dem Kriegsende, 1665 erst, begann der Landesherr mit dem Wiederaufbau. Die Kirche erhielt ihr Aussehen als Gemeindekirche, wie man sie heute kennt. Zwischen 1709 und 1717 wurde der heutige Glockenturm aufgeführt.

An die klösterliche Zeit erinnert die schöne steinerne Plastik „Maria mit dem Jesuskind". Das spätromanische Portal im Süden der Kirche bezeugt den Wohlstand, die guten Absichten und die Könnerschaft derer, die in frühen Klostertagen den Ton angaben.

St. Katharina zu Nürnberg

Wo einst das stattliche Frauenkloster St. Katharina stand, ist nur noch eine Ruine zu finden. Im zweiten Weltkrieg wurde alles vernichtet. Ein paar Umfassungsmauern stehen noch von der einst ausgedehnten Anlage.

Das Stifterehepaar *Conrad von Neumarkt* und *Adelheid Pfinzing* rief die Frauenauracher Dominikanerinnen in die Reichsstadt. Das war 1295. Zwei Jahre später konnte schon die Katharinenkirche geweiht werden.

Die Dominikanerinnen fanden breite Unterstützung im Nürnberger Patriziat. 1340 stiftete *Konrad Groß*, ein unermüdlicher Förderer alles Frommen, eine „ewige Messe", zunächst dem Katharinenkloster, dann der franziskanischen „Konkurrenz", dem Klarakloster, danach unterstützte er Gräfin *Kunigunde von Orlamünde* bei ihrer Ansiedlung in Nürnberg, und das alles neben der gewaltigen Gründung des *Heilig-Geist-Spitals* und vielem anderen.

Nürnbergs Dominikanerinnen waren unbeschadet ihrer mystischen Wärme tatkräftig und wirtschaftsbewußt. Um 1350 betrieben sie eine Wirkerei und eine Färberei für Wollteppiche, die älteste in Franken. Daneben legten sie sich eine wertvolle Handschriftensammlung zu. Kein Wunder, daß nicht nur der Nürnberger Rat, sondern auch der *Markgraf von Brandenburg* einträgliche Schutzrechte geltend machten, allerdings vergeblich. Den Ratsherren gelang auch nicht der Versuch, generell alle Klöster seiner Aufsicht zu unterstellen. Das Konstanzer Konzil wies dieses selbstbewußte Ansinnen zurück.

Die Nürnberger Ratsherren bemühten sich nicht uneigennützig um die klösterliche Schutzfunktion, auch nicht um des blanken Prestiges willen: Die Wahrnehmung dieser Aufgabe wurde stattlich honoriert. Außerdem fand man für überzählige, sitzengebliebene oder früh verwitwete Töchter eine standesgemäße Bleibe. So ist es zu begreifen, daß der Rat der Reichsstadt 1476 eine päpstliche Bulle erwirkte, die das Recht sicherte, daß künftig nur noch Nürnbergerinnen aufgenommen werden durften. Auch Klostervisitationen durften nur noch mit Genehmigung des Rates durchgeführt werden. Allerdings erreichten schließlich die Dominikanerinnen die Aufhebung dieser diskriminierenden Unterwerfung unter ein kommunales Mandat.

Um 1430 ging es turbulent zu bei den Dominikanerinnen. Die Alteingesessenen weigerten sich, die Reformer aus dem elsässischen *Schönensteinbach* einzulassen, die der Rat gerufen hatte, um die lockeren Sitten wieder zu festigen und das Kloster einer strengeren Beachtung der verschärften augustinischen Regel zu unterwerfen. Da die Dominikanerinnen sich sperrten, mußten die zehn Reformerinnen zunächst privat einquartiert werden. Schließlich gaben sie doch nach, und siehe, Nürnbergs Damen wurden nun ihrerseits die treibende Kraft der Damenklöster-Reform: nach *Bamberg* und sogar nach *Pforzheim* wurden die reichsstädtischen Expertinnen für ein geläutertes Klosterleben geschickt. Das Nürnberger Kloster erlebte eine neue Blüte: der Konvent wuchs auf 70 Nonnen an.

Als die Einführung der Reformation zur Debatte stand, hielten die Damen beharrlich am Althergebrachten fest. Der progressive Rat löste das Problem durch eine Nachwuchssperre. Mit dem Tod der letzten Nonne war St. Katharina ausgestorben. Die Stadt zog das Kloster ein und verwendete seine Erträgnisse für ihre Sozialeinrichtungen.

Die Umfassungsmauern der gotischen Pfeilerbasilika sind noch erhalten, dazu der ehemals gewölbte Chor im Osten, die nördlich anschließende Sakristei und das westliche Querhaus. In den frühen siebziger Jahren begann man mit mühseligen Renovierungsarbeiten der Ruine von 1945.

Die Dominikanerinnen zu Engelthal

Wer sich die Zeit nimmt, bei einer Fahrt von Nürnberg in die Hersbrucker Schweiz einmal nicht direkt das Pegnitztal entlangzufahren, sondern kurz vor Hersbruck Richtung *Henfenfeld* abzubiegen, damit dieser Teil des fränkischen Jura nicht immer rechts liegen bleibt, der kommt kurz hinter Henfenfeld in einen der interessantesten Orte dieser Gegend, nach Engelthal. Er hat nur knapp 900 Einwohner, aber die eigentümlichen, zum Teil sehr stattlichen Gebäude lassen vermuten, daß dieses Dorf in der Geschichte größere Bedeutung hatte als in der Gegenwart.

Zwei Tortürme stehen noch, und Reste einer einst stattlichen Ortsummauerung sind auch noch erhalten.

Im Jahre 1240 nahm der Reichsministeriale *Ulrich II. von Königstein* eine Gruppe geflüchteter Beghinen um *Adelheid Rotterin* aus Nürnberg in seinem Meierhof zu *Engelschalkesdorf* bei *Swinach* auf. 1243 wurde das Dorf Swinach in Engelthal umbenannt. Da war schon die Entscheidung gefallen, die Frauengemeinschaft dem Dominikanerinnenorden einzugliedern. *Christina Ebner,* die seit 1289 in Engelthal als Nonne lebte, hat die Gründungsgeschichte ausführlich erzählt. Der Enkel Ulrichs II. von Königstein, der junge *Ulrich III.,* sei in der Nähe des Hofes vom Pferd gestürzt und habe sich tödlich verletzt. Die Frauen „trugen daz kint hinein und besazzen ez, bis ez gestarp." Der gramgebeugte Königsteiner, der nun ohne männlichen Erben war, sei oft in den Hof im *Hammerbachtal* gekommen und habe mit den Frauen gebetet. Den Reuerinnen erschien es wie ein Wunder, daß der des Lesens und Schreibens unkundige Königsteiner mit ihnen aus ihren Büchern sang.

Am 9. Juni 1244 bestätigte Bischof *Friedrich II.* von Eichstätt die Augustiner-Regel, also die der Dominikaner. Erste Priorin in Engelthal wurde *Diemut von Gailenhausen,* eine Gelnhauserin aus Hessen. Von ihr ist überliefert, daß sie nach Lyon wallfahrtete, wo die treibende Kraft der Dominikanerinnen, *Amicie,* Tochter des *Grafen von Montfort,* residierte. Diemut erreichte die ausdrückliche päpstliche Anerkennung des Klosterbesitzes von Engelthal mit damals etwa 500 Morgen Feld, Wiese und Wald.

Die Schirmvogtei gelangte im Laufe der Zeit an den Kaiser. König *Heinrich VII.* nahm 1311 das Kloster in seinen Schutz. Die Kaiser kümmerten sich eifrig um die Dominikanerinnen im Hammerbachtal, so wurde das Kloster 1339 von Kaiser *Ludwig* dem Schutz des Nürnberger Rates unterstellt.

Von den Herren von Königstein erbten die *von Reicheneck* die weltlichen Rechte über Engelthal. 1411 starb deren letzter Vertreter, *Friedrich II.* Die letzte Schenkin von Reicheneck starb 1458 als Klosterfrau zu Engelthal.

Der luxemburgisch-böhmische Deutsche König *Karl IV.* nahm sich Engelthals mit größter Aufmerksamkeit an. Es war ihm wichtig bei der Schaffung einer Territorialbrücke zwischen Prag und Nürnberg. Im Zuge seiner Käufe und Verkäufe kam Engelthal unter die Landeshoheit von Bayern-Landshut, dann zu Pfalz-Neumarkt, zu Pfalz-Mosbach, 1499 zur Kurpfalz und schließlich 1504 an Nürnberg.

Engelthal lag zu nahe an Nürnberg und an den brandenburgischen Gebieten, als daß es nicht in die Markgrafenkriege hineingezogen worden wäre. Im August 1449 brannten 2000 Nürnberger Söldner die Dörfer um den *Moritzberg* nieder, im Oktober stahlen sie bei Engelthal 100 Kühe. Als die Bauern hinter den Klostermauern Schutz suchten, stürmten die wütenden Nürnberger am 2. Januar 1450 das Kloster und trieben 116 Kühe sowie 50 Schweine in ihre Stadt davon.

Im 15. Jahrhundert kam es zum Verfall der monastischen Ordnung auch in Engelthal. Das Kloster wurde zur Versorgungsanstalt für Patriziertöchter aus Nürnberg und adelige Damen aus dem Umland. Immer weniger Nonnen traten aus Glaubensüberzeugung ein. Die Armutsbewegung des 13. Jahrhunderts war vorbei. Die Nürnberger verbreiteten voller Vergnügen die derbsten Witze über die Keuschheit der Engelthalerinnen. „Die nunnen von Engelthal ligen in einem unerlichen scheuslichen wesen und haben sampt der Priorin ihre gethanen gelubts vergessen ... etlich gescheweten sich nit, kinter zu gepern ..." notierte ein Zeitgenosse voller Abscheu. Eine Klosterfrau ließ ausgerechnet vom Beichtvater Liebesbriefe nach Nürnberg ins Dominikanerkloster schmuggeln. In einem Brief schrieb sie: „Mein aller lyebster pull und schatz und freud und trost meines herzens. Ewer holdselig schreyben ... han ich vernamen und mit grossen freuden empfangen und gelesen, yr schreibt, wie yr mit schreiend herzen hin zycht von meinetwegen, si ist mein herzlych pitt un wegern (Begehren) an euch ... und pitt euch mit in aller lyeb und trew, dye yr ye zw ein menschen auf erden gehabt hat, das yr mein nit wollt vergessen ... und wollt mein also in ewer herz peschliesen desgleychen wil ich gegen euch auch thun. Ich hab aber sorg, herz lieb, Ir wert mich aufgeben von des wegen, das ich euch alspald zu willen pin worden ... Ir seytt mein trost und groste freud auf erden ... so findt Ir mich zu aller zeyt willig und gehorsam ..."

Als das Kloster 1504 unter die Landeshoheit des Rates von Nürnberg geriet, bemühte sich dieser um beschleunigte Herstellung der Klosterzucht, wie er es auch in den anderen Klöstern angestrebt hatte. Aber die Nürnberger hatten keinen Erfolg, als sie 1512 aktiv wurden. Der Priorin gelang es, Bischof *Gabriel von Eichstätt* und Kaiser *Maximilian I.* für ihre Vorstellungen zu gewinnen. Niemand dürfe die Frauen „wider iren will versperren oder reformieren", verordnete der Kaiser bei einer Strafe von 50 Taler Goldes an. Die Nürnberger schalteten den Ordensprovinzial ein, und der ließ kurzerhand das Kloster stürmen. 1513 wurde eine neue Leitung eingesetzt mit *Barbara Tucher* als Priorin an der Spitze, *Brigitte Haller* als Vertreterin und *Margarete Dürrin* als Zinsmeisterin, sämtliche Nürnberger Patrizierstöchter. Man bot den Ausweg, diejenigen wegziehen zu lassen, die sich der strengen Observanz nicht beugen wollten. Bis zum Wegzug durften sie sogar weiterhin in Federbetten schlafen und mußten nicht auf Strohsäcken liegen wie die Reformwilligen; sie durften auch ein leinenes statt eines wollenen Gewandes tragen. Von den Pflichten des Fastens, Wachens und anderen Härten waren sie befreit.

Das Kloster kam dennoch nicht zur Ruhe. Als der Rat 1525 die Reformation einführen wollte, weigerte sich die Priorin, die neue Glaubenslehre anzunehmen und dem lutherischen Prediger das Beichtstüblein zu räumen. Brigitte Haller leistete energisch Widerstand, und zwar über Jahre. Am Ende löste die Zeit den langen Streit: Da den widerspenstigen Konventen die Aufnahme neuer Mitglieder untersagt war, starben sie aus. 1565 waren noch zwei Frauen in Engelthal, Priorin Anna Tucher und *Ursula Zeißin*. „Alte verlebte weibspersonen" nannten sie sich selbst und resignierten. Engelthal blieb ein reichsstädtisches Pflegeamt.

Die Dominikanerinnen in Dorfkemmathen

In Dorfkemmathen bei *Dinkelsbühl* erinnern nur noch ein paar Mauerreste an Kirche und Friedhof sowie der „Klosterbauer" daran, daß dieser Ort ehedem ein Frauenkloster hatte. Groß ist es nie gewesen. Sieben oder acht Dinkelsbühler Bürgerstöchter bildeten den Konvent, als aus der Klausnerei allmählich eine bescheidene Ordensgemeinschaft geworden war. Sie geht auf *Elsbeth von Kemmathen* zurück, die sich 1398 als Klausnerin aus dem Trubel des Alltags zurückzog. Der Bischof von *Augsburg* genehmigte die fromme Absicht, wobei er sich die Bestätigung der Nachfolgerinnen vorbehielt. Bis aus der Klause ein Kloster wurde, dauerte es eine Weile. Zunächst scheint es ein Beghinenhaus gewesen zu sein. 1419 starb die Stifterin, erste Klausnerin und Vorsteherin des Gemeinschaftshauses.

Ihr Sohn *Heinrich* war Mitglied des Konvents in *Rebdorf*, ihre Tochter *Margarete* Benediktinerin im *Walburgis-Kloster* zu *Eichstätt*. Die Kemmatherinnen haben sich offensichtlich den Zisterziensern angeschlossen, denn der Abt von *Kaisheim* wurde Klosterweiser. Dann aber trat der kleine Konvent zu den Dominikanern über. Die Vorsteherin des Damenstiftes wurde als Priorin tituliert, während sie bis dahin „Mutter", auch „Frau Mutter", hieß. Die Stadt Dinkelsbühl erhielt 1435 das Schutzrecht über das Kloster, wo viele ledige Töchter der Reichsstadtpatrizier ein Unterkommen fanden. „Sorores", Schwestern, mitunter „Seelnonnen", „geistlich Jungfrauen", gelegentlich auch „Klosterfrauen", werden sie in Urkunden und Dokumenten tituliert.

Zu einer eigenen Klosterkirche haben es die Frauen des Predigerordens zu Kemmathen nicht gebracht. Sie haben die Dorfkirche mitbenutzt, wo ihretwegen die kanonischen Gebetszeiten eingehalten wurden. Dort hatten sie eine eigene Empore.

Auch das Kloster Kemmathen wurde von den schwäbisch-fränkischen Bauernhaufen des Aufstandes von 1525 arg mitgenommen. Nach der Plünderung des Klosters *Mönchsroth* fielen die Ellwanger Revolutionäre über Kloster Maria-Kemmathen her, schleppten Bettwerk, Leinwand und Zinngeräte der sieben oder acht Schwestern weg und drohten, den ganzen Ort in Flammen aufgehen zu lassen, wenn man sie nicht reichlich mit Wein bewirte. Die verängstigten Schwestern hatten vorher schon in *Herrieden* Unterschlupf gesucht. Die Bauernführer mußten blutig büßen: In *Wallerstein* wurden *Hans Beck* und einem gewissen *Jörg* die Augen ausgestochen, *Joseph Hefner* aus Hausen, der das Räubergut in Dinkelsbühl entgegen genommen hatte, wurde enthauptet. Die Schwestern brauchten noch eine Weile, bis sie sich wieder nach Kemmathen zurückwagten.

Um diese Zeit kam es zu unerquicklichen Streitereien wegen der Vogteirechte am Kloster zwischen dem Markgrafen von Brandenburg und der Reichsstadt Dinkelsbühl. Im Dorf wurde die Reformation eingeführt; den zurückgekehrten Klosterfrauen wurde die Benutzung der Pfarrkirche erschwert. An Dinkelsbühl konnten sich die Nonnen auch nicht anlehnen, es war lutherisch gesonnen. Schließlich verkaufte der Dominikanerorden das Kloster mit Genehmigung des Augsburger Bischofs, Kardinal *Otto*. Das war 1561. Die hochbetagte letzte Priorin, inzwischen einzige Klosterinsassin, *Maria Binder*, zog in das Zisterzienserinnenkloster *Gotteszell* zu Schwäbisch Gmünd.

Als der Dreißigjährige Krieg vorbei war, war es auch um die Klostergebäude geschehen. Das Kloster drohe einzufallen, klagte Dinkelsbühls Bürgermeister im Jahre 1655. Bald darauf war nur noch vom Klosterhof die Rede, der private Käufer fand.

Von größtem kunsthistorischem Wert ist die stehende Tonfigur im Schrein, eine Muttergottes aus der Zeit um 1430. Es gibt nur wenige Stücke dieser Art und Qualität. Sie dürfte mit dem Katharinenkloster im Zusammenhang stehen, das der Pfarrkirche Mitte des 15. Jahrhunderts zu einer blühenden Marienwallfahrt verhalf.

Ein Kapitel fränkischer Mystik

In *Engelthal* hatte die fränkische Mystik ihr Zentrum. Sie konzentrierte sich auf eine Nürnberger Patriziertochter, die mit zwölf Jahren schon ins Dominikanerinnenkloster Engelthal eintrat, die Seherin *Christina Ebner*. Schon ein Jahr nach dem Eintritt ritzte sich die fromme Nürnberger Novizin über ihrem Herzen ein Kreuz in die Haut. Von da an hatte sie ein Leben lang immer wieder mystische Begegnungen mit dem gegenwärtigen Christus. Sie hat es ausführlich beschrieben.

> „Ach, Herre mein!
> Hätt ich aller Engel Stimm,
> damit wollt ich dich loben;
> hätt ich all das Blut der Märtyrer,
> das wollt ich dir geben;
> und hätt ich aller Herzen Lieb,
> so wollt ich dich damit lieben!"

Worte hingebungsvoller, mystischer Liebe, todesbereite Hingabe, aus der Überfülle eines verzückten Gemütes. Es steht in einer umfangreichen Handschrift, die die Nonne vor mehr als 600 Jahren aufgezeichnet hat – die Schrift ist erhalten, der Ort, wo sie entstanden ist, existiert nur noch in Trümmern, Ruinen, Scheunen, Städeln und Schuppen – in Engelthal.

„Die selig Christin Ebnerin ward geboren im eintausendzweihundertsiebenundsiebzigsten Jahr und ward 79 Jahr alt und starb im eintausenddreihundertundsechsundfünfzigsten Jahr am St. Johanntag zu Weihnachten. In dem Kloster Engelthal liegt sie begraben", wird in einem alten Dokument berichtet.

Was Christina Ebner hinterlassen hat, ist von vielfältigster Bedeutung – für Nürnberg, für Franken, sogar für ganz Europa. Denn es ist eines der großen frühen Zeugnisse einer geistigen Bewegung, die das ganze Abendland erfüllte und die große und kleine, wirkungsvolle und wirkungslose, wirkliche und verwirrte Heilige erweckt hat.

Mystik ist eine religiöse Urerscheinung. Sie findet sich nicht nur im Christentum. Im Taoismus Chinas wie bei den Brahmanen Indiens, in der feinentwickelten Versenkungstechnik des Buddhismus, die in das Nirwana lockt, und später sogar im Islam ist sie zu finden. Der Mensch ist nicht so, wie er sein soll. Er fühlt sich angewiesen auf das Höhere, auf das Jenseitige, auf das Gute, auf die Begegnung mit Gott. Die Mystik-Formel des Neuen Testamentes, die Paulus eingefallen ist, lautet: „Ist jemand in Christus, dann ist er eine neue Kreatur" (2. Kor. 5, 17). Mystisch verstanden zielt sie darauf ab, daß Gott sich mit den Menschen vereinigt. Das große Ziel des Mystikers ist die „unio cum Christo", aus der *Thomas von Kempen* die „imitatio", die Nachfolge, Christi machte.

Die Eremiten waren große Mystiker, die Gott in der Einsamkeit suchten, sich in die Meditation versenkten und um ein gehorsam frommes Leben mühten. Sie beriefen sich vor allem auf die Briefe des Apostels Paulus (Galater 2,20, 1. Kor. 2,16, Galater 4,19, ab dem 4. Jahrhundert auch auf 2. Petrus 1,4).

Unverkennbar ist an der mystischen Bewegung des späten Mittelalters die Kritik an der Veräußerlichung des kirchlichen Lebens und an der Überbetonung der Vernunft in der scholastischen Theologie. Die Mystiker des Mittelalters sind die geistlichen Alternativen – vergleichbar der New Age-Bewegung von heute!

Viele große Heilige der frühen Christenheit, zum Beispiel *Augustinus*, hingen mystischen Gedankengängen nach. Am deutlichsten wird dies an der Idee Augustins vom Aufstieg des Menschen zu Gott durch dessen Einkehr in seine Seele.

Bernhard von Clairvaux, der große Kreuzzugsprediger und Reformer des benediktinischen Mönchtums, bezieht die mystische Begegnung in erster Linie auf Christus, er ist ein Christusmystiker, so wie andere Marienmystiker. Ihm ist die persönliche Gotteserfahrung wichtig. Seine Gedankengänge und seine praktischen Vorschläge führen den Menschen auf schwindelerregende Höhen. Auch die Ekstase ist ihm nicht fremd. Der Mensch wird mit Gott im Geiste eins und geht im liebenden Willen des Herrn auf. Der heilige Bernhard spart dabei nicht mit bildhaften Konkretionen gegenüber Christus: vom „Kuß seiner Füße" zum „Kuß seiner Hände" bis schließlich „Kuß seines Mundes", das heißt von Reue und Erfahrung der Vergebung zur überwältigten Nachfolge.

Auch *Franz von Assisi* zählt zu den großen Mystikern seiner Zeit. Zu den eigentümlichen Merkmalen der franziskanischen Mystik gehört die transparente Weltschau, die alle Kreatur als ein großes, verehrenswürdiges Gleichnis für Gott nimmt und die Übereinstimmung mit der Natur sucht. Die Dominikaner standen darin den Franziskanern nicht nach. *Albertus Magnus* hat sogar eine eigene Schule der Mystik gegründet mit *Ulrich von Straßburg* und *Berthold von Moosburg*.

Der berühmteste Mystiker, in dem die verschiedenen Traditionen seiner Zeit zusammenflossen, der schließlich auch noch arabische und jüdische Überlieferungen aufnahm, war sicherlich *Meister Ekkehard*.

Diese Mystik wurde bedeutenden Frauen wie *Hildegard von Bingen* und *Elisabeth von Schönau* oder *Mechthild von Magdeburg* zum Vorbild – und auch der fränkischen Christina Ebner.

290

Ein eigener Zweig der Mystik, spezifisch deutscher und fränkischer Prägung, ist die Frauenmystik des 13. Jahrhunderts. Abgeschiedenheit von den Dingen der Welt, Meisterung des Lebens von innen heraus, nicht Abkapselung, sondern Freiheit und Überlegenheit dieser Welt gegenüber: dazu ist die Christin aufgerufen, gleichgültig ob Laie oder Ordensglied. Die Hingabe an den leidenden Christus, den man Bräutigam, Seelenbräutigam, nennt und die Liebe des Jesuskindes verselbständigen sich zu eigenen Visionen. Christina Ebner, die Klosterpriorin zu Engelthal, hat von dieser Form der Mystik eingehend berichtet. Mit ihren Aufzeichnungen ist sie in die Geschichte eingegangen, zumindest in die Frömmigkeitsgeschichte; mit der Ausstrahlung ihrer Persönlichkeit hat sie die Zeitgeschichte bewegt.

„Glühen ist mehr als Wissen", hat sie bei Bernhard von Clairvaux gelernt; ähnliche Empfindungen hat *Thomas von Aquin* in ihr geweckt. Und nicht zuletzt brachte *Franz von Assisi* die zarten und lyrischen Saiten in ihr zum Klingen, zum Beispiel mit seinem unvergeßlichen „Sonnengesang".

Christina Ebner entstammte der hochgeachteten Patrizierfamilie der Ebner zu Nürnberg. Als Freiherrn *von Ebner-Eschenbach* leben sie heute noch im Hersbruckischen. „Dunkeläugig, herb und streng" sei die Priorin gewesen, einer „Feuerlilie" wird sie verglichen: eine starke Persönlichkeit, voller Willenskraft; trotzdem konnte sie sich verströmen, hingeben und gänzlich aufgehen in maßloser Gottesliebe.

Es war damals üblich, daß man in den Klöstern geistliche Tagebücher führte.

Kein Wunder, daß auch die ebenso gedankenreiche wie tatkräftige Priorin Christina Ebner sich von *Konrad von Füssen* anregen ließ, ihre Visionen aufzuschreiben. Das Büchlein „Von der gnaden uberlast" wird ihr zugeschrieben, in welchem sie die Geschichte des Klosters Engelthal und das Visionsleben ihrer Mitschwestern beschreibt. Ihre eigene Kindheitsgeschichte hört sich so an: „Das Kind war geboren an dem Karfreitag, als man die Passion gelesen, und es geschah der Mutter so weh, daß man meint, sie müßte sterben vor großem Schmerzen, und sie sprach: Mir ward nie so wehe zu keinem Kind, und war doch das zehnte Kind, so von ihr geboren war, und geschah solches zu Nürnberg in der Stadt, als man zählte nach Christi Geburt eintausendzweihundert und im siebenundsiebzigsten Jahr, und wurde das Kind getauft in der Kirchen zu St. Sebald an dem Osterabend und man hieß sie Christina". Ihre Mutter stammte aus *Kühedorf* (bei Roth), *Elsbeth Kühdorferin* hieß sie; der Vater war *Seifried Ebner*.

Der Leidenstag des Herrn wurde ihr zum Tag ihrer eigentlichen Geburt, zum Symbol ihres Lebens. „Es geschah auch, daß das Kind von der Armut so große Lieb gewann, wenn es etwas viel kindische Ding gesammelt hätt, daß es alsdann alles verteilt und ihm selber nichts behielt, das tät es etwa mit weinenden Augen und wenn man sprach, warum sie solches hingäb, da sprach es: So bin ich seliger, wenn ich arm bin". Das franziskanische Armutsideal! Das mönchische Ideal der Weltentsagung!

Über ihren Klostereintritt schreibt sie: „Da ich in das Kloster kam und zwölf Jahre alt war, da nahm ich mich dessen an, daß ich viel wachte: wie groß die Kälte auch war, so lag ich auf der Erde und hatte nichts an, denn ein Hemdlein, wie weh mir der Frost tat und geschah mir auch so weh, daß ich mußt heimlich tun und von Furcht der Leut, dann viel Ungemach litt ich von Drohen und Strafen … und litt auch Schläg, und das litt ich geduldig, ohn alle Widerrede und dankte Gott dafür mit Mund und Herzen."

Die Entbehrungen und Kasteiungen zermürbten ihren Körper; sie wurde krank. „Als ich in das vierzehnte Jahr kam, da ward ich siech und lag auf meinem Lager und tät meine ganze Beicht und gewann solche Reue über meine Sünd, daß ich ein Messer nahm und schnitt ein Kreuz auf meine Brust und schnitt die Haut herab und viel Fleisch und weinte so emsiglich, daß kein Tag wär vergangen, da ich blieb ungeweint". Da mußte es zu Visionen kommen! Sieben ihrer Mitschwestern sah sie festlich geschmückt, die im folgenden Jahr zur Fastenzeit sterben, wahrscheinlich an einer epidemischen Krankheit. Sie erahnte die Zukunft. Ihre Visionen wurden immer intensiver, theologischer, christlicher: im eigentlichen Sinne des Wortes christozentrisch.

Als Zwanzigjährige stand sie im Ruf der Heiligkeit mit allen Folgen, die das haben kann, zum Beispiel der Zudringlichkeit derer, die sich der Bekanntschaft mit der jungen frommen Prominenten rühmen wollten. Sie arbeitete wie alle anderen Schwestern. Aber nachts wachte sie, betete und geriet in Verzückung.

Als Vierundzwanzigjährige hatte sie eine Vision, die sie wie folgt schildert: „Sie blickte auf und sah, daß ihre Lippen lauter Tau, mit Wasser besprengt, wären; da neigt sich unser Herr zu ihr, und mit seiner Hand zog er sie zu sich und empfing sie mit seinem rechten Arm und drückte sie an sich … wie ein Siegel drückt ins Wachs … Sie konnte es nicht in Worte fassen, wie verwundert ihr Gesicht war, als sie an Gott und an ihr selbst sah und die Süßigkeit, die sie hätt von dem Einzug, daß sie ihn empfangen so lange Zeit nach ihm verlanget und gewachet."

Ein Leben lang überkamen sie solche Visionen. Noch in ihrem 67. Lebensjahr schrieb die längst zur Institution gewordene Greisin: „An einem Freitag, da empfing sie unseren Herren Fronleichnam und ward verzückt als sie sah, daß die Himmelsstraße wäre von Durchleuchtigkeiten, von lauter Gold und voller Lilien und Rosen bestreut … Da sah sie einen Tanz im Himmel, da war Gott selber da und unsere Frau und alle miteinander, die von seinen Gnaden leben … Und so oft unser Herr den Fuß aufhebt, so fiel von ihm eine große Flamme, recht als ein wildes Feuer auf die Lilien und Rosen, und ein jeglicher Mensch je näher er Gott ging, je mehr empfand er des Feuers.

Und sie bekamen ihr Angesicht von seinem Angesicht und der heilige Geist floß aus Gott ...“

Wir vergessen nicht: Dieses Jahrhundert war unter den Rittern das Jahrhundert der Minnesänger. Christina Ebner war eine spätere Zeitgenossin des *Tannhäuser*, des großen Minnesängers seiner Zeit. Die Gesänge von *Wolfram von Eschenbach* und *Walter von der Vogelweide*, die zwei Generationen vorher gelebt hatten, hallten noch nach.

Diese Klosterfrauen nahmen teil an dem Geschehen ihrer Zeit. Die kämpferischen Auseinandersetzungen zwischen *Ludwig dem Bayern* und *Friedrich dem Schönen* von Österreich, zwischen Wittelsbachern und Habsburgern, hielten die europäische Welt in Atem. Die Schlacht von Mühldorf zählte zu den großen Ereignissen, wo Ludwig der Bayer mit Hilfe des Burggrafen *Friedrich von Nürnberg* den Österreicher besiegte.

1348 erschütterte ein gewaltiges Erdbeben das bambergische *Villach* in Kärnten, alle Gebäude wurden zerstört, es gab 5000 Tote. Auch die zweite Pest, die von Konstantinopel nach Westeuropa eingeschleppt wurde, kostete immense Opfer. Ein Jahr vorher hatte Christina Ebner eine Zukunftsvision: „Da man zählt von Gottesgnaden dreizehnhundertsiebundvierzig Jahr, da ward ihr kund getan wie große Schläge, die unser Herr auf die Christenheit legt, ein großes Erdbeben käme und die Leut zu Steinen würden, und ganze Städte versunken, da der Papst wohnt, stürben viel Leut gehends“.

In dieser Zeit des Wachsens und der ersten Blüte der Städte kam es auch zu sozialen Unruhen. In Nürnberg erregte 1348 der Handwerkeraufstand die Gemüter. Christina Ebner kommentierte: „Der Herr tat ihr kund von Nürnberg der Stadt bei des Königs Karls Zeiten (*Karl IV.*, der Luxemburger, ist inzwischen deutscher König geworden; Anm. d. Verf.), da sie in dem Leiden war, daß es mit mancherlei Sünde verdient wär, und sonderlich mit drei Dingen: die erste Sünd, daß die Frauen so groß Gezierte an ihren Leib legten, daß es viel zu viel war; die ander Sünd, daß sie so unmild und karg gegen arme Leute waren; die dritte Sünd, daß sie Witwen und armen Leuten auf Gericht schmählich getan haben und nicht gerichtet nach Gottes Lob.“

Die Öffentlichkeit, die Politik hat versagt! Es mußte ja alles drunter und drüber geraten. Christina Ebner von Engelthal erinnert an Amos, den Propheten des Alten Testamentes. Eine „Linke“ unter den viel bewunderten Klosterfrauen, eine Äbtissin aus adeligem Hause gar!

Nimmt es wunder, daß im Jahre 1350 Karl IV. die Mystikerin von Engelthal aufsuchte? „An dem selben Tag, da kam der römisch König Karl zu ihr und ein Bischof und drei Herzöge und viele Grafen“, zählt sie auf, „die knieten vor ihr nieder und baten sie, daß sie ihnen zu trinken gäbe und den Segen, mit großer Begierde.“

Ein Erlebnis eigener, für sie persönlich viel nachhaltigerer Art war der Besuch des Dominikaners *Heinrich von Nördlingen*. Er lebte im Brigitten-

Kloster *Maihingen* im Ries und war dort der vertraute Freund einer anderen Ebnerin, der *Margareta* aus Donauwörth, auch sie Mystikerin und Schriftstellerin, die man lange Zeit irrtümlich für Christinas Schwester gehalten hat. 1351 starb Margarete. Da reiste Heinrich nach Engelthal zur anderen Ebnerin. Und die nun 74jährige Christina erlebte durch ihn die Gnade einer tiefen Seelenverwandtschaft.

Der Besuch Heinrichs von Nördlingen, der drei Wochen währte, hat Christina bis an ihr Lebensende inspiriert und getröstet. Von ihrer Umgebung fühlte sie sich oft verkannt, aber hier begegnete ihr ein Mensch, der auf derselben Ebene und auf gleiche Weise empfand wie sie. Noch Jahre danach notiert sie: „... und der Herr sprach von dem vorgenannten Priester: Ich will ihm geben eine Sicherheit meiner Freundschaft und eine Hitze von meinem göttlichen Herzen ...“

Drei Jahre vor ihrem Tod hörte sie auf zu schreiben. Die letzte Eintragung lautete: „An dem Tag da gedachte sie: Viel lieber Herr, du bist mein Gefangener. Da sprach er: Ich bin von Minne dein Gefangener, ich erhöhe dich von meinem eigenen Willen. Ich lege dich zu von meiner Gunst, ich geb dir von meinem Adel. Ich bin ein nie ausfließend Brunnen, ich hab dir wohl zu geben ... Und alsbald kam er zu ihrer Seele.“ – So mag sie sich die Erfüllung ihres Lebens gedacht haben, die Mystikerin von Engelthal.

Wenn es etwas gibt, was im Geistigen das förmliche Streben der gotischen Dome veranschaulicht – etwas, das das himmelsuchende Streben der Gotik vom Denken her verständlich macht: dann ist es die Mystik jener Zeit. In dieser Zeit, 1351, ist die Marienkirche in Lübeck vollendet worden, den Stephansdom zu Wien hat man seiner Vollendung entgegengeführt, das Freiburger Münster und die Elisabethenkirche zu Marburg. Die Frauenkirche in Nürnberg, die Kaiser Karl IV. ein paar Jahre später (1355) stiftete, hatte bereits eine andere Ausformung.

Muß ausdrücklich erwähnt werden, daß man die hohen gotischen Chöre der Nürnberger Sebalduskirche und einige Zeit danach die der Lorenzkirche baute? Mystik – mittels geistigen und auch mittels handwerklichen, technischen Vermögens; Mystiker, die Märtyrer der Herzen und der Steine.

Die große Zeit der Städte war die große Zeit mystischer Denker, auch in Franken. Die Zeit der Massen zugleich die Zeit der Einsamen, Weltflüchter, Gottesucher! In Würzburg, Eichstätt, Nürnberg und Bamberg haben sich Dominikanerklöster niedergelassen, in Engelthal, Frauenaurach, Rothenburg, Nürnberg, Bamberg auch Dominikanerinnen.

Zur Ehre offiziell ausgesprochener Heiligkeit brachte es Christina Ebner nicht. Aber wenn man unter einer Heiligen auch eine Frau versteht, deren innerste Lebensorientierung das Trachten nach der Begegnung mit dem Göttlichen ist, dann zählt die Klosterpriorin von Engelthal zu den großen europäischen Heiligen.

Christina Ebner machte Schule. Zu eindrucksvoll war das Beispiel, das sie gegeben hatte. Eine ihrer treuen Gesinnungsgenossinnen wurde *Adelheid Langmann*, auch eine Nürnbergerin, die zwar nicht mit zwölf Jahren ins Kloster geschickt, sondern mit dreizehn Jahren verheiratet wurde, ein Jahr später aber schon verwitwete. Nach manchen inneren Kämpfen trat sie ins Kloster Engelthal ein. Auch sie schrieb auf, was sie an Begegnungen zwischen Gott und ihrer Seele erlebte. Manche Auseinandersetzung beschäftigte sie. Und manchen Zeitgenossen in ihrer Nähe setzte sie kräftig zu, zum Beispiel dem Richter *Eberhard zu Hohenstein*, der sich gotteslästerlich rühmte, 40 Jahre alt geworden, ohne je zum heiligen Abendmahl gegangen zu sein. Adelheid brachte ihn dazu, daß er nach dem Tod seiner Gattin ins Kloster ging.

Das Beispiel eines anonym gebliebenen Heiligen in Franken liefert der „Mönch von Heilsbronn", der eines der schönsten alten deutschen mystischen Gedichte geschrieben hat, „Von den sieben Graden". Darunter verstand er die wechselnden, sich steigernden Gemütszustände, wenn die Seele sich mit Gott vereint, die sieben Gebetsstufen. Vielleicht gehörte heute der Mönch von Heilsbronn zu den Theoretikern wie Praktikern des autogenen Trainings. Eine andere Schrift von ihm trägt den Titel „Vom heiligen Abendmahl". Sakramentspflege und Mystik ergänzen einander oft.

Die große Zeit der Städte: Stadtpfarrkirche St. Sebald in Nürnberg

Die Karmeliten

Wer die Kreuzzüge nur als beklagenswerte kriegerische Fehlentwicklung der europäischen Geschichte oder als irregeleiteten frommen Drang sieht, wird dieser gewaltigen Bewegung nicht gerecht, die das Mittelalter jahrhundertelang umtrieb. Der Drang ins Heilige Land war bei vielen ehrlich, redlich, Ausdruck tiefgläubiger Frömmigkeit. Zum Beispiel denen, die im Stile der Wüstenheiligen leben wollten, wie sie es von den Vätern des Mönchtums gehört und gelesen hatten. Die samaritanischen Berge mit dem herrlichen „Rebgarten-Berg" – das besagte ihnen der hebräische Name des Berges Karmel übersetzt – eigneten sich dazu vorzüglich. Auf der Spitze des mehr als 30 Kilometer langen fruchtbaren Bergrückens, auf dem Kap Karmel, ließ sich der französische Kreuzfahrer Berthold von Kalabrien in der Mitte des 12. Jahrhunderts nieder. Er entschied sich für das Eremitendasein. 1195 ist er gestorben. Sein Nachfolger Brokard bemühte sich um offizielle kirchliche Anerkennung und ließ sich 1209 vom Patriarchen von Jerusalem die Regel seines „Ordens der Brüder Unserer Lieben Frau vom Berge Karmel" bestätigen; Papst Honorius III. genehmigte die Regel 1226. Diese Mönche knüpften bei den anachoretischen Traditionen des heiligen Antonius an, im Unterschied zu den Zönobiten des Pachomius: Stille, Ungestörtheit durch die Gemeinschaft, Alleinsein, Einsamkeit bis zur strikten Abgrenzung vom Nächsten, verordneten sie sich, um Zugang zu Gott zu finden. Sie bildeten eine fortgeschriebene Form der Kartäuser.

Als ihnen am Karmel die Sarazenen zu schaffen machten, kehrten sie nach 1238 wieder nach Europa zurück. Sie suchten erneuerte Anerkennung des Papstes, der sie 1347 den Bettelorden zuordnete. Unter ihrem tatkräftigen Führer Simon Stock (1265 gestorben) erlebten die Karmeliten eine unglaublich schnelle Verbreitung. Schon um 1250 kamen sie nach Würzburg, 1255 nach Nürnberg, in Weißenburg, Schweinfurt. In Dinkelsbühl ließen sie sich nieder, dazu in Bamberg und Kulmbach. Die Karmeliten waren sich auch für die kleinen Städte Frankens nicht zu gut: in Sparneck, Neustadt a. d. Saale, Neustadt am Kulm und auf der Vogelsburg entstanden ihre Klöster.

Simon Stock, der Verbreiter der Bewegung

Die strengen Prinzipien der Karmeliten lösten im Laufe der Zeit manche Auseinandersetzungen aus. Die gewaltige Ausbreitung, die der Ordensgeneral Simon Stock bewirkte, stürzte den Orden ebenso schnell in beträchtliche

Krisen. Einig war man sich im Gottesmutter-Kult. Das bereits eingeführte Skapulier, ein breiter, weißer Streifen aus Tuch, der die Schultern bedeckte und bis zum Kuttenende reichte, wurde durch eine Marienvision zum Kennzeichen der Karmeliter, an ihm erkannte man die Verehrer „Unserer Lieben Frauen". Über Simon Stock weiß man, abgesehen von den Wirkungen, die er durch die Karmeliten auslöste, wenig. Er soll Engländer gewesen sein und sich in seiner Heimat 1237 den Karmeliten angeschlossen haben. In einer mystischen Vision soll ihm die Gottesmutter das Skapulier überreicht haben, dessen Gebrauch die Karmeliten tatkräftig verbreiteten, vor allem bei den *Serviten, Theatinern* und *Dominikanern* und sogar bei den *Benediktinern*, weil das Skapulier als Unterpfand des ewigen Heils galt für alle, die mit ihm bekleidet starben.

Im Zuge der Gegenreformation ergriff die große Kirchenerneuerung, die seit dem Tridentinum die katholische Kirche erfaßt hatte, auch die Karmeliten. Die prägendste Wirkung ist *Theresa von Avila* und *Johannes vom Kreuz* zu danken. Das Volk nannte die Reformer „die Beschaulichen", bald auch „die Unbeschuhten".

Als Theresa dem Orden beitrat, gab es bereits die Karmelitinnen; 1452 waren sie von Papst *Nikolaus V.* genehmigt und den Dominikanerinnen und Klarissen zugeordnet worden, deren Privilegien sie auch erhielten. Der Karmelit *Johannes Soreth* (1394–1471) erarbeitete eine Reform des Ordens und erreichte 1452 die kirchenrechtliche Grundlage, den *Karmelitinnen-Orden* zu gründen.

Die Karmeliten in Würzburg

1212 soll der erste Karmelpilger nach Würzburg gekommen sein und die Nachricht von dem Eremitenorden in die Mainmetropole gebracht haben, die sich seit eh und je den Einflüssen von außen willig öffnete. 1252 vermutet man die Gründung des Konvents im Kloster *St. Barbara*.

Die Reformationszeit überstanden die Würzburger Karmeliten. Zu eng war ihre Bindung an den Bischof. Als die Freie Reichsstadt *Schweinfurt* 1542 das Mendikantenkloster auflöste, fanden die Bettelmönche, die aus der Kutte nicht herausschlüpfen wollten, im *Barbara-Kloster* zu Würzburg Aufnahme.

Julius Echter, der tatkräftige Bischof, nahm sich auch des Karmelitenklosters an und bezog es in seine Erneuerung ein. In der zweiten Hälfte des 16. Jahrhunderts erlebte der Konvent zu St. Barbara eine neue Blüte.

In Würzburg waren die vier klassischen Bettelorden so stark vertreten, daß sie im 15. Jahrhundert einen Zusammenschluß aller Bettelorden organisierten, die Interessenvertretung der Mendikanten. So hofften sie wirkungs-voller gegen die Stadtkleriker angehen zu können, denn diese hätten die volkstümlichen Aktivisten der Predigt und der Seelsorge gerne klein gehalten. Die Mendikanten bemühten sich um engen Kontakt zu den Zünften und zu den städtischen Bruderschaften. Die Zusammenarbeit mit der Rathausbruderschaft und dem wohlhabenden Bürgertum wurde an ihnen gleichermaßen gerühmt wie ihr Interesse an den Kranken und Armen. Mit dem Weltklerus aber lebten sie im Dauerkonflikt.

Im Dreißigjährigen Krieg kam ein zweiter Karmelitenkonvent nach Würzburg, streng gegenreformatorisch ausgerichtet, die *„Unbeschuhten“*, die im ehemaligen *Reuerinnenkloster* ihr Unterkommen fanden. Das war 1627. Die Würzburger Karmeliten fühlten sich dem Bischof eng verbunden. Schon in ihrer frühen Zeit stellten sie zwei Weihbischöfe: *Johann Pettendorfer* und *Johann Reutter*.

Fürstbischof *Philipp Adolf von Ehrenberg*, der die beklagenswerten Hexenverbrennungen förderte und sich so recht blutig in Würzburgs Geschichte einschrieb, holte aus Wien die Unbeschuhten Karmeliten an den Main. Der große Baumeister *Antonio Petrini* stellte dem gegenreformatorischen Orden eine neue Kirche in der Sandgasse hin; es wurde der erste große Barockbau Frankens.

Als über Bayern im Zuge der Säkularisation 1802 das große Klostersterben hereinbrach, schaffte es Weihbischof *Gregor Zirkel*, ein hochgebildeter Mann, das Kloster der Unbeschuhten Karmeliten zu halten; das gleiche gelang ihm auch bei den *Augustinern* und den *Franziskanern*.

Die Karmeliten in Bamberg

1273 kamen die Karmeliten nach Bamberg. Sie wurden auf der „Insel“ eingewiesen. Nahe am Markt, mitten in der Au, konnten die Seelsorger und Prediger – oft zum Ärger der Pfarrherren – ihre segensreiche Tätigkeit beginnen. Die Karmeliten der ersten Generationen meinten es ernst, aber um 1460 hatte das Kloster eine Reform nötig. Sie ging von *Nürnberg* aus, wo der Rat die Initiative ergriffen und die Heidelberger *Franziskaner-Observanten* gerufen hatte. „Schneller als ein Blitz“ hatten die sich ans Werk gemacht und Ordnung in die höchst unbefriedigenden Verhältnisse gebracht. In Bamberg schlossen sich sämtliche Bettelorden der Reform an. Das Karmelitenkloster zu Bamberg besaß eine stattliche Bibliothek. Schließlich fühlten sich die Karmeliten – allein schon ihrer Predigttätigkeit wegen – dem Bücherwesen eng verbunden. Die asketische Literatur war ihre Spezialität. Mysti-

Das Karmeliterkloster in Bamberg, Kreuzgang.
Stahlstich, Mitte 19. Jh.

sche Schriften sammelten sie nicht – offensichtlich aus Furcht, in die Ketzerprozesse hineingezogen zu werden. Ihre Würzburger und Kölner Konvente hatten entsprechend schlimme Erfahrungen gemacht.

In Bambergs Klöstern hielten sich im hohen Mittelalter begeisterte Botaniker auf, auch bei den Karmeliten. Die Gärtnerstadt hat ihnen viel zu danken.

Die stärkste Wirkung auf das Volk übten die Bamberger Karmeliten durch die hervorragenden Prediger aus, die sie hervorbrachten. Den Predigermönchen zuliebe wurden eigens Prädikantenstiftungen geschaffen, zum Beispiel 1415 am Dom. Dabei vertraten die Prediger nicht selten sozialreformerische Anliegen. „Statt daß man so sehr die toten Heiligen verehrt, soll man lieber für die Lebenden sorgen ... Wir närrischen Menschen verkehren alle Dinge, wollen den Toten dienen und vergessen die Lebendigen ... Wären wir rechte Christen, so ließen wir die Armen nicht Not leiden, wir verkauften die Monstranzen; Kelche und andere Kirchengerätschaften, um aus dem Erlös derselben den Armen zu helfen". So sprach einer in seiner Predigt am 22. Sonntag nach Trinitatis 1523. Der Bischof fürchtete Unruhen; der Prediger mußte die Stadt verlassen. Die Probleme blieben. Bambergs Bettelklöster standen zunächst dem Geist der Reformation sehr weit offen.

Die Karmeliten auf der Vogelsburg

Auf der Vogelsburg bei *Volkach* entstand ein seltenes Karmelitenkloster: eine ehemalige Burganlage wurde für die Bettelmönche umgewidmet! Die Grafen *Castell* hatten vorher dort ihren Sitz. 1282 wurde die Umwandlung von der Ritterburg zum Eremitenkloster vollzogen. „Graf Hermann von Castell war mit einem Kreuzzug nach Palästina gezogen. Da soll er durch einen Karmelitermönch aus der Gefangenschaft der Sarazenen befreit worden sein. Aus Dankbarkeit nahm er einige Mönche vom Berg Karmel mit sich in die Heimat, stiftete dort ein Karmelitenkloster und übergab den Mönchen die ihm gehörige Vogelsburg bei Volkach zum Aufenthalt." So überliefert es die Legende. Der historische Kern ist eindeutig: Das Geschlecht der Castell, das in fast jeder Generation von neuem seine Nähe zu Kirche und Religion unter Beweis stellte, hat die Vogelsburg den Karmeliten gestiftet; der Zusammenhang mit den Kreuzzügen war nie zu bezweifeln.

Zur Erinnerung an das Kloster auf dem Karmel nannten die Eremiten bei Volkach ihr Kloster „*Mons Dei*", Gottesberg.

Wir erinnern uns: Klöster wurden vom Adel in jener Zeit gerne gestiftet, um eine angemessene, gottnahe Begräbnisstätte zu bekommen. Graf *Hermann* gab die *Vogelsburg* nicht ganz aus der Hand; die Toten seines Geschlechtes sollten dort ihr Begräbnis finden.

Die Mönche auf dem Gottesberg verstanden es, den mittelalterlichen Tourismus auf ihr Kloster zu lenken. Als eifrige Verehrer der Gottesmutter – zum Zeichen ihrer Anhänglichkeit an „Unsere Liebe Frau" – trugen sie das Skapulier, diesen breiten Tuchstreifen, der über Brust und Schulter bis zu den Füßen reichte, und zur Verehrung Mariens hatten sie ein Marienbildnis aufgestellt, das immer mehr Wallfahrer anlockte. Allerdings mit der Maria in den Weingärten nebenan konnte die Karmelitermadonna nicht konkurrieren.

Die Bauernunruhen und der Dreißigjährige Krieg unterbrachen das Klosterleben für lange. Erst in der Zeit der Gegenreformation, 1655, entstand ein neues kleines Kloster, das 1803 wieder schließen mußte. Die protestantischen Herren von Castell hatten ihre Toten längst nach *Rüdenhausen* geholt. Das Marien-Gnadenbild schaffte man 1797 ins Würzburger *Käppele*. – Ein beliebtes Ausflugsziel ist die Vogelsburg allerdings geblieben.

Dinkelsbühl

Wer in Dinkelsbühl auf einem seiner hoffentlich vielen romantischen Stadt-
bummel die Klostergasse entlang schlendert, kann das schöne Renaissance-
portal kaum übersehen, hinter dem sich ein malerischer Innenhof verbirgt.
„Kreuzgärtlein" nennen die Dinkelsbühler den ehemaligen Kreuzgang des
Karmeliterklosters. An zwei Wänden, der nördlichen und der östlichen,
stehen zwei bemalte Sandsteinfiguren, an denen die Fantasie der traditions-
bewußten Reichsstädter seit eh und je hängen geblieben ist. „Das Kloster
und die Stadt von mir den Namen hat", soll ehedem über der kleineren der
beiden Figuren, die über der Sakristeitür zur evangelischen *St. Paulskirche*
steht, gereimt gewesen sein, wie Dinkelsbühls großer Jugendschriftsteller
und Märchenerzähler *Christoph von Schmid* in seinen Lebenserinnerungen
berichtet. Früher habe das kleine Männlein an der Ecke der ehemaligen Karmeliterkirche gestanden und darunter sei die Jahrzahl 1290 zu lesen gewesen:
das Gründungsjahr des Karmeliterklosters. Die Schweden hätten es dort
1635 heruntergeschossen, behauptet die Überlieferung, aber 1667 sei es, „um
ein merckliches vergrößert", neu aufgestellt worden; bei ihrem jährlichen
Stiftungsfest, der Skapulier-Prozession, hätten es die Karmeliter „öffentlich
in der Stadt herumtragen lassen".

Die Sage über das Dinkelbäuerlein führt wohl etwas in die Irre, was
Kloster- und Stadtgründung anlangt: In alter Zeit habe dort, wo die Karmeliten ihr Kloster einrichten durften, ein Bauernhof gestanden, wo Dinkel-
getreide angebaut wurde. Als Freund und Gönner der Mönche habe sein Besitzer seinen Hof samt der Kapelle danebenen Würzburger Karmeliten geschenkt, die das Anwesen bald darauf in ein Kloster umwandelten. Ringsum
aber hätten sich alsbald Bürger und Bauern niedergelassen, woraus die Stadt
entstand, die man Dinkelsbühl – die Anhöhe, auf der Dinkel angebaut wird
– nennt. Es war wohl umgekehrt. Das Kloster verdankt sich der Stadt, nicht
die Stadt dem Kloster. Zeigt sich im Anspruch der Ursprungslegende etwas
von den Rangeleien zwischen Kommune und Konvent, die sich über Jahrhunderte hinzogen?

Das Gründungsdatum des Klosters ist urkundlich nicht mehr zu belegen.
Nur indirekt läßt es sich feststellen, vor allem aus den klösterlichen Visita-
tionsberichten des Jahres 1607. Dort heißt es „vom Ursprung des Klosters
der Karmelbrüder im Konvent zu Dinckhelsspiel": „Im Jahre 1290 hat auf
demütiges Bitten der Karmeliterbrüder Herr Bischof Wolfhard von Augsburg mit Zustimmung und Bewilligung seines Kapitels diesen Brüder das
Recht zuerkannt und gewährt ..., sich in der Stadt Dinckhelsspiel nieder-
zulassen, ein Kloster zu bauen, die göttlichen Geheimnisse zu feiern, zu
predigen, Beicht zu hören, auch den von auswärts Kommenden die Wohltat

des Bekenntnisses zu erweisen, jedoch ohne Schädigung oder Minderung des pfarrlichen Rechtes". – Predigen, Beichthören: die neuen Aufgaben der Bettelorden, auch in Dinkelsbühl. Aber ohne Beeinträchtigung des traditionellen Stadtklerus! Die alten Zuständigkeiten bleiben! Auch in der Seelsorge. Das Mönchtum brachte auch nach Dinkelsbühl eine modernere, zeitgemäße Form geistlichen Wirkens.

Diese Rechte scheinen jedenfalls öfters bestritten worden zu sein, denn der Augsburger Bischof bestätigte sie mehr als einmal, zum Beispiel 1297 und 1305.

Zwei Jahrhunderte nach der Gründung hielt der Stadtrat eine Reform seines damals einzigen Klosters für geboten. Tatkräftig ahmte er das Beispiel der Nürnberger nach und unterstützte die Verhandlungen des Karmeliten-Reformers Bruder *Hans Nenzenreuther*.

Als 1525 der Bauernaufstand auch die stolze Reichsstadt bedrohte – fünf- bis sechstausend Bauern sollen sich den Revolutionären angeschlossen haben –, da opferten die Räte ihr Kloster und das Deutschordenshaus: Eine Abteilung von fünfzig Mann wurde hereingelassen, um verabredungsgemäß die beiden Objekte auszuplündern. Der Rat scheint nicht mehr viel vom Klosterwesen gehalten zu haben. 1532 führte er die Reformation ein, kassierte das Kloster und stellte es den Brüdern frei, lutherisch zu werden oder sich „aussteuern" zu lassen. Die meisten Mönche übernahmen evangelische Pfarreien.

Aber schon 1548, nach dem Sieg Kaiser *Karls V.* über den protestantischen *Schmalkaldner Bund*, wurde das Karmeliterkloster rekatholisiert – mit dem Mönch *Vitus Strobel*, der Prior und einziger Klosterinsasse in einem war. Jetzt bahnten sich böse Auseinandersetzungen an, denn auch die machtige *Georgskirche* mußte wieder zurückgegeben werden. Dinkelsbühl kam lange nicht zur Ruhe. Markgraf *Albrecht Alcibiades*, der sich später zu einem schlechthin räuberischen Marodeur entwickelte, verschaffte den Protestanten der Stadt wieder die große Hauptkirche und drängte die Katholiken ins Karmeliterkloster ab. Dem Rat war das zu wenig. Er zog erneut das leerstehende Kloster ein. Ein halbes Jahr darauf erhob der Kaiser Einspruch, der Rat mußte seine Entscheidung zurücknehmen. 1566 wurde die Karmeliterkirche dann den Protestanten kraft kaiserlicher Ermächtigung zugesprochen, schließlich stand das Kloster mit nur zwei Konventualen fast leer. Das war auch 1592 noch so, als die Evangelischen ihre Gottesdienste längst schon in der *Spitalkirche* feierten: Da lebte nur noch ein einziger Ordensbruder im großen Gebäude.

Der Dreißigjährige Krieg brachte erneut ein heftiges Hin und Her. Unter der Schwedenherrschaft von 1632–34 wurde das Kloster den Katholiken als Ersatz für die Georgskirche zugewiesen.

Lange nach dem Ende der schlimmen Zeit ging es endlich auch mit den

Dinkelsbühl. Kupferstich mit allegorischen Figuren, um 1650

Karmeliten wieder aufwärts. 1661 schlossen sie sich der Reform an, die von Flandern her eingeführt wurde und fingen wieder mit der Seelsorge als Aushilfskräfte in den umliegenden Pfarreien an, die katholisch geblieben waren. 1676 zählten der Konvent acht Priester. Endlich konnten auch die „Jahrtage" begangen werden, zum Beispiel die Gedenkmesse für den „Hochwürdigen Herrn Christoph Wagner, Dekan und Pfarrer unserer Reichsstadt, und seine Eltern gegen Ende August, vorher zu verkündigen" – so steht es im Verzeichnis der Jahrtagsstiftungen. Über *Christoph Wagner* wurde 1699 ein halbes Jahrhundert nach dem Ende des Krieges – Folgendes in das Taufbuch eingetragen: „Christoph Wagner – diesem ist zur Zeit des Schwedenkrieges von feindlicher Soldatenhand ein vergifteter und durch Unflat und Unrat verunreinigter Trank eingegeben worden, so daß infolge der Gewalt des Trankes der heilige Diener Christi des Vernunftgebrauchs beraubt wurde und bald darauf aufs frömmste sein Leben beschloß". – Auch Dinkelsbühl könnte also seinen Meistertrunk haben, einen mit einem Märtyrer.

Die blutigen konfessionellen Auseinandersetzungen des langen Krieges wirkten auch in Dinkelsbühl nach. Bei den geringsten Anlässen heizten sie die Gemüter an, und wenn dann noch materielle Interessen auf dem Spiele standen, konnte man sogar reinsten Gewissens aufeinander losgehen. So eskalierte 1725 ein Streit, der sich zunächst ein halbes Jahrhundert hinzog und dann nocheinmal solange nachwirkte, der Rechtsstreit um die klösterliche Biersiederei.

Dem evangelischen Ratsteil mißfiel es, daß im Karmeliten-Kloster „das braune Bier-Sieden auf solchen Exceß" betrieben wurde. Daß die Mönche sich nicht auf die Herstellung eines Eigensudes beschränkten, sondern „das Bier auch über die Gasse ums Geld ausschenckten", ja sogar die Handwerksleute, die bei ihnen arbeiteten, „guten theils mit Bier besoldeten und

Westfassade von
St. Georg
in Dinkelsbühl

bezahleten" und zu allem Übel neuendings zuließen, „daß nunmehro die Gäste in großer Zahl dabey niedersetzten": Das beeinträchtige das Geschäft der professionellen Brauer. Deshalb müsse endlich die Ratsentscheidung von 1706 durchgesetzt werden, die 1708 „publicirt, aber wegen Connivenz des Catholischen Magistrats niemahlen zur Execution gebracht" worden sei.

Der Karmeliten-Prior setzte sich gegen die „Gravamina Evangelicorum", die Beschwerden der Evangelischen, mit dem Argument zur Wehr, daß das „Bierausschenken und Gästsetzen" hauptsächlichen solchen „Arbeits-Leuthen" schmeckte, die der Augsburger Confession" zugethan seynd".

Nach dreizehn Jahren scheinen die Protestanten auch die katholische Ratsfraktion auf ihre Seite gezogen zu haben. Jetzt fand sich eine Ratskommission im Kloster ein, um die Brauerkonkurrenz auszuschalten. Sie machte vor allem geltend, daß das Kloster kein „Umbgelt", keine Steuer, entrichte, wie es für die Wirte selbstverständlich sei. Dann „sollen sie nur ihren Würthen anbefehlen, ein besseres bier zu prauen", hielt der stellvertretende Klostervorstand, zugleich Wirtschaftsdirektor der gemeinnützigen Einrichtung, dagegen.

Eine öffentliche Bekanntmachung wollten allerdings die Mönche partout nicht haben. Eine solche „sehr entehrende Bekanntmachung" sollte verhindert werden. Aber der Rat erneuerte das Bierdekret von 1708. „Es scheint, daß die Herrn Carmeliter machen aus dem Kloster ein Wirtshaus", empörte sich der Rat. So geschehen am 1. Mai. Jetzt griffen die Bierbrauer hinter Klostermauern zum letzten Kampfmittel, das sie aufbieten konnten: Sie predigten in ihren Gottesdiensten dagegen an.

Pater *Melchior* scheint seine Bierpredigt für so gelungen gehalten zu haben, daß er sie zu den Akten nehmen ließ. Am 4. Mai 1738 hat er sie gehalten. Der Satz vom klösterlichen Wirtshaus ärgerte ihn am meisten: „Das ist eine curiose Sentenz und Urtheil! Wan ein ehrlichen bürger oder anderer wackerer mann in einem orth mit ethlich andern ein Glaß Bier trinkt, wird dan darumb gleich aus einem solchen hauß oder orth ein würtzhaus?" „Wo man tantzet, springet, würflet, andere speßl treibet, wo das haus dem gast tag und nacht offen stehet, das ist ein würtzhaus", ist seine Definition des Wesen eines Gasthofes. Und dann entfaltet er seine Beurteilung des Dekrets. Ein „despotisches, unsere Carmelitanische Religion unterdrückendes, ein verschwärtzendes" Urteil sei da herumgeschrien worden.

Die Karmeliten scheinen zunächst mit Bruder Melchiors Predigt sehr zufrieden gewesen zu sein. „Bis jetzt meldet sich keiner von den Herrn Senatoren, der protestiert oder sich beschwert hätte", trug der Chronist in das Tagebuch ein.

Aber knapp zwei Wochen nachher kamen doch „um die Mittagszeit zwei Deputierte des hiesigen Magistrats". Der Klostervorstand rechtfertigte sich noch einmal, ließ aber „von dieser Stund an" nur noch „besseren Gönnern" das klösterliche Bier zukommen. „Nachdem sie dies gehört und zuvor einen Trunk Bier genommen, gingen sie sehr befriedigt fort".

Eine Generation später wurde „unser Bier den Bürgern (erneut) auf strengste verboten". Und 1780 schon wieder. Dieses Verbot enttäuschte die Karmeliten besonders, denn das Bier „schmeckte dem Herrn Konsulent Eberle" nicht. „Und dieser ist der offizielle Patron unseres Klosters, der von manchem Karmeliten fast angebetet worden ist, der sich jedoch als der uns feindlichste zeigte. Nehmt euch vor ihm in acht!" vertraut der Chronist dem Klostertagebuch an.

1803 wurde das Kloster säkularisiert. Zunächst kam es zum Deutschen Orden, die Klosterinsassen, 8 Patres und 6 Laienbrüder, wurden pensioniert. Die Kirche wurde schließlich abgerissen, die umstrittene Brauerei diente zunächst ein Salzlager, dann – nach Übernahme durch die evangelische Pfarrei – als eine evangelische „Kleinkinderbewahranstalt", schließlich als evangelische „höhere Töchterschule".

Die „Frauenfreunde" in Nürnberg

1287 ließ sich in Nürnberg ein Karmelitenkonvent nieder. In der Adlerstraße, also innerhalb der Stadtmauer, erhielt dieser Seelsorge- und Predigerorden seine Bleibe. Zur besseren Unterscheidung von den franziskanischen Barfüßern nannte man sie die „Frauenfreunde". 1340 wurde ihre Kirche vollendet; sie ist längst aus dem Stadtbild verschwunden. Übriggeblieben ist der gewaltige Altar, den *Veit Stoß* 1520 und 23 für die Karmelitenkirche angefertigt hat; sein Sohn *Dr. Andreas Stoß*, der letzte Klostervorsteher, ein scharfer Gegner der Reformation, hat ihn beim Vater bestellt, aber nicht mehr voll bezahlt. Die Erben holten ihn wieder und verkauften ihn nach *Bamberg*, wo er heute im südlichen Querschiff des Domes als vielbewundertes Kunstwerk des Nürnberger Meisters steht: Bambergs schönster Marienaltar, trotz mancher Verluste und moderner Zusammenstellung.

Als der Nürnberger Rat 1525 die Einführung der Reformation beschloß, fügten sich die Karmeliten unter der Bedingung der angemessenen Anstellung im Kirchendienst und der Versorgung derer aus dem Almosenkasten, die zu Predigt und Seelsorge nicht zu gebrauchen waren. Vorher war der kämpferische Anhänger der alten Kirche, Andreas Stoß, vom Rat aus der Stadt gewiesen worden.

Die Karmeliten in Weißenburg

Bald nach der Stiftung des Karmelitenklosters Weißenburg, 1325, fing man mit dem Bau einer Kirche an. Die gotischen Wandmalereien verdienen noch heute Beachtung; sie stammen aus dem Ende desselben Jahrhunderts – Zeugen der Frömmigkeit jener Zeit. Die Karmeliter brachten den Kümmernis-Kult nach Weißenburg, der weiter südwärts längst zu Hause war.

Wem wäre das Schicksal dieser beharrlichen Königstochter nicht zu Herzen gegangen, die sich hartnäckig weigerte, sich von ihrem Vater verheiraten zu lassen! In dieser Heiligenlegende formulierte sich ein allgemein menschlicher Protest, gegen patriarchalische Selbstherrlichkeit. Gott stand auf der Seite der südländischen Königstochter und erfüllte ihren Wunsch nach körperlicher Verunstaltung, damit der Vater nichts mehr mit ihr anzufangen vermöchte: Ihr wuchs nämlich ein langer Bart. Der erzürnte Vater ließ sie ans Kreuz nageln. „So mag sie ihrem himmlischen Bräutigam gleichen", höhnte er. – Wer genauer hinsieht, muß zu dem Ergebnis kommen, daß sich in dieser Legende die Volksphantasie verirrt hat. Die Menschen des Mittelalters hatten kein Gedächtnis für die großen Zusammenhänge. Die wenigen, die mit literarischer Hilfe sich das Gespür für die großen Überlieferungen bewahrt hatten, drangen nicht durch. Am Beispiel des Volksglaubens an die Heilige Kümmernis wird es ablesbar: Man wußte nichts anzufangen mit dem bärtigen Christus am Kreuz, wo man doch überall den bartlosen, wundenbedeckten Schmerzensmann sah. Die viel ältere Darstellung, die die Kreuzritter aus dem Osten mitbrachten, der noch dazu als Himmelskönig gekleidete byzantinische Salvator am Kreuz, wurde den Betrachtern zu einer bärtigen Jungfrau, die um Christi willen litt, eine Sinnbild-Heilige wie die *Sophia* als Verkörperung der Weisheit.

Manche Weißenburger Bürgertöchter, die den Bettelmönchen ihre Opfergaben hintrugen, mochten sich mit der Legendengestalt der Kümmernis identifizieren.

Die Brustbilder von Propheten und die Figuren der Apostel waren geläufiger als das Bild der *Liberata* oder *Wilgefortis*, wie man die Kümmernis auch nannte.

Als sich die Reichsstadt der Reformation anschloß, ging es mit den Karmeliten in Weißenburg zuende. Viele Barfüßer, wie man die reformbewußten Angehörigen der Karmeliten auch nannte, wurden zu Trägern der Reformation. Weißenburg unterstützte die Politik des großen reichsstädtischen Nachbarn Nürnberg.

1975 hat die Stadt ihre Karmelitenkirche zu einem Kulturzentrum umgestaltet. Es sind Räumlichkeiten entstanden, die zu besuchen sich lohnt.

Karmelitenkloster in Neustadt an der Saale

Bad Neustadt an der Saale dankt sein einziges Kloster den Karmeliten. 1352 wurde es gegründet. Jetzt ist seine Kirche *St. Peter und Paul* katholische Pfarrkirche. Sie verkörpert noch heute – dank den behutsamen Veränderungen – den Typ einer Bettelordenskirche der Frühzeit: In der Grundanlage eine Saalkirche, deren einziges Seitenschiff und die Nebenkapellen rippengewölbt sind; der Chor ist durch Stufen abgesetzt und hervorgehoben. Die prachtvolle Ausstattung hat mit den Karmeliten und ihrer frühen Gesinnung wenig zu tun.

Von den ersten Klostergebäuden ist nichts mehr erhalten; 1693 bis 1703 wurden sie neu erbaut. Heute ist das Amtsgericht untergebracht, wo einst die Karmeliten die Gerechtigkeit Gottes zu erlangen suchten.

Karmeliten in Sparneck bei Münchberg

Die evangelische Kirche *St. Veit* zu Sparneck, 1825–61 neugotisch restauriert, enthält noch bemerkenswerte Überreste des alten Klosters der Karmeliten. Der Legende zufolge soll *Friedrich von Sparneck* sein Stifter sein. Der Lehensträger des mittelalterlichen Marktes bei Münchberg, wo der Kupferabbau gedieh, begann 1477 mit dem Bau. Die Karmelitenniederlassung zu Sparneck ist eine der spätesten Klostergründungen in Oberfranken. Das Grabmal des 1477 gestorbenen Klosterstifters ist erhalten geblieben, desgleichen die Sakramentsnische. In der Münchberger Gegend ist das Karmelitenkloster die einzige Mönchsniederlassung gewesen.

Die Augustiner-Eremiten

Von einem vierten Orden der Bettelmönche ist noch zu berichten, der im 13. Jahrhundert die große Herausforderung annahm, die in den aufkommenden Städten der Kirche erwuchs, von den Augustiner-Eremiten. Der Name, den diese Gründung trägt, steht in einem eigentümlichen Widerspruch zu seiner Aufgabenstellung. Eremiten sind Wüsteneinsiedler. Bewährt aber haben sie sich als Stadtheilige. Nicht die Einsamkeit der Wüste suchten sie, sondern die – vielleicht noch größere, jedenfalls abgründigere – Einsamkeit städtischer Massenexistenz.

Hervorgegangen sind die Augustiner-Eremiten in der Tat aus Einsiedlern, die in Norditalien ihr Einsamkeitsbedürfnis auslebten. 1244 hat sie Papst Innozenz IV. zu Einsiedlergenossenschaften zusammengeschlossen und regional gegliedert; so entstanden die Augustiner-Eremiten-Kongregationen. Sie lebten nach der Augustinischen Regel. Ihren hauptsächlichen Auftrag sahen sie in der Seelsorge am niederen Volk in den schnell wachsenden Vorstädten. Die offene, wirklichkeitsnahe, praxisorientierte Regel der Augustiner-Chorherren, die jeden Rigorismus ablehnte, entsprach ihrer praktischen Aufgabenstellung. Seelsorge am jungen Großstadtproletariat – das war ihnen das Gebot der Stunde, eine notwendige Anpassung und Veränderung der Aufgabenstellung, zu der die Stiftsgeistlichen als Augustiner-Chorherren sich nicht entschließen mochten. Es nimmt nicht wunder, daß diese junge, großstädtische, klostermäßig organisierte Eremitengemeinschaft einen gewaltigen Zulauf hatte. Der Weg der Mitte, den diese Gemeinschaft einschlug, wirkte anziehend.

1262 kamen zwei Augustiner-Eremiten nach Würzburg und betrieben dort eine Klostergründung. In Nürnberg soll sich der junge Orden bereits ein Jahr vorher, 1261, niedergelassen haben. In der zweiten Ausbreitungsperiode, gegen Ende des 13. Jahrhunderts, entstanden die Augustinerklöster in Windsheim und Münnerstadt. Um diese Zeit wurde Deutschland in vier Provinzen eingeteilt; Franken gehörte zur thüringisch-sächsischen Provinz. Achtzig Häuser zählten die vier Provinzen – eine gewaltige Zahl so kurz nach dem Start im Reich!

Die Augustiner-Eremiten standen auch politisch durchaus nicht abseits. Konrad von Tattendorf, der Münchner Prior, war einer der einflußreichsten Staatsmänner seiner Zeit. Er betrieb – durchaus erfolgreich – das Werk der Versöhnung zwischen Kaiser Ludwig dem Bayern und dessen habsburgischen Gegenspieler Friedrich von Österreich.

Die schreckliche Pestseuche in den Jahren 1348–51 setzte auch den Augustiner-Eremiten hart zu. Aber sie bewährten sich meisterlich in dieser schweren Zeit.

Das Hauptverdienst der Augustiner ist aber – auch für Franken – die Vermittlung der von Italien über die Alpen schlagenden übermächtigen Welle des

Humanismus. Diese große und gründliche Geistesbewegung entsprach der Geisteshaltung Augustinus'. Eine späte und doch frische Blüte antiken Denkens legte sich über Europa. Franken wurde durch die Augustiner-Eremiten von Anfang an in sie miteinbezogen.

Der Humanismus war ihnen zum verpflichtenden Anliegen geworden. Sie schufen ihre berühmten Ordensschulen. In Würzburg und Münnerstadt waren bedeutende Lehrer tätig. Von Würzburg aus mühte sich Magister Hermann von Schildesch (1357) um Versöhnung zwischen dem Kaiser und dem Papst; immer noch war es der Wittelsbacher Ludwig, um den es ging.

In Franken setzte sich – wie in Sachsen und Thüringen – die strenge Richtung der Augustiner durch, die sich zu einer Reformkongregation zusammengeschlossen hatten. 1503 wurde der sächsische Edelmann – und Augustiner – Johann von Staupitz ihr Leiter, ein hochgebildeter humanistisch gesonnener Wissenschaftler, bekanntlich Luthers Lehrer, dem sein Schüler auf dem Wittenberger Lehrstuhl nachfolgte. Die Augustiner besetzten außerordentlich viele Lehrstühle an den deutschen Universitäten. Der Seelsorgeorden hatte die biblische Wissenschaft als besonders wichtig in sein Programm mit aufgenommen. Diese Augustiner der strengen Observanz wurden wichtige Träger der Reformation im Fränkischen.

Was machte die Augustiner-Eremiten landauf landab so interessant?

Es war einerseits der große sittliche Ernst, mit dem die strenge Richtung unter ihnen, die Observanten, ihren Glauben lebten und den Auftrag, den sie sich gegeben hatten, erfüllten.

Die Augustinermönche, die in die Städte gingen, machten dort den Weltklerikern als Seelsorger, vor allem aber als Prediger mächtig Konkurrenz – Herren auf der Höhe der Zeit, vor allem auch auf der Höhe der Bildung ihrer Tage. Im Mittelpunkt ihres theologischen Denkens stand damals in erster Linie die Bibel. Es kommt nicht von ungefähr, daß der Augustiner-Eremit Luther als Professor die Bibel auslegte.

Wenn auch als Bettelorden gegründet, hatten sich die Augustiner dennoch – wie auch die Franziskaner, Dominikaner und Karmeliten – der Wissenschaft verschrieben. Die Predigttätigkeit, die zu den Hauptaufgaben der Bettelorden zählte, verlangte ein hohes Maß an Bildung.

Als Luther 1505 in den Augustinerorden eintrat, stand ihm der Kardinal Ägidius von Viterbo (1469–1532) als Ordensgeneral vor. Er gab persönlich ein gutes Beispiel bei allem, was er tat. Und: er verlangte von seinen Mönchen das gleiche untadelige Leben, das er selbst führte: „Tag und Nacht sind wir an der Arbeit, um zu reformieren …“ In ganz Italien war Ägidius als Prediger gefragt.

Dieser Mann orientierte seinen Orden am Streben der Humanisten, „zu den Quellen“ zu finden. Und er inspirierte seine Gefolgsleute an der tradierten geistigen Elite. Petrarca war einer der Männer, die zu den Vorbildern des Ägidius von Viterbo zählten, der große Petrarca, Wiederentdecker der antiken Literatur

Martin Luther als Mönch.
Holzschnitt, um 1520

und eines der ersten Gipfelstürmer der Menschheit, Bergsteiger im buchstäblichen Sinn des Wortes. Als er 1336 den Mont Ventoux, in der Provence, bestiegen hatte, fiel es ihm wie Schuppen von den Augen, „daß nichts bewundernswert ist außer der Seele: neben ihrer Größe ist nichts groß. Da beschied ich mich, genug von dem Berge gesehen zu haben, und wandte das innere Auge auf mich selbst, und von Stund an hat niemand mich reden hören, bis wir unten ankamen". Ein Bekehrungserlebnis, der Blick nach innen!

Petrarca ging es um den Sinn des Lebens und um die ewige Seligkeit. Diese Grundstimmung hat der Augustiner-Eremiten-Orden wie kein anderer aufgenommen. Es wurde auch die Grundstimmung Luthers. Die Sprache, der wir hier begegnen, ist auch die Sprache Luthers.

Nach Deutschland hat diese humanistische Grundstimmung der Augustiner-pater *Gottschalk Hollen* gebracht, einer der populärsten Prediger in der zweiten Hälfte des 15. Jahrhunderts. Längere Zeit hatte er in italienischen Klöstern seines Ordens gelebt. Seine Predigten haben etwas Aufklärerisches an sich, er predigte sehr real auch über die Welt, gab Ratschläge für den Häuserbau, für die Krankenpflege und das Aufsetzen von Testamenten. Dazu hatte er einen weiten Blick. Auch das hat Luther in seinem Orden offensichtlich gelernt. Es gibt kein Thema, das die Augustiner-Eremiten nicht beschäftigt hätte; Luther tat es seinem Orden gleich.

Ein anderer großer Prediger war *Dr. Johann Jeuser* von Paltz, der sich in *Erfurt* aufhielt, als Luther dort studierte. Ein strenger Mann, der sich für Kloster- und Ordensreformen einsetzte wie kein anderer. Auch er war ein gefragter Prediger. Den Kurfürsten *Friedrich von Sachsen* beeindruckte vor allem Paltzens Predigt über einen guten Tod. „Wie finde ich einen gnädigen Gott, auf welche Weise kann ich ihm gefallen?" Diese Frage beschäftigte damals die Menschen. Lange vor Luther. Paltz sagte: „Es antwortet darauf Augustinus: Du wirst ihn versöhnen, wenn du auf seine Barmherzigkeit hoffst". In seinen Predigten über den guten Tod hatte er gesagt: „Welcher Mensch alle Tag … bedenkt das Leiden Christi, der erlangt damit mehr Nutzen denn daß er alle Freitage im ganzen Jahr fastet".

Und schließlich begegnet in der Nähe Luthers immer wieder *Johann von Staupitz.* Seine entscheidende Aussage war: „Glauben wir an Christum, so haben wir Christum, werden nicht verloren, überkommen das ewige Leben …" Die guten Werke können einen Menschen den Himmel nicht öffnen. Die Gnade allein entscheidet.

Bei der Verbreitung auch der Augustiner-Eremiten und vor allem bei dieser Breite des Denkens und bei dieser Tiefe der Erkenntnis, bei solch starkem Engagement des Glaubens, fehlte nur noch der Mann, der diese Gedanken nicht nur in sich aufnahm, sondern sie zur Tat bündelte. Er hieß *Martin Luther*, Augustiner-Eremit der strengen Observanz. Wichtige Mittler seiner Gedanken waren seine Mönchsgenossen – aber nicht nur die Augustiner-Eremiten, sondern auch einzelne *Dominikaner* und *Franziskaner, Martin Butzer* zum Beispiel, der Alemanne.

Die Reformation ist nicht zu verstehen ohne das Mönchstum. Sie bildet den Abschluß einer langen Kette von Reformbewegungen.

Auch in den Gebieten, in denen sich die Reformation auf Dauer nicht durchsetzte, gerieten die Augustiner wie das Mönchstum allgemein in schwere innere Krisen. Die Überzahl an Mönchen schlug dort, wo die Klöster überlebten, in einen ungeheuren Mangel an Ordensleuten um. Mühselig retteten sich die Augustiner-Eremiten in Deutschland durch die Jahrhunderte. In Unterfranken bewahrte der *Herzog von Toskana* die Augustiner vor der Auflösung des Jahres 1803. Als dann Bayern die Herrschaft über das Bistum antrat, rettete die Lehrtätigkeit der Münnerstädter ihr Kloster vor der Säkularisation. Allerdings machte ihm die Staatsregierung dadurch zu schaffen, daß nur noch solche Mönche aufgenommen werden durften, die die Befähigung zum höheren Lehramt nachweisen konnten. – In Rom, am Sitz der Ordensleitung, wußte man kaum noch etwas von fränkischen Augustinern.

Nach 1945 erlebten die Augustiner Münnerstadts eine neue Blüte – wenn auch viel bescheidener als im frühen Mittelalter.

Die Bildungslandschaft Frankens war im ausgehenden Mittelalter augustinisch geprägt. Der strenge Orden der Augustiner-Eremiten hat in dieser Hinsicht die Benediktiner und die Zisterzienser abgelöst.

Augustinus, Bischof und Mönch

Im Lutherjahr 1983 konnten die Augustiner-Eremiten zusätzlicher Aufmerksamkeit sicher sein, denn *Martin Luther* war einer der Ihren. Und Martin Luther hat sich vor allem auf den berufen, dem dieser städtische Prediger- und Gelehrtenordnung seinen Namen verdankt, auf den heiligen Augustinus, den *„doctor gratiae"*, den Gnadenlehrer, auf das „Genie des Herzens", auf den Größten unter den großen abendländischen Kirchenvätern. Es würde wunder nehmen, wenn diesen bedeutenden Mann des 4. Jahrhunderts – er lebte von 354 bis 430 – nicht immer wieder Menschen, die nach Heiligung und durch Frömmigkeitssinn erfülltem Leben streben, sich zum Vorbild genommen hätten. Er selbst hat ja auch ein einschlägiges Beispiel gegeben: In seinen *„Confessiones"* beschreibt er mit bewegenden Worten, wie er zum Mönch wurde – seinerzeit dem Beispiel folgend, das die syrischen und oberägyptischen Einsiedler und Klosterbrüder gaben. Schon als er sich auf die Taufe vorbereitete, die er am Ostersamstag 387 empfing, hatte er auf dem Landgut *Cassiciacum* einige christliche Freunde und seine fromme Mutter *Monika* um sich. Das war in der Nähe von Mailand. Auch sein Sohn *Adeodat* war bei ihm – und wurde mit ihm getauft. Der Wunsch nach klösterlicher Gemeinschaft scheint nach dem Tod seiner Mutter besonders groß geworden zu sein; Augustinus erfüllte sich ihn und anderen, nachdem er in seine Geburtsstadt *Tagaste* bei *Karthago* zurückgekehrt war, dort die väterlichen Besitzungen verkauft, das Geld teils an die Armen weitergegeben und für seine Freunde und sich eine kleine Klostergemeinschaft gegründet hatte, in der er den Rest seiner Tage zu verbringen hoffte. Aber diese

glückliche Zeit dauerte kaum drei Jahre (388 – 391). Da rief man ihn in das große königliche *Hippo* in *Algerien*, wo der Bischof schwer erkrankt war. Fünf
Jahre wirkte Augustinus als Hilfsbischof, fast vierzig Jahre blieb er dann an
diese Stadt gebunden. Dort schuf er seine großen literarischen Werke, erwarb
sich Weltruf und die Dankbarkeit seiner großen Gemeinde, denn er war ein
treuer Seelsorger, der die Formen der Frömmigkeit seiner Zeit achtete, so auch
den Märtyrerkult, die Reliquien und Wunderverehrung, weil er ihren Wert
für die erlebbare Erbauung im Glauben erkannte, der ihm, dem anspruchsvollen, vernunftgläubigen Philosophen, vorher verborgen geblieben war.

Als Bischof von Hippo gründete er eine Art klösterlich-kanonischen
Zusammenlebens von Priestern, eine in strengen Regeln geordnete Dienstgemeinschaft. Auf diese Gemeinschaft beriefen sich später die Augustiner-
Chorherren unter Hinweis auf Augustins Schreiben über die *„vita cano-
nica“*. Es war der Versuch reformbewußter Pfarrer, die an den großen städtischen Kirchen Dienst taten, Wege des gemeinsamen Lebens und einer geistlich motivierten Zusammenarbeit zu finden – die Augustiner-Chorherren.

Auf die angeblichen Regeln Augustinus beriefen sich neben den priesterlichen Chorherren auch die Einsiedler-Gemeinschaften, die im Jahre 1256
vom Papst *Alexander IV.* in Italien zusammengeschlossen wurden und sich
nun mit großer Schnelligkeit ausbreiteten. Im Italien des 13. Jahrhunderts,
im urbanen, großstädtischen, reichen Italien, waren sie entstanden. Als zwei,
drei Generationen später die Stadtprobleme jenseits der Alpen größer wurden, machten sich die Augustiner-Eremiten auch hier ans Werk: Sie gründeten Augustiner-Klöster in *Münnerstadt* und *Windsheim*, in *Kulmbach*,
Pappenheim und *Königsberg* in den Haßbergen.

Der heilige Augustinus

Die Augustiner-Eremiten in Nürnberg

Leider erinnert in Nürnberg kein Klosterbau mehr an die überragende Bedeutung, die die Augustiner-Eremiten in der Reichsmetropole des Mittelalters hatten. Das Münster der Augustiner fiel im vorigen Jahrhundert der Industrialisierung zum Opfer. Nur noch Bilder halten die Erinnerung an den herrlichen hochgotischen Hallenchorraum fest. Die Wirkungen, die von den Nürnberger Augustinern auf ganz Franken ausgingen, sind bekannt. Unter dem Dache der Augustiner versammelte sich die Nürnberger Humanisten-Herrenrunde, dort pflog sie den Gedankenaustausch mit dem angesehenen *Johann von Staupitz*, dem berühmtesten Augustiner Deutschlands, dort begegnete sie Luther ...

Um die Mitte des 14. Jahrhunderts war das Nürnberger Kloster zu einer der bedeutendsten deutschen Niederlassungen herangewachsen. Nürnbergs Augustiner waren beliebt. Sie widmeten sich der Seelsorge und der Predigt. Die Nürnberger wurden zu Anführern der strengen Observanz.

1479 begannen sie mit dem Neubau ihrer Kirche. Sieben Jahre später wurde das Gotteshaus dem heiligen *Vitus* geweiht, jenem legendären Kindheiligen, der im 13. und 14. Jahrhundert unter die Vierzehn Nothelfer eingereiht worden war, dessen Legenden sich in der Erziehung so gut verwerten ließen wie nur wenige.

Gerade die Einfachheit der spätgotischen Kirche, die in den Abbildungen überliefert wird, beeindrucken und überzeugen. *Michael Wohlgemut* hat die kostbaren Altarblätter gemalt, die im Germanischen Nationalmuseum verwahrt werden.

Die Pflege der Gelehrsamkeit hatte unter Nürnbergs Augustinern Tradition, vor allem zur Zeit des aufblühenden Humanismus: *Martin Behaim*, *Regiomontanus*, *Hartmann Schedel*, *Willibald Pirkheimer*, *Christoph Scheuerl*, *Albrecht Dürer*, *Lazarus Spengler* verkehrten dort, die Patrizier *Ebner* und *Tucher* waren seine Pfleger.

In der Reformation wurde das Nürnberger Augustinerkloster säkularisiert.

Nürnbergs Augustiner zählen zu den intensivsten Vermittlern europäischen Bildungsgutes ins Fränkische, vor allem des Humanismus.

Die Nürnberger Augustiner hatten wiederholt *Martin Luther* zu Gast und – noch öfter – dessen Freund und Klostervorgesetzten, den Generalvikar des Eremitenordens, Johann von Staupitz. Zwischen 1512 und 1517 war Staupitz mehrfach in Nürnberg. Er führte die strenge Reformrichtung der Augustiner-Eremiten an. Geprägt von der Suche nach persönlicher Begegnung mit Gott durch mystische Versenkung, zugleich bemüht, eine übersteigerte, in die falsche Richtung gelenkte Frömmigkeit zu korrigieren, erregten seine

Predigten großes Aufsehen. Schon 1512 wandte er sich in einer Nürnberger Predigtreihe gegen die Werkgerechtigkeit. In seinen Adventspredigten von 1516 richtete er seinen Hauptangriff gegen ein falsch verstandenes Ablaßwesen; er kritisierte vor allem die Vorstellung, der Ablaß bedeutete Nachlaß der Sünden selbst. Das sei nicht so. Nur die zeitlichen Strafen könne man durch den Ablaß abgelten.

Sein Hauptthema war die alles verzeihende Barmherzigkeit Gottes. Die Augustinerkirche zu Nürnberg konnte die Hörer seiner Predigten kaum fassen.

Im Nürnberger Augustinerkloster traf sich ein Kreis kritischer, zeitbewußter Männer, eine prominente Vereinigung. Die gleichgesinnten Männer nannten sich „*Societas* (oder *Sodalitas*) *Staupitiana*". Sie alle waren der humanistischen Bildung zugetan. Hauptgegenstand ihrer Gespräche waren Gottes Barmherzigkeit, die Ablaßfrage, in der Staupitz die Meinung vertrat, daß der Mensch, der recht bereue, auch ohne Ablaß die Vergebung seiner Missetat erlangen könne, während der Ungläubige selbst mit der höchsten päpstlichen Begnadigung ohne herzliche Reue keine Verzeihung erlange. Die Religion war durch die Augustiner-Eremiten auch eine Angelegenheit der Gebildeten.

Aus der Societas Staupitiana wurde ab 1517 die „*Societas Augustiniana*" und nach mehreren Begegnungen mit Luther, der im Nürnberger Kloster einkehrte, wenn er in den Süden zu reisen hatte, die „*Societas Martiniana*".

Die Augustiner-Eremiten in Würzburg

Auch die zweite große Gründung der Augustiner-Eremiten in Franken, das Würzburger Augustinerkloster, ist zerstört. Die Bomben des zweiten Weltkrieges haben es vernichtet.

Bis ins Jahr 1262 reichen Würzburgs augustinische Wurzeln zurück. Einer der intensivsten Förderer der Augustiner-Eremiten in Rom, Kardinal *Richard Amnibalde*, hatte sie dem Bischof *Iringus* von Würzburg empfohlen. Denn auch in Würzburg brauchte man Ordensleute, die sich der städtischen Seelsorge und der in Mode kommenden Predigt annahmen.

Man ging in Würzburg nicht isoliert vor, sondern folgte dem *Regensburger* Beispiel. Als bald darauf *Münnerstadt* hinzukam, erlebten Würzburgs Augustiner-Eremiten eine Blütezeit, auch dank der engen Zusammenarbeit mit den Münnerstädter Kollegen. Dabei erwiesen sich die Würzburger vor allem in der Zeit, in der sie an Zulauf und Einfluß gewannen, als sehr reformfähig. Die mystische Theologie hielt bei ihnen Einzug. Namen wie *Hermann von Schildesche* und *Jordan von Sachsen* tauchen auf, ebenso *Heinrich von Friemar*.

Augustinerkloster Würzburg. Kupferstich von Angelus Höggmayr.

Magister Heinrich war lange in Paris als Lehrer tätig, Magister Hermann ebenso. Die mystisch-asketischen Schriften der beiden zählten zu den beliebtesten Erbauungsbüchern mittelalterlicher Mönche.

Auch in Würzburg unterhielten die Augustiner vielseitig gelehrte Kontakte. Die humanistischen Ideen, die aus Italien kamen, wurden willig aufgenommen und eifrig diskutiert. Zur Zeit der Reformation war das Augustinerkloster zu Würzburg anfangs ein wichtiger Mittler lutherischer Gedanken, geriet dann aber in eine tiefe Krise. Es dauerte lange, bis die Würzburger Augustiner-Eremiten, die dem neuen, päpstlichen gesonnenen Bischof die Treue hielten, aus ihrer Krise herausfanden. Erst nach dem Dreißigjährigen Krieg erlebte der Augustinerkonvent ein neues Aufblühen. Alsbald ließ die ganze Ordensprovinz ihren Nachwuchs in Würzburg ausbilden. Sogar über die Säkularisation von 1803 konnte der Orden hinweggerettet werden. Zu schaffen machte ihm allerdings immer wieder Nachwuchsmangel.

Die *Augustinerkirche* hat man schon 1824 niedergerissen, als der Augu-

317

stinerkonvent in das leerstehende *Dominikanerkloster* umzog. Schließlich vereinigte man 1818 die beiden Augustiner-Niederlassungen Würzburg und Münnerstadt. Nur ein einziger Pater verblieb noch in Würzburg. Nach dem ersten Weltkrieg erlebten die Würzburger Augustiner eine neue Blüte, nachdem 1895 eine bayerisch-deutsche Provinz gegründet worden war. Aus der Schreckensnacht des 16. März 1945, in der die dominikanische Augustinerkirche zerstört worden war, gingen die Würzburger Augustiner gestärkt hervor: heute bilden sie einen wichtigen Mittelpunkt des geistlichen und geistigen Lebens der mainfränkischen Bischofsstadt. Sie sind verantwortlich für die Studentenseelsorge, die Ostkirchenarbeit, die Unio Catholica. Knapp zwei Dutzend Klerikerprofessoren gehören dem Würzburger Konvent an.

Die Augustiner-Eremiten in Münnerstadt

1279 sind die ersten Augustiner-Eremiten nach Münnerstadt gekommen. Von der ersten Gründung ist heute kaum noch etwas zu sehen. Die Augustinerkirche stammt aus den Jahren 1751–1754, ein Barockbau, nach außen sehr einfach, wie es dem Selbstverständnis der Augustiner-Eremiten auch im 18. Jahrhundert noch entsprach, im Inneren freilich prunkvoll ausgestattet. Man muß nicht immer an den gewaltigen Riemenschneider-Altar in der Stadtkirche denken, wenn von Münnerstadt die Rede ist. Man kann sich auch der Augustiner-Eremiten erinnern und dessen, was die Augustiner auch in der Gegenwart noch leisten: Drei Internate unterhalten sie in Franken, eins davon in Münnerstadt, eine traditionsreiche Schule, untergebracht in den Klostergebäuden von einst. Ein Missionswerk der Augustiner ist fleißig tätig, über einhundert Augustinermönche wirken in Franken. Im Mittelpunkt ihrer praxis pietatis, ihres Frömmigkeitslebens, steht die Marienverehrung.

Die Augustiner-Eremiten in Windsheim

Im Jahre 1291 stiftete das Geschlecht der *Gailingen von Illesheim* den Windsheimern ein Augustiner-Eremitenkloster. In der Kirche sollte ihre Grablege untergebracht werden.

Man muß lange suchen, bis man in der verwinkelten alten Stadt die Reste der Kirche, des Konventsbaues, der Wohnhäuser, Gärten und Wirtschafts-

Augustinerkloster Münnerstadt. Kupferstich von Angelus Höggmayr.

anlagen findet. Wer sie betrachtet, den beeindrucken sie trotz all der Verstümmelungen, die ihnen die Menschen im Laufe der Jahrhunderte zugefügt haben.

Die Augustiner-Eremiten waren die einzigen, denen die Gründung eines Klosters in Windsheim gelungen ist. Andere Orden konnten sich nicht halten. Die Augustiner müssen etwas besonderes an sich gehabt haben.

Vom Kloster ist das Sakramentshäuschen erhalten, in die Wand eingebaut, baldachinbesetzt, mit Fischblasenmuster verziert: ein eigentümliches Werk.

Das Kloster muß zeitweilig sehr beliebt gewesen sein, denn aus dem 15. Jahrhundert sind zahlreiche Stiftungen von Leuten bekannt, die innerhalb der Klostermauern begraben sein wollten. Die Klagen gegen den Weltklerus wuchsen, die freilich über die Augustiner-Eremiten oft auch. Immer wieder machten auch ihnen korrupte Zustände zu schaffen. Freilich, sie ließen sich auch oft reformieren.

Die Reformation fand über das Kloster in Windsheim Eingang – wie auch in vielen anderen Städten. Die Augustiner-Eremiten hielten zusammen. Luther war einer ihrer Prominentesten.

319

Schon 1525 wurde das Kloster aufgelöst – längst hatte Luther die große Reform, die große Reform!, gefordert, die Auflösung der Klöster, die Bereitstellung ihrer Mittel für die Armenpflege und zur Besoldung der kirchlichen Kräfte.

Der gelehrte Orden der Augustiner-Eremiten hatte sich in Windsheim eine umfangreiche Bibliothek geschaffen. Noch heute sind 117 wertvolle Handschriften und Inkunabeln vorhanden, einige Werke darunter sind viel älter als das Windsheimer Kloster. Übrigens, aus dem Vermögen des säkularisierten Klosters finanzierte Windsheim viele Schüler und Studenten; mancher Windsheimer wurde als Stipendiat nach Wittenberg geschickt.

Die Augustiner-Eremiten in Kulmbach

Während Nürnberg, Würzburg, Münnerstadt zum thüringisch-sächsischen Ordensverband der Augustiner gehörten, war Kulmbach dem bayerischen zugeordnet. Dort wurde 1349 mit dem Bau eines Klosters begonnen – zu Füßen der *Plassenburg*, nahe dem Ufer des Weißmains. Die Markgrafen von *Brandenburg* haben ihre Gründung gut ausgestattet.

Auch den Kulmbacher Mönchen machten die *Hussiten* zu schaffen, die im oberfränkischen Raum heftig wüteten. Um 1430 wurde die Stadt Kulmbach und mit ihr das Kloster in Schutt und Asche gelegt. Man baute wieder auf und schuf zugleich einen stattlichen Kreuzgang. Sogar eine ansehnliche Bibliothek brachte man zusammen; 288 Handschriften enthielt sie. Der Katalog dokumentiert die intensive wissenschaftliche Betätigung der Ordensgemeinschaft von Kulmbach – ganz im Geiste der augustinischen Eremiten. Gegen Ende des 15. Jahrhunderts traten die Kulmbacher Augustiner der strengen Observanz bei.

Man vermutet, daß Luther auf seiner Reise zu Kardinal *Cajetan* nach Augsburg im Jahre 1518 beim Kulmbacher Konvent eingekehrt ist. Die Kulmbacher Augustiner schlossen sich alsbald dem Beispiel ihrer Nürnberger Mitbrüder an. 1528 amtierte in der Augustinerkirche zu Kulmbach ein von Luther eingesetzter Prediger.

Heute erinnert kaum noch ein Stein an das Augustinerkloster zu Kulmbach: der kulmbachische Markgraf *Albrecht Alcibiades*, der das leere Kloster unter seine Verwaltung genommen hatte, verursachte durch seine leichtsinnige Politik die Zerstörung auch des Klosters, als seine Feinde 1553 Kulmbach einnahmen und verwüsteten.

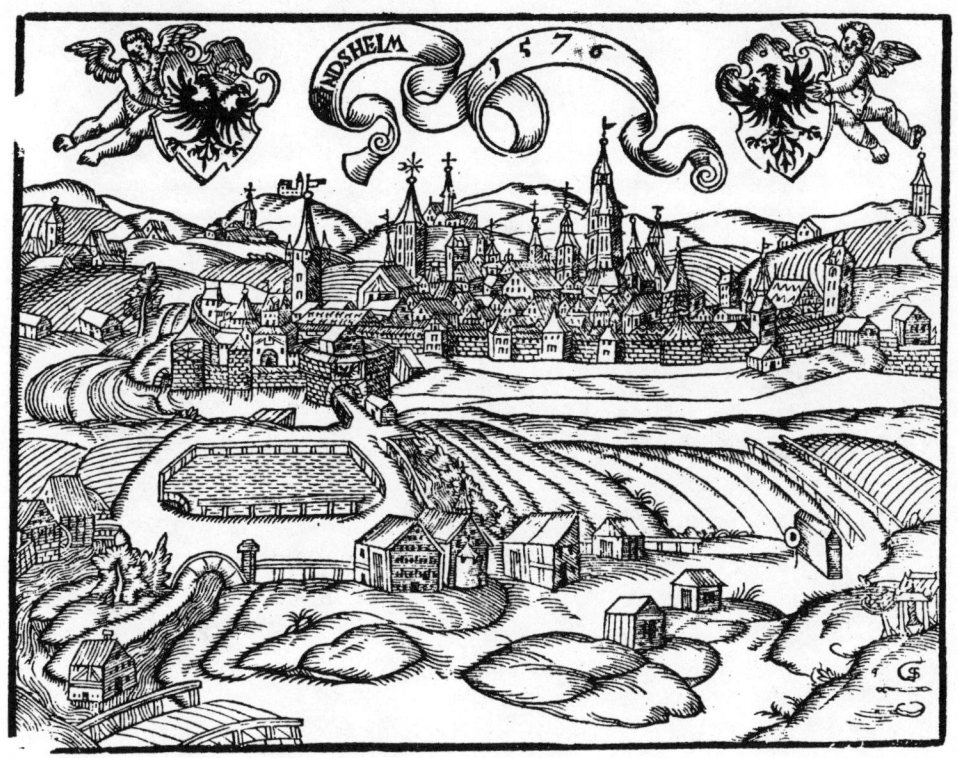

Windsheim. Kupferstich aus Sebastian Münster, Cosmographia. Basel 1550

Die Augustiner-Eremiten in Königsberg

Die Augustiner-Eremiten schienen oft die Kleinstädte bevorzugt zu haben, in denen es bis dahin nicht zu Klostergründungen gekommen war. Das gilt auch für Königsberg in den Haßbergen. Eine Witwe der sternbergischen Familie hatte dort 1363 ein Klösterchen für die Augustiner gestiftet. Die brandenburgische Markgräfin *Sofia*, in deren Diensten *Kunigunde von Sternberg* stand, unterstützte ihrerseits das junge Kloster. 1391 wurde die Klosterkirche fertiggestellt und geweiht. Sie ist – ganz der Mode der Zeit folgend – der Muttergottes zugeeignet. Es war ein Augustiner-Bischof, der die Weihe vornahm, *Johannes von Karlstadt*.

Von Anfang an erfreute sich das Königsberger Kloster der Unterstützung adeliger Damen. Vielleicht eiferten dieselben den Herren nach, die sich im nahen *Haßfurt* ein eigenes Adelszentrum geschaffen hatten, wenn auch nicht

321

Pappenheim

ein augustinisches. Jedenfalls stifteten die fränkischen Adelsdamen Jahr um Jahr dem Königsberger Kloster. Die Familie der *Truchseß von Wetzhausen* betrachtete das Königsberger Kloster als ihr Hauskloster und vermachte ihm viele Zuwendungen. Die Adelsdamen aber bildeten eine Art Dritten Orden um das Kloster herum.

Viele Pfarreien der Umgebung wurden von den Königsberger Augustinern versorgt. Man nimmt an, daß *Martin Luther* auf seiner Reise zum augustinischen Ordenskonvent nach Heidelberg 1518 in Königsberg eingekehrt ist und dort übernachtet hat. Die meisten Königsberger Mönche sympathisierten mit Luthers gläubigen Gedanken. Im Bauernkrieg räumten die Augustiner Königsberg für immer.

Bis vor kurzem bezeugte eine alte Steinmauer die Existenz dieses Klosters in Königsberg.

Die Augustiner-Eremiten in Pappenheim

So wie Windsheim hatte es Pappenheim nie geschafft, zu einem eigenen Kloster zu kommen. Erst den Augustiner-Eremiten gelang es. Ihre Schutzherren waren die reichsfreien *Grafen von Pappenheim*. 1372 gründeten dort die Augustiner ein Kloster. *Konrad von Breisach* hatte die adeligen Herren 1358 für die Gründung gewonnen. Er war Provinzial der rheinisch-schwäbischen Ordensregion. Franken war eben nie ein vollends geschlossener Raum. Und die Pappenheimer selbst hatten Besitzungen auch im Schwäbischen und im Rheinischen.

Die Mönche übernahmen den Gottesdienst auf der Schloßkirche.

Noch heute ist die Augustinerkirche ein verborgenes, kaum besuchtes Kleinod von hohem kunstgeschichtlichen Rang. Der gräflichen Familie diente die Klosterkirche über Jahrhunderte hinweg als Grablege.

Es fällt auf, daß über die Pappenheimer Klosterzucht nie Klage geführt wurde. Die Ausstattung des Klosters war günstig. Sie wurde von den Grafen treu und intensiv gefördert.

Beim Ausbruch der Reformation schwenkten die Pappenheimer Augustiner fast vollzählig auf Luther ein. Längst ehe die Stadt die Reformation annahm, verließen die Mönche die Klostergemeinschaft. Der Prior des Klosters nannte sich nur noch Verwalter. 1545 starb der letzte Konventuale. Das Kloster fiel an die Marschälle von Pappenheim zurück. Die Klosterverwaltung wurde von der protestantischen Ortsgeistlichkeit besorgt. Die als außergewöhnlich reich gerühmten Schätze des Augustinerklosters Pappenheim gingen im Laufe der Jahrhunderte verloren.

Umstrittene Bettelorden

Konrad von Megenberg

Im zweiten Jahrhundert ihres Bestehens in Deutschland gerieten die Bettel-orden in eine schwere Krise. Dem inneren Verfall entsprach eine massive äußere Anfeindung. Die *Mendikanten* wurden immer umstrittener. Einer der Wortführer der Gegner der vier Bettelorden war der weitgereiste, in seinen Urteilen besonders zeittypische *Regensburger* Domherr Konrad von Megen-berg (1309–1374), ein Sohn des niederen ritterschaftlichen Adels (vermut-lich aus *Mäbenberg* bei *Roth*), den seine Studien bis nach Paris geführt hatten, der dort lange Zeit Lehrer an der anglikanischen „Nation" war (die Studen-ten bezeichneten sich nach ihren Herkunftsländern), danach Leiter des Wiener Schulwesens und schließlich Domherr in Regensburg. Seiner hei-matlichen Reichsstadt *Nürnberg* blieb er lebenslang verbunden.

Als Pfarrer der Regensburger St. *Ulrichspfarrei* fühlte er sich als Sprecher aller Weltkleriker seiner Stadt. Leidenschaftlich schaltete er sich in den Streit mit den Seelsorgern und Predigern der Bettelorden ein. In Regensburg wie in Franken und andernorts ging es um das Privileg der Bettelmönche, Beichte zu hören und die Toten zu begraben, was die zuständigen Pfarrer um ihre Einnahmen bangen ließ. Der Streit nahm skandalartige Formen an. Die Streitenden schmähten sich nicht nur von den Kanzeln, sondern griffen sich handfest auf den Staßen und Plätzen an. Leichenbegängnisse arteten mitun-ter – nicht nur in Deutschland, sondern europaweit – zu Straßenschlachten aus.

Konrad ging mit seinen Anklagen grundsätzlich vor und bestritt das Ar-mutsideal überhaupt. Damit wurde er mit seiner Kritik zu einem Vorboten der reformatorischen Einwände. Er sagte, niemand könne – nach *Aristoteles* – ohne Besitz irdischer Güter vollkommen glücklich sein. Die Bedürfnis-losigkeit mache nur im Reichtum innerlich frei, die Armut dagegen mache habgierig. Weil auch die Armen irdische Güter brauchten, verschafften sie sich dieselben illegal: Erstens durch die Anmaßung der Einkünfte der regulä-ren Pfarrer; zweitens durch Bestechlichkeit bei Inquisitionsverfahren; drittens durch den Bettel. Und es bettelten ja nicht nur die Mönche selbst, sondern auch viele, den Orden angeschlossene Laiengemeinschaften, Begar-den, Beginen, Lollarden und andere, meist Bauern und Handwerker, die die Kutte überstülpten und von der Arbeit wegliefen. Das aber führte zu volks-wirtschaftlichen Konsequenzen, die Konrad nicht billigen mochte: So würden den Blinden, Lahmen, Hinfälligen die Almosen weggenommen, die sie bitter nötig brauchten, in Stadt und Land fehlten die Arbeitskräfte; es käme zu Teuerung und Hungersnot. Das alles illustrierte Konrad ebenso beredt wie plastisch. Dazu warf er den Mendikanten, insbesondere den Beginen, Sittenverwilderung vor, die er aus eigener Anschauung drastisch schilderte. Für seine Reformvorschläge fand er freilich keine offenen Ohren – jedenfalls bei denen nicht, die zu entscheiden hatten. Was er forderte, lief zwar nicht auf eine Säkularisierung des Klosterwesens hinaus, wohl aber auf eine innermonastische Reform.

Der Reformation selbst gingen Konrads Vorstellungen nicht mehr weit genug. Konrad verlangte die Rückführung der Bettelorden zu den alten Orden – die Vereinigung der Franziskaner mit den Zisterziensern, der Dominikaner mit den Benediktinern, der Augustiner-Eremiten mit den Augustiner-Chorherren und der Karmeliter mit dem Prämonstratensern. Die Begarden und Beginen aber sollten den Städten unterstellt und zur Arbeit gezwungen werden. Letztlich hinge alles von der Einstellung des Papstes ab, den er vergeblich zum Einschreiten aufforderte.

Daß man seine Ideen nicht aufgriff, sondern ihn mit seinen Reformvorstellungen überging, hielt er für eine Strafe des Himmels. – Mehr zeitgenössischer Weitblick, mithin Veränderungsbereitschaft bei denen, um die es ging, wie bei denen, die verantwortlich waren, hätte die Katastrophe eineinhalb Jahrhunderte später vermeidbar gemacht.

Die Augustinerinnen

Marienstein bei Rebdorf

Eine Ausprägung augustinischen Geistes eigener Art erlebte die fränkische Diözese *Eichstätt*. Dort kam es zur Gründung einiger Frauen-Ordensgemeinschaften der Augustiner.

Ganz nahe bei Rebdorf, wo die Augustiner-Chorherren vom Bischof zur Reform des Domklerus ihr Stift hatten, entstand eine der letzten mittelalterlichen Kloster-Gründungen im Fränkischen: das Augustinerinnen-Kloster Marienstein. Heute ist am Wasser der Altmühl, inmitten einer sanft gewellten Landschaft, wiederum zu Füßen der Willibaldsburg, die alles überragt, nur noch wenig von der alten Klostermauer zu sehen.

Das Augustiner-Chorherrenstift zu Rebdorf hat sich besser erhalten. Die Nähe des alten Priesterstiftes zu den Augustinerinnen ist wohlbegründet: Der junge Frauenorden lebte nach der Regel, die man dem großen Kirchenvater zuschrieb, verschärft um ein streng klösterliches Ordensverständnis.

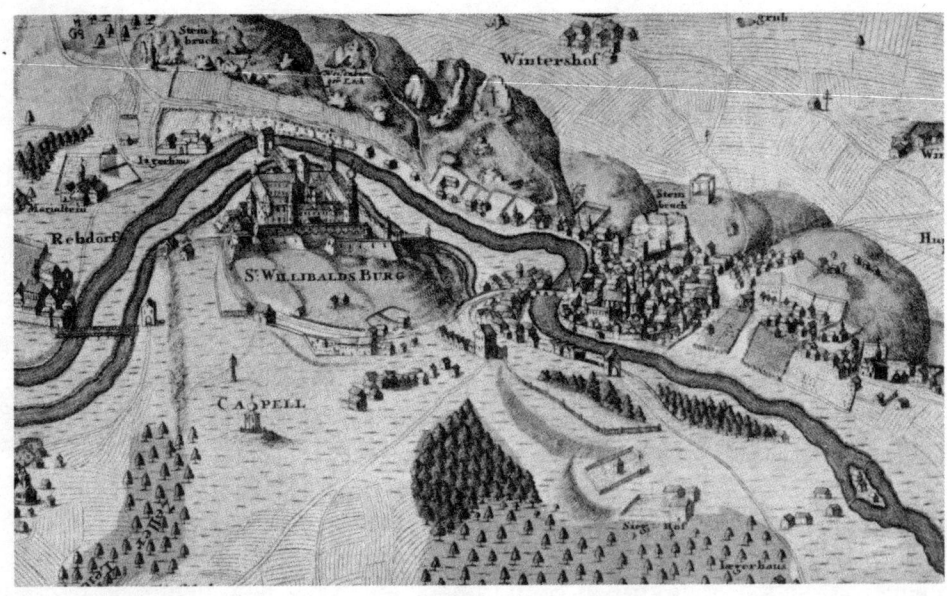

Lageplan der Stadt Eichstätt mit dem Kloster Marienstein (Mariastein) bei Rebdorf.
Ausschnitt aus Homanns Atlas (um 1735)

Von der Gründung der Augustinerinnen ist wenig übrig geblieben. Nur noch das kleine Kirchlein ist zu sehen, der Bau der Klostervorsteherin, das Priorat, und eines der Wirtschaftshäuser.

Die Eichstätter Bürgerstochter *Walburga Eichhorn* hatte das Kloster Marienstein nach 1460 gestiftet, sie war auch die erste Priorin. Dem fränkischen Adel und dem nürnbergischen sowie augsburgischen Patriziat entstammten ihre Nachfolgerinnen: *Seckendorff*, *Schenk von Geyern* und *Khevenhüll bei Berching* hießen sie, *Welser* und *Imhoff*.

Königshofen an der Heide

Die schönste Kirche, die an die Augustinerinnen erinnert, steht in Königshofen an der Heide. Sie ist aus einer früheren Klausnerei hervorgegangen und seit der Reformation Pfarrkirche der dortigen Gemeinde. Die Kirche ist allerdings älter als das verhältnismäßig kleine Augustinerinnenkloster.

Bereits die Bauernkriege hatten das Kloster arg zugerichtet, der Dreißigjährige Krieg dann noch viel mehr. Einen besonderen Kult gab es in Königshofen nicht. Die späte Gründung ist fast in Vergessenheit geraten. Nur die das Dorf und die Heidelandschaft überragende Kirche läßt vermuten, daß hier einmal ein starker gestaltender Wille am Werke war.

Auch das Königshofener Frauenkloster dankt seine Gründung dem Stiftungseifer Bischof *Wilhelms von Eichstätt*. Der Kirchenfürst nutzte den Emanzipationswillen der Damen im südlichen Franken. 1478 soll die Klausnerei Königshofen in ein Frauenkloster umgewandelt worden sein.

Die Wallfahrtskirche zu *Unserer Lieben Frauen* – welch ein typisch gotischer Name! – hatte enormen Zulauf. Man merkt es den Maßen an, in denen sie erstellt wurde. Sie stammt vermutlich aus der zweiten Hälfte des 14. Jahrhunderts, ist also gut ein Jahrhundert älter als das Kloster. Schade, daß im 19. Jahrhundert der nördliche der beiden Türme, die aus den Chorwinkeln in die Höhe wuchsen, abgetragen worden ist. Der fränkische Adel hat sich auch hier in den Grabmälern eines *Hans von Seckendorff*, einer Frau *von Eyb* und eines fast freiplastischen Ritters ohne Inschrift beachtenswerte Denkmäler geschaffen. Am bewegendsten ist das uralte Bildnis Mariens in der ehemaligen Wallfahrtskirche, eine erstaunliche fränkische Arbeit aus dem 14. Jahrhundert. Man kann froh sein, daß sie dem Wüten der Bauern nicht zum Opfer gefallen ist, die 1525 alles kurz und klein schlugen, und auch froh, daß sie den großen Brand überstanden hat, von dem man heute noch in Königshofen erzählt, den Brand von 1632, als 700 Kroaten das Dorf überfielen und blutige Rache nahmen. Die Königshofener hatten es sich nämlich nicht gefallen lassen, daß die hungrigen Kroaten, die 1632 auf Wallensteins Seite dem Schwedenkönig Gustav Adolf Widerstand leisteten, 160 Stück Vieh wegtrieben. Als ein kleiner Trupp wiederkam, verjagten ihn die Einwohner und erschlugen zwei Soldaten. Nun fielen die Kroaten mit sieben Hundertschaften über das Dorf her. Die Königshofener nahmen Zuflucht in ihrer Kirche. Als sie nicht öffneten, steckten die Kroaten sie in Brand. Das Feuer fand reichlich Nahrung: Schmalz, Unschlitt, Bettzeug, Truhen und anderes, was die Bauern in ihr riesiges Gotteshaus mitgeschleppt hatten, brannte lichterloh. Die Menschen flüchteten in den Turm. Für einhundertdreißig hatte er Platz. Einige sprangen aus den Turm, der Pfarrer ließ sich am Glockenseil herunter. Alle kamen ums Leben. Nur eine Magd konnte sich retten. Ihre weiten Röcke sollen wie ein Fallschirm gewirkt haben.

Es dauerte noch lange nach dem Dreißigjährigen Krieg, bis die gewaltige Klosterkirche wieder aufgebaut war. Aus eigener Kraft konnte Königshofen es sich nicht leisten und das nahe Bechhofen war auch zu arm, denn damals kannte man die heute dort angesiedelte Pinselindustrie noch nicht. Da machten sich zwei Männer aus der Gemeinde auf und sammelten für den Königshofener Kirchbau in Schweden und in Holland. Aus den Erträgen einer europäischen Kollekte – kirchliche Marshallplanhilfe im 17. Jahrhundert! – wurde Königshofen wieder aufgebaut. Und zwar von Menschen, die ebenfalls von weit hergekommen waren, von österreichischen Exulanten, die der Ansbacher Landesherr hier angesiedelt hatte.

Marienburg bei Abenberg

„Die Grafentochter Stilla von Abenberg pflegte wie eine liebreiche Mutter die Kranken und nahm sich der Armen an; verschwiegen und ohne viele Worte. Als äußeres Zeichen ihrer Frömmigkeit ließ sie gegenüber dem Schloß ihrer Väter ein Kirchlein, St. Peter, erbauen. Dort wolle sie begraben werden, bestimmte sie. Denn als sie vom Söller der Burg ihr Tüchlein flattern ließ, trug es der Wind hinüber zum Peterskirchlein. Nach ihrem Tod wollten ihre Brüder sie im Erbbegängnis der Abenberger Grafen, in der Klosterkirche von Heilsbronn, beisetzen. Nach dem Trauergottesdienst in der Abenberger Burgkirche spannte man zwei Ochsen an das Gefährt, das die Leiche nach Heilsbronn bringen sollte. Aber trotz Peitschenknalls und Scheltens ließ sich das Fahrzeug nicht bewegen, obwohl die Ochsen kräftig anzogen. Da befahl der Graf den Knechten, das Leitseil aus der Hand zu lassen. Die Ochsen zogen an und der Wagen bewegte sich ohne Mühe auf das Peterskirchlein zu. Da erkannte man den Willen der Verstorbenen und be-

stattete den Leichnam in der Nähe des Altars der Kirche, die Stilla gestiftet".
– Das war im 12. Jahrhundert.

So erzählt *Wilhelm Malter* in seinem Rangau-Buch „frei nach Franz Bauer"
die Legende der *Stilla von Abenberg*. Ob sie eines der sagenhaften 38
Geschwister – der 30 Söhne und 8 Töchter! – des Grafen *Babo von Aben-
berg* war, der im Weltenburger Nekrolog vorkommt, ist nicht zu belegen.
Jedenfalls haben die Töchter der Grafen von Abenberg, die später von den
Hohenzollern beerbt wurden, auch in der Frömmigkeitsgeschichte ihren
Platz, obzwar es lange gedauert hat, bis er ihnen offiziell eingeräumt wurde:
erst 1927 wurde Stilla vom Papst als Selige anerkannt.

Selten wurde eine Heilige in einem Heimatort so fleißig verehrt wie die
Selige Stilla in Abenberg, staunt Malter und weist daraufhin, daß viele Aben-
bergerinnen heute noch Stilla heißen – und nicht nur Abenbergerinnen.
Stilla zählt zur Namensprominenz der ganzen Diözese *Eichstätt*.

Drei Jahrhunderte nach dem Tod der seligen Stilla, 1482, ließ Bischof
Wilhelm von Reichenau – vermutlich zur Pflege der Stilla-Verehrung – das
Augustinerinnen-Kloster Marienburg errichten, ein Zweigkloster von
Marienstein. Auch 1491 wird als Gründungsjahr genannt. Die Reformation
machte dem Kloster schwer zu schaffen: 1562 war es fast vollständig verlassen. Aber der Stillakult ging weiter. Und in der Zeit der Gegenreform blühte
auch das Kloster wieder auf.

Stolz und doch zurückhaltend wirkt Marienburg, wenn man auf Abenberg zufährt: Und diese demütig-selbstbewußte Haltung, die aus den Gebäuden und ihrer Lage spricht, ist bezeichnend auch für die Haltung der
Menschen, die in Marienburg noch heute arbeiten, nachdem in den zwanziger Jahren dieses Jahrhunderts in Abenberg eine große Renaissance der
Pflegetätigkeit begonnen hat, ins Leben gerufen durch den Stadtpfarrer und
späteren Prälaten *Johann Baptist Sperber*, der auch die Seligsprechung der
Stilla von Abenberg erfolgreich betrieben hat. Daß der Aufbau des Kranken-
hauses, Altenheimes und Klosters von den Vereinigten Staaten aus finanziert
wurde und die *„Kongregation von der Schmerzhaften Mutter"* heute in vielen
Ländern Niederlassungen unterhält, vor allem in den Vereinigten Staaten, ist
einiges Nachdenken wert: Franken ist bis heute europäische Landschaft geblieben; auch auf das katholische Franken, sogar auf das Minderheiten-Mit-
telfranken, trifft dies zu.

Bleib stehen vor der Deckplatte des Grabes der seligen Stilla! Mit langem,
gegürtetem Kleid, weit herabhängenden Ärmeln und einem Kirchenmodell
wird sie auf dem Relief aus dem 13. Jahrhundert dargestellt. Harmonie geht
von den Linien aus, die hier in Stein gemeißelt sind. Sie erinnern an die
Harmonie, die ein Leben findet und die ein Leben stiftet, das aus Glauben
handelt. Diese Harmonie zieht sich durch die Jahrhunderte wie durch die
Landschaft um die Marienburg gegenüber Abenberg.

Der Birgittenorden

Gnadenberg bei Altdorf

Wer auf der Autobahn von Nürnberg nach Regensburg fährt, entdeckt bald hinter Altdorf zur Linken über dem Tal der *Schwarzach* das selten schöne Gemäuer einer Kirchenruine. Es lohnt sich, einen Abstecher nach Gnadenberg zu machen. Dort stand einst im späten Mittelalter ein großartiges, in Franken einmaliges Kloster. Die imponierenden Ausmaße des Ruinengemäuers von 70 Meter Länge und 37 Metern Breite dokumentieren noch heute die Größe der Kirche. Heute wachsen Obstbäume, wo einst das Gestühl für die Beter stand. Das reich gegliederte gotische Maßwerk der hohen und außergewöhnlich breiten Fenster verdient lange Betrachtung. Drei Bögen umfassen die großen Fensterwölbungen jeweils. In einer Ecke der Anlage ist noch eine steinerne Wendeltreppe sichtbar. An der Südostwand erinnert der wappenverzierte Marmorgrabstein an den Ritter *Martin von Wildenstein*, einem der Wohltäter des Klosters. Sein Relief ist in Lebensgröße dargestellt, in der linken Hand hält der Ritter das Schwert, in der rechten das Familienwappen, zu seinen Füßen die Ahnenwappen der *Egloffstein*, der *Absberg* und *Bopfingen*.

1426 stiftete der Pfalzgraf *Johann I. von Neumarkt* dieses älteste Birgittenkloster Süddeutschlands, das nach den Vorstellungen der heiligen *Birgitta von Schweden* (1302–1373) als Doppelkloster errichtet wurde. 1430 wurde es mit Mönchen und 1435 mit Nonnen besiedelt, die aus dem dänischen *Maribo* kamen und nach den Regeln der Birgitta leben wollten.

Eine andere Schwedin, die dem wittelbachischen Pfalzgrafen vermählt war, rief Mönche und Nonnen aus ihrem Land ins Fränkische, wo sie ihnen zur Erinnerung an die verehrte Heilige das Kloster Gnadenberg stiftete. Die Urkunde vom 3. Februar 1426 trägt den Namen des Pfalzgrafen Johann I. von Neumarkt und seiner Gattin *Katharina*. 1451 begann man mit dem Bau; es dauerte lange, bis er fertiggestellt war: 1483 erst wurde er geweiht.

Auch in Gnadenberg hatten sich Nürnberger Patrizier seßhaft gemacht, vornehmlich die Fürers. Sie stellten auch eine Äbtissin, *Barbara Fürer*, die von 1511 bis 1518 die riesige Klosterkirche einwölben ließ – eine Maßnahme, die von der Fürer-Familie bezahlt wurde. *Albrecht Dürer* erstellte für das Kirchendach ein Architektengutachten.

Gnadenberg bei Altdorf

Zu einer speziellen Eigentümlichkeit des Birgitten-Ordens zählt der Wille der Stifterin, grundsätzlich nur Doppelklöster mit Mönchen und Nonnen einzurichten, wobei die Leitung immer in der Hand der Äbtissin liegt. So entschied die herrschaftsbewußte Gutsherrin aus Schweden, die mit Eifer und Erfolg in den Lauf der Geschichte eingriff, auf ihre Weise das alte Ringen der Geschlechter um den Vorrang.

Im Schwäbischen entstanden übrigens zwei Birgitten-Klöster; 1472 wurde ein erstes in *Maihingen* am Rande des Rieses gegründet, 1492 kam es zu einer ähnlichen Gründung in *Altomünster*, wo die Birgitten eine alte Benediktinerinnen-Abtei übernahmen. Altomünster hat zur Zeit das einzige Birgitten-Kloster Deutschlands.

Birgitta, die schwedische Kirchenreformerin

Noch heute erinnert das Birgitten-Kloster zwischen Neumarkt und Altdorf an die Ausstrahlung, die längst vor dem Dreißigjährigen Krieg von Schweden aus ins Fränkische hineinwirkte. Sie ist mit dem Namen der schwedi-

*Die heilige Birgitta
von Schweden,
nach einem Stich
aus dem 19. Jh.*

schen Aristokratin Birgitta verbunden. Bis in die Gegenwart verehren die
lutherischen Schweden diese ungewöhnliche Frau. Birgitta ist für sie, was
Jean d'Arc den Franzosen bedeutet. In *Finstad* bei *Uppsala* wurde Birgitta
1302 geboren. Mit elf Jahren verlor sie die Mutter. Sie wurde vierzehnjährig
einem der schwedischen Wechselkönige angetraut, dem sie nacheinander
acht Kinder gebar. Danach scheint es der unternehmungslustigen, frommen
Schwedin an der Zeit gewesen zu sein, eine Wallfahrt anzutreten – und zwar
an den gefragtesten Wallfahrtsort jener Zeit, nach *Santiago de Compostella*
(1341–1343). Birgitta empfand sich – ganz im mystischen Stil ihrer Tage –
als Braut Christi, hatte Visionen und fühlte den Ruf zur Gründung eines
Klosters. Um sicher zu gehen, holte sie die päpstliche Genehmigung zur Stiftung eines eigenen Ordens. 1346 erhielt sie das Königsgut *Vadstena* am
Vätternsee, wo sie das erste Doppelkloster gründete. Die letzten 24 Jahre
ihres Lebens lebte sie in Italien, brach auch nochmals 1372 zu einer Wallfahrt ins Heilige Land auf, doch starb sie 1373 in Rom. Ihr Beichtvater und
ihre Tochter *Katharina*, die ihr religiöses Erbe antrat, waren bei ihr. Der
Leichnam wurde wie im Triumphzug von Rom nach Vadstena überführt:
Der beginnende Heiligenkult zeigte sich an. Im Birgitten-Orden lebt die
Gründerin weiter. Katharina verwirklichte die Siftung, Papst *Urban V.* hatte
in der Bulle vom Jahre 1370 die Klosterregel genehmigt, die der Ordnung der
Zisterzienserinnen nachgebildet war und in der neue und alte Ideen miteinander stritten. Birgitta vertrat zum Beispiel den Grundsatz der Armut. Dabei
sollte jedes Mitglied des Ordens eine Pfründe mitbringen, aus deren Erträg-
nissen es leben konnte. Diese sollte bei deren Tod an die nächste eintretende
Person übergeben werden. Diese Idee ließ man fallen, denn es wäre eine Be-

günstigung der Reichen gewesen. Das Klosterkollektiv allerdings wurde durch diese Entscheidung um so reicher. Birgittas radikale Ideen wurden sehr schnell abgeschliffen.

Birgitta zählt zu den großen Gestalten der schwedischen Nationalgeschichte und der europäischen Kirchengeschichte. Nach dem Tod ihres Gatten 1344 setzte sie sich für die Herstellung des Friedens zwischen den Königen Europas ein, betrieb – wie *Katharina von Siena* – die Rückkehr des Papstes von Avignon nach Rom und forderte die Besserung des Lebenswandels von Bischöfen und Priestern. Auch aus dieser Quelle schöpfte sie die Idee für die Errichtung zweier Klöster in Vadstena, eines Nonnenklosters und eines für Priesterbrüder (entsprechend den *Prämonstratensern*). In Rom richtete sie eine Anlaufstelle für die Pilger aus dem Norden ein, um ihnen das Sakrament der Buße in ihrer Muttersprache zu ermöglichen.

In Birgittas schwedischer Klostergründung kündet sich ein früher Protest gegen einen verweltlichten Klerus ebenso an wie gegen eine verweltlichte Gesellschaft.

Birgitta war noch zu Lebzeiten zu einer sehr volkstümlichen Gestalt geworden – dank ihrer weitreichenden Verbindungen in der ganzen europäischen Christenheit. Die vielfältigen Aufzeichnungen, die sie hinterließ, garantierten nachhaltige Wirkungen. Ihre Offenbarungen und Visionen wurden noch im 18. Jahrhundert als christliches Erbauungsbuch verbreitet.

Brigid von Kildare

Der eigentliche Ursprung des weiblichen Klosterwesens Westeuropas liegt in Irland. Brigid von Kildare hat die Gleichberechtigung in der Askese erkämpft. Den Iren erscheint Brigid so groß, weil sie in einer Zeit des unantastbaren männlichen Prestiges den Frauen zur Ebenbürtigkeit verhalf. Es ist anzunehmen, daß die fromme Schwedin Birgitta ihren Namen der kämpferischen Irin verdankt. In der Mitte des 5. Jahrhunderts war die Tochter des Keltenadeligen aus der Familientradition ausgebrochen, hatte sich selbständig gemacht – und damit ihrem Namen zu neuer Ehre verholfen: der heißt aus dem Alt-Irischen übersetzt „die Hohe". Jung, schön und kultiviert soll sie gewesen sein, eine „glänzende Partie". Aber sie verkroch sich im Jahre 467 unter dem Wurzelwerk einer stattlichen Eiche, um durchzusetzen, daß sie ein eigenes Frauenkloster gründen konnte. Von da an wirkte sie weit über Irland und weit über die Jahrhunderte hinaus. Ihre größte Leistung: sie hat als erste Frau und auf sehr weibliche Weise zum inneren Wandel des Zusammenlebens der Geschlechter beigetragen – auf ihrer Insel unmittelbar, mit indirekten Wirkungen bis nach Franken hinein. Sie lehnte die Lebensordnung, aus der sie hervorgegangen war, nicht ab, sondern schuf ein neues Netz der Beziehungen im Vorhandenen. 523 ist sie gestorben. Neben *Patrick, Comgall, Kolumban, Gallus* und anderen zählt sie zu den großen christlichen Erweckern, die aus Irland kamen. Auf ihrem Grab soll man eine Flamme entzündet haben, von der behauptet wird, sie sei tausend Jahre nicht erloschen. Die Eiche, in der sie ihre erste Unterkunft hatte, war – ganz im Stile früherer heidnischer Heiligtümer – zu einem heiligen Baum geworden.

Der Nimbus von Sankt Brigiden drang weit nach Westeuropa hinein. In Wien nannte man einen Stadtteil nach ihr – *Brigitenau*; im Rheinfränkischen kam es im Mittelalter zu einem wahren Brigiden-Kult; und im Fränkischen entstand, aktiviert durch Schweden, das schöne *Birgittenkloster* bei Nürnberg.

Iren waren es, die die ersten Doppelklöster gründeten – ihrem Muster folgten alsbald die Benediktiner.

Brigid von Irland – die Gründerin der ersten religiösen Frauenbewegung.

X
Die Jesuiten

Der Zeitzusammenhang

Die Reformation, in Deutschland entstanden, war eine vornehmlich von Franken mitgetragene Bewegung mit europäischen, transatlantischen, internationalen Wirkungen. Auch durch sie haben Franken auf Europa und in die ganze Welt Wirkungen erzielt. Die Gegenreformation und die Erneuerung der katholischen Kirche in Franken hingegen ist eine außerhalb Frankens entstandene, nach Franken gerufene, dorthin eingedrungene Bewegung von europäischem, insbesondere südeuropäischem Zuschnitt.

Merkwürdig ist es schon: ein Mönch machte dem herkömmlichen Mönchtum, das nicht mehr die Kraft zur Veränderung und eigenen Anpassung aufbrachte, ein Ende, Martin Luther; aus dem Mönchtum kam das Ende des Mönchtums. Und ein anderer, der um die gleiche Zeit zum Mönch wurde, schaffte seine Erneuerung.

Ignatius von Loyola, wurde der eigentliche Antipode des evangelischen Augustiner-Eremiten, wenigstens in Sachen Mönchtum.

Ignatius von Loyola, der Ordensgründer

Ignatius enstammte einem alten nordspanischen, genauer: baskischen, Adelsgeschlecht. Als jüngstes von vielen Geschwistern wurde er 1491 geboren; er war acht Jahre jünger als Luther. Er wurde zu ritterlicher Lebensführung erzogen und kam deshalb 1506 als Page an den Hof des spanischen Königs *Ferdinand II.* Im Jahre 1518 wurde er spanischer Offizier. Bei der Verteidigung der Festung Pamplona erlitt er 1521 eine schwere Verwundung. Auf dem Krankenlager las er in Ermangelung seiner bevorzugten Ritterromane zwei Bücher, eins über das Leben Christi und eins über das Leben der Heiligen, die *Legenda aurea*, denn mehr Bücher gab es auf Schloß Loyola nicht.

Für den jungen Offizier, dessen Karriere zerbrochen war, begann eine Zeit heftigen inneren Ringens. *Iñigo López de Loyola* lernte die Kraft der Selbstbeherrschung kennen. Die Bücher und eine Marienvision änderten sein inneres Leben. Vom weltlichen Ritter wurde er zum Ritter Christi, zunächst ein etwas eigenwilliger, nicht ganz ernsthaft anmutender Büßer, der sich rücksichtslos kasteite und nicht mehr wegzubringen war von seinen Ritterwachen am Marienbildnis auf dem *Montserrat*, Pilgertracht anlegte, Waffenweihen vollzog. Er fand keine Ruhe, bis er als Bettler von Juni 1523 bis Januar 1524 ins Heilige Land pilgerte. Die Erkenntnis, daß er vor dem Missionieren studieren müsse, ließ ihn nach Barcelona zurückkehren.

Hier schrieb er sich seine geistlichen Erfahrungen vom Herzen, um anderen zu helfen. Zuerst wollte der leidenschaftliche Mann ein Held werden, jetzt wollte er es zum Heiligen bringen.

Loyola war konsequent. Als er seine Bildungslücken erkannte, unterwarf er sich, durch und durch ein Mann des Willens, der Leidenschaft und der Ordnung, einem geordneten Studium. Er fing es 1524 in Barcelona an, indem er als Dreiunddreißigjähriger die Lateinschule besuchte. Ein paar Jahre danach studierte er an den Universitäten *Alcalá* und *Salamanca* in der scholastischen Bildungstradition seiner Zeit die schönen Künste. Als die Inquisition hinter ihm her war, weil er es nicht lassen konnte schon in diesem Stadium seiner Ausbildung sich in der Seelsorgerpraxis zu üben, was ihn als „*Alumbrado*" (häresieverdächtigen religiösen Schwärmer) zweimal ins Gefängnis brachte, wich er nach Paris aus, um dort mit dem Theologiestudium abzuschließen. Von den Auseinandersetzungen um Luther hatte er bis dahin wenig gemerkt.

Eine Persönlichkeit von derartigem Zuschnitt mußte Anhänger finden. 1534 war es so weit. Inzwischen hat Iñigo als Verehrer des heiligen *Ignatius von Antiochien* seinen Namen in Ignatius umgewandelt. Am 15. August 1534 legt er mit sechs Freunden in der Marienkirche des *Montmartre* (damals außerhalb von Paris) das Gelübde der Armut und der Keuschheit ab.

Der ehemalige Offizier gründete eine „*Compania de Jesus*", lateinisch *Societas Jesu (SJ)*. Die Idee eines christlichen Rittertums schwebte ihm vor. Absoluten Gehorsam, wenn es sein muß, Kadavergehorsam, fordert Ignatius. Auch das ist soldatisch an seinem Konzept.

Christus, der König und Helfer, ist die eine Antriebskraft; Christus, der Gekreuzigte, der zur kämpfenden und dienenden Nachfolge verpflichtet, die andere. – In einer Zeit des Umbruchs brauchen die Menschen Anleitung zur Sicherheit. Dies soll die Seelsorge leisten. Die Gewinnung des Einzelnen war ihm zunächst das große Anliegen – ein ganz neuer Akzent im Kirchlichen Wirken jener Zeit.

Wiederholte Änderungen der Ordensregel führten schließlich zu einem fünffachen Gelübde, nämlich dem der Armut, der Keuschheit, der Verpflichtung auf den Katechismusunterricht und des strikten Gehorsams gegenüber dem Papst und dem Ordensoberen.

Ausgerechnet in einer Zeit des großen Streites um das Oberhaupt der westlichen Kirche findet sich eine Gruppe von Männern, die ohne jede Einschränkung deren Oberhaupt bejaht und sich ihm unterstellt! Dies ist das neue mönchische Ideal. Es wird die Stärke und treibende Kraft des neuen Ordens. Die geregelte Gebetzeit, die Ordenstracht und das streng reglementierte Gemeinschaftsleben können vernachlässigt werden. Bis zu seinem Tode arbeitete Ignatius von Loyola an den Ordensregeln, den *Constitutiones*.

Der Orden breitete sich wie im Sturmschritt aus. Zu Beginn des 17. Jahrhunderts waren die Jesuiten in sämtlichen katholischen Ländern Europas tätig, dazu in Asien, Afrika, Südamerika, Ignatius nahm auch die Chancen war, die die Entdeckung neuer Kontinente eröffnete. Drei Generationen nach der Gründung zählte der Orden dreizehntausend Mitglieder.

Der Schwerpunkt der Arbeit verlagerte sich zunehmend auf den gelehrten Unterricht (der Katechismus ist ja eines der Gründungselemente des Ordens), auf den kirchlichen Elementarunterricht und auf die Sozialarbeit.

Ungeachtet der vielerlei Schwierigkeiten, auch des Widerstandes, den der neue Orden zum Beispiel in Köln beim Erzbischof, an der Universität und beim Rat der Stadt zu überwinden hatte, wo viele reformatorisch gesinnt waren, erkämpften sie sich die Lehrstühle, die Seelsorgepositionen, die Druckereien. Dieser Kampf machte sie stark. Ihr Hauptinteresse galt der Heranbildung des geistlichen Nachwuchses. Vom rheinfränkischen *Köln* dehnte sich die katholische Erneuerungsbewegung über das katholische Deutschland aus und führte zur Gründung neuer Kollegien in *Trier*, *Mainz*, *Verdun*, *Speyer*, *Koblenz*, *Paderborn* – und auch in *Würzburg*, im Herzen Frankens. Dem Orden zur Seite standen die *marianischen Sodalitäten*, *Mariengesellschaften*, aus denen der Orden seine Novizen rekrutierte; schließlich wurden *marianische Kongregationen* gegründet, *Laiengesellschaften*, die den Orden umgaben, oft auch absicherten.

Die Jesuiten in Deutschland nahmen einen derartigen Aufschwung, daß 1573 in Rom eine Zentralstelle für die deutschen Angelegenheiten eingerichtet werden mußte. *Gregor XIII.* gründet die *Congregatio Germanica*, dem das *Collegium Germanicum* angegliedert wurde – bis heute die große Prälatenschule der katholischen Kirche für Deutschland.

Seit der Gründung des Collegium Germanicum in Rom waren die geistlichen Führer der katholischen Kirche auch aus Franken dort geschult worden, vorzüglich geschult. Eine der letzten zeitgenössischen und eindrucksvollsten Gestalten, die ihre entscheidende Prägung dort empfangen hat, war *Julius* Kardinal *Döpfner*. Es ist ein eigener Geist, den die Schüler des Ignatius von Loyola verbreitet haben; fast jeder hat in seinem Leben die tiefe Wandlung durchmachen müssen, die der Ordensgründer durchlitten hat –

vom ichbezogenen Fanatiker zum einsichtigen, gütigen, demütig-beherrsch-ten Heiligen.

Der Jesuitenorden war von Anfang an umstritten. Seine Geschichte war oft auch eine Leidensgeschichte. Der Zweck heilige die Mittel: diese ethisch höchst fragwürdige Devise wurde dem Orden als Verhaltensmotto immer schon nachgesagt. Man sollte auch das andere Motto hören, das wichtiger ist: „Nie durfte später ein Jesuit Mitglied eines Inquisitionsgerichtes sein“. Denn nicht unterdrücken wollten die Jesuiten, sondern überzeugen – und zwar durch die Kraft ihres persönlichen Beispiels.

Franken ist dieser Geist nicht schlecht bekommen, nicht einmal dem pro-testantischen Franken: er war ihm eher eine Herausforderung, seinerseits mit weltweiten Wirkungen. Als Ignatius von Loyola am 31. Juli 1556 in Rom starb, zählte der Orden tausend Mitglieder und hatte über hundert Niederlassungen. Es dauerte einige Zeit, gemessen am Tempo, das seine Jünger vorlegten, bis man diesem großen Mann, dem der jüngere Katholizis-mus soviel zu danken hat, die Ehre der Heiligsprechung antat, am 3. 12. 1609 wurde er selig-, am 12. 3. 1622 heiliggesprochen.

Julius Echter, Gegenreformator in Franken

Wer sich mit Würzburg beschäftigt, wird nicht nur auf „Deutschlands größ-tes Pfarrhaus“ zugehen, wie der überraschte, spottfreudige französische Revolutions-Kaiser *Napoleon I.* die Residenz nannte, sondern sein Weg führt zwangsläufig zum gewaltigen *Julius-Spital*, das der Landesfürst und Bischof Julius Echter von Mespelbrunn 1576–1580 erbauen ließ und das für alle Kranken und Armen des Herrschaftsgebietes gedacht war.

Noch zur Zeit der großen Erschütterung, streckenweise der Auflösung des überkommenden Mönchstums in Franken, nahm in Würzburg ein Mann den Bischofsstab in die Hand, der für die Geschichte Frankens und des ge-samten deutschen Katholizismus von allergrößter Bedeutung werden sollte, Julius Echter von Mespelbrunn.

Die Echter von Mespelbrunn gehörten zwar wie so viele fränkische Frei-herrn der Reichsritterschaft an, aber es handelte sich um eine kleine Adels-familie, seit Generationen als Beamte an die Mainzer Erzbischöfe verdingt, reichstreu und kirchenfromm.

Julius, einer der jüngeren Söhne der Familie, war für die geistliche Lauf-bahn bestimmt.

Das Studium des begabten jungen Mannes war breit angelegt. In Löwen, in Douai, Paris, Pavia und Rom studierte er. Seine Ausbildung führte ihn zu-

Julius Echter von Mespelbrunn, zwischen 1573 und 1617 Bischof der Stadt Würzburg.

gleich zur galanten Kavalierstour durch Belgien, Frankreich, Italien. So gehörte es sich für einen jungen deutschen Adligen. Julius kam so zu großer Weltkenntnis, beachtlicher Weltgewandtheit und solider Bildung.

Die Jesuiten hatten sein sittliches Bewußtsein gefestigt und seine Glaubensüberzeugung. Von Spekulation und theologischer Forschung hielt er wenig, umso mehr von Disziplin, Tatkraft, guter Form, frommer Praxis. Selbstbeherrschung und überlegte Klugheit waren ihm wichtig – ganz die Lehre des Ignatius.

Er war religiös, aber auf seine Weise: ungrüblerisch, fast ungeistig, tatkräftig, schaffensfreudig, wenn auch nicht schöpferisch.

Ein solcher Mann mußte sich in einem Domkapitel durchsetzen, das darüber nachdachte, wie es seine Situation verbessern und seinem geistlichen Auftrag mehr entsprechen könne. Er mußte geradezu Karriere machen. Mit achtundzwanzig Jahren folgte er 1573 *Friedrich von Wirsberg* als Fürstbischof und Herzog von Franken.

Sogar diejenigen wählten ihn, die innerlich der Reformation nahe standen. Denn als Fanatiker hatte sich Julius Echter von Mespelbrunn noch nicht gezeigt. Er empfing auch erst nach der Bischofswahl die Priesterweihe und unterzog sich erst dann den Ignatianischen Exerzitien.

Der neue Bischof machte sich mit enormer Tatkraft an die Arbeit. Zuerst ordnete er die chaotischen Finanzen seiner Diözese und organisierte dann die Forstverwaltung neu, ordnete die Landwirtschaft und insbesondere den Acker- und Weinbau.

Vor allem aber bemühte er sich darum, die Geschlossenheit seines Territoriums in religiöser Hinsicht zu sichern. Er hatte es nicht leicht dabei, denn die meisten seiner Städte waren evangelisch. Dort, wo der Widerstand sich am ehesten brechen ließ, fing er an, in den kleinen Städten der Rhön, machte dann im Maintal weiter und schloß sein Werk in seiner Hauptstadt Würzburg ab. Die Bischofsstadt blieb am hartnäckigsten lutherisch.

Seine Bekehrungsreisen – die erste begann er im Frühsommer 1585 – machten tiefen Eindruck.

Von *Gemünden* reiste er über *Karlstadt* am Main quer durch das ganze Hochstift nach *Werneck* und bis nach *Haßfurt*. Als besonders zäh erwiesen sich die Karlstädter. Von den vierhundert Einwohnern waren nur noch zweiundsiebzig katholisch. Ähnlich war es auch in den anderen Städten. Da und dort mußte er unverrichteter Dinge weiterziehen. Es kam zu Auseinandersetzungen. Die Räte erklärten, sie wollten gerne ihrem Herrn gehorchen in weltlichen Dingen, aber in religiösen Angelegenheiten nicht. Bischof Julius zwang daraufhin die Karlstädter auszuwandern. Ihr Vermögen durften sie nach Abzug einer Auswanderungssteuer, die der Fürstbischof kassierte, mitnehmen. Da ließ er sich nichts nachreden. In *Dettelbach* und in *Gerolshofen* gab es ähnliche Schwierigkeiten.

In Gerolshofen wanderten an Ostern 1586 siebzig Familien ins Elend. Zwei Jahre später hoffte Bischof Julius, endlich auch Würzburg rekatholisieren zu können. Eine Untersuchung hatte ergeben, daß nahezu die Hälfte der Bevölkerung, vor allem der wohlhabende Teil der Stadt, evangelisch gesinnt war. „Ein guter Teil der Bürger hielt sich hart", berichtet ein altes Dokument, „und bei etlichen war alles umsonst, die zogen hinweg".

Für Julius Echter war kirchliches und staatliches Wirken eins, er stellte die Staatsmittel in den Dienst seiner kirchlichen Absichten und nutzte die kirchlichen Möglichkeiten für seinen Staat.

Ganz konnte Julius das Luthertum nicht ausrotten.

Es ehrt den großen fränkischen Gegenreformator, daß er auch das innere geistliche Leben seiner Diözese zu intensivieren versuchte. Um den Jesuiten-Orden herum wurden Laienkongregationen gegründet, denen die Bürger ohne Unterschied des Standes und Berufes angehörten, dem barocken Selbstverständnis des erwachenden Katholizismus entsprachen die vielen festlichen Prozessionen, die man wieder einführte. Die Sozialfürsorge für Arme und Kranke wurde aktiviert. Ihren monumentalsten Ausdruck fand sie in dem gewaltigen Würzburger Julius-Spital. Julius Echter schuf eine landesweite Schulorganisation und gründete schließlich 1582, wiederum mit Hilfe der Jesuiten, die Universität von Würzburg; so wollte er ein für allemal verhindern, daß seine Landeskinder in die nahegelegenen lutherischen Universitäten nach *Marburg* und *Jena* oder auch nach *Altdorf* gehen mußten.

Man kann an den Maßnahmen geradezu ablesen, wie sehr Julius von der Reformation gelernt hat und an ihr gewachsen ist: die Sozialarbeit wie das Bildungswesen, die Luther als staatliche Aufgaben definiert hatte, nahm dieser energische Regent als erster katholischer Fürst entschlossen ins Programm. Und er führte sie mit Hilfe eines neuen Mönchsordens durch; er bediente sich der geistlichen Macht.

Die Kirchenherrschaft übte er übrigens ebenfalls nach lutherischem Muster aus: er schuf, dem Vorbild der Konsistorien folgend, einen Geistlichen Rat, eine Art katholisches Konsistorium – Würzburgs moderne Kirchenleitung.

Wer durchs Maintal fährt, kann die spitzen Kirchtürme nicht übersehen – sie erinnern an Julius, den Bauherrn. „Julius-Stil" nennt man die großartige Mischung aus Spätgotik und hoher Renaissance, deren Monumentalität zum Einprägsamsten der Mainlandschaft zählt; etwa in der *Dettelbacher* Wallfahrtskirche *Maria im Sand*. Dieser Ort und diese Stelle der Andacht lohnen einen eigenen Besuch.

Jesuiten, Franziskaner, Kapuziner

Die Wirkung der Jesuiten auf Franken war enorm, auch wenn es aus der Zeit Julius Echters kaum Klosterneubauten gibt.

Im Gegenteil: aussterbende Klöster- und Kirchengüter zog er unerbittlich ein und unterwarf sie der Verwaltung seiner Universität oder des Julius-Spitals, um so mit ihrem Kapital seine neuen Schöpfungen zu finanzieren und ihren künftigen Bestand zu gewährleisten.

Nur die neuen Gründungen hatten zunächst eine Chance – die Jesuiten und die durch und durch reformierten Franziskaner, die Kapuziner und die katholischen Kongregationen, Laienorganisationen, die sich ähnlich schnell ausbreiteten wie die Jesuiten selbst: 1615 gab es in *Würzburg* zum Beispiel eine Kongregation für Akademiker und Herren und eine für Gymnasiasten; drei Jahrzehnte später kam eine für Handwerker dazu. In *Bamberg* bestanden ebenfalls drei Kongregationen, in *Eichstätt* desgleichen.

An die Seite der Jesuiten traten bald die Franziskaner, die sich zum Teil über die Reformationswirren hinweggerettet hatten. 1643 eröffneten sie ein Kloster in *Forchheim*, 1646 gründeten sie eine Niederlassung in *Marien-*

weiher, 1670 in *Kronach*, 1735 kam es zu einer Neugründung in *Burggrub*, 1745 in *Klosberg*.

Besonders intensiv wirkten die Kapuziner. Ihre ersten Niederlassungen entstanden in den Bischofsstädten *Würzburg* (1616), *Eichstätt* (1623) und *Bamberg* (1627). Von da aus faßte der Orden in den Landstädten Fuß – in *Kitzingen* (1630), *Lohr am Main* (1635), *Ochsenfurt* (1646). *Karlstadt* und *Königshofen* (1647); hundert Jahre später folgten die großen Wallfahrtsorte *Gößweinstein* (1723), *Mariabuchen* (1727) und weitere kleinere Niederlassungen.

Es gehörte zum Programm der Jesuiten, dem Protestantismus wirkungsvoll entgegenzutreten. Da war wichtig, die humanistische Bildung vollends zu beherrschen und das Lehrmonopol der evangelischen Schulen in Deutschland zu brechen. „Viel weniger auf den Predigten als auf den Kollegien" beruhe der Nutzen, den der Jesuitenorden für die katholische Sache stiften könne, hatte Ignatius erkannt. Deshalb errichteten die Jesuiten, wo immer sie hinkamen, Kollegien. In Deutschland zuerst in *Köln*, dann in *Wien*, *Prag*, *Ingolstadt*, *Mainz*, *Speyer*, *Würzburg*, *Fulda*, *Münster*, *Graz*, *Innsbruck*, *Augsburg* und endlich auch in *München*.

Im Fränkischen faßten die Jesuiten schnell Fuß, gerufen und gefördert von Bischöfen, die die Beschlüsse des Tridentinischen Konzils ernsthaft durchsetzen wollten. In Spanien dauerte es länger. Auch in Frankreich machten sich die alten Orden lange noch breit und erschwerten die Reform. Dort fehlte eben die unmittelbare Erschütterung durch die Reformation.

Die Wirkungen, die die Jesuiten erzielten, waren sehr nachhaltig – auch bei solchen, die später der katholischen Kirche schwer zu schaffen machten. *Voltaire* bezeugt mit beredten Worten, was er seinen Jesuitenlehrern dankt „Was habe ich in den sieben Jahren, die ich unter dem Dach der Jesuiten verlebte, bei ihnen beobachtet? Das mäßigste, fleißigste, geordnetste Leben. Alle Stunden des Tages hatten sie unserer Erziehung oder der Erfüllung ihrer strengen Ordensgelübde gewidmet. Ich rufe dafür die Tausende als Zeugen auf, die wie ich von ihnen erzogen worden sind".

„Ich war verbittert und verhärtet und ich wurde erweicht und gewonnen, so daß ich mich freiwillig unter ein Joch fügte, das treffliche Lehrer mir leicht und lieb zu machen verstanden". So schwärmt *Lamartine* über das Jesuitenkolleg von *Ballay*, wo er seine Knabenzeit verbrachte. „Ihre ganze Kunst bestand darin, die Liebe zum Guten in uns zu wecken und uns durch ihren eigenen Willen und durch unser eigenes Streben zu leiten. Unsere Seelen hatten ihre Flügel entdeckt und schwangen sich gemeinsam aufwärts, dem Guten und Schönen entgegen ... Dort habe ich erfahren, was man aus dem Menschen machen kann, nicht durch Zwang, sondern durch Aufmunterung ... Sie wußten die Religion und die Pflicht lieblich und süß zu gestalten und uns mit Gottesliebe zu begeistern."

Solche Sätze charakterisieren nicht nur das pädagogische, sondern das insgesamt vitale Verhaltensprinzip der Jesuiten. So mag auch manch fränkischer Adeliger gedacht haben, der an die Kollegien der Jesuiten in Würzburg, Bamberg oder Eichstätt geschickt wurde: aus den Sippen der *Echter*, der *Zobel*, der *Guttenberg* und der *Staufenberg*, der *Pölnitz*, später der *Schönborn* und vieler anderer jener weniger ritterschaftlichen Familien, die katholisch geblieben waren.

Bambergs und Würzburgs Jesuitenkirchen

„Wer die Baukunst der Jesuiten erkennen will – man sollte sie auch kennen, um den Orden und seine Grundhaltung zu taxieren –, der muß in Franken die Bamberger *Martinskirche* betrachten. Sie ist das Werk eines nicht nur jesuitisch erzogenen, sondern ganz zum Jesuiten gewordenen Künstlers, von

*Die Bamberger
Jesuitenkirche
St. Martin.*

Die Jesuitenkirche in Würzburg, Entwurf von Balthasar Neumann, um 1742.

Andrea Pozzo, Maler, Architekt, Bildhauer in einem, Begründer einer systematischen malerischen Perspektivenlehre. Von ihm stammen jene genauen Anleitungen für plastisch wirkende Scheinarchitekturen, von Deckengemälden und Veduten, mit deren Hilfe von da an zahllose Künstler in Europa die barocke Illusionsmalerei ausgeführt haben. Das Verhaltensprinzip der Jesuiten schlägt auch da durch: Fähigkeiten, die vorhanden, aber nicht genutzt sind, Betrachtensweisen, auf die der Mensch hin angelegt ist, deren er sich aber nicht bewußt geworden, Techniken, die nur wenige kennen, sollen in voller Breite genutzt werden. So war es auch mit den Exerzitien des Ignatius: jedem strebenden Menschen wurde ein gangbarer Weg gezeigt. So hielt es Pater *Potzer*, wie er eingedeutscht hieß: nicht nur wenige begnadete Menschen sollten intuitiv richtig zeichnen, malen, schauen lernen, allen sollte dieser Weg zur Kunst zugänglich gemacht werden.

Bambergs Martinskirche ist nicht das größte Werk Potzers. Aber sie ist das für ihn bezeichnendste – auch für den Orden, für den von außen nach Franken eingedrungene südeuropäische Barock. Inzwischen gehört er zu Franken wie Bamberg, diese schöne Stadt, dieses vielhügelige, durch und durch fränkische Rom.

344

Immer wieder stechen die mächtigen Barockbauten der Jesuitenkirchen in den katholischen Bischofsstädten Frankens ins Auge. In Würzburg gilt dies für die ehemalige Jesuitenkirche und jetzige katholische Seminarkirche *St. Michael*. Seitdem Julius Echter die Jesuitenniederlassung im einstigen *Klarissenkloster St. Agnes* 1567 untergebracht hatte, erlebte diese Klosteranlage wieder einen neuen Aufschwung, die 1765 im Baubeginn der mächtigen Michaelskirche ihre Krönung fand. Der Jesuitenorden wurde freilich acht Jahre später verboten, als eben Langhaus und Vierung vollendet waren. Der Betrachter, der vor der Jesuitenkirche steht, die vom Bombenbrand 1945 kaum beeinträchtigt wurde, spürt etwas vom Geist der Gegenreformation, dem das Jesuitenkollegium wie die Universität ihre Entstehung danken.

In Bamberg haben im Jahre 1611 die Jesuiten mit dem Bau einer Priesterschule begonnen. Mit dem Kirchenbau fingen sie eine Generation nach dem Dreißigjährigen Krieg an, 1686. 10 Jahre später war auch der Turm vollendet. Die Brüder *Georg* und *Johann-Leonhard Dientzenhofer* haben das Werk geschaffen. Kaum stand die Kirche, da begannen sie mit dem neuen Kolleg.

Sein Schicksal war wechselhaft. Als der Jesuitenorden verboten wurde, gab man Pfarrei und Kirche den Namen *St. Martin* und gestaltete das Kolleg zur Universität um. Streng ist die Ordnung der Architektur, dorische, jonische, ganz oben korinthische Säulengestaltungen, der Innenraum der Kirche klar gegliedert, ein Rest hochgotischen Strebens nimmt einen nach oben mit. Der Hochaltar soll eine einzige Verherrlichung des Namens Jesu sein – „Jesuitenkirche zum Namen Jesu" hieß der Bau ursprünglich.

Die Gnadenbilder für die Volksfrömmigkeit fehlen freilich nicht, ein Marienaltar erzählt davon.

In Bamberg hat sich mit der Jesuitenkirche und dem Kolleggebäude dieser große Träger der Erneuerung der katholischen Kirche ein fränkisches Denkmal gesetzt.

Allerdings, das tatsächliche Wirken der Jesuiten war weniger opulent, als es die Bauten glauben machen, die in der barocken Blütezeit ihres Einflusses entstanden sind. Dem Ordensgründer Ignatius ging es zuallererst darum, überflüssigen Ballast loszuwerden.

Eichstätts Schutzengelkirche

Wer nach Eichstätt kommt, sollte die „Schutzengelkirche" besuchen. Sie ist das Werk der Jesuiten, die 1617 mit dem Bau begannen und ihn schon 1620 weihen lassen konnten. Immer wieder werden Ordensangehörige als Bauleiter und Architekten genannt, so auch in Eichstätt: Der Ordensbruder *Jacob*

Die Schutzengelkirche in Eichstätt.
Gesamtansicht der ehemaligen Jesuitenkirche mit Jesuitenkolleg. Ende 18. Jh.

Kurrer gilt als Bauleiter. 1634 ist die Wandpfeilerkirche bis auf die Chor-wölbung niedergebrannt, eine Generation später wurde sie wieder instand gesetzt und von *Franz Gabrieli,* einem Bruder des großen Baumeisters *Gabriel Gabrieli,* der an allen Residenzen im südlichen Franken seine Spuren hinterlassen hat, gestuckt und gemalt. Die Jesuitenkirche beherrscht den Leonrodplatz wie der Orden eine Zeitlang die Bischofsstadt – nicht zu deren Nachteil – beherrscht hat. Schade, daß die Auseinandersetzungen mit den Dominikanern die einen wie die andern soviel Kraft – und wohl auch Kredit – gekostet haben. Eichstätts Schutzengelkirche, heute Universitäts-kirche, ist eine einzigartig ergreifende Predigt über eines der größten theologischen Geheimnisse, der Lehre von den Engeln, in der Sprache des Barock. Sie hat nicht ihresgleichen in Franken, vielleicht nicht einmal in Deutschland. Wie sehr ein Thema auch mit den Mitteln der Architektur und beileibe nicht nur in Wort und Schrift oder in der Musik sinnenhaft durchdrungen, in allen Materialien und mit allen sichtbaren Werkstoffen veranschaulicht werden kann – die Jesuitenkirche gibt davon eine Vorstellung.

Die „Englischen Fräulein"

Die Englischen Fräulein – *Maria-Ward-Schwestern (I.B.M.W.)* – in der Diözese *Würzburg*: An vier Orten sind sie tätig, in Würzburg, wo sie eine Mädchen-Realschule mit Internat und Tagesheim unterhalten, in *Aschaffenburg*, ihrer größten Station, wo sie ein Mädchen-Gymnasium, eine Realschule, einen Kindergarten betreiben, in *Leidersbach* und in *Großostheim* am Rande der Haßberge mit einem Kindergarten.

In der Diözese *Bamberg* sind die Englischen Fräulein am stärksten vertreten: Am Bischofssitz bringen sie es auf über 80 Profeßschwestern und unterhalten ein Neusprachliches Gymnasium, eine Realschule, eine Taubstummenanstalt mit Schule für Hörgeschädigte sowie den St. Heinrichs-Kindergarten. An der Luitpold- und der Trimbergschule geben sie Unterricht und betreiben eine Hostienbäckerei.

Auch in *Nürnberg* haben sie ein Neusprachliches Gymnasium, dazu eine Volksschule und eine Realschule. Eine ansehnliche Zahl von Profeßschwestern ist in Nürnberg tätig.

In *Eichstätt* unterhalten die Englischen Fräulein eine Fachakademie für Sozialpädagogik und eine Mädchenrealschule mit Internat.

So hat sich *Maria Ward*, die Engländerin, das Wirken der Frauen gedacht, die sie um sich sammelte und die ihrer Ordensregel folgten. Es würde den Rahmen dieser Arbeit sprengen, wollte man jedes einzelne Tätigkeitsfeld beschreiben. Das Wirken der „Englischen" ist aktuell genug, um sich selbst bekanntzumachen und zu erläutern.

Der ältere Teil des von Kurfürst Joseph Emmerich 1764 den „Englischen Fräulein"
in Aschaffenburg überlassenen Hauses.

Seit dreieinhalb Jahrhunderten prägt die Engländerin mit ihren Englischen Fräulein viele fränkische Frauen – auch manche aus evangelischem Haus. Man merkt ihnen an, in welchem Geiste sie in ihrem prägsamsten Alter geführt und geformt wurden.

Maria Ward – verfolgte Reformerin

Maria Ward ist die erste Reformerin der großen katholischen Reform auf der Seite der Frauen. An ihrem Leben läßt sich exemplarisch darstellen, wie schwer es diejenigen haben und wie schwer es denen gemacht werden kann, die erkennen, daß Veränderungen nötig sind. Als sie ihre Anhängerinnen um sich sammelte und ihnen, den „englischen Fräulein", eine Regel gab, die weder die traditionelle Klausur noch das übliche Chorgebet vorsah, hetzte sie alle auf sich, die die Spuren des Bewährten nicht antasten wollten. Das sei ein verräterischer Mangel an Respekt vor dem Konzil von Trient, das für weibliche Orden ausdrücklich klare Bestimmungen festgelegt hatte. Maria Ward gab nicht nach, als man sie drängte, sich einem der bestehenden Frauenorden anzuschließen. Sie nahm es in Kauf, daß der Erzbischof von Canterbury seine Häscher nach ihr suchen ließ, daß auf sie ein Kopfgeld ausgesetzt war und sie als Ketzerin gebrandmarkt wurde. Aber das, was sie auf den Weg gebracht hatte, ließ sich nicht mehr aufhalten. Es gelang nicht einmal dem Papst, die Institute zu schließen, die überall in Westeuropa entstanden waren, in St. Omer, in London und Lüttich, in Rom und Neapel, in Köln, Trier, München und Wien, in Preßburg und Perugia. Maria Ward ist die Wegbereiterin der katholischen Frauenarbeit.

Es muß Maria Ward über alle Maßen geschmerzt haben, von ihrer Kirche nachgerade verfolgt zu werden. Denn sie war ihrer Kirche zutiefst zugetan. Die Liebe zu ihrer Kirche und den Einsatz für sie hatte sie schon mit der Muttermilch eingesogen. Am 23. Januar 1585 wurde Mary Ward in *Mulwith* in der Grafschaft Yorkshire geboren. Es war die Zeit der erbitterten Katholikenverfolgung durch Königin Elizabeth I. Mary erlebte, wie ihre Eltern verfolgte Priester versteckten; sie litt mit, als sie erfuhr, daß ihre Großmutter vierzehn Jahre Kerkerhaft aus katholischer Glaubenstreue ertrug. „Jesus" soll das erste Wort gewesen sein, das sie sprechen lernte; „Jesus" ist als ihr letztes Wort überliefert.

Mary entwickelte sich zu einer jungen Frau voller Charme, Verstand und Willenskraft. Sie hatte es manchem jungen Adeligen angetan. Als der Erbe des Grafen von Westmoreland um ihre Hand anhielt, drängte nicht nur die stolze Familie sie zum Jawort: Von dieser Heirat versprachen sich viele eine

Verbesserung der Lage der Katholiken. Aber die Eigenwillige blieb standhaft. Statt zu heiraten, trat sie in das Klarissenkloster im flandrischen *Saint-Omer* ein. Der strengste Orden war ihr gerade gut genug, „damit die Seele sich nicht nur teilweise, sondern ganz und gar Gott hingebe". Halbherzigkeit war ihr verhaßt.

Aber was sie in Saint-Omer erwartete, nämlich den Bettelsack durch die Dörfer zu tragen, entsprach nicht ihrer Vorstellung von unbedingter Hingabe in Zurückgezogenheit und Gebet. Dennoch fügte sie sich der Demutsprobe und lief bis zur Erschöpfung trotz eitriger Geschwüre am Knie. Der Generalvisitator kritisierte eine solche Lebensweise, was sie dazu veranlaßte, das Ordenskleid abzulegen. Sie hatte die Eingebung, am selben Ort Saint-Omer für die englischen Mitglieder des Klarissen-Ordens ein eigenes Kloster zu errichten und opferte dafür einen großen Teil ihres Vermögens. Als Novizin dieser kleinen Gemeinschaft erlebte sie in mystischer Versenkung die Nähe Gottes und mußte sich in langem Kampf dessen gewiß werden, daß sie auch dieses Kloster verlassen müsse. Am Anfang großer Leistungen steht oft das Kreuz des Scheiterns. Es war, als solle der Charakter Mary Wards erprobt, gefestigt, gestählt werden.

Mary Ward kehrte wieder auf die Insel zu ihrer Familie zurück und ging dem Priester zur Hand, indem sie Kranke und Sterbende besuchte, Kindern vom Glauben erzählte, im Tanzkleid auf Parties sich um die Gesellschaft kümmerte und Armen half. Ganz selbstverständlich sammelten sich auch da um sie eifrige Anhängerinnen. Gemeinsam erkannten sie, daß es nötig sei, eine bessere Ausbildung zu durchlaufen, um dann die Jugend Englands gründlich im Glauben zu unterrichten und der Caritas zu dienen. Entschlossen machten sich die acht Frauen mit einigen Zöglingen an die Gründung einer Schule nach Saint-Omer. Unterricht der Jugend und Pflege der Kranken, speziell in Seuchenzeiten, stellten sie sich als Aufgaben; als Schwesterntracht wählten sie das Witwenkleid ihrer Zeit.

Ein neuer Orden? Brauchte man den? Es gäbe doch genug überkommene Frauenorden, wurde argumentiert. Mary Ward wußte lange nicht, wie weiter und wohin – bis sie 1611 in mystischer Versenkung die Weisung Gottes empfing: „Nimm die Regel der Gesellschaft; der Pater General wird es zwar nicht erlauben, aber gehe zu ihm". Sie ging. Sie wußte ja Gott auf ihrer Seite – und sie setzte sich durch. Der Zulauf wurde immer größer. Es war wie zu Zeiten von Ignatius. Schließlich reiste sie wieder auf die Insel und gründete in London die erste Filiale. Aber die Offiziellen waren dagegen und lösten eine wahre Hetzjagd aus. Zurückgekehrt auf den Kontinent setzte sie die Gründerarbeit fort. Entgegen aller Hemmnisse, die man vor ihnen aufbaute, erwies sich das Konzept der „englischen Fräulein" einer „Art gemischter Lebensweise" als richtig. Die Männerorden hatten als Jesuiten längst die Verbindung zwischen monastischem und missionarischem Leben gefunden, wie die Zeit es verlangte. Nun fand auch eine Gruppe von Frauen den Weg, der neue Bereiche des Engagements auftat: klösterliche Gemeinschaft und zugleich aktive Nächstenliebe außerhalb der Klostermauern.

Lange weigerte sich einerseits der Jesuitenorden, die *„Jesuitinnen"* anzuerkennen, und andererseits feindete sie der Klerus an wegen ihrer Nähe zur Gesellschaft Jesu. Den Bischöfen aber mißfiel, daß Mary Ward ihre Gemeinschaft unmittelbar dem Papst unterstellen wollte: das minderte ihren Einfluß auf diese höchst mobile, hingebungsvoll arbeitende Frauengemeinschaft. Der Papst gab schließlich seinen Diözesanvorstehern nach: Das *„Institutum Beatae Mariae Virginis"* – so nannten sich die Englischen Fräulein – war schon gewaltig angewachsen, als Papst *Urban VIII.* die Aufhebung des unkonventionellen Frauenordens verfügte, wobei allerdings die Unterrichtstätigkeit erlaubt blieb. Für Mary Ward kamen noch schwerere Zeiten, als sie je erlebt hatte. In München wurde sie 1631 im Auftrage der Inquisition verhaftet und in einen Kerker gesperrt.

Zum Widerruf war sie nicht zu bewegen – auch nicht, als sie, schwer krank, mit dem Tod rechnen mußte. Sie genas und wurde nach drei Monaten entlassen. Da unternahm sie eine Romreise, um sich dem Papst zu Füßen zu werfen. Der konnte fast nicht anders, als – unter seiner besonderen Aufsicht – sie erneut ein Haus eröffnen zu lassen, wo sie anfing, ihre Schwestern zu sammeln, die in alle Winde zerstreut waren.

In München hatte die bayerische Regierung ihre Niederlassung vorher schon unter ihren besonderen Schutz genommen.

Die volle päpstliche Anerkennung ihres Institutes der Englischen Fräulein hat sie nicht mehr erlebt. Sie war eben dabei, einen neuen Versuch zur Bekehrung Englands zu starten, als sie schwer erkrankte. Am 30. Januar 1645 ist die 60jährige in Hewarth gestorben.

Bis 1704 ließ sich die Kurie in Rom mit der Bestätigung der Regel der „Jesuitissae" Zeit. Und auch nachher sparte man nicht mit kleinlichen Schikanen: noch 1749 verbot Benedikt XIV., Maria Ward als die Stifterin zu nennen. Pius X. hat diese Bestimmung 1909 endlich anulliert, und Pius XII. stellte sie 1951 auf dem Weltkongreß für das Laienapostolat als „unvergleichliche Frau" vor. Das war sie tatsächlich. Und noch heute haben ihre Nachfolgerinnen etwas Einzigartiges, Unvergleichliches an sich. Auch Franken hat ihr, wiewohl sie nie direkt eingewirkt hat, der vielen modernen und kultivierten Erziehungsstätten wegen viel zu danken.

XI
Die Kapuziner

Der Zeitzusammenhang

Was wir heute im Fränkischen an eindrucksvoll Katholischem sehen, reicht oft weit zurück. Seine charakteristische Ausprägung hat es in den zwei Jahrhunderten nach dem Dreißigjährigen Krieg erhalten. Die barocke und später klassizistische Baukunst ist keine genuin deutsche Schöpfung, sowenig wie die Gotik oder die Romanik. Franken hat übernommen, was ihm angeboten wurde – und es hat auf eine eigenwillig schöne Weise weiterentwickelt, was es aufgenommen hatte. Dies gilt für die Bauwerke. Es gilt auch für das innere Leben der Kirchen.

Der Katholizismus des 17. und 18. Jahrhunderts versinnbildlicht die verinnerlichende Kraft von Frömmigkeit in Franken. In dieser Zeit entsteht endlich auch wieder religiöse Literatur. Die Schönbornzeit ist es, die Zeit jenes jungen hessischen Adelsgeschlechts, das sich in Franken angesiedelt und mit unvorstellbarer Tatkraft den katholischen Teil Frankens beispielgebend umgestaltet hat. Zeitweilig beherrschte es den ganzen süddeutschen, mitunter den gesamten habsburgischen Raum. Baumeister, die es rief, trugen von Neuem europäische, vor allem südeuropäische Formen ins Land. Die praktische Frömmigkeit war südländischem Leben nachempfunden. Neue Frömmigkeitsbräuche, die ihre Wurzel fast samt und sonders im Süden haben, wurden eingeführt, die ewige Anbetung, die Verehrung der Todesangst Christi am Ölberg, die Marienverehrung, der Kult der Bistumspatrone, die Zuwendung zu den Heiligen der tonangebenden Orden, der Jesuiten, Kapuziner, Franziskaner und Karmeliten. Man drängte darauf, Bruderschaften anzugehören, einem „Dritten Orden", einer Kongregation. Die Fischer und Gärtner, die Schiffer und Häcker, schlossen sich zu religiösen Gemeinschaften zusammen, die manchmal so eigenwillig rührende Namen trugen wie „Todesangst-Christi-Bruderschaft". Die Festmysterien wurden dramatisch dargestellt – am Himmelfahrtstag wurde die Heilandsfigur zur sinnenhaften Darstellung vor aller Augen in der Kirche hochgezogen; Hostien und Wasserregen gab es; das Pfingstfest veranschaulichte man, indem man brennende Woll-

flocken herabwarf. Einzelne solche Darstellungen wurden sogar ins offizielle Ritual aufgenommen. Die Macht und Pracht der Kirche stellte man in gewaltigen Prozessionen dar, in großen Wallfahrten, deren hauptsächlichsten fränkischen Anziehungspunkte Walldürrn, Vierzehnheiligen, Dettelbach, Gößweinstein gewesen sind. Bildstöcke markierten die Wallfahrtswege.

Es war aufs ganze gesehen nicht nur ein Prozeß der Verinnerlichung, sondern mitunter recht naiver Darstellung und Veranschaulichung. Den Tridentinischen Katholizismus nennt man diese Zeit, geprägt also von den Beschlüssen, die das Konzil von Trient einleitete und die zur Kräftigung des Katholizismus auch in Deutschland führten.

Die Kapuziner

Wer von Franken als einer europäischen Landschaft spricht, muß auch von den Kapuzinern erzählen, obzwar sie keine großen baulichen Denkmäler hinterlassen haben. Sie gehören zu jenen radikalen mönchischen Reformbewegungen, die von Italien ihren Ausgang nahmen, Zeichen des heftigen Gärungsprozesses, der in den zwanziger Jahren des 16. Jahrhunderts die südliche Halbinsel durchwühlte. Dort ist es noch immer der Kirche gelungen, Neues und Lebendiges ihrem Organismus einzuverleiben.

So war es mit Franz von Assisi, so war es mit der weltlichen Bewegung der Renaissance und des Humanismus, so war es nun mit der radikalen innerfranziskanischen Reformbewegung derer, die die alten Formen des Minoritenordens wiederbeleben wollten, mit den Kapuzinern.

Um die gleiche Zeit, zu der sich der Jesuitenorden als ganz neue mönchische Gemeinschaft konstituierte, brachen einige Franziskaner mit ihrem nun schon zweihundert Jahre alten Orden und bemühten sich, die Franziskanerregel wieder buchstabengetreu ernst zu nehmen, einschließlich der äußeren Merkmale von spitzer, angenähter Kapuze und wallendem Bart. Im Jahr der deutschen Bauernkriege, 1525, spielte sich das ab; 1528 genehmigte Papst Clemens VII. den neuen Bettelorden. Angefangen haben die Kapuziner, wie das Volk sie nannte, als Einsiedler; als sie aber dann mit der Missionstätigkeit in der Schweiz und in Deutschland begannen und sich verstärkt der Seelsorge widmeten, schlossen sie sich in Klostergemeinschaften zusammen. Der Orden breitete sich rasch aus, dabei kam er auch nach Deutschland, speziell nach Bayern und nach Franken.

Julius Echter von Mespelbrunn hat sie nach Würzburg geholt; ein Jahr vor seinem Tod nahmen sie die Arbeit dort auf, 1616. Sein Eichstätter Bischofskollege hat sie ins südfränkische Bistum gerufen, der Bamberger in die katholische Oberfrankenmetropole.

Stadtansicht von Kitzingen

Kitzingen

Am Südrand der Kitzinger Altstadt wurde 1652, 22 Jahre nach der Gründung des Kapuzinerklosters, die *Kapuzinerkirche* eingeweiht; die Klostergründung selbst war mitten im Dreißigjährigen Krieg erfolgt. Das barocke Bauwerk dort lohnt einen Besuch. Das Kloster hat sich freilich über die Säkularisation nicht halten können; 1828 ist es eingegangen. Das ehrwürdige Pfründnerspital ist übriggeblieben, geprägt von gegenreformatorischer Klosterpracht, und dazu die Kapuzinerklosterkirche *St. Maria* mit ihrem schönen Tonnengewölbe.

Mariabuchen bei Lohr am Main

Auch vom Kapuzinerkloster in Lohr am Main ist nichts mehr übriggeblieben; wohl aber erinnert der Wallfahrtsort Mariabuchen, unweit von Lohr, nahe beim Dorfe *Steinbach*, an die Blütezeit der kapuzinischen Wallfahrten.

Gößweinstein. Ansicht des Ortes mit Wallfahrtskirche und Burg.
Radierung von Felix Grünewald, um 1830

Hoch über der Mühle am Berghang steht die helle Wallfahrtskirche „*Maria in den Buchen*"; leuchtend hebt sie sich von den dunklen Wäldern ab. Volkstümlicher Glaube vermischt sich mit irrtümlichen Urteilen.

Die Legende, die überliefert ist, wirkt ein wenig peinlich: eine Buche am alten Wege strahlte geheimnisvolle Kräfte aus. Nur Christen, nicht aber Juden könnten hier passieren. Irgendein Jude wagte die Probe. Müde vom langen Wandern, wollte er den direkten Weg erzwingen – und stieß sein Schwert in den geheimnisvollen Baum. Ein dreimaliger Weheruf schreckte ihn ab; hastig riß er sein Schwert aus dem Stamm – es zeigte Spuren von Blut. Der Baum wurde gefällt; in seinem Stamme steckte ein hölzernes Marienbild mit einer blutumronnenen Wunde im Rücken. Maria „aus der Buche" wurde zur Verehrung aufgestellt, das Volk strömte herbei und wußte von wunderbaren Gebetserhörungen und Krankenheilungen zu berichten: Die Wallfahrt nach Mariabuchen hatte begonnen.

Als die jetzige Kirche zwischen 1692 und 1701 entstand, die bald darauf von den Kapuzinern übernommen wurde, hat man den wundersamen Bericht weit in die frühere Vergangenheit zurückverlagert: ins Jahr 1397. Heute steht neben der Kirche nur noch ein kleiner Zweckbau; die Gebäude, die die Kapuziner seinerzeit für ihr Hospiz errichtet hatten, sind 1971 abgebrochen worden.

Gößweinstein

Gößweinstein dankt seinen Ruf weniger den erneuerten Franziskanern, die dort 1723 ihr Kloster an die alte Friedhofskapelle angliederten, wobei sie einen nüchternen, viereckigen Mönchschor mit Kreuzgratgewölbe anbauten, als dem großen würzburgisch-bambergischen Baumeister *Balthasar Neumann*, der kurz nach dem Einzug der Kapuziner die gewaltige Pfarr- und Wallfahrtskirche *„Zur Heiligsten Dreifaltigkeit"* baute. Nach der Kirche in *Münsterschwarzach* war Gößweinstein der zweite monumentale Sakralbau Balthasar Neumanns; vorher hatte er nur Schlösser hingestellt. Gößweinstein symbolisiert jene volkstümliche wanderfreudige Wallfahrtsfrömmigkeit, die Frankens Landkarte vor 250 Jahren zu einer Karte voller Wallfahrtsstraßen machte.

Glosberg

Der Glosberger Pfarrer verdankt sein stattliches Pfarrhaus den Kapuzinern, die dort einst ihr Hospiz eingerichtet hatten. Auch die Pfarrkirche, zugleich Wallfahrtskirche *St. Maria*, haben die Kapuziner dort erbaut. Ihr beachtliches Aussehen gab dieser Kirche *Balthasar Neumann*, der den Plan entworfen hat. Auch die reformistisch gesonnenen, nach Geist und Gesinnung zunächst höchst asketischen Kapuziner waren machtlos gegen den barocken Bauwillen ihrer Großen.

Himmelpforten in Würzburg

In Würzburg erinnert das Kloster Himmelpforten an die Karmeliten, freilich an die weiblichen Ableger, die Karmelitinnen. Im ehemaligen Zisterzienserinnenkloster sind sie untergebracht, nachdem Julius Echter die Zisterzienserinnen reformiert hatte, und die Gemäuer jahrhundertelang der Säkularisierung zum Opfer gefallen waren. 1844 wurden die Gebäude mit den Karmelitinnen neu besetzt – in jener Zeit also, da König Ludwig I. eine neue klösterliche Blütezeit, mehr aus romantischem Empfinden, denn aus tiefreligiöser Überzeugung heraus, gefördert hatte.

„Diß neu aufgerichte hochschädliche und gefährliche bettelnest, so an ein hohen gefehrlichen ort in diser stattringmaur erbaut, davon die gantze statt übersehen und leichtlich zu einem castell gerichtet werden kan" – das 1624 erbaute Kapuzinerkloster – solle schleunigst niedergerissen werden; so beschloß es der protestantische Stadtrat von Dinkelsbühl kurz nach seiner Konstituierung im Herbst 1632. Aus der Formulierung spricht Mißtrauen, Verachtung, Haß. Und in der Tat: Diese Gefühle bestimmten den Umgang der Dinkelsbühler Bürgerschaft miteinander seit mehr als drei Generationen. Sie war seit den ersten Auftritten lutherischer Prediger und der Einführung der Reformation zwischen 1523 und 1533 mehrheitlich protestantisch; wobei es die Mehrheit nicht verkraftete, daß nach ihrer Niederlage im schmalkaldischen Krieg ihr die herrliche *Georgskirche* wieder abgenommen und noch dazu ein katholischer Rat vorgesetzt wurde, von dem sie erst der Schwedenkönig *Gustav Adolf* – wenn auch nur für kurze Zeit – befreite.

Das Vorhaben des „Schwedenrates" kam übrigens nicht zur Verwirklichung. Er hatte nur zwei Jahre das Sagen in Dinkelsbühl. Am 24. November 1632 nahmen die amtsvertriebenen Räte wieder ihre Sitze ein und holten die Kapuziner zurück. Das *Kapuzinerkloster* steht noch heute auf seinem überragenden Platz in der Nähe des Segringer Tores. Die *Armen Schulschwestern* führen dort eine Ruhestandsniederlassung.

Der Kapuziner Leiden und Herrlichkeit hat zu Dinkelsbühl ganze 180 Jahre gedauert, von 1622 bis 1802. Der Augsburger Bischof *Heinrich V. von Knoeringen*, der sich im Dinkelsbühler Gebiet dank familiärer Besitzungen gut auskannte, wußte, was er tat, als er in den nördlichsten Zipfel seiner Diözese, der ringsum protestantisch war, diesen autonomen Zweig der Franziskaner schickte und mit beachtlichen Rechten ausstattete. Die hochangesehene, wohlhabende Reichsstadt sollte mit neuem Elan im Zuge der Gegenreformation rekatholisiert werden. Die Kapuziner eigneten sich für diesen Auftrag neben den Jesuiten am besten: Sie hatten sich das, was an den Lutherischen so anziehend gewirkt hatte, selbst zur Aufgabe gestellt, die bibelbezogene Predigt und die intensive Seelsorge; dazu griffen sie auf die bewährten franziskanischen Ideale der Besitzlosigkeit zurück und nahmen die eben in Mode gekommene Versinnbildlichung des Glaubens tatkräftig auf, indem sie religiöse Prozessionen, Schauspiele und Laienbruderschaften organisierten. Kein Wunder, daß es von Anfang an zu großen Reibereien in der Stadt kam. Kein Wunder auch, daß in Erwartung tätlichen Widerstandes sich der Augsburger Bischof der kaiserlichen Unterstützung vergewisserte, der am 20. September 1621 wegen des Klosterbaues an den Dinkelsbühler Rat schrieb. Seitens des Ordens war der Provinzial des Tiroler und bayerischen

Ordens bei ihm vorstellig geworden. Als Geldgeberin hatte man eine wohl-habende Witwe, *Eva Maria von Lerchenfeld*, eine geborene *Röttinger*, gewonnen, die zwar in Salzburg lebte, sich aber in Dinkelsbühl gut auskannte. Am Tag der Dinkelsbühler Klostereinweihung trat die fromme Dame in Salzburgs Benediktinerinnenkloster ein.

Die Händel seit dem Aufzug der ersten Kapuziner, vor allem aber während der Bauzeit, sind bezeichnend für das gereizte konfessionelle Klima.

Sogar der Erzkanzler des Heiligen Römischen Reiches und der Kaiser mußten eingeschaltet werden. Vor allem die lutherischen Prädikanten, gerieten in das Kreuzfeuer des Rates, der den Kaiser bat, „so den Kapuzinern mählich zuzureden", sich an die Bevölkerung zu wenden, die „maisten thaißt widriger religion" sei und „allerhand schimpffliche reden und spottwort spargirn und ausgiessen".

Das Kapuzinerkloster wurde zum Bekenntnissymbol der katholischen Stände ringsum. Um dies sichtbar zu machen, versammelte sich zur Einweihung der Adel der Umgebung, soweit er katholisch war, um den Bischof; Graf *Ernst von Oettingen-Wallerstein* stiftete eigens eine Marienkapelle an der Westseite der Kirche, wo nach seinem Tod sein Herz aufbewahrt wurde.

Mit achtzehn Mönchen war der Dinkelsbühler Konvent außergewöhnlich stark besetzt. In Pater *Lambert von Mossburg* hatten die Kapuziner einen sehr tüchtigen Prediger, der großen Zulauf fand. 300 Protestanten sollen durch seine „Kapuzinerpredigten" zum Konfessionswechsel bewegt worden sein, eine Erfolgsmeldung, die mehr dem Wunschdenken jener hitzigen Jahre zuzuschreiben ist als sie von der Wirklichkeit gedeckt sein dürfte.

Die Kapuziner scheuten keine Mühe, um auf sich aufmerksam zu machen. Zu diesem Zweck führten sie auch die Karfreitagsprozession ein. Am 2. April 1627 „giengen die kapuziner das erstemal von einer kirche zur andern. Einige geistelten sich, andere schlepten schwere kreuze." Das erweckte den Unmut der Evangelischen, der vorher schon übergekocht war, als Kapuzinermönche sich in die evangelische Kinderlehre geschlichen hatten und dort „unter merkwürdigen Gesten" den Unterricht belauscht, die Pastoren verunsichert und die Kinder abgelenkt hatten, ein Vorgang, der sich offen und geheim noch öfters wiederholte.

Einen guten Ruf erwarben Dinkelsbühls Kapuziner als Krankenpfleger und Sterbeseelsorger. Unermüdlich waren sie außerhalb der Stadt unterwegs, um in ihrer Diaspora diejenigen aufzusuchen, die der Hilfe bedurften. Bis ins Ries und ins Altmühltal führten sie ihre Streifzüge.

Das innerstädtische Nebeneinander nahm allerdings den Charakter der Grausamkeit und Verbitterung an. Als die Schweden 1632 ein protestantisches Stadtregiment, den „Schwedenrat", einsetzten, wurden die Mönche in ihrem Kloster eingesperrt und die Zugänge versiegelt; 44 Wochen blieben sie ohne jeden Kontakt zur Außenwelt. Als „Diebe, Schelme, Galgenvögel, Seelenmörder und abgöttische Päpstler" beschimpfte sie der Hofprediger des Königs bei einer Visitation.

Als in späteren Jahren die Stadt an der Wörnitz zwischen Franken und Schwaben immer mehr unter den Schrecknissen des Krieges zu leiden hatte, kamen die Kapuziner doch endlich zu Ansehen: Sie bewährten sich als Fürsprecher bei den katholischen kaiserlichen Generälen, zum Beispiel beim Grafen *Huyn von Geleen* und *Amsterad*. Ihr tapferer Widerstand gegen eine schwedische Belagerung, bei der die feindlichen Kanonen ihr Feuer wie auf einen überfälligen Schutzschild richteten, steigerte die Anerkennung. Und als sie gar bei einem Festmahl des siegreichen Generals *von Wrangel* in einem theologischen Disput sich gegenüber den Protestanten tapfer hielten, soll den schwedischen Potentaten herzhaftes Mitgefühl übermannt haben: Er ließ eine Spontan-Kollekte durchführen, die ein derart hohes Ergebnis hatte, daß die Kapuziner daraus sogar ihre kapuzinischen Kollegen in *Mergentheim* und *Ochsenfurt* versorgen konnten. So überlieferte es ein Bewunderer dieses streitbaren Ordens.

Der Westfälische Frieden brachte Dinkelsbühls Kommunalpolitikern die Zahlengleichheit der Konfessionsvertreter in den örtlichen Gremien. So kam es allmählich zu einem vernünftigen Nebeneinander der beiden unterschiedlichen Glaubensrichtungen. Wo aber wenig Streit, versiegen die Quellen.

Der Orden konzentrierte sich auf die Förderung der Volksfrömmigkeit, auf Seelsorge, Gottesdienst und Wallfahrten. Er kam kaum mehr ins Gerede, seitdem er seine Aggressionen abgestreift hatte. Das „Normaljahr" 1624 führte in die Normalität anerkannter Existenz: Zum Glück war das Kloster in Dinkelsbühl noch vor dem wichtigen Datum des 1. Januar 1624 angefangen worden.

Die Säkularisation machten dem inzwischen geschrumpften Konvent 1802 ein Ende. Später kamen die Schulschwestern, deren segensvolles Wirken infolge Überalterung und fehlenden Nachwuchses endete.

Große Kunst ist am vergleichsweise jungen Gemäuer des Kapuzinerklosters nicht anzutreffen. Das Kloster war zu weit ab von den Zentren künstlerischen katholischen Gestaltungswillens, seine Bewohner waren zu sehr gefangen vom Kampf um ihr Dasein in einer unfreundlich gesonnenen Umgebung, als daß für die Verschönerung des Lebens und des Kultes Zeit und Mittel hätten aufgewendet werden können. Dem Kloster geht alles Barocke ab – protestantischer Kunstpuritanismus hat da sogar auf katholische Bauformen abgefärbt.

Die Franziskaner nach der Reformation

Das Kreuzbergkloster in der Hohen Rhön

„Im Junius 1844 Nachts gegen 11 Uhr schaute ich an einem Gangfenster des Klosters (zu *Bischofsheim* in der Rhön; Anm. d. Verf.) in eine der schönsten Nächte, welche je auf dem heiligen Berge ruhten. Der Mond leuchtete freundlich am wolkenlosen Himmel. Wie ein glänzendes Meer war die Milchstraße beschillert, deren düstere Gestirne wie ein Strahlen erhebender Gegenwurf den Schimmer der benachbarten Sterne erhöhte. Alles war still, alle Winde schwiegen. – Da ergriff mich ein heiliger Schauer. Ich rief aus: Heilig! Heilig! Heilig! Heilig bist du, und anbetungswürdig und ewig, o Erster! – Du! der du den göttlichen Sohn von Ewigkeit zeugtest zum Erlöser der Menschen! – Ach heiligster Stifter des ewigen Bundes, laß mich lernen hier in zärtlicher Demuth strenge deine Gebote halten, und von deiner göttlichen Huld mich Erbarmung einst erwarten. – Es wart beschlossen, Morgens bei Tagesdämmerung den h. Kreuzberg zum ersten Male zu begehen, um zugleich bei Aufgange der Sonne Gottes unerforschliche Macht, Größe und Güte in kindlicher Liebe und Unterwerfung zu bewundern".

So schildert der Würzburger Domvikar *Franz Nikolaus Bauer* 1816 seinen ersten Gang zum heiligen Berg des nördlichen Franken. Er tut es stimmungsvoll, denn der Kreuzberg verlangt Stimmung und bringt in Stimmung – und danach das Klostergasthaus manche Wallfahrergruppe auch. Dem gelehrten Nikolaus Bauer hat die Rhön diese erste und schöne „Beschreibung des heiligen Kreuzberges und seiner Umgebungen, in Hinsicht auf die Erzeugnisse und Schönheiten der Natur, mit statistischen, geschichtlichen und religiösen Bemerkungen" – so der volle Titel – zu verdanken. Bauer beginnt sein Werk, indem er den nachdenkenswerten aphorismenhaften lateinischen Satz in Erinnerung ruft: „Ein Leben ohne Wissenschaften ist der Tod und das Grab des lebenden Menschen" (vita sine litteris mors est et vivi hominis sepulcrum). Er verbrachte – man könnte meinen, irgendwie abgeschoben – drei Jahre „in der stillen Einsamkeit auf dem höchsten und heiligsten Berge unsers geliebten Vaterlandes Würzburg." „Unter den Augen der Herren Franciscaner in dem Kloster auf dem Kreuzberg" sei sein Werk entstanden. Dabei habe er „Andern nicht nachgebetet", sondern sei seinen eigenen Ansichten gefolgt.

Nikolaus Bauer berichtet: „In der Frühe vollzog ich sogleich meinen Vorsatz. In meinen Mantel gehüllt durchbrach ich ganz wehmütig den bleifarbigen Nebel. Der Thau des Himmels zeigte sich fühlbar; ich durchschritt langsam den Calvarienberg, und langte endlich am hohen Kreuze an. Es war immer noch tiefe Dämmerung. – Ich warf mich auf das benäßte Moos, und küßte meine Mutter Erde, die ich, leider!, einst zu viel liebte, und die jetzt dafür mein Herz in süße wallende Freuden versetzt, daß ich unter Gottes freiem Himmel nächst am h. Kreuze ausrufen kann: Hier liege ich, göttlicher Vater! nach deinem Bilde geformt, weinend und bittend vor dir: laß einst durch ein tötendes Gericht mir Gnade zufließen, die ich durch meine Geringschätzung nicht verdient habe ..."

Die Franziskaner kamen gegen Ende des Dreißigjährigen Krieges auf den Kreuzberg. 1646 bezog Pater *Johannes Faber* mit einigen Brüdern ein neuerbautes kleines Kloster in Bischofsheim, das so endlich (wieder) zu Klosterehren kam, die es auch für frühere Zeiten beansprucht, wobei es sich wahrscheinlich mit Tauberbischofsheim verwechselt. Die Franziskaner von Kloster *Dettelbach* hatten Pater Johannes nach Bischofsheim abgeordnet. Im Sommer wohnte er mit seinen Brüdern auf dem Kreuzberg in kleinen Zellen. Ein paar Jahre später erhielten die Kreuzberg-Franziskaner eine Kreuzpartikel-Reliquie: Ein junger Jesuit war in Holland von einem Calvinisten gemartert worden und hatte das kostbare Stück seinem Bruder, einem Würzburgischen Amtmann, geschickt, der es den Franziskanern übergab. Nun hatte die Wallfahrt auch ihr besonderes Ziel.

1679 begannen die Franziskaner, die inzwischen zu einem selbständigen Konvent erhoben waren, mit dem Bau eines Kreuzbergklosters, der 1684 vollendet wurde; sechs Patres und sechs Fratres bezogen ihn und fingen bald darauf an, ein Hotel zu bauen, dem sie 1731 eine Brauerei angliederten.

Die Wallfahrten auf den Kreuzberg wurden zum beliebtesten geistlichen Ausflugsziel der Unterfranken. Annähernd fünfzig große Gemeindeausflüge wurden 1744 aufgezeichnet, von den frommen Familien- und Einzelreisen nicht zu reden. Der Zulauf zu den Franziskanern war derart groß, daß der Würzburger Generalvikar untersagte, mehr als 20 Konventsmitglieder auf dem Kreuzberg aufzunehmen. 1790 wohnten trotzdem 24 im Kloster.

Die Säkularisation von 1803 überstanden die Franziskaner auf dem Kreuzberg einigermaßen. Es wurde ihnen zwar untersagt, Novizen aufzunehmen, aber nach 25 Jahren besuchte König *Ludwig I.* von Brückenau aus den heiligen Berg Unterfrankens und sorgte dafür, daß das Kloster weiterbestehen konnte. „Es wäre ja ewig schade, diesen Ort veröden zu lassen", hat er gesagt.

Das Kloster auf dem Kreuzberg in der Hohen Rhön

1981 konnte man im Kreuzberg-Kloster in voller Pracht und Blüte fröhlich und dankbar unter der Anteilnahme ungezählter Wallfahrer das Jubiläum der Kloster-Grundsteinlegung und der Brauereigründung feiern.

Die Kreuzberg-Wallfahrt selbst reicht weiter zurück als das Kloster. Spätestens seit 1400 steht auf dem Gipfel des Kreuzberges, dem *Aschberg*, ein Christus-Kreuz, 1453 entstand oben eine Kapelle. Dort hinauf schickte man die Menschen der weiten Umgebung auf Wallfahrten.

Nach 1525 ging die Wallfahrt ein; viele Bewohner der Umgebung waren evangelisch geworden.

Der unermüdlich, bekanntlich auch rücksichtslos rekatholisierende Fürstbischof *Julius Echter* – Nikolaus Bauer nennt ihn „groß und aufgeklärt" – ließ 1582 ein neues Steinkreuz errichten „und befahl den Franziskanern zu Dettelbach, daß sich einige Mitglieder aus ihrem Kloster zuweilen auf den Kreuzberg begeben sollten, um den häufig dahin kommenden Wallfahrten Gottes Wort zu verkünden, und ihre frommen Gemüter im heiligen Glauben zu stärken." (Man beachte die evangelische Ausdrucksweise von der Wortverkündigung, die längst zur üblichen Redewendung geworden ist, von Bischof Julius eingeführt.)

Das Standkreuz des Hochaltars ist um 1400 geschaffen worden. Es hat gottlob alle Wirren überstanden. Die Kreuzwegstationen zählen zu den ältesten in Deutschland, mit Sicherheit sind es die ältesten in Franken.

Mitten in der bewegten Keuperlandschaft zwischen Spalt und *Pleinfeld*, abseits von den offiziellen Fahrstraßen, am südlichen Ende des jungen *Brombachsees* liegt hinter *Enderndorf* und *Ottmannsdorf* Heiligenblut. Nichts erinnert mehr an ein Kloster, nichts an eine Wallfahrt, nur noch der Name. Und doch lohnt es, davon zu erzählen, denn vieles ist so typisch: Die Klostergeschichte, das Leben drinnen und draußen, das Erblühen und die Auflösung.

1667, zur Zeit der neu erblühenden katholischen Volksfrömmigkeit, ist die alte Wallfahrt nach Heiligenblut neu belebt worden und so gut gediehen, daß allmählich ein stattliches Franziskanerkloster entstand, eines von vielen jener Jahre der großen Klosterrenaissance in katholischen Landen. Mit einer Eremitei nahm das Kloster seinen Anfang. Am 15. September 1667 erlaubte der Bischof von Eichstätt dem „von Gott dahin berufenen andächtigen" Franziskanerbruder und Einsiedler *Georg Bolz*, bei der alten Kapelle, die vor dem langen Krieg schon Wallfahrtsziel war, eine Einsiedelei einzurichten und schickte das Bauholz mit einigem Baugeld gleich hinterher. Auch damals tat privaten Initiativen eine hochamtliche Förderung gut.

Schon ein halbes Jahr später genehmigte Eichstätt die Aufstellung eines Opferstockes; den Schlüssel erhielt der Pfarrer von Spalt, der mit der Rechnungsführung betraut wurde. Schon nach drei Wochen waren fünf Gulden und eine Krone eingelegt – ein bemerkenswert hoher Betrag. Am „heiligen Kreuzfreitag" hat der Spalter Stadtpfarrer mit dem Amtskastner und dem Inneratsherren, zwei hohen Beamten, den Opferstock erstmals geöffnet.

Bei soviel Zulauf schien es gerechtfertigt, einen neuen Kreuzweg von Spalt nach Heiligenblut anlegen zu lassen. Acht Bilder wurden auf Blech gemalt, brusthoch in Stöcke eingelassen und „wegen der Unbill der Witterung gen Süden gerichtet". Sie sollten an die „Blutvergießung Christi" erinnern, sieben an den Herrn leibhaftig, die achte an die Fortsetzung seines Leidens in der Hostie. Die Themen: die Beschneidung des Jesuskindes, Jesus im Garten Gethsemane („sein Schweiß war wie Blutstropfen", Lk. 22,44), Jesu Geißelung (Offenbarung 1,5), seine Krönung mit den Dornen (Hebr. 9,12), der Leidensweg (Hebr. 9,22), Jesu Kreuzigung (Römer 5,9) und seine Betäubung (Joh. 19,34), dazu das Bild von dem „was sich mit der Hostie zugetragen" (1. Kor, 10,16). Wer die Bibelstellen nachliest, die den Stoff der Darstellung lieferten, wird unschwer erkennen, wie damals ein buchstäblicher „Christi-Blut-Kult" ausgebrochen war, der auch im Protestantismus seine Parallele hatte, wenn auch in weniger sinnenhaften Formen: „Christi Blut und Gerechtigkeit, das ist mein Schmuck und Ehrenkleid" hatte der lutherische Liedersänger *Nikolaus Hermann* aus *Altdorf* schon um 1550 bei den Kreuzesmystikern zu singen gelernt und die Seinigen gelehrt.

Die Wallfahrten nahmen unter Pater Bolz und dem Patronat des Spalter Stadtpfarrers einen enormen Aufschwung. 1689 ließ deshalb der Spalter Stiftsherr *Oberndorfer* das „alte sehr schlecht wordene Kapellein gänzlich abtragen" und ein neues Kirchlein erbauen. Ausdrücklich vermerkt der Chronist, daß er dies aus seinen eigenen Einnahmen tat („ex sumptibus et pia liberalitate" – welch ein Freiheitsbegriff!). Ja, noch mehr: Kanonikus Oberndorfer ließ auch noch einen neuen Hochaltar aufrichten. Um 1700 wurde die Einsiedelei gründlich erneuert, so daß der Eremit besten Gewissens wieder mehr unter die Leute gehen konnte. Er tat es ausgiebig, als er 1703 eine weite Reise zum berühmtesten Wallfahrtsort seiner Zeit antrat, nämlich nach Maria-Einsiedeln in der Schweiz. Das Heilig-Blut-Klösterlein wußte er in guten Händen, denn vor kurzem hatte sich bei ihm der ehemalige Soldat *Jörg Schmitt* niedergelassen. – Der Einsiedler starb auf seiner letzten Reise.

Jörg Schmitt trat die Nachfolge an – und machte eine schnelle Einsiedlerkarriere: Noch im selben Jahr machte er in Limburg den Novizenkurs mit, wurde nach einem Jahr als Pater *Emmeram* eingekleidet und nach weiterer einjähriger Bewährung nach Heiligenblut versetzt. In der Zwischenzeit hatte ein Franziskaner aus dem Kloster *Schillingsfürst* als Wallfahrtspriester gedient und alle wichtigen Schritte eingeleitet, um ein echtes Kloster zu gründen. Er hatte zwei Patres erhalten und die Anlage tatkräftig ausgebaut – mit einem Blumengarten, einer Küche und einem Gastzimmer. Als er noch immer keine Ruhe gab und bewegte Klage darüber führte, daß er alles in einem sein müsse, Koch, Gärtner, Sakristan, Beichtvater, Terminarius und Ökonom, half auch die Unterstützung der gesamten weltlichen und geistlichen Prominenz von Spalt und Umgebung nichts – seine Eingabe an den Bischof wirkt wie eine klassische Bürgerinitiative –, unbegreiflicherweise sagte Eichstätt nein. Als 1706 die Heiligenbluter Patres erneut die Genehmigung der Klostergründung beantragten – auf eine solche lief die Erhöhung der Zahl der Möche ja hinaus –, konnte der Bischof nicht länger ablehnen. Jetzt wurde auch aktenkundig, warum die Zustimmung so lange hinausgeschoben wurde. Die Zahl von drei Patres zu Heiligenblut dürfe keinesfalls überschritten werden, verlangte der Bischof – die Dominikaner in *Eichstätt*, die Franziskaner in *Ingolstadt* (die in *Ellingen* eine Zweigstelle hatten), die Karmeliten in *Dinkelsbühl* und die Pfarrer von *Hagsbronn* bremsten den Eifer zu Heiligenblut; sie fürchteten um ihre Kollekten. Es gereicht dem Eichstätter Konsistorium zur Ehre, daß es nun, nachdem es die kleine Klostergründung genehmigt hatte, die Klagen derer, die sich konkurriert fühlten, zurückwies. Der Bischof ordnete sogar an, daß aus dem Spalter Brauhaus jährlich 25 Urnen Bier zu liefern seien. Weit über 10 000 Kommunikanten registrierte die Klosterstatistik um jene Jahre.

Die Wallfahrtsanlage wuchs und wuchs. Erneut mußte die Kirche erwei-

tert werden, desgleichen der Klosterbau. Jetzt entstand die große zweiflüge-
lige Anlage, die auf alten Bildern zu sehen, im letzten Jahrhundert aber vollständig verschwunden ist. Die Zahl der Priester mußte angehoben und die
Zahl der Konventualen vergrößert werden. Eichstätt genehmigte die Aus-
dehnungsanträge nur zögernd. Als 1736 erneut drei Stellen beantragt wurden – „denn man würde mit dem Beichtstuhl nicht mehr fertig" – reduzier-
te der Bischof auf zwei weitere Patres. Um diese Zeit vergrößerte Heiligenblut auch seinen Reliquienschatz kräftig. Ein Neuburger Hofrat schenkte
„den Leib des hl. Märtyrers Severin", ein Domdekan „einen Partikel vom hl.
Blut Jesu", Kloster Plankstetten trat einen Kreuzpartikel ab, ebenso der
Fürstabt von Fulda. Das wurde den Spaltern zuviel; sie fürchteten um ihre
Einnahmen und protestierten – vergeblich!

Auch interne Streitereien blieben dem Kloster jetzt, wo es so prächtig
gediehen war, nicht erspart. Als in Frankreich längst die Revolution ausgebrochen war, die dort den Klöstern schlagartig ein Ende machte, brach in
Heiligenblut ein Bruderkrieg zwischen „Inländern" und „Ausländern" aus,
zwischen denen aus der engeren Umgebung und den von weit her Zugezoge-
nen. Daß der Führer der aufsässigen Kritiker in den Akten andauernd der
„Klubist" genannt wird, kennzeichnet die Situation: man bediente sich
durchaus der revolutionären Sprache des Nachbarlandes.

Kaum hatte der Bischof im Streit entschieden und sich die Bruderschaft
einigermaßen beruhigt, da wurde 1803 von Staats wegen seine Auflösung
verfügt und 1806 vollzogen. Heiligenblut nahm ein trauriges Ende. Zwar
kamen einige Patres im Pfarrdienst unter, wobei sie versprachen, je einen
alten Bruder zu dessen Versorgung und Alterspflege mitzunehmen – zum
Beispiel bewarben sie sich auf *Ornbau*, *Rodheim* und *Herzogenaurach* –, der
letzte Mönch in Heiligenblut aber wurde wahnsinnig und der Klosterwirt
trunksüchtig: Bis zu 5000 Menschen hatte er zeitweilig an einem Tag aus seiner Bäckerei und der Brauerei versorgt. Jetzt aber war sein Geschäft kaputt.
Das Kloster wurde Zug um Zug verkauft; über 600 Morgen gehörten zum
Klosterbesitz. Die beachtliche Bücherei wurde der Regierungsbibliothek in
Ansbach einverleibt und die kleinere Glocke den Ansbacher Katholiken zugesprochen, die freilich noch keinen Kirchturm hatten, so daß sie zunächst
in *Mosbach* blieb. Die größere Glocke kam nach *Stirn*, wo sie noch heute zur
Messe ruft.

Wo einst das Kloster stand, hat heute ein Hopfenbauer sein Auskommen.

XII
Katholische Orden und evangelische Kommunitäten im 19. und 20. Jahrhundert

Ein Überblick

Mit dem Anbruch der Neuzeit endete die Blütezeit des katholischen Mönchtums in Franken. Auch die kraftvoll geführte Gegenreformation mit ihren großen inneren Reformen und Ordensneugründungen vermochte daran nichts zu ändern. Verglichen mit den ersten fünf Jahrhunderten des zweiten Jahrtausends glich das Erblühen katholischer Orden im achtzehnten und neunzehnten Jahrhundert einer herbstlichen Pracht. Zu sehr hatten sich die Zeiten geändert. Geändert hatten sich auch die Einflußmöglichkeiten der Kirche. Vieles von dem, was das Christentum im mittelalterlichen Europa zum Leben erweckt hatte, blühte nun in weltlichen Gärten und wurde auf weltliche Weise gepflegt. Die in der Neuzeit in Gang gekommene Emanzipierung der Welt hatte sich voll durchgesetzt.

Mit dem Aufkommen des Humanismus, noch vor Einbruch der Reformation, setzte ein als neuartig empfundener Glaube des Menschen an die eigenen Möglichkeiten und die eigene Würde die klügsten Köpfe in helle Begeisterung. Optimismus, Weltbejahung, Diesseitigkeit waren die Kennzeichen dieser Einstellung. Dabei richteten sich diese Gedanken durchaus nicht gegen die Kirche, sondern verstanden sich in den meisten Fällen sogar kirchlich. Aber die jungen Ideenträger wollten eine andere Kirche als die zugegebenermaßen wahrlich reformbedürftige. Der Mönch Luther war einer der Wortführer, er freilich durch und durch religiös, im innersten Ansatz christlich, ohne Wenn und Aber.

Der Staat fing an zu herrschen über die Menschen, fast überall gelang es ihm, die Kirche sich unterzuordnen, auch dort, wo er seinen geistigen Gehalt, seine Normen und Wertvorstellungen ausdrücklich als christlich, vor allem katholisch, auswies. Das ging nicht ohne harte Auseinandersetzungen ab. Im protestantischen Teil Frankens war die Säkularisation – zunächst organisatorisch, dann geistig – mit der Reformation zustandegekommen. In den katholischen Gebieten verzögerte sich der Prozeß um zweieinhalb Jahrhunderte, bis zur Französischen Revolution. Und auch dann dauerte es noch einmal einige Zeit, bis die großen, schmerzlichen Entscheidungen gefällt wurden, die für manche den Tod bedeuteten. Die Rede ist von der Auflösung der Klöster und der zwangsweisen Verstaatlichung der Kirchengüter. Franken war dem Königreich Bayern eingegliedert worden, die fränkischen Klöster wurden unter dem ersten bayerischen König *Maximilian I.* und seinem Kanzler Graf *Montgelas* säkularisiert.

Die Kirche empfand das als beklagenswerten Einschnitt, als schmerzliche Einengung und Benachteiligung. Die guten Wirkungen, die das auch hatte, übersah man – zum Beispiel die Wirkung einer erneut einsetzenden Besinnung auf den eigentlichen Auftrag zu Mission und Diakonie. Es entstand eine im gewissen Sinn frühchristliche Situation: Bekenntnis, Bekehrung, Glaubenszeugnis und Glaubensgemeinschaft, Zeugnis und Dienst waren gefragt. Vorausgegangen war die Zeit der Aufklärung, die nicht nur den Wunsch nach Autonomie – endlich, wenn auch zunächst nur geistig – zur Erfüllung brachte, sondern vor allem nach mehr Unabhängigkeit des einzelnen Menschen. Die vielgerühmte Geschlossenheit der mittelalterlichen Welt- und Gesellschaftsordnung hatte sich als oft unerträgliche Fessel erwiesen, des Menschen und seiner Freiheitsfähigkeit unwürdig.

Während der Zeit der Aufklärung waren die Kirchen beider Konfessionen merkwürdig starr, unbeweglich, fast resigniert geworden. Die Orthodoxie blieb stumm, als die Welt der Naturwissenschaft drängend nach Antworten suchte. Es scheint, als hätte der Hexenwahn des achtzehnten Jahrhunderts die Kräfte der alten Kirche aufgesogen – und die der kämpferisch für die Befreiung von Sklaverei und Leibeigenschaft eintretenden Aufklärung unschätzbar gestärkt. Am Kampf um die (urbiblischen) Menschenrechte, der zuerst in Nordamerika und danach in Europa erfolgreich geführt wurde, waren die Kirchen kaum beteiligt, und wenn, dann auf der falschen Seite oder weit entfernt; die katholische Kirche in der aktiven Defensive, die Protestanten aktiv inspirierend nur durch radikale Außenseiter wie den Engländer *William Penn* (oder in Philadelphia den Franken *Praetorius* aus *Windsheim*). Die lutherischen oder calvinistischen Landeskirchen wollten von dieser Entwicklung nichts wissen. Denn sie waren in die Staatsverwaltung eingeschnürt; die äußere Bewegungslosigkeit machte sich auch an innerer Unbeweglichkeit bemerkbar. Auch dieser verkehrten Beharrlichkeit, die kaum den eigenen Aufgaben, sondern meist fremden Interessen diente, ist der Ausbruch der Französischen Revolution mit ihren buchstäblich verheerenden Auswirkungen auch auf Franken zuzuschreiben.

Während und in der Folge von Revolution und Freiheitskämpfen hatten die Kirchen zu tun, sich in einer plötzlich völlig veränderten Welt neu einzurichten. Denn verändert blieb diese Welt auch unter der Metternichschen Restauration, was den Umgang des Staates mit der Kirche anlangt. Vor allem: die Klöster blieben geschlossen. Zwei Jahrhunderte nach der lutherischen Reformation holte die westeuropäische Revolution grausam nach, was ehedem (ausgenommen im Bistum *Würzburg*) unterlassen worden war.

Beim Staatskirchentum blieb es allerdings, nicht nur in Franken, sondern in allen Ländern des Deutschen Reiches. Aber wenigstens im Inneren erlebten die Kirchen eine Reform, in Franken vor allem die evangelische: Die Frömmigkeitsbewegung des Pietismus erfaßte weite Kreise, die sich nach Westen wie nach Osten hin öffneten – von Westen her drangen die Gedanken des Elsässers *Philipp Jacob Spener* ein, der als Frankfurter Kirchenführer in den fränkischen Reichsstädten starken Anhang fand, vor allem in *Windsheim* und *Rothenburg*. Von Osten her kam die *Herrnhuter Bruderschaft* unter der Führung des österreichisch-protestantischen Grafen *Zinzendorff*, dessen Familie nach Sachsen (auch über Nürnberg) auswandern mußte. Die Grafen *Castell* öffneten sich dieser Bewegung, die so nach Mainfranken und in den Steigerwald kam. Eine dritten Bewegung reichte vom sächsisch-preußischen *Halle* her nach Franken, die tatkräftige, streng pietistische Bewegung des *August Hermann Francke*. Ungezählte Anstöße gingen von diesem Pionier der christlichen Liebestätigkeit der Neuzeit aus. Die Waisenhäuser, die im achtzehnten Jahrhundert in jeder evangelischen Stadt aufgemacht wurden, waren in den meisten Fällen der Einflußnahme des Hallenser Pastors zu danken.

Sichtbare Werke blieben aus jener Zeit kaum zurück, so segensvoll die einzelnen Einrichtungen in *Ansbach*, *Neustadt an der Aisch*, *Nürnberg*, *Bayreuth* und andernorts auch wirkten. Dies ist bezeichnend: Die Kirche hatte den Willen und die Kraft zur Monumentalität verloren. Sie war nicht mehr die große, bewegende, verändernde, bestimmende Kraft. Längst hatte sie sich, ohne sich dessen bewußt zu sein, eingeordnet in die lange Reihe anderer wichtiger Faktoren – ohne den Anspruch, ihre prägende Kraft sichtbar zu machen. Da und dort entstanden zwar noch schöne Kirchen, aber Werke von der Einzigartigkeit der mittelalterlichen Klöster kamen nicht mehr zustande.

Franken selbst entfaltete im achtzehnten Jahrhundert kaum eigene Initiativen. Es scheint, als wirkten die Leiden des Dreißigjährigen Krieges hier (wie auch im anderen Reichsland der Deutschen, im Elsaß) besonders quälend nach. Zudem hatte es mit der Verlagerung der deutschen Königsgewalt nach Südosten und mit deren Schwächung seine deutsche und europäische Funktion verloren. Es dauerte lange, bis sich Nürnberg, einst „des Reiches Schatzkästlein", von dieser Minderung seiner Bedeutung erholte. Die übrigen vielfältigen Zentren, Grafschaften, Markgrafschaften und Bistümer sanken auf ihren regionalen Rang herab – und Klöster gab es kaum mehr (was im Zusammenhang mit der Geschichte der einzelnen Monasterien dargestellt wurde).

Die bayerischen Klosterneugründungen

Erst in der Mitte des neunzehnten Jahrhunderts veränderte sich die Szene. Im Katholizismus Bayerns, dem Franken jetzt ja zugeschlagen war, wurden – wenn auch reichlich spät – die Anregungen des eigenwilligen ehemaligen Jesuitenpaters *Michael Sailer*, der in hohen Jahren noch zum Bischof von *Regensburg* berufen wurde, aufgenommen und eine innere Reform des geistlichen Lebens eingeleitet, vor allem eine Erneuerung des Klerus durch Einrichtung der ehedem aufgehobenen Priesterseminare. In Franken ging *Eichstätt* voran (1838). Bayerns König *Ludwig I.*, ein leidenschaftlicher Freund der Geschichte, der Kunst, vor allem der Architektur, und aufgeschlossen für die Wissenschaften, stellte in Bayern wieder viele traditionsreiche Klöster her. Allerdings kam Franken bei der benediktinischen Klosterrestauration Ludwigs ziemlich schlecht weg. Die ideale Vereinigung von Religion, Wissenschaft und Kunst, wie Ludwig sie verstand, kam zwar dem altbayerischen *Metten* (1830), dem allgäuischen *Ottobeuren* (1834) und dem schwäbischen *St. Stephan* in *Augsburg* (1834) zugute – Frankens Bistümer aber wurden übergangen, auch dann noch, als die altbayerischen Abteien *Scheyern* (1837) und *Weltenburg* (1842) wiederhergestellt und in München die Benediktinerabtei *St. Bonifaz* (1850) ganz neu eingerichtet war.

Nur bei den Frauenklöstern schnitt Franken etwas besser ab: 1835 wurde die *Benediktinerinnenabtei Eichstätt* vollends wiederhergestellt, neun Jahre danach, 1844, die *Karmelitinnen*-Niederlassung in *Himmelpforten* in *Würzburg*. 1827 war das Bildungsinstitut der *Englischen Fräulein* in *Bamberg* wiedereröffnet worden, der Fortbestand der *Servitinnen* in *Würzburg* war schon 1826 genehmigt worden. Das waren – man muß es vorrechnen – vier von zwanzig restituierten Frauenkommunitäten, die ausnahmslos in der Erziehung tätig waren (bei einem Bevölkerungsanteil der Franken an Bayern mit annähernd der Hälfte). Hätten nicht die *Franziskaner* in Franken verhältnismäßig viele Klöster neu gründen können, so wären die drei fränkischen Bistümer fast leer ausgegangen. So aber kamen die braun gewandeten Brüder nach *Dettelbach, Miltenberg*, auf den *Kreuzberg* und auf den *Volkersberg* (1826), nach *Bamberg, Gößweinstein* in der Fränkischen Schweiz, *Marienweiher* bei *Kulmbach* und nach *Hammelburg* (1828), nach *Vierzehnheiligen* (1839), nach *Würzburg* (1840), *Schönau* bei *Gemünden* (1843) und *Neukirchen* (1855). Die *Augustiner-Priorate* in *Münnerstadt* und *Würzburg* waren schon 1826 bzw. 1828 wieder errichtet worden. Die *Unbeschuhten Karmeliten* hatten sich im selben Jahr in *Würzburg* wieder niedergelassen. Das waren insgesamt 15 von 45 klösterlichen Wiedergründungen.

Mit Ausnahme vom Kloster der beschaulichen *Birgittinnen* in *Altomünster* übernahmen alle bayerisch-fränkischen Klöster die im Konkordat gestellten sozialen oder schulischen Aufgaben. Das Klosterwesen hatte auch in seiner reformierten Form aufgehört, Selbstzweck zu sein.

Diese erneuerten Klöster wurden zu neuen Zentren des geistlichen Lebens. Freilich standen die Franken auch da weit hinter den Altbayern zurück, sie partizipierten eher vom regen bayerischen Ordenskatholizismus, zum Beispiel die Nürnberger, für die 1913 die Franziskaner eine Niederlassung in Nürnberg-St. Ludwig einrichteten, desgleichen in Bamberg, wo die Franziskaner schon 1895 wieder angefangen hatten. Schon 1854 und 1855 war der Stadt Würzburg neues monastisches Leben zugeflossen: Die *„Töchter des Allerheiligsten Erlösers"* begannen eine Tätigkeit, für die der größte Bedarf bestand, nämlich in der Krankenpflege. Und die *„Dienerinnen der Heiligen Kindheit Jesu"* vom Dritten Orden des heiligen Franz von Assisi nahmen ein Jahr danach ihre Tätigkeit auf. Mit der Fürsorge-, vor allem mit der Kleinkindererziehungsarbeit begannen sie, übernahmen Säuglingsheime, Kinderheime, Obdachlosenstationen, bildeten Kindergärtnerinnen und Seelsorgehelferinnen aus und widmeten sich der Krankenpflege. 1929 ließen sie sich nach Nordamerika rufen, 1951 nach Südafrika – in die Kranken-, Mütter- und Säuglingspflege der US-Diözesen New York und Trenton und in die Mission bei den Zulus, wo sie eine Missionsschule und Kindergärten betreiben.

Die ganze Kraft der jungen Ordensgemeinschaften, oft in alten Klöstern untergebracht – wie die „Dienerinnen der Heiligen Kindheit Jesu" in der stattlichen Prämonstratenser-Abtei *Oberzell* bei Würzburg – verströmten ihre Kraft an die Menschen. Sie investierten sich, ihre Ideen, ihre Liebe, ihre Phantasie nicht in steinerne Werke, sondern in lebendige Menschen, in die Armen, in die Bildungshungrigen, in die Kranken und Behinderten ihrer Zeit. Und das war anfangs eine Zeit, in der wiederum nur die mönchischen Gemeinschaften über das Potential verfügten, das Abhilfe schaffen konnte. Werke der Kunst haben sie kaum geschaffen. So weit reichte ihr Anspruch nicht mehr. Die klösterlichen Kommunitäten waren, wie weithin auch ihre Kirche, bescheiden geworden, zu bescheiden mitunter.

Die Barmherzigen Schwestern

Der in Unterfranken am weitesten verbreitete katholische Frauenorden ist der der „Barmherzigen Schwestern", genauer: die *„Kongregation der Töchter des Allerheiligsten Erlösers"*. Angefangen haben sie als die *„Niederbronner Schwestern"*. Denn aus dem elsässischen *Niederbronn* sind sie am 11. Oktober 1854 nach *Würzburg* gekommen. Eine Volksmissionsreihe im Dom und im

Stift Haug hatte derart nachhaltig gewirkt, daß einige Begeisterte einen *Elisabethenverein* gründeten, der sich die Förderung einer Krankenpflegeschwesternschaft zur Aufgabe stellte.

Am Anfang des 19. Jahrhunderts stand zwar die Auflösung fast aller katholischen Ordensgemeinschaften, seine zweite Hälfte aber führte wieder in eine neue Gründerzeit. Die Benediktinerinnen, Zisterzienserinnen und Dominikanerinnen lebten bald nach der Aussperrung – hauptsächlich unter dem Protektorat König *Ludwigs I.* – wieder auf, und mit ihnen erwachte das alte Ideal der Abkehr von der Welt. Für die Zuwendung zur Welt fehlte indes noch ein Orden. Die Niederbronner Schwestern haben diese Herausforderung erkannt und sie angenommen. 1849 sind sie von *Maria Alphonse Eppinger* gegründet worden. Schon fünf Jahre später kam es zu einer Dependance in Würzburg. Die einfache, aber führungsstarke Maria Eppinger, die trotz Schulbildung nur ihren Namen schreiben konnte, aber über eine phänomenale Ausstrahlung auf ihre Umgebung verfügte, hatte intuitiv erkannt, was ihrer Zeit fehlte. Sie machte die Hauskrankenpflege zur Hauptaufgabe ihrer Schwesterngemeinschaft, sodann die Armenpflege, die Waisenhausarbeit und die Kinderbetreuung. Daß dieser Orden im Niederelsaß entstand, nicht weit von *Waltersbach*, wo der evangelische Pfarrer *Friedrich Oberlin* eine ähnlich weitreichende soziale Gemeindearbeit angefangen hatte, nimmt kaum Wunder.

Die Barmherzigen Schwestern erlebten auch in Würzburg einen dramatischen Zulauf. Schon nach einem Jahrzehnt hatten sie sich in einem Dutzend Gemeinden ausgebreitet. In Würzburg führten sie die häusliche Krankenpflege ein, desgleichen in *Bad Kissingen* (wo sie zugleich ein Spital betreuten und eine Kinderbewahranstalt leiteten); in *Werneck, Volkach, Dettelbach, Lohr, Karlstadt* und *Miltenberg* dienten sie den Spitälern, in *Ochsenfurt, Haßfurt* und *Kitzingen* zogen sie in die alten Pfründnerspitäler ein; in *Aschaffenburg* übernahmen sie die häusliche Krankenpflege und gründeten in Würzburg ebenso wie in *Arnstein* und *Kitzingen* Rettungshäuser (für Waisenkinder) mit eigener Heimschule.

Und das alles zu einer Zeit, zu der sich die bayerische Regierung noch immer nicht entschließen konnte, die staatliche Genehmigung zu erteilen. Elf Jahre wurden die entsprechenden klösterlichen und bischöflichen Ansuchen von der Staatsbürokratie hin- und hergeschoben. Der beispiellose Einsatz der Schwestern während der Typhusepidemie scheint endlich die mißtrauische Regierung in München umgestimmt zu haben. König *Ludwig II.* besuchte höchstpersönlich die Schwestern im schwer heimgesuchten *Güntersleben*, um ihnen seine Bewunderung auszusprechen, die auch ihren Diensten in *Ober-* und *Unterwaldbehrungen,* in *Mellrichstadt, Biebelried, Pfersdorf* und *Premich* galt. Jetzt endlich bekam die „vom Ausland abhängige Schwesternschaft" sicheren Boden unter die Füße als Körperschaft öffentlichen Rechts.

Das scheint nun freilich dem Bischof nicht mehr genug gewesen zu sein. Er drängte auf Lösung vom elsässischen Mutterhaus (wohl kaum ahnend, daß ein paar Jahre später der massenmordende Krieg zwischen Deutschland und Frankreich ausbrechen würde, der vor allem das nördliche Elsaß grauenhaft mitnahm). Am 6. Juni 1866 „haben seine Majestät der König geruht, der Anstalt der Töchter des heiligen Erlösers in Würzburg als einem Mutterhaus der Kongregation in der Diözese die Rechte einer religiösen und zivilrechtlichen Korporation zu verleihen". Schon am 15. Juni errichtete der Bischof die selbständige Würzburger Kongregation, erteilte „die kanonische Konfirmation" und bestellte „die hiesige Oberin, Schwester *Maria Honorine*, zur Generaloberin" kraft bischöflichen Rechtes.

Es half den ausländischen Niederbronnern wenig, daß sie alle Hebel in Bewegung setzten, um diese Abspaltung zu verhindern, auch nicht, daß 60 von den 73 Schwestern ihre Verbindung zum elsässisch-französischen Mutterhaus nicht lösten: Rom gab dem Würzburger Bischof recht – und der Zulauf an jungen Nachwuchskräften wurde noch stärker. Allein 1866 traten 44 Anwärterinnen ein. Es gelang, die beunruhigten Gemeinden mit ihren leerstehenden Stationen wieder zu besetzen – wenn auch mit kaum erprobten jungen Anfängerinnen. Die spätere Oberin Schwester *Lidwina* schildert ihre einschlägigen Erlebnisse so: Schon am zweiten Tag sei ihr die weiße Schürze umgebunden und sie sofort in die Stadt zur Krankenpflege geschickt worden. Die junge Schwesterngemeinschaft mußte das fehlende Hineinreifen in die klösterliche Gemeinschaft und in die schweren äußeren Aufgaben mit mancher Unruhe bezahlen. Schließlich aber bestimmte das Gewicht der Aufgaben den Weg der Schwesternschaft. Die Last der Anforderungen minderte die Leiden an sich selbst. Die junge Schwesternschaft überstand die Turbulenzen des Aufbaus und Zusammenwachsens, sogar die Zeit nach der Absetzung der Generaloberin Honorine, die in den unruhigen Jahren des Aderlasses und Neuanfangs alles in einem sein mußte, „Generaloberin, Sekretärin, Pförtnerin, Novizenmeisterin (soweit Novizen im Hause und nicht draußen in den Gemeinden waren), Krankenmeisterin, Vermögensverwalterin".

Als 23jährige war Schwester *Elisabeth Henriette Steimer*, das sechste von neun Kindern der Gerberseheleute Johannes und Maria Steimer aus Lebach bei Trier, zur Oberin der Würzburger Zweigstelle eingesetzt worden. Sie war neun Jahre alt, als ihre Mutter, 38jährig, starb. Die am 6. Mai 1831 Geborene empfing am 8. Dezember 1852 mit dem Ordensnamen Honorine den Ordensschleier – und zwei Jahre später, charakteristisch für den stürmischen Aufbau einer jungen Ordensgemeinschaft – die Verantwortung als Oberin in Würzburg. In den Briefen der jungen Leiterin kommt eine tüchtige Frau zu Wort, die sprüht vor geistiger Lebendigkeit, Geschäftsgewandtheit, Verantwortungsbewußtsein, Unternehmungsgeist und der Fähigkeit zur Menschenführung. Solche Frauen brauchten die jungen Gemeinschaften jener Jahre.

Am 30. Juli 1880 aber bat Honorine den Bischof um Entbindung von ihrem Amt: Sie schrieb: „Ich scheide gezwungen und mit Tränen aus der mir lieb gewordenen Schöpfung, der ich alle meine Kraft und Arbeit interessenlos (uneigennützig, Anm. d. Vf.) gewidmet habe; in wehmütiger Erinnerung bleibe ich der Kongregation auch in Zukunft zugetan". Mit dem (jährlichen) Kaplansgehalt von 800 Mark als Leibrente wurde die 49jährige Generaloberin nach 26 opferreichen Jahren entlassen. Auf 220 Schwestern in 36 Filialen hatten es unter ihrer Leitung die Barmherzigen Schwestern Würzburgs gebracht – einer Größenordnung von zisterziensischen Ausmaßen. Schwester Honorine wurde fünf Jahre später von ihrer zweiten Nachfolgerin (und Schülerin) voll rehabilitiert. Der Zulauf zu den Barmherzigen Schwestern nahm gewaltig zu. Als sie ihre fünfundzwanzigjährige Selbständigkeit feierten, begingen 380 Schwestern in 75 Filialen das Fest.

Zwischen 1895 und 1897 entstand die beachtliche neuromanische Mutterhauskirche, und der *Ebracher Hof*, der 600 Jahre den Zisterziensern gedient hatte, wurde zum neuen Mutterhaus umgebaut. Zusammen mit dem ehemaligen Domherrensitz des *Seebachshofes* entstand eine gewaltige Anlage. Die Kongregation zählte am Tag der Grundsteinlegung, dem 28. Juli 1895, 29 Jahre nach der Verselbständigung, 608 Mitglieder, die an 105 Filialen tätig waren.

Das Wachstum an Aufgaben und Mitgliedern der Schwesternschaft hielt noch lange an. Aber seit dem Jahre 1939 übertrifft die Zahl der toten Schwestern die der neu Eingekleideten. Nur in den Jahren 1948 bis 1951 änderte sich noch einmal die Relation.

Längst leiden auch die Barmherzigen Schwestern zu Würzburg unter einem unkorrigierbaren Nachwuchsmangel, müssen Station um Station hergeben und denken wehmutsvoll an die 100-Jahrfeier 1966, als sie 2 453 Mitglieder hatten – in der Gemeinschaft von 5 000, die in dem einen Jahrhundert, dessen sie gedachten, das Ordenskleid angelegt hatten.

Aus dem verträumten elsässischen Niederbronn war eine Frauenbewegung nach Franken jenseits des Rheins wie ein Vorbote künftiger europäischer Gemeinschaft vorgedrungen – zum wievielten Male eigentlich? –, der Abertausende katholischer Christen in den Diözesen Frankens, weit über Unterfranken hinaus, geprägt, getröstet, begleitet und geleitet hat. Die großen Anlagen zu *Eichelsdorf* in den Haßbergen, in *Heidenfeld* und *Lülsfeld*, in *Bad Kissingen* und in *Schweinfurt* (wo übrigens speziell die Kapelle aller Beachtung wert ist), beweisen es.

Es kann nicht wunder nehmen, daß diese kraftvolle Gemeinschaft über die Grenzen der Diözese und Deutschlands hinausdrängte. In den Erzdiözesen Bamberg, Freiburg und München-Freising, dazu in Rottenburg, unterhalten die Barmherzigen Schwestern Niederlassungen, in den USA sind sie in den vier Erzdiözesen Philadelphia, New York, Baltimore und Washington tätig, dazu in der afrikanischen Diözese Ndanda.

„Gott stellt uns in jene Umgebung, die für uns das Beste ist", hat die mystische Seherin der Barmherzigen Schwestern *Julietta* einmal gesagt. Julietta war ein Vierteljahrhundert die Pförtnerin des Mutterhauses – eine Frau, die den Alltag Ungezählter beseelt hat durch die Art, wie sie mit ihnen sprach und umging. Am 13. November ist *Theresia Eleonora Ritz* aus der Pfarrei *Brombach*, die den Ordensnamen Maria Julietta erhalten hatte, nach einem segensreichen Leben als Volks-, Haushaltungs- und Klosterschullehrerin und 26 Jahren Dienst an der Pforte gestorben. 1986 wurde das Seligsprechungsverfahren für sie beantragt und eröffnet – eine wenigstens für die vielen ihresgleichen unter allen Christen.

Neue evangelische Kommunitäten

Rehweiler im Steigerwald – ein gescheiterter pietistischer Versuch

Wer den nordwestlichen Steigerwald besucht, sollte nicht nur in *Wiesentheid* oder in *Rüdenhausen* haltmachen. Auch nicht nur im weinfrohen *Abtswind* oder im gräflichen *Castell*.

Die Gründe, in diesen verträumtesten Teil des Steigerwaldes zu fahren, mögen vielfältig sein. Man kann die wahrhaft fürstliche Architektur der Bauten der Schönborn oder der Castell betrachten – eigentlich muß ich sagen: bestaunen. Man kann auch – und eins schließt das andere nicht aus – den eigenwilligen Steigerwaldwein kosten, der gottlob nicht nur am Schwanberg um Rödelsee und Iphofen herum gedeiht. Er sollte Rehweiler erleben wollen, jene Ortschaft, die wie keine andere im Unterfränkischen ihren Ursprung, ihre ganze Gestalt und ihren Bestand bis heute einem besonders eigenartig frommen Streben des Protestantismus dankt: einem „Dorf gewordenen Pietismus" gewissermaßen ...

Auch die große Bewegung des Pietismus war von außen nach Franken gekommen und aufgeschlossen angenommen worden wie soviel, was die Menschen dieser Landschaft nachhaltig prägte. Der Pietismus in Franken war Bestandteil einer großen geistigen Bewegung, die sich würdig in die Einwanderung der österreichischen Exulanten, den Durchzug der Salzburger Emigranten und die Aufnahme der französischen Hugenotten einfügt, jenen Bewegungen, die das protestantische Franken gestaltet haben.

Einer der großen auswärtigen Väter des fränkischen Pietismus war *Nikolaus Ludwig Graf von Zinzendorf* (der dem kirchlichen Leben des 18. Jahrhunderts zu einer Prägung verhalf, die bis in die Gegenwart zu erkennen ist). Immer wieder begegnet man ihm in Franken — nicht nur, weil man da bei kirchlichen Trauungen noch heute gern das Lied singt: „Jesu, geh voran auf der Lebensbahn ...", oder weil sich in der bayerischen Ausgabe des ‚Evangelischen Kirchengesangbuchs' das Lied erhalten hat: „Herr, dein Wort, die edle Gabe, diesen Schatz erhalte mir, denn ich zieh' es aller Habe und dem größten Reichtum für ..."

Lange bevor Zinzendorf nach Castell kam, hatte seine Familie schon feste Beziehungen nach Franken, vor allem nach Nürnberg. Dorthin waren Teile der Familie nämlich als österreichische Glaubensflüchtlinge ausgewichen. Andere hatten im Böhmischen eine Bleibe gefunden. Dort waren sie zu den Nachfahren der böhmischen und mährischen Brüder gestoßen, zu den längst ruhig gewordenen Nachkommen der einst unruhigen Hussiten, die ein paar Jahrhunderte vorher, in die Enge getrieben, viel Unheil auch über Franken gebracht hatten. Jetzt aber brachten sie als „mährische Brüder" eine segensreiche Erneuerung der Frömmigkeit. Friedlich wollten sie ihrem Glauben leben. Sie waren des Kämpfens müde und fügten sich in ihr Schicksal, als wieder einmal die Habsburger hinter ihnen her waren und sie des Landes verwiesen. In Sachsen fanden sie zunächst eine Bleibe. Ihr Vorsteher Nikolaus Ludwig Graf Zinzendorf siedelte die mährischen Exulanten 1722 auf seiner Gutsherrschaft bei Dresden, auf dem Hutberg, an und gründete so die *Herrnhuter Brüdergemeinde.*

Aus den Nürnberger Kontakten der Zinzendorf haben sich die verwandtschaftlichen Beziehungen zur unterfränkischen Grafenfamilie in Castell und Remlingen entwickelt. Die Schwester des Vaters von Nikolaus Zinzendorf, *Dorothea Renata*, war die Frau des Landesherrn *von Castell.* Ihr stattete Graf Ludwig im Dezember 1720 auf der Heimreise von seiner Kavaliers-Tour, die ihn durch ganz Europa geführt hatte, einen Besuch ab. Von da an kam er noch oft in die Gegend.

Der zwanzigjährige Graf Nikolaus verstand sich bewußt und entschieden als Christ. Und er war es im Stil der Frommen im Lande, denen ihr Glaube eine unmittelbare, persönliche Beziehung zu Gott ist.

Der Schimpfname, mit dem man diese Leute belegte, wurde auch dem jungen Zinzendorf zum ehrenvollen Titel: *„Pietisten"* nannte man ihn und seine Gesinnungsgenossen, „Frömmler". Sie fanden, daß es ihnen nicht anders erging als den protestantischen Vorfahren, und auch sie fühlten sich als „Aufbegehrer", als Protestanten eigener Prägung.

Der junge Graf Nikolaus hat sich vor allem mit seinem Vetter *Ludwig von Castell* angefreundet, der sich *Lutz* nannte und sieben Jahre jünger war als der Herrnhuter. Zinzendorf fand in diesem Cousin einen großen Bewunderer. Schon bei seinem ersten Besuch beteiligte sich der entschieden fromme junge Zinzendorf an der Vorbereitung der beiden Brüder Castell auf ihren ersten Abendmahlsgang – er erteilte Konfirmandenunterricht im Steigerwald, wie es damals in Adelskreisen üblich war und allmählich auch dem Kirchenvolk selbstverständlich wurde. – Die Konfirmation ist eine Frucht des Pietismus und eine Gabe des Adels.

Der junge Graf Lutz griff die Überzeugungen und Ideen seines Verwandten eifrig auf. Ihm schwebte im Fränkischen eine ähnliche Einrichtung vor, wie sie sein Vetter Zinzendorf im Sächsischen geschaffen hatte.

1634 war es endlich soweit. Lutz von Castell ließ sich sein Erbteil auszahlen und kaufte das „Gut und Örtlein" Rehweiler, halbwegs zwischen Abtswind und Geiselwind. Auf Rehweiler warf er sein Auge, weil sich in der dortigen Gegend ohnehin der Pietismus schon kräftig ausbreitete.

Vorher hatte der Casteller sich in Herrnhut gründlich umgesehen. Er fand das Leben dort so vorbildlich, daß er dessen Stil hierher übertragen wollte. Lang hatte Graf Lutz die Hoffnung, daß auch mährische Exulanten, die er geholt hatte, in Rehweiler Fuß fassen möchten. Doch dazu kam es nicht. Dennoch hat seine Idee Spuren hinterlassen, denen man in der Gegenwart begegnet – nicht nur in Rehweiler, sondern im ganzen westlichen Steigerwald.

Mitten in einer Senke, umgeben von den düsteren Stämmen des Rüdenhausener Forstes, drängen die kleinen Häuser den Hang im Süden von *Geiselwind* hinauf. Auch was der castellische Graf Lutz baute, wagte sich nicht weit über die bescheidenen Größenordnungen hinaus, die er antraf. Und doch hat er seinerzeit nicht nur eine neue Form des Gemeinschaftslebens, eine besondere „Communität", eingeführt, sondern auch eine beträchtliche Verbesserung der Lebensverhältnisse bewirkt. Es stand ihm wenig Platz zur Verfügung, als er die „Schlößleinskolonie" anlegte mit Schulhaus, Forsthaus und Grafenwohnung. Eng schmiegen sich die streng quadratischen Gebäude aneinander. Nur ein Gebäude ragt etwas heraus, die Kirche. Nach landläufigen Vorstellungen dieses Gebäude Kirche zu nennen, fällt freilich schwer. Es hat nur wenig gemeinsam mit den stolzen, anspruchsvollen, keinesfalls demütigen Gotteshäusern in der Nachbarschaft, in Abtswind, Rüdenhausen, Castell, und noch weniger mit den katholisch-barocken Bauten von Wiesentheid, Schlüsselfeld oder gar mit dem gewaltigen Münster zu Ebrach.

Die Bauweise dieses einzigartigen Gemeindehauses (wie man diese Dorfkirche eigentlich nennen müßte) haben andere Einflüsse geprägt. Ich empfinde dieses Gebäude wie eine auch im Mauerwerk Wirklichkeit gewordene Idee von Christengemeinde.

Einer glücklichen Fügung schreibt es der gegenwärtige Pfarrer von Rehweiler zu, daß er die Pläne fand, nach denen Graf Lutz diesen Versammlungsraum der Gemeinde bauen ließ. Und das just zu der Zeit, als man sich anschickte, die Kirche zu renovieren. So konnte die ursprüngliche Konzeption, die auch heute außergewöhnlich modern anmutet, verwirklicht werden. Ein Gemeinschaftsraum sollte es werden, was Lutz von Castell gegen Ende seines Lebens in Rehweiler anfing. Hier sollte die Gemeinde nicht nur stumm zuhören, sondern im Anschluß an die Wortauslegung selbst zu Wort kommen. „Predigt-Nachgespräche" nennt man das heute.

Von außen wirkt das Gebäude wie ein vornehmes Wohnhaus, vielleicht auch ein Schulhaus oder das Sommerschlößchen eines Grafen. Für eine Kirche hält man es kaum, wenn man zum ersten Mal drauf zufährt.

Auch innen sind die Elemente eines Wohnhauses, einer Schule, einer vornehmen und doch intimen Begegnungsstätte, enthalten. Dort, wo jetzt die Kirchen-Emporen sind, sollten ursprünglich Wohnungen sein, kleine, bescheidene Kammern, in denen man wie in einer vollständigen Lebensgemeinschaft hausen wollte – ganz so wie die Geschwister der Herrnhuter Brüdergemeinde. Ob das nicht etwas Kommunenhaftes in sich trägt?

Aber dazu kam es nicht mehr. Graf Lutz starb darüber. Seine Nachfolger hatten weder die Mittel noch die Kraft, diese anspruchsvolle Idee zur Wirklichkeit werden zu lassen.

Das Zentrum des ganzen Raumes soll der kleine, fast bescheiden wirkende Altartisch sein: Um ihn herum wird gebetet, angebetet, gesprochen, Gemeinschaft gefeiert. Auch diese Idee hat Graf Lutz von seinem Vetter Zinzendorf übernommen.

Allerdings, ganz ohne Kanzel ging es auch in Rehweiler nicht: Der fromme Casteller predigte selbst zu gern. Zwanzig Predigten soll der Laienverkündiger einmal um Weihnachten herum gehalten haben. Bis zu eineinhalbtausend Menschen seien zusammengekommen, wird berichtet.

Sein Stil fand zwar auch Ablehnung, aber die Zustimmung war größer – und nachhaltiger. Die Saat, die Lutz von Castell ausstreute, wirkte lange nach. Immer wieder wuchs sie im kargen Boden der Steigerwald-Gemeinden hoch. Fast in jeder zweiten Generation kam es zu einer Art Erweckung in diesem Raum – noch lange nach dem Tod des erweckten Grafen, bis in die Gegenwart. In der jüngeren Zeit war es der Christliche Verein Junger Männer (CVJM), der in dieser Landschaft heimisch wurde.

Die vielen Gemeindehäuser, die in den letzten Jahrzehnten in der bayerischen Landeskirche gebaut wurden – kaum jemand weiß, daß ihr eigentliches Vorbild in einem kleinen, fast vergessenen Dorf im Steigerwald steht, in Rehweiler. Mit einem Unterschied: In Rehweiler sollten Kirche und Gemeindehaus eins sein. Es war der einzigartige und einmalige Versuch im fränkischen Protestantismus, mönchisches Leben ohne monastische Askese zu verwirklichen.

Neuendettelsaus Diakonissenschaft

Aus der Ferne schon markieren zwei hohe, schlanke Kirchenstürme das Diakoniewerk *Neuendettelsau*, das auf dem weiten Plateau zwischen Heilsbronn und Windsbach sich seit hundert Jahren mehr und mehr ausdehnt – und doch den Charakter ländlicher Abgeschiedenheit sich bewahrt hat. Vor mehr als einem Jahrhundert, um 1870, ist in der ersten Blütezeit der „Neuendettelsauer Anstalten" die große, stolze neugotische Basilika gebaut worden, zwei Generationen später wurden die beiden spitzen Türme, die wie das geistliche „Viktoria-Zeichen" zum Himmel ragen, zusammen mit einem imposanten Westwerk angefügt, das sichtlich von der Romanik inspiriert ist. *German Bestelmeier*, dessen Werke längst unter Denkmalschutz stehen, war ihr Architekt.

Um die Jahrhundertwende schuf sich die Dorfgemeinde Neuendettelsau eine neuromanische Dorfkirche, die mitten unter den nüchternen, schmucklosen, fast fantasielosen Bauten ringsumher wenigstens von künstlerischer Kraft und angestrengtem Gestaltungswillen zeugt, wenn auch nicht von schöpferischer Kreativität.

Die beiden neuzeitlichen, protestantischen Bauwerke, im Fränkischen trotz ihres vergleichsweise geringen Alters nach Statur und Aussage unter den evangelischen Kirchenbauten einzigartig, erinnern daran, daß Neuendettelsau durch und durch ein kirchlicher Ort ist, so direkt und deutlich, daß man auch da nach Parallelen lange suchen müßte und doch zu keinem Ergebnis käme. Der „fränkische Dorfpfarrer" *Wilhelm Löhe* ist der Verursacher des Ganzen.

Diese Bauwerke sind Zeichen eines im fränkischen Christentum neu aufgekommenen Denkens, das allerdings nicht nur von den Praktikern der Kirche zu denen bei aller Theoriefreude auch Löhe zählt, geprägt ist, sondern vor allem von großen Theologen des vorigen Jahrhunderts im Norden wie im Süden Europas, zum Beispiel von dem dänischen Religionsphilosophen *Sören Kierkegaard* (1813–55) und dem Basler Theologen *Franz Overbeck* (1837–1905). Zu ihren Lebzeiten wurden ihre Gedanken kaum verstanden. Aber nachher bewegten sie um so intensiver die besten Köpfe. Kierkegaard etwa gab die Parole aus: „Zurück zu dem Kloster, aus dem Luther ausbrach …" Seine Tagebücher zeigen, wie sehr er sich mit dem Mönchtum auseinandersetzte: „Der Fehler im Mittelalter war nicht das Kloster und die Askese, sondern der Fehler war, daß die Weltlichkeit dadurch gesiegt hatte, daß der Mönch Staat machte als außerordentlicher Christ." Und: „Die Reformation schaffte das Kloster ab. Gut, ich will nun nicht weiter davon reden, daß so die Reformation wieder die ganze Politik der Weltlichkeit ins Leben gerufen hat …"

Und der Schweizer Protestant Overbeck meinte: „Das Christentum ist zweifellos in seinem Grundcharakter asketisch … Das Christentum hat die Askese gewissermaßen im Leib."

In der Tat meinte das Mönchtum in seinem Anfangsstadium eine konkrete Form der Nachfolge des Herrn. Sie wird in den Evangelien oft genug benannt.

Die Neuendettelsauer Diakonenschaft

Daß zum Diakoniewerk Neuendettelsau auch eine Diakonenschaft gehört, ist nur wenigen bekannt. Und doch besteht sie schon seit 1863. Mit sechs

Pflegern hat Pfarrer *Wilhelm Löhe* den Anfang gemacht. Er sah in ihnen Gehilfen der Schwestern in der Pflegearbeit. Damit war die Zuordnung deutlich umschrieben – und eine selbständige Entwicklung eigentlich verbaut.

Löhes zweiter Nachfolger im Rektorenamt wollte erreichen, daß es nicht nur bei den acht Brüdern blieb, die er vorfand. Aber auch dieser Versuch wollte nicht recht gelingen.

Daß in den sehr umfangreichen gesammelten Werken Löhes kein eigener Abschnitt über die Neuendettelsauer Bruderschaft zu finden ist, charakterisiert, welchen Stellenwert Löhe dieser mehr zwangsläufig als wunschgemäß entstandenen Gemeinschaft beimaß. Als *Hermann Bezzel* die Anstaltsleitung übernahm, versuchte er energisch, Abhilfe zu schaffen und eröffnete 1893 eigens eine Brüderschule.

Die Dominanz der Diakonissen, das Fehlen eigener Arbeitsfelder und die ausschließliche Zuordnung zum Dienst der Frauen wirkte kaum anziehend. Bezzel verlangte außerdem die Ehelosigkeit – um ihres Pflegedienstes willen. Auch die vorhandenen Brüder waren mit dieser Forderung nicht recht einverstanden.

1955/56 baute Neuendettelsau das Brüderhaus in Bruckberg bei Ansbach, wo das Zentrum ihres Pflegeeinsatzes war, und richtete für die Mitarbeiter in der Behindertenhilfe eine Fachschule für Heilerziehungspflege ein. Sie erwuchs aus der Diakonenausbildung. Seitdem erhalten die Neuendettelsauer Diakone eine staatlich anerkannte Ausbildung und übernehmen verantwortlichere Funktionen.

In der Brüderordnung von 1985 heißt es: „Die Diakone sind in ein kirchliches Amt eigener Prägung berufen" und bilden „eine der drei diakonischen Lebensgemeinschaften", „die vor allem in der Arbeit mit geistig Behinderten, alten und kranken Menschen ihre Aufgabe" sehen. Über 40 Mitglieder gehören der kleinen Diakonenschaft an.

Pfarrer Wilhelm Löhe

Als *Johann Konrad Wilhelm Löhe (1808–1872)* am 25. Juli 1831 ordiniert wurde, machte er folgenden Eintrag ins Ordinationsbuch: „Da es gegenwärtig nicht an Leuten fehlt, die sich unterfangen, das Amt eines evangelisch-lutherischen Kandidaten zu erstreben, obwohl sie ganz abgefallen sind von evangelischem Glauben und Leben, kann ich jetzt die Erklärung nicht unterlassen, daß ich keinesfalls zu ihnen gerechnet werden möchte. Das Augsburger Bekenntnis ist – wenn mir Kleinem dies Wort verstattet wird – auch mein Bekenntnis. Die übrigen evangelisch-lutherischen Bekenntnisschriften, die mit der Augustana eines Herzens sind, sind auch für mich norma normata. Die Widersacher dieses Glaubens hasse ich nicht; ich umfasse sie vielmehr in lauterer Liebe ... Wahrhaftig, ich hasse auch nicht einen einzigen Menschen; leidenschaftlich aber hasse ich jede sterbliche und totbringende Lehre! ... Die wahre Lehre will ich, so mir Gott hilft, predigen und nicht verschweigen, bis mich der Herr als gefügigen Soldaten seiner kämpfenden Kirche in das selige Schweigen der triumphierenden Kirche aufnimmt. Danach, daß sein Leben diesem Glauben entspreche, will ich mit aller Kraft ringen, damit ich nicht anderen predige und selbst verwerflich werde. Herr, ich warte auf Dein Heil!"

Dieses Votum ist für den jungen Pfarrer ein Leben lang bezeichnend geblieben.

Übrigens, der Ordinationstag war ihm ein wichtiges Datum in seinem Leben: Er feierte ihn alle Jahre intensiver als seinen Geburtstag. Auf diesen Tag legte er auch seinen Hochzeitstag.

Ihren Anfang nahm die Neuendettelsauer Diakonie mit dem Mutterhaus bei den Einsichten Löhes in die soziale Wirklichkeit der Gemeinden, insbesondere auf dem Land. „Wenn unsere Seelsorger auf unsere Dörfer hinauskommen, so finden wir allenthalben solche weibliche Personen, welche sich der Kranken und Elenden mehr als andere annehmen ... Viele von ihnen würden biblische Diakonissen sein, wenn man sich ihrer annehmen und ihnen die Ausbildung geben möchte". – Ausbildung zur Diakonie lautete die Forderung der Stunde.

1853 gründete Löhe seinen „Verein für weibliche Diakonie". Er wollte damit „ein protestantisches Nachbild der römisch-katholischen barmherzigen Schwester" schaffen, das nicht bloß um der Not willen gegründet wurde, sondern auch um der Hingabe an den Dienst des Herren willen. Als Leitmotiv gab er seinen Diakonissen mit: „Alles, was man von einer Diakonissin soll sagen können, (ist) in die drei Schlagwörter Keuschheit, Armut und Gehorsam" zusammengefaßt. Löhe nahm die von Jesus empfohlene „freiwillige Armut" und den vom Apostel Paulus leidenschaftlich besungenen ehelosen Stand „ganz und mit Freuden" an und machte beide zur Grundregel des Zusammenlebens seiner Schwesternschaft. Den Gehorsam hielt Löhe für eine praktische Notwendigkeit: „Einen Gehorsam, der eure Gebieter beschämt, daß sie nur noch mit Scheu euch zu gebieten wagen", riet er seinen Diakonissen nach der Einsegnung.

Neuendettelsau wuchs nach der Gründung des Diakonissenhauses am 9. Mai 1854 mächtig an. Daß auch da auswärtige Einflüsse das Werk förderten, ist für Franken bezeichnend: eine Kaiserswerther Diakonisse und eine schwäbische Pfarrerstochter gaben der Schwesternschaft ihr frühes Gepräge neben Wilhelm Löhe, dem begnadeten Seelsorger, Leiter, Organisator. Die Schwäbin *Amalie Rehm* aus Memmingen wurde die erste Oberin.

Nach kurzem Mietaufenthalt im Dorfwirtshaus von Dettelsau legte man den Grundstein zu einem eigenen Haus, das schon im Oktober 1854 eröffnet wurde. Es wurde bald zum Mutterhaus mit Schwestern in Tracht. Die Anstalt wuchs und dehnte sich aus. Dem Behindertenheim – damals sprach man von der „Blödenanstalt" – wurde ein Krankenhaus angefügt, dem Mutterhaus eine „Blaue Schule" vorgegliedert, für die angehenden Diakonissen, dazu eine „Grüne Schule", in der auf den Diakonissendienst allgemein vorbereitet werden sollte, sowie die „Rote Schule", in der jene Mädchen unterzubringen waren, die sich noch nicht entschieden hatten. Kein Wunder, daß da eine höhere Mädchenschule wie von selbst entstand, und ein Rettungshaus für Mädchen, aus dem schließlich die große Rettungsanstalt in Polsingen im Hahnenkamm wurde.

67 Einsegnungsfeiern fanden zu Löhes Lebzeiten statt, bei denen 165 Diakonissen eingesegnet wurden; 73 davon sind wieder ausgetreten – ein hoher Prozentsatz, der zugleich im Laufe der nächsten Jahre beträchtlich zurückging. Das war für Löhe nicht weiter aufregend, denn bei ihm stand der Gedanke einer „Genossenschaft auf freiwilliger Basis" ganz im Vordergrund. Nicht der durch Gelübde gebundene Wille sollte den Ausschlag geben, sondern der „freie Wille soll die drei edlen Früchte" tragen.

Kurz vor seinem Tode sagte Löhe: „Wenn man wissen will, was wir eigentlich wollten, so muß man die Diakonissenanstalt ansehen … Wir wollten eine apostolisch-episkopale (= bischöfliche) Brüderkirche … Eine Fortbildung des Luthertums zu einer apostolisch-episkopalen Brüderkirche – das ist's, was wir im Grunde wollten".

Dazu ist es nicht gekommen. Der Protestantismus ist in seiner Gesamtheit – auch in Bayern – einen anderen Weg gegangen, nämlich den einer gemeindlich verfaßten, nicht bischöflich geführten, sondern kollegial geleiteten Kirche. In seiner Schwesternschaft aber hat Löhe sein Ideal verwirklicht und hat mit ihr seiner lutherischen Kirche viel Segen gebracht. „Löhes Schwesternschaft ist eine Genossenschaft im tiefsten Sinn von ‚Communio', die vom Abendmahlstisch ausgeht, vom Opfer Christi lebt, aber in Zucht, Gemeinschaft und Opfer eine Gemeinde bildet", hat einer geschrieben, der einen großen Überblick über Löhes Wollen und Wirkung hat.

Die Gedanken des Neuendettelsauer Dorfpfarrers von dem weltweite Wirkungen ausgingen, kreisten um den Dienstauftrag der Kirche. Der Diakonie sei die „Normalfunktion der gesunden Kirche". Deshalb wollte er ursprünglich geeignete Frauen aus der Gemeinde für die Gemeinde ausbilden. Allerdings wünschten seine Diakonissen selbst die Beheimatung in einem Mutterhaus – sie suchten die Bindung einer lebenslangen Gemeinschaft, die sie in der Wirklichkeit vor Ort nicht fanden. Löhe, der Seelsorger mit den tiefen Einblicken in die menschlichen Herzen, kannte die tragende Kraft eines feierlichen Versprechens, ließ sich aber nicht darauf ein. „Gelübde sind eine gewaltige Erleichterung aller Genossenschaften, auch des Diakonissentums, und es ist wahr, daß wir dadurch, daß wir die Wandelbarkeit (unserer willenmäßigen Vorhaben) nicht durch Gelübde binden können, unseren Weg gewaltig erschweren", stellt er bei einer Einsegnungsrede (1966) fest. – Das Diakonissenmutterhaus verzichtete auf ein Gelübde, weil „der Herr und der Kreis von Männern und Frauen, die sich um ihn sammelten – das Vorbild aller geistlichen Genossenschaften – Gelübde nicht kannten, sondern die Liebe zu seiner heiligen Person ... verbunden hat ohne ein Gelübde."

Über 2300 Diakonissen wurden im Mutterhaus Neuendettelsau in den 135 Jahren seines Bestehens eingesegnet. Ein Kranz von Einzeleinrichtungen umgab allmählich das Mutterhaus.

Das Frankendorf Dettelsau, längst Neuendettelsau genannt, war in den fünfziger und sechziger Jahren des vorigen Jahrhunderts zu einem Mittelpunkt des aktiven Luthertums in der ganzen Welt geworden. Bis heute ist es dabei geblieben.

Oberin Therese Stählin, eine evangelische Heilige

Am Sonntag, 22. April 1928, starb die zweite Oberin der Neuendettelsauer Schwesternschaft, *Therese Stählin*; 45 Jahre vorher war sie am gleichen Sonntag im Kirchenjahr zur Oberin eingesegnet worden. Immer wieder hatte die sonst sprachlos gewordene Frau während der letzten Tage ihren Lieblingsvers aus dem Gesangbuch gebetet: „Ich will dich lieben, schönstes Licht, bis mir das Herze bricht." So entsprach es ihrem Leben, einem wahrhaft heiligmäßigen Leben: in innerer Nähe zu ihrem Herrn hatte sie es durchmessen, von ganzem Herzen denen zugetan, an die sie sich während seiner langen Dauer gewiesen wußte: den fünf Rektoren des Neuendettelsauer Diakoniewerkes, höchst unterschiedlichen Persönlichkeiten; ihrer unerwartet schnell wachsenden Schwesternschaft; den vielfältigsten Veränderungen während des halben Jahrhunderts, in dem sie an der Leitung des zu ungeahnter Größe herangewachsenen Neuendettelsauer Diakoniewerkes beteiligt war.

Man könnte Therese Stählin eine evangelische Heilige nennen, sofern man sich darunter einen Menschen vorstellt, dessen innere Nähe zu Christus auch in den Alltag hineinleuchtet, so daß seine Umgebung etwas spürt von der Helligkeit und Wärme des Christenglaubens, einen hervorragend normalen Christen also.

Therese Stählin entstammte einer alten fränkischen Pfarrersfamilie, die väterlicher- wie mütterlicherseits in Franken und im Ries beheimatet war. Sie war ein „Sonntagskind": am 4. Adventsonntag 1839 ist sie in Westheim am

Hahnenkamm geboren. Aufgewachsen ist sie in Markt Weiltingen am Hesselberg; ins junge Neuendettelsauer Mutterhaus ist sie als 16jährige eingetreten, ein Jahr nach der Gründung der Diakonissenanstalt. Sie hat noch im oberen Stockwerk des Gasthauses „Zur Sonne" gewohnt und jeden Umzug und jede Erweiterung des schnell wachsenden Werkes erlebt, für dessen auf 260 Arbeitsfeldern tätigen 1300 Schwestern sie schließlich mitverantwortlich war.

Die Oberin Therese Stählin war durch und durch „lutherisch" gesonnen, sofern man darunter einen Menschen versteht, der aus Dankbarkeit für seine Glaubenserfahrung versucht, aus Verantwortung vor Gott in dieser Welt verantwortlich zu handeln. „Es hat jemand zu mir gesagt", schärfte sie einmal ihren Einsegnungsschwestern ein, „,ach, das Leben ist nur in den Gottesdiensten schön'. Aber das ist falsch. Es ist keine Kluft zwischen irdischem und himmlischem Leben."

„Es ist keine Kluft zwischen irdischem und himmlischem Leben": So hat sie ihre Existenz, ihren Auftrag, ihr Dasein empfunden. Beides muß durchdrungen sein von der vertrauensvollen Zuwendung Christi. Und so hat sie es praktiziert: „Liebes Dorle, es hat mir jemand anvertraut, daß du gern einmal einen Brief von mir hättest. Da ich nun viel Briefpapier zu meinem Geburtstag bekommen habe und auch Tinte und Feder besitze, dazu einen guten Willen, dir deinen Wunsch gerne zu erfüllen, so steht diesem Werk gar kein Hindernis entgegen", schrieb sie einem aus tiefster Vernachlässigung geretteten, völlig verkrüppelten Kind, das in einer Neuendettelsauer Filiale untergebracht war. Es ist ein langer Brief geworden, den ihr Dorle oft gelesen haben mag. Vom Weihnachtsglanz und Weihnachtsfrieden spricht sie, von Weihnachtsfreude und Ehrfurcht: „Liebes Dorle, wir wollen einmal für das Jahr 1889 einen Bund miteinander schließen, daß wir immer, wenn wir traurig werden wollen, geschwind uns klar machen, daß Jesus, Gottes und Marien Sohn, unser Bruder ist. Ich denke, das muß uns dann gleich wieder fröhlich und getrost machen. Siehst du, wenn der Kaiser dein Bruder wäre und du dürftest nur immer, wenn du ein Anliegen hättest, zu ihm sagen: Lieber Bruder Wilhelm, sei so gut und erfülle mir die und die Bitte – da überkäme gewiß das Dorle so ein stolzes und glückliches Bewußtsein: Ich bin des Kaisers kleine Schwester und er gibt mir alles, was ich von ihm verlange ... Jesus ist dein Bruder, und er ist allmächtig und ist ein Abgrund von Güte und Leutseligkeit ... Wir wollen uns miteinander um die Wette freuen, daß wir Gottes Kinder sind. Deine Freundin Therese."

So wie sie sich dieses unbekannten, verkrüppelten Mädchens annahm, waren ihr die Schwestern ihres Mutterhauses „ans Herz gewachsen". Diese Aufmerksamkeit für die Geringen wie für die Großen, die Nächsten und die Fernen, machte ihre Herzlichkeit aus, eine Herzlichkeit, der auch die Ironie, ja die in der Kirche recht seltene Selbstironie, nicht abging – und die Trauer auch nicht, so daß sie einmal klagte: „Meine Seele ist so dürr geworden und ausgetrocknet, daß ich mich nicht mehr eintauchen kann in den ewigen Freudenquell". Wer so schreibt, ist durch und durch Mensch geblieben, ehrlich, leidensfähig, fromm – und: er ist alles andere als frömmlerisch.

Therese Stählin war eine mitteilungsfreudige, fleißige Briefschreiberin. In ihrer Korrespondenz, vor allem mit ihrer Mutter, wird das Leben der jungen Schwesternschaft einmalig anschaulich. Es wird zum Beispiel deutlich, wie Löhe zunächst nur eine Ausbildungsanstalt gründen wollte, um junge Frauen für den Dienst in ihren Heimatgemeinden zu qualifizieren. Aber die jungen Schwestern baten um den Zusammenschluß zu einer Schwesternschaft. Sie suchten den Schutz eines Mutterhauses. Klöster und Kommunitäten haben eben auch Schutzfunktion.

In den Augen einer jungen Schwester stellt sich das Neuendettelsauer Schwesternleben ein Jahr nach ihrem Eintritt so dar: „Seit ich Krankenbesuche mache, freue ich mich noch mehr auf jeden Sonntag; denn es gibt nicht leicht ein Mittel, das unser innwendiges Leben so fördern kann ... Als ich am vorigen Sonntag in Haag, in einem kleinen Dörflein bei Dettelsau, von einem Krankenbett zum anderen ging und mit einer jungen Sterbenden so einfach über Tod und Ewigkeit reden durfte, da war ich glücklich ... Das Wort Gottes, das wir den anderen sagen, erweist seine wunderbare Kraft, indem es auf uns selbst zurückfällt." Therese Stählin hat zeitlebens den Segen der Seelsorge erlebt.

Sie hat auch erfahren, wie in einem wachsenden Werk ständig Neues versucht und erprobt werden muß. Zehn Jahre nach ihrem Eintritt schreibt sie einen in vielerlei Hinsicht charakteristischen Brief an ihre Schwester: „Ich soll mit Schwester Amalie in ungefähr acht Tagen den Bettelsack umhängen und terminieren gehen. Es ist nämlich so: der Pfarrer (Wilhelm Löhe; Anm. d. Verf.) hat immer neue, große Ideen. Das ist eine bekannte Sache. So will er nun, daß wir hier allen Kranken und Elenden unserer Gegend dienen und zwar unentgeltlich. Der ganze District Kloster Heilsbronn hat das Recht, seine armen Kranken hierher zu schicken, ins Districtshospital. Sie werden dann von uns gratis gepflegt. Dafür aber gehen zweimal jährlich zwei Diakonissen in all den Ortschaften herum (es sind über 100) und – betteln, betteln, aber nicht fürs Diakonissenhaus, sondern lediglich für die Armen und Kranken, die wir aufgenommen haben."

Therese Stählin stand ganz unter dem Einfluß und der geistlichen Autorität von Pfarrer Wilhelm Löhe, der seit dem Jahre 1858 bewußt eine geistliche Schwesternschaft anstrebte: „Wir haben angefangen, die Scheu vor einer Schwesternschaft fahrenzulassen und in Gottes Namen das einzugehen, was bei unseren gegenwärtigen Verhältnissen am Ende unvermeidlich ist. Wir haben uns bequemt, unseren Diakonissen den Namen ‚Schwestern' zu geben". So schreibt er an seine Schwesternschaft. Schwester Therese berichtet ihrer Mutter: „Alle außen dienenden Diakonissen sollen sich zu Kapi-

384

teln zusammenschließen, um die schwesterliche Gemeinschaft um so mehr aufrecht zu erhalten zu gegenseitiger Förderung: Nun war es schon längst unserer Vorgesetzten Wunsch, daß auch die hier dienenden Diakonissen sich zu einem solchen Kapitel zusammenschließen."

Therese Stählin war unmittelbar beteiligt am großen Aufschwung in Neuendettelsau: „Es regnet Diakonissen", schreibt sie ihrer Mutter, und: „Es freut mich, die reichen Samenkörner, die durch einen solchen Lehrer (Pfarrer Löhe; Anm. d. Verf.) in uns gestreut sind, hinaustragen zu dürfen zu Gottes Ehre und des nächsten Nutz und daß ich ihm dienen darf mit all meinen Kräften, mit allem, was ich bin und habe".

Als 44jährige wählte die Neuendettelsauer Schwesternschaft sie zur Nachfolgerin von *Amalie Rehm*. Jetzt war sie für 221 Schwestern verantwortlich – im Laufe ihrer Oberinnenzeit sollte sich die Zahl versiebenfachen.

Bald nach ihrer Einsegnung schildert sie ihrer Mutter einen Tagesablauf: „Nun möchte ich dir ein wenig erzählen, wie es mir in meinem neuen Beruf geht …" Sie führe ein „ganz normales" Leben. Vielleicht macht das gerade die Heiligkeit ihrer Existenz aus: „Ich tue halt den Tag über meine Arbeit und lebe von Gottes Gnade und bin froh, daß man mich im Himmel einmal nimmer Oberin heißt … Frühmorgens frühstücken wir um 6¼ Uhr; dann gehen wir in den Saal und halten Morgenandacht; dann habe ich noch eine Weile in meiner Stube zu tun, und dann gehe ich regelmäßig hinaus in den Wald, um eine Weile allein zu sein und mich für alles, was kommt, zu stärken. Um neun Uhr habe ich … den Diakonissenschülerinnen eine Stunde zu geben … Um zehn Uhr ungefähr kommt die Post und bringt die Einläufe. Da ist uns schon oft recht, recht bange gewesen, und ich bin immer froh, wenn die Post wenig bringt. Ich bin noch nicht stille und gelassen genug und fürchte mich noch zuviel vor schweren Nachrichten … Wenn Herr Rektor da ist, kommt er gewöhnlich im Lauf des Vormittags, um die Einläufe zu besprechen oder es kommen auch sonst allerlei Leute, mit denen etwas zu verhandeln ist. Nachmittags bin ich immer mit den Ferienschwestern eine Stunde zusammen. Da lesen und betrachten wir etwas aus Gottes Wort. Die Ferienschwestern sollen möglichst viel Erquickung mit wegnehmen …"

Unaufgeregt, heiter, gelassen ertrug sie sogar die Zustände der Erschöpfung, die nun öfter über sie kamen: „Auf einmal klappte ich um, und Herr Rektor sagte, es wäre für die Sache gut, wenn ich ein wenig verschwände."

Daß Therese Stählin nicht nur ihre eigene, trotz allen Aufschwungs in Dettelsau oft recht enge Welt sah, sondern sich an der Weite Jesu Christi darin geübt hatte, die Weite des eigenen Horizontes immer wieder zu suchen, wird daran deutlich, daß ihr Interesse nicht nur der Diakonie im engeren Sinne galt, sondern auch der Mission, der äußeren Mission. Bis nach Indien kam sie in Gedanken – und durch die Neuendettelsauer Diakonissen, deren Entsendung dorthin sie empfahl. 37 Jahre versah sie das Amt der Oberin.

Mit fünf Rektoren hat sie zusammengearbeitet, höchst unterschiedlichen Persönlichkeiten: mit dem sanften Pfarrer Meyer, mit Hermann Bezzel, „einer starken Persönlichkeit, Choleriker von Natur", der sieben Jahre später, 1909, Präsident des Oberkonsistoriums in München wurde (heute: Landesbischof), mit dem ruhigen Pfarrer Eichhorn, den man aus Ansbach hergerufen hatte, und schließlich mit Rektor Lauru, den sie als „unseren hochwürdigen Herrn Rektor" bat, er wolle „zu der Zeit, die ihm die geeignetste erscheint, und nach der Weise, die unserem Hause entspricht, die nötigen Schritte tun, daß das Amt der Oberin den alten, müden Händen abgenommen und in jüngere gelegt werde". 82 Jahre war sie da alt. Oft hatte sie den Rücktritt angeboten, sich aber vom Rektor sagen lassen, „Gott werde es zur rechten Stunde zeigen, wenn es Zeit sei".

Sieben Jahre später vollendete sich im Leben von Therese Stählin, was sie oft und gern gebetet hatte: „Ich will dich lieben, schönstes Licht, bis mir das Herze bricht."

Die Rummelsberger Brüderschaft

In der Phase der bayerischen Landeskirche, die dank *Löhe* das Neuendettelsauer Diakoniewerk zeitigte, wird die Wechselwirkung zwischen Geben und Nehmen, zwischen Empfangen und Weiterreichen ablesbar, die zu den Gesetzen jeder menschlichen Entwicklung gehört, besonders aber zur Geschichte der Kirche. Ein Beispiel dafür liefert der Hamburger *Johann Hinrich Wichern*, der im Sommer 1849 als Herold des neugegründeten „Zentralausschusses für Innere Mission" nach Bayern kam. Man erinnere sich: Im Jahre der liberalen Revolution und des unbeachteten Erscheinens des Kommunistischen Manifestes, 1848, hatte Wichern in seiner berühmt gewordenen Stegreifrede vor dem großen Protestantenkongreß zu *Eisenach* verlangt, die Kirche müsse erkennen, daß ihr auch die Verantwortung für das soziale Leben aufgetragen sei – speziell wegen der Armen. Er hat damit den deutschen Protestantismus für ein neues soziales Engagement gewonnen, wenn auch die Kirchenleitungen zögerten und viele Pastoren sich nicht aus ihrer beschaulichen sozialen Lethargie reißen ließen.

Wicherns Appell führte dazu, daß überall Vereine der Inneren Mission entstanden. Auch in Bayern. In Franken hat es angefangen. In Würzburg hielt sich Wichern beim evangelischen Dekan *Fabri* auf, predigte dort, referierte vor der Zeilitzheimer Pfarrkonferenz und bewirkte, daß die unterfränkischen Pfarrer als erste in Bayern den Beitritt zum Zentralausschuß der Inneren Mission beschlossen. Sie wollten so die Errichtung eines unterfränkischen Rettungshauses erreichen, des *Trautsbergerhauses* bei *Rüdenhausen*.

1850 war es soweit; sein erster Hausvater war *Konrad Blaufuß*. Im Herzen des fränkischen Protestantismus, in *Erlangen*, erzielte Wichern drei Tage später ähnliche Ergebnisse.

Bei *Naila* wurde eine ähnliche Anstalt gegründet, der *Martinsberg. Marienthal* bei *Schweinfurt* entstand, *Hof, Feldkirchen, Wunsiedel, Schwarzenbach a. d. Saale, Vasoldshof* und andere reihten sich in den nächsten Jahren an – wahrlich große Wirkungen einer einzigen Reise, der Reise des Hamburger Johann Hinrich Wichern nach Franken. Wichern fand freilich auch Gegner. Löhe, der eine streng bekenntnisgebundene, ganz und gar kirchliche Arbeit der Diakonie wünschte, zählte zu ihnen. Es ist verständlich: zu stark waren die Vorbehalte der erweckten Lutheraner gegen das unverbindliche Christentum der ausgehenden Aufklärung geworden, dem Löhe – allerdings kaum zurecht – auch Wichern zurechnete.

Ein Jahr nach Wicherns Besuch wurde in *Schallershof* bei Erlangen ein Rettungshaus gegründet. Die Zuwanderung zu den Städten und die starke Industrialisierung machte es notwendig. Zwei Monate nach der Gründung verlegte man die Einrichtung nach *Puckenhof*, wo 1851 auch noch des frommen Professors *Krafft* Armen-Töchter-Heim eingerichtet wurde. Zugleich entstand dort für die männlichen Helfer eine eigene Gemeinschaft – die erste Diakonenanstalt in Bayern.

Die kleine Diakonenanstalt Puckenhof kam nicht recht voran. Die ersten Jahre ließen sich zwar hoffnungsvoll an, 40 Kinder waren 1851 im *Hallerschlößchen* zu Puckenhof untergebracht, und die Grunsätze, die als „Bedingungen für die Aufnahme in die Gehilfenanstalt" veröffentlicht wurden, klingen durchaus stimmig – dennoch stagnierte das Ganze bald nach dem Start: 1876 wurde die Diakonenanstalt aufgelöst. Die Ursache dafür scheinen frühe Erkrankung und Tod des Initiators und Motors der Erlanger Einrichtung gewesen zu sein, des jungen Vikars *Dr. Julius Schunck*. Als seine Kräfte nachließen, fehlte der Antrieb.

Wohlmeinende Förderer waren zwar genug da, unter ihnen so hervorragende Persönlichkeiten wie die Professoren *Johann Christian Konrad von Hofmann, von Raumer und von Scheuerl*. Aber das reichte eben nicht. Auch die beste Konzeption reichte nicht. War es überhaupt die beste? Reichte es aus, von den eintrittswilligen jungen Brüdern zu verlangen, daß sie willens seien, sich „mit allen Kräften dem Beruf des Helfers zu ergeben?" Die „künftige Bestimmung" als „Kinderlehrer und Hausväter, als Schriftverbreiter und Diener von evangelischen Gesellschaften, als Kranken- und Gefangenenwärter usw. ... um Christi Willen" zu bejahen? Wilhelm Löhe sah da tiefer und formulierte die geistliche Motivation mit entsprechend stärkerem Nachdruck. Selbstverständlich verlangte auch Schunk „christgläubige Gesinnung und evangelisches Bekenntnis ..., unbescholtenen Lebenswandel, Freudigkeit zu dem anzutretenden Beruf ..., einige Schulkenntnisse ..., Fertigkeit in einem Handwerk oder im Landbau ..., ledigen Stand, d.h. der sich Meldende darf weder verheiratet noch verlobt sein und muß auch während seines Aufenthalts in der Anstalt unverlobt bleiben". Wie auch immer: 32 Männer ließen sich in den folgenden 25 Jahren zwar in den Dienst rufen, aber nur ein Dutzend erreichte das gesteckte Ziel.

Auch ein zweiter bayerischer Versuch scheiterte. Er wurde am Rande Frankens, im schwäbischen *Oettingen*, gestartet. Die Kirchenleitung in München gab den für die Aufgabe gewonnenen Vikar nicht frei. Stattdessen entstand in der Ries-Stadt ein Schülerheim mit Progymnasium, das Hunderten fränkisch-schwäbischer Pfarrers- und Dorfkinder zum Segen wurde – das alte benediktinische Programm in Formen des 19. Jahrhunderts.

1890 wagte der „Landesverein für Innere Mission", dessen Vorsitzender der Nürnberger Dekan war, einen neuen Versuch: In einer Mietwohnung, dann im Evangelischen Vereinshaus, wurden die ersten acht Brüder untergebracht und für das Städtische Krankenhaus ausgebildet. 1905 zog man in einen Gutshof 20 km südöstlich von Nürnberg, nach *Rummelsberg*, um. Als 1919 Pfarrer *Karl Nicol* die Leitung übernahm, zählte die Rummelberger Bruderschaft 89 Mitglieder, als er 1953 in den Ruhestand ging, hatte es die Bruderschaft auf 686 Angehörige (einschließlich der Anwärter und Jungbrüder) gebracht, die 106 Brüder des ostpreußischen *Carlshofes* mitgezählt, die sich 1948 den Rummelsbergern integriert hatten. Der entscheidende Durchbruch zu diesem beachtlichen Wachstum – man vergesse nicht den grauenhaften Aderlaß des Zweiten Weltkrieges! – scheint der Schritt heraus aus der Anstaltsdiakonie und hinein in die Gemeindediakonie gewesen zu sein.

Die Rummelsberger verstehen sich ausdrücklich als Brüderschaft. Ihr ehemaliger Rektor *Herrmann Bürckstümmer* schrieb dazu, dies werde vor allem „in den Brüderkonventen, Brüderkonferenzen und Brüderrüstzeiten sichtbar". Ob es genug ist für eine Brüderschaft? „Das brüderschaftliche Gebet, das gemeinsame Leben unter dem Wort und Sakrament", zeige, daß „rechte Diakonie ... nur aus der lebendigen Verbindung mit dem erhöhten Herrn Christus erwächst". Nach ihrer Brüderordnung ist die Rummelsberger Diakonenschaft eine „Lebens-, Dienst- und Sendungsgemeinschaft".

Die Rummelsberger Brüderschaft zählt annähernd 800 Diakone, davon sind ca. 150 in der Gemeindearbeit und etwa 100 im klassischen Krankenhausdienst. Die Rummelsberger Bruderschaft ist in einer Deutlichkeit, die vor acht Jahrzehnten sich kaum jemand träumen ließ, in die bayerische Layndeskirche integriert. Sie ist – neben der Pfarrerschaft – das zweite personelle Rückgrat der lutherischen Kirche. Kommunitäre Züge trägt sie wohl ebensowenig wie diese. Ihre Mitglieder haben sich für eine andere Form christlicher Existenzverwirklichung entschieden. Im Selbstverständnis als Sendungsgemeinschaft bringt sich der Wunsch nach mehr Gemeinschaft, nach Kommunität, allerdings noch immer zu Gehör.

Die „Lehmgrubner Diakonissen" zu Marktheidenfeld

Wer unter Evangelischen in Bayern Marktheidenfeld sagt, blättert dabei im Buch der jüngsten Kirchengeschichte. Denn in dieser fränkischen Grenzstadt nach Norden hin haben unverheiratete Flüchtlingsfrauen aus Schlesien angefangen, Stadtgeschichte zu schreiben, genauer: Diakoniegeschichte in der Diaspora.

Nicht jeder, der an Marktheidenfeld vorbei nach Süden fahren möchte, kann sich der einladenden Wirkung entziehen, die vom Spessarthang über dem alten Ort herüberwinkt. Er muß halt machen und hinüberschauen – und vielleicht sogar hinüberfahren, wo jenseits des Mains eine so einprägsame moderne Architektur geschaffen wurde. Sie spricht ebenso kraftvoll wie die Landschaft, die sich hier vor einem auftut wie ein buntes Bilderbuch.

Und wer dann die *Johannes-Kapelle* betritt, bleibt wie gebannt stehen: Acht Buntglasfenster leuchten auf wie eine Farbsymphonie. Ein Pfarrer hatte eine Idee, ein Künstler hat sie anschaubar gemacht: Die sieben „Ich bin-Worte" Jesu aus dem Johannes-Evangelium, verbunden mit den sieben Wundern Jesu nach dem Johannes-Evangelium: Die erleuchtenden Worte Jesu beglaubigt durch die zeichenhaften Taten Christi – eine strahlende Einheit von Liebe, Leben, Licht …

Zu Beginn des 13. Jahrhunderts hatte die im Benediktinerkloster Kitzingen am Main erzogene Gräfin *Hedwig von Andechs-Meranien*, die in jungen Jahren mit dem polnischen Herzog *Heinrich I.* verheiratet worden war, fränksiche, thüringische und sächsische Siedler nach Schlesien gerufen. Nicht ohne starke Wirkungen war der junge Kleriker *Otto*, nachmals Bischof von Bamberg, von dem in diesem Buche schon viel die Rede war, ihr als Hofkaplan beigegeben worden, der später als Apostel des Ostens in die Missionsgeschichte eingehen sollte. Herzogin *Hedwig*, die Stifterin vieler Klöster und wohltätiger Einrichtungen, wurde heiliggesprochen. Der gleiche Geist, der einst sie bewegt hatte, brach immer wieder von neuem durch. Zum Beispiel bewegte er die Gräfin *Wally Poninska*, deren Tatkraft sich ein ganzer Diakonissenorden verdankt. 1869 hatte die Dame in Breslau angefangen, den Kampf mit dem Elend aufzunehmen, das merkwürdigerweise ausgerechnet mit dem Fortschritt immer weiter anwuchs, den Technik und Industrialisierung mit sich brachten. Was Gerhart Hauptmann später in seiner sozialkritischen Dichtung unvergeßlich, aber lösungslos zur Sprache brachte, ging diese von der Liebe Christi angerührte schlesische Adelsdame beherzt mit der Phantasie tatkräftiger Frömmigkeit an, richtete Kindergärten ein, machte die vergessenen und verlassenen Kleinen mit der biblischen Botschaft bekannt, gründete Mädchenschulen – und schließlich ein Krankenhaus. Diejenigen, die ihr halfen, schlossen sich in einer Schwesterngemeinschaft zusammen, den „Lehmgrubner Diakonissen". Als die Gräfin 1912 starb, zählte das Mutterhaus 340 Diakonissen. Die Arbeit dieser tapferen Frauen hat die Gemeinden und Einrichtungen der lutherischen Kirche Schlesiens bis zur grausamen Vertreibung 1945 tief geprägt – und danach das evangelische Unterfranken. Denn dorthin kamen die langen Trecks. Gesammelt haben sich die Lehmgrubner Schwestern zunächst im ehemaligen Augustiner-Chorherrenstift *Triefenstein*, wo sie unter dem Patronat der protestantischen Fürsten *Leiningen* mit der Flüchtlingsbetreuung begannen.

1950 zogen sie in das damals kleine Städtchen Marktheidenfeld hinüber. Und dort schufen sie mit unermüdlicher Tatkraft nacheinander ein neues Mutterhaus, ein Feierabendhaus, ein großes Gäste-, das sogenannte Einkehrhaus.

Inzwischen ist die Schwesternschaft alt geworden und auf 32 Diakonissen zusammengeschmolzen; zu Neuaufnahmen kommt es nicht mehr. Die „Lehmgrubner" haben deshalb ihr Mutterhaus mit allen Gebäuden und Ländereien den *Rummelsberger Anstalten* übergeben.

Die Spuren, die die Schwesternschaft aus Schlesien seit der Mitte dieses Jahrhunderts im nördlichen Franken eingegraben hat, und die Hilfe, die ihre Diakonissen den Menschen ihrer Tage geleistet haben, können kaum in Vergessenheit geraten. Was die Lehmgrubner Diakonissen aus Breslau geschaffen, geleistet und – in den letzten beiden Generationen vor allem – gelitten haben, ist es wert, in Erinnerung zu bleiben.

In der Johannes-Kapelle zu Marktheidenfeld ist das Atmen der Gottes- und Menschheitsgeschichte zu erleben – die Mühe Gottes mit den Menschen durch die Offenbarung Christi in den Bildern; die Mühe der Menschen miteinander in der Erinnerung an Gewalt und Zerstörung, tröstlicherweise aber auch an Demut, Liebe, Hilfe und Heilung.

Hensoltshöher Diakonissenschaft

Erst in diesem Jahrhundert kam es im evangelischen Franken zu drei Gründungen von längerem Bestand, die auf die Überlieferung der weiblichen Diakonie zurückgreifen und in abgewandelt intensiven Formen ein gemeinschaftliches Leben führen, das von Interessierten auch „communitär" genannt wird.

Die älteste dieser Bewegungen ist aus einer innerlich-herzensfrommen, freilich völlig dogmenfreien, fast schon dogmenfeindlichen, unwissenschaftlichen Erweckungsbewegung erwachsen.

Es ist das Diakonissenmutterhaus der Hensoltshöhe in *Gunzenhausen*.

Herausgewachsen ist es aus der Arbeit des ostdeutschen Pfarrers *Theofil Krawieletzki* (1866–1942). Er stand in enger Verbindung mit dem auf Selbständigkeit, insbesondere kirchliche Unabhängigkeit bedachten württembergischen Pietismus, der im nordschwarzwälderischen Bad Liebenzell seinen Mittelpunkt hat.

Die lutherischen Pfarrer im Altmühltal setzten dieser Gründung auf der Hensoltshöhe, hoch über Gunzenhausen, spürbaren Widerstand entgegen; sie sahen im neuen Mutterhaus – wohl kaum zu Unrecht – eine kräftige Konkurrenz zu *Neuendettelsau*. Diese Spannung belastete die Hensoltshöhe und ihr Verhältnis zu bayerischen Landeskirche viele Jahrzehnte. Es kam mitunter zu heftigen Auseinandersetzungen, wobei man der Hensoltshöhe immer wieder vorhielt, die Kirche sei für sie kaum etwas anderes, als ein Missionsgebiet, die kirchliche Ordnung eine lästige, nur notgedrungen anerkannte Schranke für die Reich-Gottes-Arbeit und der Pfarrer allzuhäufig ein unbekehrter Mietling.

An Nachwuchs hatte freilich auch die Hensoltshöhe nicht zu klagen. Im Gegenteil. Wo immer ihre Anhänger auftraten, fanden sie auch hingebungsbereite Mitarbeiter. Die Blau-Kreuz-Arbeit wurde von der Hensoltshöhe aus im Fränkischen intensiv gefördert. Diese Form der Suchtkranken-Betreuung wirkt bis in die Gegenwart auch in viele fränkische Gemeinden hinein – und das mit großem Segen.

Auf der Hensoltshöhe stößt man auf eine Phänomen der jüngeren fränkischen Geschichte, das auch – wir müssen einfach sagen, leider auch – zu Franken gehört: nämlich auf die starke Einwirkung des Nationalsozialismus auf einen Teil bewußt fromm gesonnener Kreise. Man kann nicht sagen, daß sie ausdrücklich dem kirchlichen Luthertum zuzuzählen wären, aber sie gehören zum Bild des fränkischen Protestantismus eben auch.

1910 gegründet, feierte die Hensoltshöhe 1935, mitten im Kirchenkampf ihr fünfundzwanzigjähriges Jubiläum „in tief innerlich christlicher, echt national-sozialistischer Weise". Die Chance der Lösung von den irregeleiteten Deutschen Christen durch Anschluß an die „Bekennende Kirche" nutzte die Hensoltshöhe nicht. Der Direktor und seine treuen, frommen Schwestern durchschauten nicht, was da gespielt wurde – auch dann noch nicht, als die Nazis die gesamte christliche Bildungsarbeit zerschlugen. Viel zu sehr waren sie auf die Innerlichkeit der Gesinnung festgelegt. Zu wenig behielten sie das gesellschaftliche Umfeld und die politischen Wirkungen im Auge. Sie waren unpolitisch. Brav erhörten sie den Ruf gegen den atheistischen Bolschewismus und für sittliche Zucht. Die schlimmen Nebentöne überhörten sie. Die Drohungen und Haßtiraden, das Unmenschliche an dieser Unheilsbewegung entging ihnen. Der marode Gauleiter Julius Streicher, übrigens alles andere als ein evangelischer Franke, war ihr häufig bewillkommneter Gast.

Es ehrt die Führung der Hensoltshöhe, daß sie 1945 freimütig ein Schuldbekenntnis ablegte und sich von da an mit ihrer ganzen Arbeit eng in die bayerische Landeskirche einfügte. Es ehrt auch den damaligen Landesbischof *Hans Meiser*, daß er der Hensoltshöhe nichts nachtrug, sondern 1949 sie mit seinem persönlichen Besuch ehrte, um die Aussöhnung nach außen zu demonstrieren.

Die Hensoltshöhe hatte lange Jahre noch mehr einsegnungsbereite Schwestern als Neuendettelsau. Inzwischen leidet auch sie unter einem großen Nachwuchsmangel angesichts eines weiten Feldes von Aufgaben. Freilich, diese Aufgaben müßten nicht unbedingt in der traditionellen Form der Diakonissenmutterhäuser wahrgenommen werden.

Nach außen stellt sich die Hensoltshöhe ähnlich eindrucksvoll dar, wie Neuendettelsau. Allerdings, die hohen Kirchtürme fehlen am Hang der Höhe hinter Gunzenhausen, die ihren Namen einem liberalen Landtagsabgeordneten und Gunzenhäuser Bürgermeister des vorigen Jahrhunderts dankt.

Die Bauten wirken ähnlich nüchtern, schmucklos, fast fantasiearm, wie die zu Neuendettelsau.

Die Christusbruderschaft in Selbitz

„Unsere Bruderschaft hat in der Art ihres Lebens und ihres Dienstes ordensmäßigen Charakter. Wollte ich es auf eine Formel bringen, so müßte ich sagen: ‚Die Christusbruderschaft ist eine ordensmäßige Vereinigung inmitten der evangelisch-lutherischen Kirche'. Sie bejaht die Grundlagen dieser Kirche. Sie liebt diese Kirche. Sie achtet ihre Ordnungen. Sie gedenkt, nichts zu lehren oder zu leben, was die Ausschließlichkeit der Begründung unseres Heils in Jesus Christus jemals verdunkeln könnte, sondern möchte inmitten der Welt ein Preislied sein auf die Erlösung, die er vollbracht hat. Ihr Dienst geschieht in der Kirche, mit der Kirche, für sie ... Wir möchten, daß unser Dienst einer Schnur gleicht, bei der Anbetung, missionarisches Zeugnis und stiller Liebesdienst so ineinander verschlungen sind, daß jedes dieser drei Anliegen zu seinem Recht kommt und von uns ausgelebt wird ..."

So schrieb der in Mittelfranken geborene Pfarrer *Walter Hümmer*, ein Lehrersohn, wie so viele fränkische Pastoren, der seit 1937 zunächst im oberfränkischen *Schwarzenbach an der Saale* und dann in Selbitz Dienst tat und von 1951 an die Bruderschaft leitete.

Walter Hümmer dankte die Ursprünge der Einwirkung Gottes auf die Menschen seiner Umgebung der Tätigkeit seiner Frau *Hanna*: „Durch meine Frau schenkte Gott (1940) ein geistliches Erwachen unter Frauen und Mädchen". Eine Gemeindeevangelisation mit dem Landesjugendwart *Karl Schmid* sei „der Anstoß zu einer Erweckung (auch) unter der männlichen Jugend gewesen, die dann während des Krieges durch den Dienst meiner Frau weiter wuchs". So sah er es. Und weiter: „Unsere Zeit verlangt nach solchem Dienst (Anbetung, Zeugnis, Diakonie) und solcher Darstellung der Jesusnachfolge – auch im evangelischen Lager. Je mehr die Säkularisierung der Welt (und Kirche?) fortschreitet, desto dringlicher sind Korrektur, Ergänzung und Protest". So versteht sich die Selbitzer Christusbruderschaft bis heute: als evangelischer Orden, voll in der Kirche stehend, aus der sie herausgewachsen ist, Zeugnis- und Dienstgemeinschaft in der Welt, an die sie gewiesen ist.

In einem Brief an den „hochwürdigsten Herr Landesbischof" *(D. Hans Meiser)* schrieb er am Anfang der neuen Gemeinschaft: „Es ist uns an Ihrem väterlichen, segnenden Ja viel gelegen, denn wir möchten in der Einheit mit unserer evangelisch-lutherischen Kirche weiterleben, die wir lieben, der unser Dienst gilt, deren Kinder wir sind und auf alle Fälle bleiben möchten".

Die Christusbruderschaft verstand sich von Anfang an als klassischer Orden. Deshalb auch die Ehelosigkeit. Hümmer: „Ehe und Ehelosigkeit sind gleich heilige Stände vor Gott … Wer die Ehe preist, preist die Schöpfungsordnung Gottes. Wer die Ehelosigkeit um des Himmelreiches willen preist, preist die Erlösungshoffnung".

Für das nördliche Franken war die Erfahrung, die die Christusbruderschaft in Schwarzenbach auslöste und in Selbitz sehr schnell zu einer beachtlichen Größe anwachsen ließ, etwas vollkommen Neues. Der oberfränkische Protestantismus hat lange auf eine ähnliche Frömmigkeitsbewegung warten müssen, wie sie das westliche Mittelfranken ein Jahrhundert vorher erlebte. Die Erweckungsbewegung des 18. und 19. Jahrhunderts war zwar da und dort in einzelne Gemeinden eingedrungen, besonders in den Gebieten um *Hof* und *Bayreuth*. Aber sie war nicht stark genug gewesen, um sich ähnlich zu manifestieren, wie dies im Mittelfränkischen geschehen ist, vor allem von *Neuendettelsau* aus.

Die Junge Christusbruderschaft hatte einen für die 50er Jahren bemerkenswerten Zulauf. Die Zahl der Aufgaben, die ihr zukamen, wurde immer größer. Sehr früh fing man an, eine organisierte Behindertenarbeit zu betreiben. Die Entsendung von Schwestern und Brüdern in den Gemeindedienst war „den Selbitzern" besonders wichtig. Eine intensive „Freizeitarbeit" – Veranstaltungen zu geistlicher Erbauung und innerer Erholung – nahm immer breiteren Raum ein. Die „Sammlung der Männer" lag Pfarrer Hümmer besonders am Herzen; er fand, daß sie „geistlich weithin allein gelassen" seien. Intensiv widmete sich Selbitz der Pflege kirchlicher Kunst, vor allem im Bereich der bildenden Kunst; man war mit guten Ergebnissen bemüht, die zeitgenössische Formensprache auch im kirchlichen Raum reden zu lassen.

Am 12. August 1972 starb Pfarrer Walter Hümmer. Das Werk, das Gott durch ihn und seine Frau zustandegebracht hat, lebt weiter. Er hatte mit seiner Christusbruderschaft den „dritten Weg" eingeschlagen, wie er ihn verstand, „zwischen Tradition und Revolution", den Weg „unter der Führung des Heiligen Geistes".

Man merkt den Gebäuden, die unter Walter und Hanna Hümmer in Selbitz entstanden sind, die geistliche Haltung an, zu der dort gefunden wurde. Die weite Gästehausanlage, das Mutterhaus mit der ausdrucksreich durchgestalteten Kapelle: Da reden schon die Steine die Sprache unserer Tage, durchdrungen und geformt von den Erfahrungen des Geistes, der in der Kirche seit Jahrhunderten am Werke ist und immer wieder von neuem Menschen angezogen und in Bewegung gesetzt hat. Der Christ sei „weder auf der Seite hoffnungslos Konservativer noch auf der Seite verantwortungslos zersetzender Progressiver zu finden". Die Christusbruderschaft, die in Selbitz ihren Ort hat, stellt den „dritten Weg" glaubwürdig dar. Nach dem Tode des Gründerehepaares blieb den Selbitzern das Ringen um den rechten Weg nicht erspart. Es kam zur Spaltung in zwei Gruppen.

Der Casteller Ring

1945 fanden sich einige junge Mädchen aus dem Bund Christlicher Pfadfinderinnen zusammen. Sie hatten die Erschütterungen der Bombennächte des Krieges überstanden, waren gerade noch mit dem Leben davongekommen. Nach wirrem Suchen nach dem Sinn des Lebens begegnete ihnen Gott ganz neu. Vor allem machten sie eine beachtliche Erfahrung als Gemeinschaft: Sie erlebten das Stundengebet, das in der Geschichte der Christenheit eine so große Rolle spielt, als tragende Kraft, die hält und bindet. Dazu erfuhren sie sich als Gemeinschaft ganz neu. Im heiligen Abendmahl sahen sie sich hineingenommen in Zeit und Ewigkeit und in das gegenwärtige österliche Ereignis. Die dauernde Kraft der Beichte, der Einzelbeichte vor allem, erlebten sie neu. Gott ist erfahrbar, in der neuen Entscheidung und im neuen Anfang. Dieses Erlebnis fesselte sie so sehr, daß sie beieinanderbleiben wollten.

1950 fingen sie im unterfränkischen Castell am Rande des Steigerwaldes an. An einem Februarmorgen hatten sie sich im Casteller „Schlößchen", einem Nebengebäude der Fürstenfamilie, versammelt.

Von Anfang an gehörte das soziale Engagement zum Selbstverständnis der neuen Gemeinschaft. Sobald sie konnten, begannen sie mit der Betreuung von Flüchtlingsmädchen.

Sieben Jahre später zogen die ersten Mitglieder der Gemeinschaft auf das leerstehende uralte Schloß *Schwanberg*. Am 1. April 1957 ließ sich die Communität Casteller Ring (CCR) endgültig auf dem Schwanberg nieder. 1962/63 bauten sich die zwanzig Mitglieder der Communität ein Ordenshaus, das eng an das Schloß angegliedert war; im Untergeschoß schufen sie sich die St. Michaels-Kapelle. *Christel Felicitas Schmid* hieß die Gründerin und Mutter. Die Nachfolgerin wurde Priorin *Maria Pfister*.

Ausdrücklich berufen sich die Schwestern des Casteller Ringes auf den Diakonissen-Vater *Wilhelm Löhe*; ein später Zweig des fränkischen Luthertums also. Eine zweite Wurzel ist das „Feuer der bündischen Jugend". Die große Jugendbewegung hat durch die christlichen Pfadfinderinnen hineingewirkt auch ins Fränkische. Der Casteller Ring ist eine späte Blume dieser Bewegung, die einst ganz Europa begeistert hat.

Die Christusträger in Kloster Triefenstein

Am 3. Dezember 1985 kauften „Christusträger" aus *Bensheim* das „Schloß" Triefenstein im Spessart, das ehemalige Augustiner-Chorherrenstift zwischen Aschaffenburg und Würzburg. So kam eine junge evangelische Kommunität, die erst 25 Jahre, nämlich seit Dezember 1961, besteht, nach Franken. Bekannt waren die „Christusträger" in einzelnen Teilen Frankens, vor allem um *Bad Windsheim* herum, schon lange. Dort hat man sie oft als moderne Evangelisten erlebt. Sie wollen „in Anlehnung an seine ursprüngliche Bedeutung" ihre neue Bleibe wieder „Kloster" nennen und erinnern in einem Rundbrief an ihre Freunde: „Ein Kloster ist ja nicht nur einfach ein Ort der Abgeschiedenheit, sondern vielmehr ein Ort der Sammlung; der Platz, an dem man sich auf das absolut Wesentliche zu konzentrieren sucht". Um keine Mißverständnisse aufkommen zu lassen, machen sie klar, daß sie die Bezeichnung Kloster „durchaus auch für uns evangelischen Brüder und für unsere Gäste für zutreffend" halten. Die Christusträger knüpfen bewußt und in ihrem neuen Domizil ausdrücklich an alte klösterliche Traditionen an. – Eine junge hessische Ordensgemeinschaft in Franken: damit ist die kleine Gruppe evangelischer Nachkriegskommunitäten beachtlich vergrößert und gestärkt worden.

Die Christusträger zählen – als jeweils selbständige Bruder- und Schwesternschaft – zusammen über 70 Mitglieder, die in geschlossenen Gemeinschaften in neun verschiedenen Ländern Europas, Asiens, Afrikas und Lateinamerikas leben.

Hervorgegangen sind sie aus einer evangelischen Gemeinde in *Darmstadt*, erweckt im Jugendclub durch die Predigten im Sonntagsgottesdienst ihres Pfarrers, dem heutigen Prior ihrer Gemeinschaft. Die Jungen lebten mit dem ledigen Pfarrer in dessen Pfarrhaus zusammen, die Mädchen zogen zu einer mitverantwortlichen Familie.

„Im Mittelpunkt unsrer täglichen Gemeinschaft steht der Dreieinige Gott", sagen sie von sich selbst. „Wir arbeiten für IHN. Wir leben mit IHM. Wir feiern IHN in den werktäglichen Gottesdiensten (Laudes, Vesper und Komplet nach der Ordnung im evangelisch-lutherischen Gesangbuch). Eine wöchentliche Eucharistiefeier führt zum Höhepunkt des geistlichen Erlebens". So stellen sie ihr Selbstverständnis und ihren Auftrag dar. Und: „Wir wollen *Christus* in die Welt tragen, mit unseren Füßen, mit unseren Händen, mit unseren Lippen und dem stillen Gebet des Herzens. Die *evangelischen Räte* (Armut – Keuschheit – Gehorsam) sind für uns ohne Gelübde verbindlich – evangelisches Mönchtum". (Löhe hätte das auch so sagen können; verstanden hat er sein Diakonissenmutterhaus so, sein kirchliches Bewußtsein war freilich unverhältnismäßig stärker).

Triefenstein soll die Zentrale der Bruderschaft der Christusträger werden. Von da aus wollen sie ihren Weg nehmen „zu unserm Nächsten hin: Nöte der sozial Schwachen und Einsamen einer Großstadt und Mithilfe in Krankenhäusern, außerdem wurden wir aufmerksam auf die Not in der Dritten Welt", erklären sie ohne Schnörkel einfach und klar in einer ihrer Selbstdarstellungen. 1963 sandten sie die ersten zwei Schwestern nach *Karachi*, der größten Stadt Pakistans, „um Kranke von den Straßen aufzulesen und zu pflegen". Heute arbeiten über 20 Brüder und Schwestern in medizinischen und erzieherischen Diensten in Übersee.

Die Christusträger sind in den Berufen tätig, die sie erlernt haben. Einige besorgen die eigene Verwaltung, die Gästebetreuung und die eigene Tagungsarbeit. Mit zwei Musikgruppen, einer Pop-Band und einer Folklore-Band, sind die Brüder zu volksmissionarischen Diensten unterwegs, eingeladen von Kirchengemeinden und Dekanaten zu Jugend- oder Evangelisationswochen. Die Schwestern der Christusträger arbeiten nach einem ähnlichen Modell. Auch sie unterhalten eine Musikgruppe im Gemeindedienst.

Es scheint, als schlösse sich nach annähernd einem Jahrtausend der Ring zu Triefenstein.

Literatur

Bauer, Hermann u. Anna: *Klöster in Bayern.* Eine Kunst- und Kulturgeschichte der Klöster in Oberbayern, Niederbayern und der Oberpfalz. München 1985.

Bazin, Germain: *Paläste des Glaubens.* Die Geschichte der Klöster vom 15. bis Ende des 18. Jahrhunderts. München 1980.

Boehmer, Heinrich: *Die Jesuiten.* Hg. v. Leube, Hans/Schmidt, K. D.. Stuttgart 1957.

Bosl, Karl: *Europa im Aufbruch.* Herrschaft, Gesellschaft, Kultur vom 10. bis zum 14. Jahrhundert. München 1980.

Bosl, Karl: *Europa im Mittelalter.* Weltgeschichte eines Jahrtausends. Wien 1970.

Bosl, Karl: *Bayerische Geschichte.* München [6]1979.

Braunfels, W.: *Abendländische Klosterbaukunst.* Köln [3]1978.

Brooke, Christopher: *Die große Zeit der Klöster 1000 – 1300.* Freiburg 1976.

Charpentier, Louis: *Macht und Geheimnis der Templer.* Herrsching 1986.

Dehio, Georg: *Handbuch der Deutschen Kunstdenkmäler.* Teil 4, Franken. München 1979.

Dettelbacher, Werner: *Franken. Kunst, Geschichte und Landschaft.* Köln [14]1987.

Dettelbacher, Werner: Würzburg – ein Gang durch seine Vergangenheit. Würzburg 1974.

Entz, Géza: *Die Kunst der Gotik,* München 1981.

Erbstösser, Martin: *Die Kreuzzüge.* Eine Kulturgeschichte. Gütersloh 1977.

Fink, Humbert: *Die Botschafter Gottes.* Eine Kulturgeschichte der Heiligen. München 1983.

Foster, Norman: *Die Pilger. Reiselust in Gottes Namen.* Frankfurt 1982.

Frank, Karl Suso: *Geschichte des christlichen Mönchstums.* Darmstadt [4]1988.

Gurevič, Aaron Jakovlevič: *Mittelalterliche Volkskultur.* München 1987.

Halkenhäuser, Johannes: *Kirche und Kommunität.* Ein Beitrag zur Geschichte und zum Auftrag der kommunitären Bewegung in den Kirchen der Reformation. Paderborn [2]1985.

Harnack, A. v.: *Die Mission und Ausbreitung des Christentums in den ersten drei Jahrhunderten.* Leipzig [4]1924.

Hotz, Joachim: *Zisterzienserklöster in Oberfranken.* München 1982.

Hubensteiner, Benno: *Bayerische Geschichte. Staat und Volk, Kunst und Kultur.* München [9]1981.

Keller, Hiltgart L.: *Reclams Lexikon der Heiligen und biblischen Gestalten*. Stuttgart
⁵1984.

Kellner, Hans-Jörg. *Die Römer in Bayern*. München ²1972.

Kirschbaum, Engelbert (Hrsg.): *Lexikon der christlichen Ikonographie*. Freiburg 1976.

Kolb, Karl: *Heiliges Franken*. Würzburg 1973.

Kottmann, Albrecht: *Bauen im Mittelalter*. München ²1978.

Kottmann, Albrecht: *Das Geheimnis romanischer Bauten*. Maßverhältnisse in vor-
romanischen und romanischen Bauwerken. Stuttgart 1971.

Kramer, Karl-Sigismund: *Volksleben im Fürstentum Ansbach und seinen Nachbar-
gebieten (1500–1800)*. Würzburg 1961.

Lackmann, Max: *Verehrung der Heiligen*. Versuch einer lutherischen Lehre von den
Heiligen. Stuttgart 1958.

Läpple, Alfred: *Ketzer und Mystiker*. Extremisten des Glaubens. Versuch einer Deutung. München 1988.

Leipziger, Karl (Hrsg.): *Helfen in Gottes Namen*. Lebensbilder aus der Geschichte der
Bayerischen Diakonie. München 1986.

Lexikon der Heiligen und Päpste. München 1984.

Löwe, Heinz: *Deutschland im fränkischen Reich*. Stuttgart 1970.

Lohmeier, Georg: *Franconia Benedictina*. Geistlich-weltlicher Spaziergang durch
Franken. Nürnberg 1969.

Manns, Peter (Hrsg.): *Reformer der Kirche*. Mainz 1970.

Melchers, Erna und Hans: *Das große Buch der Heiligen*. Geschichte und Legende im
Jahreslauf. München 1978.

Menghin, Wilfried: *Kelten, Römer und Germanen*. Archäologie und Geschichte.
München 1980.

Meyer, Otto (Hrsg.): *Oberfranken im Hochmittelalter*. Politik – Kultur – Gesellschaft. Bayreuth 1973.

Meyer-Sickendiek, Ingeborg: *Gottes gelehrte Vaganten*. Auf den Spuren der irischen
Mission und Kultur in Europa. Stuttgart 1980.

Nigg, Walter: *Die Antwort der Heiligen*. Wiederbegegnung mit Franz von Assisi,
Martin von Tours, Thomas Morus. Freiburg 1980.

Nigg, Walter: *Große Heilige*. Zürich 1947.

Ohler, Norbert: *Reisen im Mittelalter*. München 1986.

Otremba, Heinz (Hrsg.): *15 Jahrhunderte Würzburg. Eine Stadt und ihre Geschichte*.
Würzburg 1979.

Pernoud, Régine: *Die Heiligen im Mittelalter*. Frauen und Männer, die ein Jahrtausend prägten. Bergisch-Gladbach 1988.

Pfeiffer, Gerhard (Hrsg.): *Nürnberg – Geschichte einer europäischen Stadt*. München
1971.

Pieper, Josef: *Thomas von Aquin. Leben und Werk*. München ³1986.

Puhl, Wolfgang: *Karolingisches Franken*. Würzburg 1973.

Reiser, Rudolf: *Die Kelten in Bayern*. Rosenheim 1984.

Reitzenstein, Alexander Frh. von: *Franken*. München 1955.

Reitzenstein, Alexander Frh. von: *Die Geschichte des Bamberger Domes von den Anfängen bis zur Vollendung im 13. Jahrhundert*. München 1984.

Röckel, Karl (Hrsg.): *Das Hochstift Eichstätt*. Ingolstadt 1987.

Roth, Elisabeth (Hrsg.): *Oberfranken im Spätmittelalter und zu Beginn der Neuzeit*. Bamberg 1979.

Roth, Elisabeth (Hrsg.): *Oberfranken in der Neuzeit bis zum Ende des Alten Reiches*. Bamberg 1984.

Roth, Elisabeth: *St. Sebald. Nürnbergs Stadtpatron in Legende und Chronik*. Nürnberg 1967.

Sayn-Wittgenstein, Franz Prinz zu: *Der Main. Von der Quelle bis zur Mündung*. München 1973.

Schellenberger, Bernardin: *Krypten: Ursprung und Hoffnung*. Würzburg 1985.

Scherzer, Konrad (Hrsg.): *Franken. Land, Volk, Geschichte, Kunst und Wirtschaft*. 2 Bde. Nürnberg [2]1962.

Schneider, Ambroisius (Hrsg.): *Die Cisterzienser – Geschichte, Geist, Kunst*. Köln [2]1977.

Schrott, Ludwig: *Die Herrscher Bayerns*. München [2]1967.

Simon, Matthias: *Evangelische Kirchengeschichte Bayerns*. Bd. I u. II, München 1942.

Spindler, Max: *Bayerische Geschichte im 19. und 20. Jahrhundert*, Bd. I–II. München 1974/75.

Spindler, Max: *Handbuch der bayerischen Geschichte*, Bd. I–III. München.

Taddey, Gerhard (Hrsg.): *Lexikon der Deutschen Geschichte*. Personen, Ereignisse, Institutionen. Von der Zeitenwende bis zum Ausgang des 2. Weltkriegs. Stuttgart 1979.

Tumler, M.: *Der Deutsche Orden. Von seinem Ursprung bis zur Gegenwart*. Bad Münstereifel. [4]1986.

Vidmar, Konstantin Johannes: *St. Benedikts Leben und die kulturelle Tätigkeit seines Ordens*. Berlin 1933.

Wimmer, O. und Melzer, H. (Hrsg.): *Lexikon der Namen und Heiligen*. Wien, Innsbruck [5]1984.

Zöllner, Erich: *Geschichte der Franken bis zur Mitte des 6. Jahrhunderts*. München 1970.

Das Verzeichnis der Sekundärliteratur zu den einzelnen Kapiteln und Klostergründungen ist beim Autor und beim Verlag zu erfragen.

Namenregister

Die Hauptstichworte sind im Register **halbfett,** die Abbildungen *kursiv* verzeichnet.

Ortsregister

Die Hauptstichworte sind im Register **halbfett,** die Abbildungen *kursiv* verzeichnet.

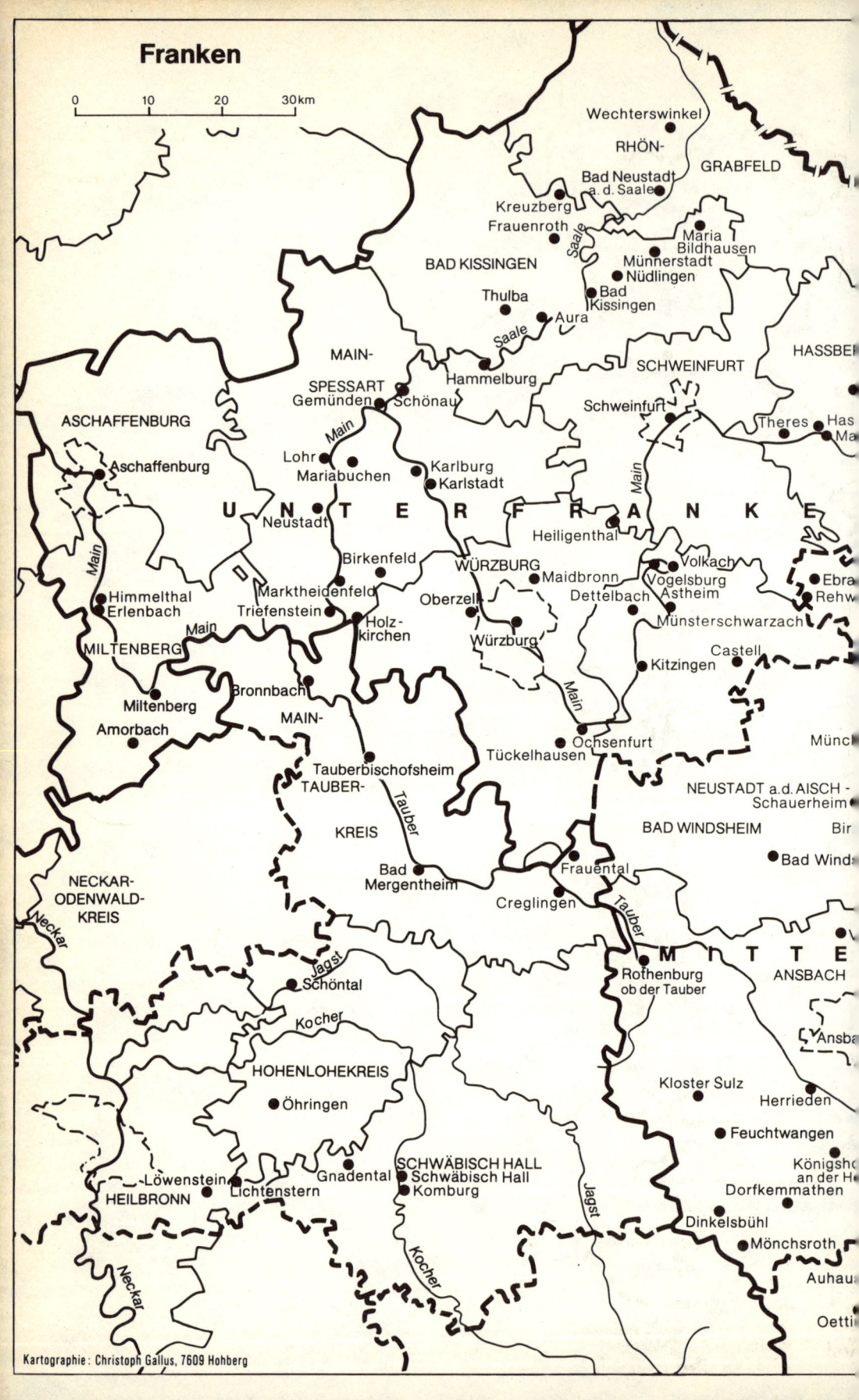

Franken

0   10   20   30km

RHÖN-GRABFELD

Wechterswinkel

Bad Neustadt a. d. Saale

Kreuzberg
Frauenroth

Maria Bildhausen
Münnerstadt
Nüdlingen

BAD KISSINGEN

Thulba

Bad Kissingen

Saale

Aura

SCHWEINFURT

HASSBE

Hammelburg

Schweinfurt

Theres
Has
Ma

MAIN-SPESSART

Gemünden   Schönau

Main

ASCHAFFENBURG

Aschaffenburg

Lohr
Mariabuchen

Karlburg
Karlstadt

Heiligenthal

WÜRZBURG

Maidbronn

Volkach
Vogelsburg
Astheim

Neustadt

Birkenfeld

Oberzell

Dettelbach

Münsterschwarzach

Ebra
Rehw

U N T E R F R A N K E

Main

Himmelthal
Erlenbach

Marktheidenfeld
Triefenstein

Holz-
kirchen

Würzburg

Castell

MILTENBERG

Main

Kitzingen

Münc

Bronnbach

Miltenberg

MAIN-

Amorbach

Tauberbischofsheim

Ochsenfurt

Tückelhausen

NEUSTADT a.d. AISCH
Schauerheim

TAUBER-

KREIS

Tauber

BAD WINDSHEIM

Bir

Bad Winds

NECKAR-ODENWALD-KREIS

Neckar

Bad Mergentheim

Frauental

Creglingen

Jagst

Schöntal

Kocher

Tauber

Rothenburg ob der Tauber

M I T T E

ANSBACH

Ansb

HOHENLOHEKREIS

Öhringen

Kloster Sulz

Herrieden

Feuchtwangen

Königsho
an der H

Löwenstein
Lichtenstern

HEILBRONN

Gnadental

SCHWÄBISCH HALL
Schwäbisch Hall
Komburg

Jagst

Dorfkemmathen

Dinkelsbühl

Mönchsroth

Kocher

Auhau

Neckar

Oetti

Kartographie : Christoph Gallus, 7609 Hohberg